Lizenz- und Athletenvereinbarungen zwischen Sportverband und Sportler

Europäische Hochschulschriften

Publications Universitaires Européennes

European University Studies

Reihe II

Rechtswissenschaft

Série II Series II

Droit

Law

Bd./Vol. 3581

PETER LANG

Frankfurt am Main · Berlin · Bern · Bruxelles · New York · Oxford · Wien

Christoph Reimann

Lizenz- und Athletenvereinbarungen zwischen Sportverband und Sportler

PETER LANG
Europäischer Verlag der Wissenschaften

Bibliografische Information Der Deutschen Bibliothek
Die Deutsche Bibliothek verzeichnet diese Publikation in der Deutschen Nationalbibliografie; detaillierte bibliografische Daten sind im Internet über <http://dnb.ddb.de> abrufbar.

3
ISSN 0531-7312
ISBN 3-631-50126-9

www.peterlang.de

Meinen Eltern
und
Carola

Vorwort

Die vorliegende Arbeit wurde im Sommersemester 2002 von der Juristischen Fakultät der Martin-Luther-Universität Halle-Wittenberg als Dissertation angenommen.

Mein ganz besonderer Dank gilt meinem verehrten Doktorvater, Herrn Prof. Dr. Ulrich Haas, der nicht nur die Initiative zu dieser Arbeit gegeben, sondern durch sein unermüdliches Engagement, seine konstruktive Kritik und zahlreichen Anregungen auch maßgeblich zu deren Gelingen beigetragen hat. Bedanken möchte ich mich an dieser Stelle auch noch einmal ausdrücklich für die stets angenehme und lehrreiche Zusammenarbeit an seinem Lehrstuhl. Herrn Prof. Dr. Wolfhard Kohte gilt mein herzlicher Dank nicht nur für die zügige Erstellung des Zweitgutachtens, sondern auch für seine Unterstützung, die er mir bereits während meines Studiums an der Martin-Luther-Universität zuteil werden ließ.

Ganz besonders möchte ich mich auch bei meiner Lebensgefährtin, Carola Dittrich, bedanken, die mir stets liebevoll zur Seite stand und mit ihrer tatkräftigen Unterstützung einen sehr großen Anteil an der Fertigstellung der Arbeit hat. Mein herzlicher Dank gilt weiter Frau Gabriele Maaß und Frau Monika Nagel, die es auf sich genommen haben, die Arbeit vor Drucklegung Korrektur zu lesen.

Schließlich darf ich meinen Eltern danken, ohne deren Unterstützung mein Studium und die anschließende Erstellung der Dissertation nicht möglich gewesen wären.

Halle (Saale), im August 2002 *Christoph Reimann*

Inhaltsverzeichnis

Abkürzungsverzeichnis

a. F.	alte Fassung
AcP	Archiv für civilistische Praxis
AfP	Zeitschrift für Medien- und Kommunikationsrecht
AG	Amtsgericht
AGB	Allgemeine Geschäftsbedingungen
AGBG	Gesetz zur Regelung des Rechts der Allgemeinen Geschäftsbedingungen
AktG	Aktiengesetz
Aktz.	Aktenzeichen
Anh.	Anhang
Anm.	Anmerkung
AP	Arbeitsrechtliche Praxis
ArbG.	Arbeitsgericht
AT	allgemeiner Teil
AuR	Arbeit und Recht
BayOblGZ	Entscheidungen des Bayerischen Obersten Landesgerichts in Zivilsachen
BB	Der Betriebs-Berater
BDR	Bund Deutscher Radfahrer
Begr.	Begründer
BKartA	Bundeskartellamt
BT	Besonderer Teil
BuW	Betrieb und Wirtschaft
DAR	Deutsches Autorecht
DB	Der Betrieb
DFB	Deutscher Fußball-Bund
DFechtB	Deutscher Fechter-Bund
DHB	Deutscher Handball-Bund
DJB	Deutscher Judo-Bund
DKV	Deutscher Kanu-Verband
DLV	Deutscher Leichtathletikverband
DÖV	Die öffentliche Verwaltung
DRV	Deutscher Ruderverband
DSB	Deutscher Sportbund
DStR	Deutsches Steuerrecht
DSV	Deutscher Schwimm-Verband
DTB	Deutscher Tennis-Bund
DTTB	Deutscher Tischtennis-Bund
DVBl.	Deutsches Verwaltungsblatt

DZWir	Deutsche Zeitschrift für Wirtschafts- und Insolvenzrecht
EGV	Vertrag zur Gründung der Europäischen Gemeinschaft
EuGRZ	Europäische Grundrechte-Zeitschrift
EuZW	Europäische Zeitschrift für Wirtschaftsrecht
FAZ	Frankfurter Allgemeine Zeitung
FIFA	Fédération Internationale de Football Association
FIS	Fédération Internationale de Ski
FS	Festschrift
GesR	Gesellschaftsrecht
GmbHG	Gesetz betreffend die Gesellschaften mit beschränkter Haftung
GRUR	Gewerblicher Rechtsschutz und Urheberrecht
GWB	Gesetz gegen Wettbewerbsbeschränkungen
Hdb.	Handbuch
IAAF	International Amateur Athletic Federation
IBC	International Boxing Council
IBF	International Boxing Federation
IFS	International Snowboard Federation
IOC	International Olymic Comitee
JR	Juristische Rundschau
Jura	Juristische Ausbildung
JuS	Juristische Schulung
JW	Juristische Wochenschrift
JZ	Juristenzeitung
KartR	Kartellrecht
KG	Kammergericht
LAG	Landesarbeitsgericht
LM	Lindenmaier/Möhring, Nachschlagewerk des Bundesgerichtshofs
mwN	mit weiteren Nachweisen
n. F.	neue Fassung
NJW	Neue Juristische Wochenschrift
NJW-RR	NJW-Rechtsprechungsreport
NZA	Neue Zeitschrift für Arbeitsrecht
NZG	Neue Zeitschrift für Gesellschaftsrecht
PHBSportR	Praxishandbuch Sportrecht
RdA	Recht der Arbeit

RGZ	Entscheidungen des Reichsgerichts in Zivilsachen
Rpfleger	Der Deutsche Rechtspfleger
RuS	Recht und Sport
Saarl.	saarländisches
SeuffArchiv	Seuffert's Archiv für Entscheidungen der obersten Gerichte in den deutschen Staaten
SpuRt	Sport und Recht
StG	stille Gesellschaft
SZ	Süddeutsche Zeitung
Tb.	Teilband
Ufita	Archiv für Urheber- und Medienrecht
UWG	Gesetz gegen den unlauteren Wettbewerb
VersR	Versicherungsrecht
Vorbem	Vorbemerkungen
WBA	World Boxing Association
WBC	World Boxing Council
WBF	World Boxing Federation
Wistra	Zeitschrift Wirtschafts- und Steuerstrafrecht
WM	Zeitschrift für Wirtschaft und Bankrecht
WRP	Wettbewerb in Recht und Praxis
WuW	Wirtschaft und Wettbewerb
WuW/E	Wirtschaft und Wettbewerb, Entscheidungen
ZfA	Zeitschrift für Arbeitsrecht
ZGR	Zeitschrift für Unternehmens- und Gesellschaftsrecht
ZHR	Zeitschrift für das gesamte Handelsrecht und Wirtschaftsrecht
ZIP	Zeitschrift für Wirtschaftsrecht
ZZPInt.	Zeitschrift für Zivilprozeß International

§ 1 Einführung

Das Erscheinungsbild des Profi- und Leistungssports hat sich in den vergangenen Jahren wie kaum ein anderer Gesellschaftsbereich verändert. Infolge der rasant fortschreitenden Kommerzialisierung und Professionalisierung werden die mit der Teilnahme an einem Wettkampf bis vor einigen Jahren verfolgten rein ideellen Interessen mehr und mehr in den Hintergrund gedrängt. Der reine Amateursport, bei dem es außer »Erinnerungsmedaillen« und sportlichem »Ruhm und Ehre« nichts zu gewinnen gab, ist in weitem Umfang dem kommerzialisierten Profi- und Leistungssport gewichen. Ursächlich für diese Entwicklung sind unterschiedliche Faktoren. So hat die Leistungsdichte in den einzelnen Sportarten erheblich zugenommen. Will ein Sportler heutzutage Anschluß an die Weltspitze halten, muß er immer häufiger über lange Zeiträume, unter professioneller Betreuung und mit immer weiter spezialisiertem Material trainieren, wodurch letztendlich die gesamte Lebensplanung dem Sport vollständig untergeordnet wird. Neben dem Sport einer anderen geregelten beruflichen Tätigkeit nachzugehen, ist deshalb oftmals ausgeschlossen[1]. Die Sportler sind daher gezwungen, ihren Lebensunterhalt mit der Sportausübung und den sich dabei bietenden Vermarktungsmöglichkeiten zu bestreiten. Eine Konsequenz dieser Entwicklung ist, daß mit der Teilnahme am organisierten Sportgeschehen kommerzielle Interessen verfolgt werden. Besonders deutlich wird dies an dem enormen Anstieg von Arbeitsentgelten, Start- und Preisgeldern. Dieser Prozeß ist freilich nicht mehr nur auf die klassischen Profisportarten wie Fußball, Tennis oder den Motorsport beschränkt[2]. Auch Sportarten, in denen bis vor wenigen Jahren der Amateurgedanke noch so hoch gehalten wurde, daß Geldzahlungen an Sportler zur Aberkennung von Titeln[3] oder zum Wettkampfausschluß führen konnten[4], blieben von der Kommerziali-

1 PHBSportR/*Pfister* Einleitung/2; *Hohl*, Nominierung, S. 1 f.

2 Vgl. »Die Tricks im Klub der Millionäre« in Welt am Sonntag, 11. 4. 1999; FAZ Nr. 286, Mittwoch 9. 12. 1998, S. 39; FAZ, Samstag 6. 11. 1999, S. 259.

3 Vgl. hierzu die Nachweise bei *Hannamann*, Kartellverbot, S. 110 Fn. 41.

4 Lange Zeit schloß die Amateurregel des IOC Berufssportler, bezahlte Trainer oder auch Sportler, die sich für die Sportausübung bezahlen ließen, von den Olympischen Spielen aus. So blieb etwa dem österreichischen Skifahrer Karl Stranz die Olympia-Teilnahme 1972 in Sapporo wegen eines Verstoßes gegen die Amateurbestimmungen versagt, weil der damalige IOC-Präsident Brundage an seinem Kampf gegen

sierung nicht verschont. So erhalten beispielsweise in der Leichtathletik oder in einigen Wintersportarten Weltklasseathleten in einzelnen Disziplinen beachtliche Teilnahmeprämien oder Preisgelder, die immer häufiger Beträge von mehreren zehntausend Mark übersteigen[5].

Verfolgen die Sportler aber mit der Sportausübung eigene wirtschaftliche Interessen, so steigt freilich die Bereitschaft, Konflikte über die Teilnahme am organisierten Sportgeschehen oder die Vermarktung von Werbe- und Sponsorenrechten offen auszutragen. Diese Problematik sei dabei anhand folgender Beispielsfälle aus den letzten Jahren veranschaulicht:

- So führt die ehemalige Sprinterin Katrin Krabbe seit Mitte 1994 einen Rechtsstreit gegen den internationalen Leichtathletik-Verband (IAAF), in dem sie wegen einer unverhältnismäßigen sportgerichtlichen Sanktion Schadensersatz verlangt. In der Entscheidung vom 27. Juni 2001 hat das Landgericht München I[6] der Athletin nunmehr zwar ca. 1,2 Millionen DM Schadensersatz zugesprochen. Ein Ende des Verfahrens ist dennoch nicht in Sicht.
- Zu den wohl spektakulärsten Auseinandersetzungen der letzten Jahre zählt zweifelsohne der Dopingfall des Langstreckenläufers Dieter Baumann. Ende 1999 wurde Baumann positiv auf das Anabolikum Nandrolon getestet. Gegen die daraufhin vom DLV sowie von der IAAF verhängten Wettkampfsperren, hat sich der Athlet vor der Sport- und Zivilgerichtsbarkeit mit unterschiedlichem Erfolg zur Wehr gesetzt. So ist es ihm vorübergehend sogar gelungen, sein Startrecht (sport-)gerichtlich zu erstreiten[7].

---

die Kommerzialisierung im Sport festhielt. Erst 1981 wurde die Amateurregel so gestaltet, daß seit den olympischen Spielen 1988 in Seoul auch Profis bei Olympia starten können.; vgl. http://www.olympia-lexikon.de/ Stichwort »Amateure/Amateurregel/Amateurstatus«.

5 Vgl. SZ Nr. 204, Montag 5. 9. 1994, S. 31; FAZ, 18. 8. 1995, S. 27; FAZ, Nr. 178, Freitag 3. 8. 2001, S. 36 [So hat der Internationale Leichtathletikverband (IAAF) bei der WM 2001 in Edmonton ca. 15,9 Millionen DM an Preisgeldern ausgeschüttet.]; Frankfurter Rundschau vom 16. 4. 1999, »Berliner Istaf diesmal letzte Jackpot-Station«; FAZ, Nr. 28, Freitag 2. 2. 2001, S. 40; [Für einen Weltcupsieg gibt es im Biathlon 9.000 DM und in der Nordischen Kombination 11.000 DM.; Der Weltmeistertitel im Bobsport ist derzeit mit 12.000 DM dotiert.; Der Skispringer Martin Schmitt kassiert pro Saison ca. 500.000 DM].

6 LG München I, SpuRt 2001, 238 ff.; vgl. auch FAZ, Nr. 147, Donnerstag 28. 6. 2001, S. 43.

7 FAZ, Samstag 24. 6. 2000 »Rechtsausschuß hebt Suspendierung von Baumann auf«; Rheinische Post, Dienstag 27. 2. 2000 »Auch Baumanns Gegner gesperrt«.

- Zwischen den Athleten des Deutschland-Achters und dem Vorsitzenden des Deutschen Ruderverbandes (DRV) entbrannte Ende der 90-iger Jahre ein Streit um Werberechte. Hintergrund des Zerwürfnisses war der Anspruch des DRV, nach Ablauf bestehender Verträge, die Werberechte an den Nationalmannschaftsbooten zu übernehmen[8].
- 1996 wurden einzelne Schwimmer aus der Nationalmannschaft ausgeschlossen, weil sie Kritik am Verbandspräsidenten geübt hatten. Anschließend versuchten sie, ihr Startrecht mit einer einstweiligen Verfügung zu erzwingen[9].

Derartige Streitigkeiten verdeutlichen das Spannungsverhältnis, das sich mit der zunehmenden Kommerzialisierung des Sports zwischen den Athleten und den Sportverbänden in den letzten Jahren stetig verschärft hat. So sind es einerseits die Sportverbände, die in ihrem Aufgabenbereich die für die organisierte Sportausübung erforderliche Infrastruktur schaffen sowie den Zugang zum organisierten Sport regeln, hierdurch aber gleichzeitig eine Machtposition erlangen, die es ihnen ermöglicht, erheblichen Einfluß auf die »Berufstätigkeit« der Athleten auszuüben. Andererseits besteht die Gefahr, daß erfolgreiche Klagen von Sportlern gegen Verbandsmaßnahmen existenzgefährdende Folgen für einen Sportverband nach sich ziehen können[10].

Die bestehende Konfliktlage macht es erforderlich, die Rechtsbeziehung zwischen Sportler und Verband einer Regelung zuzuführen, die die Interessenlage beider Seiten in angemessener Weise berücksichtigt. Zur Lösung des Konflikts wurde teilweise in Erwägung gezogen, die Satzungen und Ordnungen der Sportverbände, die sich bislang überwiegend mit der eigentlichen Sportausübung befassen, um Regelungen zu ergänzen, die die wechselseitigen Rechte und Pflichten der Sportler und des Verbandes normieren. Dieser Lösungsweg ist jedoch aus Sicht der Beteiligten unpraktikabel, weil es einerseits zweifelhaft ist, ob die Sportler als Normadressaten tatsächlich an das Verbandsregelwerk gebunden sind und sich das Verfahren der Satzungsänderung andererseits als zu schwerfällig und kostenintensiv erweist[11]. Gerade im wirtschaftlichen Bereich sind die Sportverbände jedoch darauf angewiesen, flexibel auf die sich stetig ändernden »Umweltbedingungen« für die Sportausübung reagieren zu können. Deshalb gehen die

8 FAZ, Nr. 159, Dienstag 13. 7. 1999, S. 44.
9 *Vieweg/Hannamann*, in Akademieschrift 49, S. 43, 44.
10 Vgl. *Haas/Prokop*, SpuRt 1996, 109.
11 *Prokop*, in Akademieschrift 49, S. 19, 20.

Sportverbände zunehmend dazu über, mit (Spitzen-)Sportlern sogenannte Athleten- bzw. Lizenzvereinbarungen abzuschließen[12].

Im Mittelpunkt der Arbeit steht die Frage nach dem Bedürfnis sowie den rechtlichen Rahmenbedingungen für derartige Vereinbarungen zwischen Sportverband und Sportler. Untersuchungsgegenstand sind Verträge, die ein Sportverband regelmäßig in standardisierter Form mit den Mitgliedern der Nationalmannschaft bzw. Kaderathleten abschließt. Unberücksichtigt bleibt dabei jedoch die Konstellation, daß einige wenige »Ausnahmeathleten« durchaus in der Lage sind, mit den Sportverbänden individuell Verträge auszuhandeln[13], der Vertragsinhalt also Verhandlungssache der Beteiligten ist. Derartige Austauschverträge sind von den hier zu untersuchenden Athleten- bzw. Lizenzvereinbarungen abzugrenzen. Ziel der Arbeit ist es, allgemein die Vorteile von Athleten- bzw. Lizenzvereinbarungen aufzuzeigen sowie die Grenzen der Abschluß- und inhaltlichen Gestaltungsfreiheit abstrakt abzustecken. Dabei hat die Auseinandersetzung mit dem soeben skizzierten Fragenkomplex stets vor dem Hintergrund der autonomen Regelungsbefugnis der Sportverbände zu erfolgen, die es ihnen ermöglicht, sämtliche die Organisation des Sports betreffende Fragen eigenständig zu regeln[14]. Der Regelungsanspruch steht jedoch dort in einem gewissen Spannungsverhältnis zu den Vorschriften des allgemeinen staatlichen Rechts, wo rechtlich geschützte Interessen der Sportler betroffen sind. In diesen Fällen gilt es die Frage zu beantworten, inwieweit die autonome Regelungsbefugnis zugunsten des Individualschutzes der Sportler durch staatliche Rechtsvorschriften beschränkt ist.

---

12 So ist im Zuge des sogenannten »Krabbe I« Verfahrens der DLV dazu übergegangen, einzelne Kaderathleten vertraglich an das Verbandsregelwerk zu binden [Vgl. *Prokop*, in Akademieschrift 49, S. 19, 20]. Zu weiteren Verbänden, die mit einzelnen Sportlern Athletenvereinbarungen schließen, zählen der Deutsche Fechter-Bund (DFechtB), der Deutsche Kanu-Verband (DKV), der Deutsche Ruderverband (DRV), der Deutsche Schwimm-Verband (DSV) sowie der Deutsche Judo-Bund (DJB) [vgl. Abschnitt E § 2 Abs. 2 Wettkampfordnung-DJB]; Der Deutsche Tischtennis-Bund schließt mit Spielern, die nicht Amateurspieler sind, Lizenzverträge, die zur Teilnahme am Spielbetrieb berechtigen (§§ 1 Nr. 4, 11 ff. Lizenzspielerstatut-DTTB). Die Spieler der Fußballbundesligen schließen mit dem »Die Liga – Fußballverband e. V.« (nachfolgend: Ligaverband) Lizenzverträge, in denen die Rechte und Pflichten der Spieler als Lizenzspieler und die Unterwerfung unter die Regelungen des Ligaverbandes und diejenigen des DFB geregelt werden (§ 4 1 d Satzung-Ligaverband i. V. m. § 1 Lizenzordnung Spieler des Ligaverbandes).

13 So etwa der Vertrag des Deutschen Tennisbundes mit Boris Becker; vgl. *Vieweg*, SpuRt 1995, 97, 99.

14 PHBSportR/*Summerer* 2/3; vgl. auch § 3 I, § 8.

In ihrem ersten Kapitel untersucht die Arbeit im Lichte der institutionellen Rahmenbedingungen für die organisierte Sportausübung, ob und inwieweit überhaupt eine Notwendigkeit zum Abschluß von Athleten- bzw. Lizenzvereinbarungen besteht, um die derzeitigen Probleme im Profi- und Leistungssport zu lösen. Die Beantwortung dieser Frage macht es notwendig, neben der Rechtsnatur vertraglicher Vereinbarungen zwischen Sportler und Verband, die verschiedenen Handlungsalternativen, die den Sportverbänden außer einer solchen Vereinbarung zur Verfügung stehen, näher zu beleuchten. Im Anschluß daran befaßt sich die Untersuchung im zweiten Kapitel mit den formellen und materiellen Grenzen der Abschlußfreiheit von Athleten- bzw. Lizenzvereinbarungen, die insbesondere das Recht der Sportverbände beschränken, sich die Vertragspartner frei auswählen zu können. Im folgenden dritten Kapitel werden die Grenzen der inhaltlichen Gestaltungsfreiheit aufgezeigt. Nachdem abstrakt die Einbruchstellen staatlichen Rechts in die vereinsautonome Regelungsbefugnis erörtert worden sind, wird anhand einiger ausgewählter Regelungen beispielhaft dargelegt, inwieweit staatliche Rechtsvorschriften Gestaltungsspielräume der Sportverbände zum Schutz rechtlich geschützter Interessen der Sportler beschränken. Im abschließenden vierten Kapitel werden die Rechtsfolgen einer Überschreitung der Grenzen der Abschluß- und inhaltlichen Gestaltungsfreiheit aufgezeigt. Im Mittelpunkt steht dabei die Frage, ob und inwieweit ein Sportler Schadensersatz- bzw. Unterlassungsansprüche gegen einen Sportverband hat, der auf einem unzulässigen Regelungsanspruch beharrt und diesen den Sportlern gegenüber auch tatsächlich durchsetzt.

1. Kapitel
Notwendigkeit einer Athleten- bzw. Lizenzvereinbarung

Athleten- und Lizenzvereinbarungen sind zivilrechtliche Verträge, die regelmäßig in standardisierter Form zwischen einem Sportverband und einzelnen Sportlern zeitlich befristet abgeschlossen werden. Zielgruppe derartiger Vereinbarungen sind in der Regel die Kadersportler, Mitglieder der Nationalmannschaften bzw. Sportler, die an Wettbewerben teilnehmen, die von nationalen Spitzenverbänden organisiert werden[15]. Die Frage danach, ob es tatsächlich notwendig ist, daß Sportverbände mit Kader- und Leistungssportlern Athleten- bzw. Lizenzvereinbarungen abschließen, ist freilich nur zu beantworten, wenn Klarheit über die Regelungsziele derartiger Vereinbarungen besteht. Insoweit können andere Handlungsalternativen, die den Sportverbänden außer dem Abschluß solcher Verträge zur Verfügung stehen, daraufhin untersucht werden, ob sie möglicherweise besser geeignet sind, die angestrebten Ziele zu erreichen. Die Regelungsziele einer Athleten- bzw. Lizenzvereinbarung werden deutlich, wenn man sich mit Blick auf die von den Sportverbänden verfolgten Zwecke die Entstehungsgeschichte solcher Vereinbarungen vor Augen führt.

§ 2 Zielvorgaben für eine Athleten- bzw. Lizenzvereinbarung

So haben sich die Sportverbände u. a. zum Ziel gesetzt, die für die einheitliche Ausübung einer Sportart notwendigen Voraussetzungen zu schaffen[16]. Infolge der Professionalisierung und Kommerzialisierung des Sports wird zwar einerseits dieser Regelungsanspruch der Sportverbände immer häufiger in Frage gestellt, indem Sportler Regelungen und darauf beruhende Entscheidungen von Sportverbänden nicht mehr widerspruchslos hinnehmen[17]. Doch haben die am Sportgeschehen Beteiligten andererseits, trotz des Strukturwandels, den der Sport in den letzten Jahren vom Amateur- zum professionalisierten und kommerzialisierten Leistungssport vollzogen hat, nach wie vor ein gemeinsames Interesse am Bestand der infrastrukturellen

---

15 Für Athletenvereinbarungen vgl. *Niese*, in Akademieschrift 49, S. 7, 8; *Prokop*, in Akademieschrift 49, S. 19, 24 f.

16 Vgl. statt vieler § 4 DFB-Satzung, § 2 DHB-Satzung.

17 Vgl. hierzu u. a. die in der Einleitung aufgeführten Beispielsfälle.

Voraussetzungen für den organisierten Sport, da ansonsten eine (berufsmäßige bzw. kommerzielle) Sportausübung nicht möglich wäre. Mit Abschluß einer Athleten- bzw. Lizenzvereinbarung verfolgen Sportverband und Sportler daher, unter Berücksichtigung der durch die Professionalisierung und Kommerzialisierung veränderten Interessenkonstellation, das Ziel, dem Verbandszweck entsprechend, die für den organisierten Wettkampfsport notwendige gemeinsame Basis zu schaffen[18]. Die Konkretisierung dieser Zielvorgabe setzt mithin Gewißheit darüber voraus, was die spezifischen Merkmale des organisierten Wettkampfsports sind.

Das Wesensmerkmal eines jeden Sportwettkampfs ist der Leistungsvergleich zwischen mindestens zwei Sportlern oder Mannschaften, wobei jeder Sportler bzw. jede Mannschaft die nicht völlig unrealistische Chance haben sollte, den Wettkampf zu gewinnen. Zu Beginn eines Wettkampfs muß folglich die Entscheidung über Sieg oder Niederlage offen sein. Gerade in dieser Ungewißheit liegt für Teilnehmer, Zuschauer, Sponsoren und diejenigen Personen, die Sportveranstaltungen wirtschaftlich verwerten, der besondere Reiz und die Attraktivität einer jeden wettkampfmäßig betriebenen Sportart. Würde ein Sportler bzw. eine Mannschaft hingegen keinen Gegner mehr finden, der eine realistische Siegchance hat, wäre ein sportlicher Leistungsvergleich für alle am Sportgeschehen Beteiligten völlig unattraktiv und bedeutungslos. Um sicherzustellen, daß jeder wettkampfmäßig betriebenen Sportart die Ungewißheit über Sieg oder Niederlage immanent ist, müssen in einem Wettkampf nahezu gleich starke Gegner unter gleichartigen Ausgangsbedingungen gegeneinander antreten. Die Chancengleichheit für sämtliche Wettkampfteilnehmer ist mithin die Grundvoraussetzung eines jeden Sportwettkampfs[19].

Damit alle Sportler die gleichen Chancen haben, den Wettkampf zu gewinnen, muß ein Regelwerk bestehen, welches beiden Elementen der Chancengleichheit Rechnung trägt. Es muß einerseits gewährleisten, daß Sportler bzw. Mannschaften gegeneinander antreten, die ein vergleichbares sportliches Leistungspotential aufweisen. Andererseits muß das Regelwerk das Ziel der Sportausübung definieren sowie die Rahmenbedingungen dafür setzen, auf welche Art und Weise dieses Ziel zu erreichen ist und die Befolgung der betreffenden Regeln sanktionieren[20]. Erst ein einheitliches sportliches Regelwerk ermöglicht eine wettkampfmäßige Sportausübung,

---

18 *Haas/Prokop*, SpuRt 1996, 109 f.

19 PHBSportR/*Pfister* Einleitung/3.

20 BGH, NJW 1995, 583, 584; OLG München, SpuRt 1996, 133, 136; *Haas*, ZGR 2001, 325, 337; PHBSportR/*Pfister* Einleitung/3; *Lindemann*, SpuRt 1994, 17, 19; *Vieweg*, JuS 1983, 825, 828 f.

indem es sportliche Leistungen bewertbar und damit vergleichbar macht[21]. Die Chancengleichheit für alle Wettkampfteilnehmer ist freilich nicht allein durch den Erlaß einheitlicher Spiel- und Wettkampfbestimmungen zu garantieren. Darüber hinaus müssen sämtliche Wettkampfteilnehmer tatsächlich an das entsprechende Regelwerk gebunden sein[22]. So erlangt ein 100m Lauf seinen besonderen Reiz nämlich nicht allein dadurch, daß vor Beginn des Wettkampfs eine Regelung bzgl. der Länge der zu absolvierenden Laufstrecke besteht. Zudem muß gewährleistet sein, daß jeder am Wettkampf teilnehmende Sportler tatsächlich an die Norm gebunden ist, die eine Laufstrecke von 100m festlegt. Regelaufstellung und Regelbindung sind daher grundlegende unabdingbare Voraussetzungen des organisierten Wettkampfsports. Der Gedanke, ein Sprinter könne auf die Idee kommen, weniger als die geforderten 100m zu laufen, mutet sicherlich etwas absurd an. Andererseits belegt der sogenannte »Fall Krabbe I«[23] eindrucksvoll, daß es nicht genügt, ein Regelwerk aufzustellen, ohne gleichzeitig eine Bindung der jeweiligen Sportler an das einschlägige Regelwerk zu gewährleisten. In dem zwischen der Sprinterin Katrin Krabbe und dem DLV geführten Verbandsgerichtsverfahren hatte der Rechtsausschuß des DLV die Rechtmäßigkeit einer gegen die Sportlerin wegen unsportlichen Verhaltens verhängten Wettkampfsperre zu beurteilen. Im Ergebnis erachtete der Rechtsausschuß die Wettkampfsperre für unwirksam. Die Begründung seiner Entscheidung stützte er unter anderem darauf, daß im Verhältnis zur Sportlerin keine ausreichende Rechtsgrundlage für die Verhängung der betreffenden Wettkampfsperre bestand, weil die Sportlerin nicht an das einschlägige Regelwerk des DLV gebunden war[24].

Die Chancengleichheit ist also nur unter der Voraussetzung zu gewährleisten, daß sämtliche Sportler gleichermaßen einem einheitlichen Regelwerk unterworfen sind. Das wesentliche Ziel einer Athleten- bzw. Lizenzvereinbarung ist daher, die für den Wettkampfsport notwendige Chancengleichheit zu gewährleisten, indem alle Sportler einheitlich an das für die wettkampfmäßige Sportausübung erforderliche Regelwerk gebunden werden. Infolge der mit der Professionalisierung und Kommerzialisierung geänderten Interessenlage der am Sport Beteiligten genügt die einheitliche Unterwerfung unter das sportliche Regelwerk freilich häufig nicht mehr, um Konflikte zwischen Sportler und Verband zu vermeiden. Zusätzlich zur

21 BGH, NJW 1995, 583, 584; *Haas*, ZGR 2001, 325, 337; *Pfister*, in FS für W. Lorenz, S. 171, 179 ff., 191.

22 Vgl. BGH, NJW 1995, 583, 584; PHBSportR/*Pfister* Einleitung/3; *ders./Steiner*, Sportrecht von A-Z, Spielregeln, S. 169; *ders.*, in FS für W. Lorenz, S. 171.

23 Rechtsausschuß des DLV, NJW 1992, 2588 ff.

24 Rechtsausschuß des DLV, NJW 1992, 2588, 2590 f.

Normbindung ist deshalb all dasjenige vertraglich zu regeln, was im Rechtsverhältnis zwischen Sportler und Verband von Bedeutung ist. Neben der Unterwerfungserklärung ist daher ein weiteres Ziel vertraglicher Vereinbarungen die wechselseitigen Rechte und Pflichten zu konkretisieren, um damit für die notwendige Rechtssicherheit und -klarheit zwischen Sportlern und Verband zu sorgen[25]. Die Pflichtenkonkretisierung hilft dabei nicht nur Streitigkeiten von vornherein zu vermeiden, sondern ermöglicht es auch, für den Fall von Rechtsstreitigkeiten, bereits im Vorfeld Regelungen zu treffen[26].

§ 3 Institutionelle Rahmenbedingungen der organisierten Sportausübung

Ob eine Athleten- bzw. Lizenzvereinbarung tatsächlich geeignet ist, diese inhaltlichen Zielvorgaben zu verwirklichen, kann nur im Lichte der institutionellen Rahmenbedingungen der organisierten Sportausübung beantwortet werden. Geprägt sind die Rahmenbedingungen für die Sportausübung durch vier verschiedene Strukturmerkmale, die nachfolgend erörtert werden sollen.

I. Der Verein als Grundlage der organisierten Sportausübung

Die rechtliche Basis für die organisierte Sportausübung bildet – abgesehen vom Schul- und Hochschulsport – überwiegend[27] der in den §§ 21 ff. BGB normierte Verein. In Rechtsprechung und Schrifttum wird der Verein als eine auf Dauer zur Erreichung eines gemeinsamen nichtwirtschaftlichen Zwecks angelegte, körperschaftlich verfaßte, freiwillige Vereinigung einer größeren Anzahl von Personen angesehen, die vom Wechsel ihrer Mitglie-

25 Vgl. hierzu beispielsweise die Präambel der Muster-Athletenvereinbarung abgedruckt bei *Niese*, in Akademieschrift 49, S. 7, 10; vgl. zu den Regelungszielen einer Athletenvereinbarung *Prokop*, in Akademieschrift 49, S. 19, 20 ff.; *Haas/Prokop*, SpuRt 1996, 109, 110 f.

26 *Prokop*, in Akademieschrift 49, S. 19, 20.

27 In einigen klassischen Profisportarten – wie etwa Fußball und Eishockey – erfolgt zunehmend eine Ausgliederung der Profisportabteilungen auf Kapitalgesellschaften.; vgl. zu dieser Thematik statt vieler *Habersack*, in RuS 25, S. 45 ff.; *Wagner*, NZG 1999, 469 ff.

der unberührt bleibt und einen Gesamtnamen führt[28]. Die Rechtsform des bürgerlich-rechtlichen Vereins haben im Bereich des Sports die Sportvereine[29] sowie grundsätzlich auch die einzelnen Sportverbände[30] gewählt. Bei Sportvereinen handelt es sich um Vereine i. S. der §§ 21 ff. BGB, deren Mitglieder sich zum Zwecke der gemeinsamen Ausübung einer oder verschiedener Sportarten zusammengeschlossen haben[31]. Unter Sportverbänden versteht man Zusammenschlüsse von Sportvereinen oder aber hierarchisch nachgeordneten Verbänden zur Verfolgung der gemeinsamen, von den einzelnen Verbandsmitgliedern auf nachgeordneter Ebene weniger effektiv wahrnehmbaren Vereinszwecke[32].

Die vereinsrechtliche Organisationsstruktur des Sports bildet das rechtliche Fundament für einen staatsfreien, von außen nicht verordneten bzw. reglementierten Sport. So garantiert die in Art. 9 Abs. 1 GG grundrechtlich verankerte Vereinsautonomie nicht nur das Recht, einen Verein frei zu gründen bzw. diesem beizutreten oder fernzubleiben, sondern umfaßt auch die Befugnis der Mitglieder eines Vereins, das Vereinsleben eigenverantwortlich durch die Satzung, Beschlüsse der Mitgliederversammlung bzw. Maßnahmen anderer Vereinsgremien frei zu gestalten[33]. Zum autonomen Regelungsbereich eines Vereins gehört es dabei, die Rechtsverhältnisse zu den Mitgliedern bzw. zu Dritten sowie die gesamte Organisation im Rahmen des zwingenden Gesetzesrechts frei zu gestalten, Regelungen für Erwerb, Inhalt und Verlust der Mitgliedschaft zu treffen, Zweck und Sitz des Vereins zu bestimmen sowie die Willensbildung, Verwaltung und Auflösung des Vereins zu regeln[34]. Die vereinsrechtliche Regelungsautonomie umfaßt freilich nicht nur das Recht zur Regelsetzung, sondern auch dasjenige zur Regelan-

---

28 RGZ 60, 94, 99; MünchKomm-*Reuter*, §§ 21, 22, Rn. 1; *Reichert*, Handbuch des Vereins- und Verbandsrechts, Rn. 1, S. 1; *Sauter/Schweyer*, Der eingetragene Verein, Rn. 1, S. 1; *Stöber*, Handbuch zum Vereinsrecht, Rn. 4, S. 5; *Steinbeck*, Vereinsautonomie und Dritteinfluß, S. 4.

29 *Pfister/Steiner*, Sportrecht von A-Z, Sportverein, S. 218; *Hohl*, Nominierung, S. 61.

30 Vgl. § 1 DSB-Satzung; § 1 DHB-Satzung; § 1 DFB-Satzung; § 1 BDR-Satzung; vgl., auch *Pfister/Steiner*, Sportrecht von A-Z, Sportverband, S. 216 f.

31 *Hohl*, Nominierung, S. 61.

32 *Hohl*, Nominierung, S. 61 f.; *Prokop*, Dopingverbote, S. 38 f.

33 *Soergel-Hadding*, Vor § 21, Rn. 79; *Pfister/Steiner*, Sportrecht von A-Z, Vereinsautonomie, S. 252; *Lukes*, in FS für H. Westermann, S. 325, 329; *Stöber*, Handbuch zum Vereinsrecht, Rn. 1, S. 1.

34 BVerfG, NJW 1979, 699, 705 f.; NJW 1990, 37, 38; NJW 1992, 549; NJW 1996, 1203; BGH, SpuRt 2000, 196, 197= DStR 2000, 289 f.; NJW 2000, 1028, 1029 f.; *Soergel-Hadding*, Vor § 21, Rn. 79; *Stöber*, Handbuch zum Vereinsrecht, Rn. 1, S. 1; *Steinbeck*, Vereinsautonomie und Dritteinfluß, S. 18 ff.; PHBSportR/*Fritzweiler* 1/9.

wendung. Zu letzterem zählt insbesondere die Befugnis des Vereins, Regelverstöße der Vereinsmitglieder zu sanktionieren[35]. Trotz der weitreichenden autonomen Regelungsbefugnis eröffnet die Vereinsautonomie dem Verein keinen staatsfreien, d. h. vom staatlichen Recht nicht erfaßten Raum[36]. Ist nämlich die Vereinsautonomie ebenso wie die durch Art. 2 Abs. 1 GG geschützte Vertragsfreiheit eine besondere Ausprägung der Privatautonomie[37], so unterliegt die Vereinsautonomie gleichsam wie die Privatautonomie den durch die Rechtsordnung gezogenen Grenzen sowie gegebenenfalls einer staatlichen Kontrolle[38].

II. Pyramidenförmiger Aufbau

Die organisatorische Basis des wettkampfmäßig betriebenen Sports in Deutschland bilden überwiegend die einzelnen Sportvereine. Dabei reicht die Bandbreite der Sportvereine vom Kleinverein mit einer geringen Anzahl von Mitgliedern bis hin zu Großvereinen mit mehreren tausend Mitgliedern, die innerhalb ihres Sportvereins häufig eine Vielzahl verschiedener Sportarten betreiben können[39]. Die Bedeutung der Sportvereine im Organisationsgefüge des Sports hat historische Wurzeln[40], die auf die nach dem Ende des zweiten Weltkriegs in Deutschland bestehende rechtliche und tatsäch-

---

35 BGHZ 21, 370, 373, 375; 28, 131, 133; 29, 352, 355; 128, 93, 105=NJW 1995, 583 ff.=SpuRt 1995, 43 ff.; OLG Düsseldorf, SpuRt 1995, 171, 172; *Soergel-Hadding*, Vor § 21, Rn. 79; *Vieweg*, Normsetzung, S. 148 f.; *ders.*, JuS 1983, 825, 826; *Lukes*, in FS für H. Westermann, S. 325, 327 ff.; *Steinbeck*, Vereinsautonomie und Dritteinfluß, S. 20; PHBSportR/*Summerer* 2/3.

36 *Soergel-Hadding*, Vor § 21, Rn. 79; *Vieweg*, Normsetzung, S. 159 ff.; *Röhricht*, in Akademieschrift 39, S. 12 f.

37 BayOblGZ 27 (1977), 6, 10; *Vieweg*, Normsetzung, S. 151; *ders.*, JuS 1983, 825, 826; *Steinbeck*, Vereinsautonomie und Dritteinfluß, S. 12 f. mwN; *Soergel-Hadding*, Vor § 21, Rn. 79; *Staudinger-Weick*, Vorbem zu §§ 21 ff, Rn. 38; PHBSportR/*Fritzweiler* 1/9.

38 *Staudinger-Weick*, Vorbem zu §§ 21 ff, Rn. 38; *Soergel-Hadding*, Vor § 21, Rn. 79; PHBSportR/*Summerer* 2/3; vgl. hierzu unten die §§ 8 ff.

39 So gehören dem FC Bayern München über 85.000 Mitglieder an.; vgl. http://www.fcbayern.de; Borussia Dortmund gehören derzeit ca. 11.000 Mitglieder an. http://www.sport1.de; Stand 1.8.2001.

40 Da sich mit der Wiedervereinigung beider deutscher Staaten, die Organisationsstrukturen des westdeutschen Sportsystems gegenüber den Strukturen in der ehemaligen DDR im wesentlichen durchgesetzt haben, wird an dieser Stelle lediglich die Entwicklung in Westdeutschland berücksichtigt.; vgl. *Niese*, Sport im Wandel, S. 218 ff.

liche Situation zurückgehen[41]. Da von den Alliierten die nationalsozialistischen Strukturen zerschlagen wurden, war der Weg für eine Neuorganisation des Sports frei[42]. Im Gegensatz zu übergeordneten Verbänden wurden eine ganze Reihe lokaler Sportvereine nicht verboten sowie die Neugründung von Sportvereinen nicht untersagt[43], so daß sich die Basis der heutigen Sportorganisation formieren konnte. Später gründeten die einzelnen Vereine auf regionaler Ebene Kreis-, Bezirks-, bzw. Regionalverbände. Die regional tätigen Verbände errichteten auf Landesebene die sogenannten Landesverbände. Die Landesverbände wiederum schlossen sich ihrerseits zu den auf Bundesebene tätigen Spitzenverbänden[44] zusammen[45].

Kennzeichnend für die Organisation des Sports ist damit ein sich von unten nach oben stufen- bzw. pyramidenförmig vollziehender Aufbau vom Sportverein, über die Regional- und Landesverbände bis hin zu den nationalen Spitzenverbänden[46]. Unmittelbare mitgliedschaftlich begründete Rechtsbeziehungen bestehen infolgedessen jeweils nur zwischen Verbänden, Vereinen bzw. Sportlern nachgeordneter Stufen.

III. Das »Ein-Platz-Prinzip«

Dieser von unten nach oben sich vollziehende pyramidenförmige Aufbau führt zu dem für die Sportorganisation charakteristischen Strukturmerkmal. Für jede Sportart gibt es auf nationaler wie auch auf internationaler Ebene jeweils nur einen, die betreffende Sportart repräsentierenden Verband. Daher haben die Sportverbände eine Monopolstellung inne. Dieses Strukturmerkmal bezeichnet man als »Ein-Platz-Prinzip« bzw. »Ein-Verbands-Prinzip«[47]. Ihre Monopolstellung erlangen die Sportverbände durch Satzungs-

41 *Niese*, Sport im Wandel, S. 17.

42 *Niese*, Sport im Wandel, S. 8 f.; *Hohl*, Nominierung, S. 5; *Prokop*, Dopingverbote, S. 36.

43 *Niese*, Sport im Wandel, S. 9.

44 Sollte im folgenden von Verbänden die Rede sein, so sind damit die auf Bundesebene tätigen Spitzenfachverbände gemeint.

45 *Niese*, Sport im Wandel, S. 9 f.; *Hohl*, Nominierung, S. 5; *Pfister/Steiner*, Sportrecht von A-Z, Verbandsorganisation, S. 241 f.; *Pfister*, in FS für W. Lorenz, S. 171, 172 f.; *Vieweg*, JuS 1983, 825, 826; *Prokop*, Dopingverbote, S. 36; *Hannamann*, Kartellverbot, S. 62 f.

46 *Vieweg*, JuS 1983, 825, 826; *Prokop*, Dopingverbote, S. 42 f.

bestimmungen, nach denen – beispielsweise im DSB[48] – jeweils nur ein Verband für jedes Fachgebiet die Mitgliedschaft erwerben kann[49]. Ist eine bestimmte Sportart bereits von einem Verband vertreten, der Mitglied des DSB ist, wird jedem weiteren Verband die Aufnahme in den DSB verweigert. Dieses durch Satzungsbestimmungen abgesicherte »Ein-Platz-Prinzip« setzt sich auf den jeweils regional nachgeordneten Stufen fort. So akzeptieren die Landessportbünde ebenfalls für eine Sportart jeweils nur einen diese Sportart repräsentierenden Verband[50]. Nach diesem Prinzip verfahren auch die jeweiligen nationalen Fachverbände[51]. So nimmt ein nationaler Fachverband – wie etwa der DFB – für jedes Bundesland jeweils nur einen, die betreffende Sportart vertretenen Landesverband auf[52]. Dieses Prinzip ist bis auf wenige Ausnahmen[53] auch auf internationaler Ebene verwirklicht. So wird jede Sportart typischerweise nur von einem internationalen Verband repräsentiert, der seinerseits nur einen Kontinental- bzw. nationalen Spitzenverband die Mitgliedschaft gewährt[54].

---

47 BGH, NJW 1975, 771, 773 f., *Vieweg*, Normsetzung, S. 61; *ders.*, in RuS 16, S. 23, 25; *ders.*, JuS 1983, 825, 826; *ders.*, SpuRt 1995, 97, 98; *Pfister/Steiner*, Sportrecht von A-Z, Verbandsorganisation, S. 241 f.; PHBSportR/*Pfister* Einleitung/14; *ders.*, in FS für W. Lorenz, S. 171, 172.

48 Beim Deutschen Sportbund (DSB) handelt es sich um die Dachorganisation des deutschen Sports. Gem. § 5 Nr. 1 DSB-Satzung sind Mitglieder des DSB die Landessportbünde, die Spitzenverbände, Sportverbände mit besonderer Aufgabenstellung, Verbände für Wissenschaft und Bildung sowie Förderverbände. Der DSB ist sportartübergreifend tätig. Gem. § 2 DSB-Satzung gehört es zu seinen Aufgaben, den Sport zu fördern, die Mitgliederinteressen gegenüber Staat und Gemeinden zu vertreten sowie den Sport in überverbandlichen und überfachlichen Angelegenheiten im In- und Ausland zu vertreten.

49 § 5 Nr. 3 DSB-Satzung.

50 PHBSportR/*Summerer* 2/108; *Vieweg*, JuS 1983, 825, 826.

51 Zu den Aufgaben der nationalen Fachverbände zählen unter anderem die Förderung, Weiterentwicklung und Organisation der durch sie vertretenen Sportart. Dazu gehören die Wahrung der Einheitlichkeit des Sports, Ausrichtung deutscher Meisterschaften bzw. die Ermittlung des deutschen Meisters im Rahmen eines Ligasystems, die Nominierung, Vorbereitung und Betreuung von Nationalmannschaften, die Aufstellung von Wettkampfregeln, die Vertretung der Bundesrepublik in internationalen Verbänden, usw. [vgl. § 2 DLV-Satzung; § 2 DHB-Satzung; § 2 BDR-Satzung; § 2 DTB-Satzung; § 3 DFechtB-Satzung, vgl. auch *Niese*, Sport im Wandel, S. 17].

52 § 8 DFB-Satzung; vgl. auch § 7 DHB-Satzung.

53 Im Boxsport konkurrieren gleich mehrere Verbände miteinander (WBA, WBC, WBF, IBF, IBC).; vgl. PHBSportR/*Summerer* 2/109; Im Bereich des Snowboardsports existieren zwei internationale Verbände (FIS und IFS).

54 *Pfister/Steiner*, Sportrecht von A-Z, Verbandsorganisation, S. 241; *Vieweg*, Normsetzung, S. 62 f.; *ders.*, SpuRt 1995, 97, 98.

Die durch das »Ein-Platz-Prinzip« bewirkte Monopolstellung der Sportverbände ist dabei durch zwei verschiedene Komponenten gekennzeichnet. Einerseits besteht in räumlicher Hinsicht eine Monopolstellung. Das bedeutet, daß für ein abgegrenztes Territorium – Bundesland, Bundesgebiet, Europa, Welt – jeweils nur ein Verband existiert. Andererseits beinhaltet das »Ein-Platz-Prinzip« eine fachliche Komponente, wonach für eine Sportart generell nur ein Verband fachlich zuständig ist[55]. Die Freiheit, einen Verein bzw. Verband zu gründen, ist jedoch in Art. 9 Abs. 1 GG grundrechtlich verbürgt. Aus rechtlicher Sicht verhindert das »Ein-Platz-Prinzip« daher nicht die Gründung konkurrierender Verbände. Die von der untersten Ebene bis hin zum Weltverband hierarchisch gegliederte Organisationsstruktur ist jedoch eine rein tatsächlich nur schwer zu überwindende Hürde dafür, daß sich neben der bereits bestehenden Verbandsstruktur neue Organisationen etablieren können[56].

IV. Willensbildung von oben nach unten

Die Entstehung überregionaler Zusammenschlüsse bis hin zu den weltweit zuständigen internationalen Sportverbänden ist eine Folge des für jede wettkampfmäßig betriebene Sportart typischen Merkmals, daß sportliche Leistungen einzelner Sportler oder Mannschaften miteinander vergleichbar sein müssen. Möglich ist ein solcher Vergleich nur dann, wenn ein einheitliches Regelwerk existiert, an das alle Wettkampfteilnehmer gleichermaßen gebunden sind[57]. Je nachdem innerhalb welcher Region Sportler in einem Wettkampf gegeneinander antreten wollen, ist eine übergeordnete Instanz erforderlich, die für den Erlaß und die Durchsetzung eines einheitlichen Regelwerks innerhalb des betreffenden Territoriums verantwortlich ist. Soll ein sportlicher Vergleich auf Kreisebene erfolgen, ist also lediglich eine übergeordnete Instanz für den betreffenden Landkreis notwendig. Die organisierte Sportausübung ist heutzutage freilich kein regional begrenztes Phänomen. So findet vor allem Profi- und Leistungssport auf nationaler bzw. internationaler Ebene im Rahmen von Welt-, Europa- bzw. deutschen Meisterschaften statt. Dies erfordert den Erlaß und die Durchsetzung national bzw. weltweit gültiger Standards für eine bestimmte Sportart. Hierzu sind die auf unterster Ebene der Verbandspyramide angesiedelten Sportvereine nicht in der Lage. Rein tatsächlich können solche Aufgaben nur die na-

---

55 *Vieweg*, Normsetzung, S. 61 ff.; *ders.*, JuS 1983, 825, 826.
56 Vgl. auch PHBSportR/*Pfister* Einleitung/14.
57 Vgl. § 2; *Prokop*, Dopingverbote, S. 43.

tionalen bzw. internationalen Fachverbände erfüllen[58]. Dies war letztlich auch der Hauptgrund für die Entstehung der als »Ein-Platz-Prinzip« bezeichneten Organisationsstruktur des Sports[59].

Ohne von den nationalen bzw. internationalen Verbänden erlassene Regelwerke ist ein organisierter Wettkampfsport folglich undenkbar. Jeder am Wettkampfgeschehen teilnehmende Sportler muß daher davon ausgehen, daß für die von ihm betriebene Sportart vom zuständigen nationalen bzw. internationalen Verband aufgestellte Regelwerke gelten[60]. Demnach ist es allgemein üblich und von den Teilnehmern am organisierten Sport auch weitgehend anerkannt, daß die sportlichen Regelwerke auf unterster Ebene von den normunterworfenen Sportlern in den Sportvereinen weder allgemeinverbindlich erlassen, noch Regelverstöße sanktioniert werden können. Jeder einzelne Sportler geht mithin davon aus, daß er mit dem Beitritt zu einem Sportverein rein tatsächlich keine Möglichkeit hat, an dem Erlaß und der Fortschreibung der für seine Sportart gültigen Standards mitzuwirken[61]. Gerade weil den Sportvereinen weder sachliche noch personelle Mittel zur Erfüllung derartiger Aufgaben zur Verfügung stehen, haben sie sich in die Verbandshierarchie eingegliedert. Mit der Eingliederung in das Verbandssystem unterstellen sich die Vereine daher hinsichtlich Erlaß und Durchsetzung einheitlicher Spiel- und Wettkampfregelungen bewußt einer fremden Regelungsmacht. Sie verzichten damit zugunsten der übergeordneten Verbände auf einen Teil ihrer durch die Vereinsautonomie gewährleisteten Regelungshoheit. Anders ausgedrückt kann man sagen, *»die Autonomie des einzelnen Sportlers geht also auf den Sport über, d.h. juristisch auf den jeweiligen (Welt-) Sportverband.«*[62]

Zusammenfassend bleibt folgendes festzuhalten: Die institutionellen Rahmenbedingungen im Sport prägen vier Merkmale. Die Basis der organisierten Sportausübung bildet – bislang noch – der bürgerlich rechtliche nicht wirtschaftliche Verein i. S. der §§ 21 ff. BGB. Ein weiteres Merkmal ist, daß der Sport pyramidenförmig von der untersten Ebene über die natio-

---

58 Vgl. Art. 2, 58 FIFA-Statuten; § 4 DFB-Satzung; § 2 DHB-Satzung; § 2 DLV-Satzung; *Pfister*, in FS für W. Lorenz, S. 171, 173, 180; PHBSportR/*Pfister* Einleitung/13 f.; *Buchberger*, Überprüfbarkeit sportverbandsrechtlicher Entscheidungen, S. 39 f.

59 Vgl. auch PHBSportR/*Pfister* Einleitung/13 f.; *ders./Steiner*, Sportrecht von A-Z, Verbandsorganisation, S. 242; *ders.*, in FS für W. Lorenz, S. 171, 172.

60 Vgl. BGH, NJW 1995, 583, 584=SpuRt 1995, 43, 44 f.

61 Vgl. BGH, NJW 1995, 583, 584=SpuRt 1995, 43, 44 f.

62 *Pfister*, in FS für W. Lorenz, S. 171, 180; vgl. auch *Soergel-Hadding*, Vor § 21, Rn. 54; *Summerer*, Internationales Sportrecht, S. 155; *Sauter/Schweyer*, Der eingetragene Verein, Rn. 323, S. 243.

nalen bis hin zu den internationalen Verbänden hierarchisch strukturiert ist. Diese Struktur des organisierten Sports ist notwendig, um einheitliche Standards für die Sportausübung schaffen und durchsetzen zu können. Dieser Zweck kann nur dadurch erreicht werden, daß sich die Willensbildung im organisierten Sport – entgegen dem Verständnis von demokratischer Willensbildung – von »oben nach unten«; d.h. von den internationalen über die nationalen Verbände bis hinab zu den einzelnen Vereinen vollzieht[63].

§ 4 Die einzelnen Bindungsmöglichkeiten

Die Art und Weise der Willensbildung innerhalb der Verbandspyramide hat zur Folge, daß die sportlichen Regelwerke an der Verbandsspitze von den nationalen bzw. internationalen Verbänden erlassen werden. Die Normadressaten, die Sportler, stehen jedoch am unteren Ende der Pyramide. Zwischen Normgeber und Normadressaten besteht daher eine gewisse soziale Distanz. Im Lichte der institutionellen Rahmenbedingungen der Sportorganisation ist zu klären, welche rechtlichen Optionen bestehen, diese Kluft zwischen Normgeber und Normadressaten zu überbrücken. Nachfolgend sind daher die verschiedenen Möglichkeiten zu erörtern, Sportler einheitlich an das Regelwerk nationaler bzw. internationaler Verbände zu binden, um damit die Voraussetzung[64] für die wettkampfmäßige Ausübung einer Sportart zu schaffen.

I. Bindung der Sportler durch Mitgliedschaft der Sportvereine im übergeordneten Sportverband

Fraglich ist, ob die soziale Distanz zwischen Normgeber und Normadressaten allein durch die Eingliederung eines Sportvereins in die Verbandspyramide überwunden werden kann. So entstehen einer älteren Auffassung[65] zufolge bereits mit dem Beitritt eines Vereins zu einem Verband gewisse unmittelbare Rechtsbeziehungen nicht nur zwischen Verband und Verein, sondern auch zwischen dem Verband und den einzelnen Vereinsmitgliedern. Deshalb sollen die Mitglieder des dem Verband angeschlossenen Vereins, die sogenannten mittelbaren Verbandsmitglieder, selbst unmittelbar an die

---

63 Vgl. auch PHBSportR/*Pfister* Einleitung/14 ff.

64 Vgl. hierzu § 2.

65 RG SeuffArchiv 59, Nr. 118; RG, JW 1906, 416 f.; BGH LM Nr. 2 zu § 35 BGB; OLG Karlsruhe OLGZ 1970, 300, 303 f.

Verbandsnormen gebunden sein. Begründet wird dies damit, daß die mit dem Beitritt des Vereins zum Verband verfolgten Ziele nur erreicht werden können, wenn neben dem verbandsangehörigen Verein auch die einzelnen Vereinsmitglieder nicht nur der Satzung und den Ordnungen »ihres« Vereins, sondern auch denjenigen des Verbandes unterworfen sind[66]. Zutreffend ist der Ansatzpunkt dieser Auffassung, daß nur mit einer Bindung der mittelbaren Verbandsmitglieder (Sportler) an die Verbandssatzung das mit dem Verbandsbeitritt des Sportvereins verfolgte Ziel erreicht werden kann. Denn einheitliche allgemeingültige Standards für die Sportausübung sind nur zu gewährleisten, wenn alle Sportler gleichermaßen dem Verbandsregelwerk unterworfen sind. Fraglich ist jedoch, ob diese Ansicht mit der Reichweite der vereinsautonomen Regelungsbefugnis vereinbar ist.

Die Vereinsautonomie ermöglicht es den Vereinsmitgliedern, das Vereinsleben eigenverantwortlich durch die Satzung, Beschlüsse der Mitgliederversammlung bzw. Maßnahmen anderer Vereinsgremien frei zu gestalten[67]. Die im Rahmen der gemeinsamen Zweckverfolgung von den Mitgliedern erlassene Satzung[68] sowie sämtliche das Vereinsleben betreffenden Maßnahmen gelten jedoch grundsätzlich nur für das Innenverhältnis des Vereins und können folglich allein die Vereinsmitglieder bzw. die Organe des Vereins binden[69]. Verbindlichkeit für die Vereinsmitglieder erlangt die Satzung durch eine Beteiligung dieser an der Gründung oder durch eine spätere Beitrittserklärung[70]. Eine Unterwerfung unter die Satzung setzt mithin stets eine hierauf gerichtete rechtsgeschäftliche Erklärung voraus[71]. Ist also die Reichweite der Bindungswirkung vereinsrechtlicher Satzungen und Ordnungen durch die vereinsautonome Gestaltungsfreiheit begrenzt[72], folgt hieraus, daß Vereine – anders als der Staat – nicht berechtigt sind, innerhalb ihres selbst definierten Zuständigkeitsbereichs einseitig verbindlich Recht zu setzen und dieses gegebenenfalls auch zwangsweise durchzu-

---

66 RG SeuffArchiv 59, Nr. 118; OLG Karlsruhe OLGZ 1970, 300, 303 f.

67 Vgl. § 3 I, § 8.

68 Die nachfolgend in bezug auf die Bindung an die Satzung gemachten Ausführungen, gelten selbstverständlich gleichermaßen für eine Bindung an Vereinsordnungen.

69 *Edenfeld*, Rechtsbeziehungen, S. 46 f.; *Staudinger-Weick*, § 25, Rn. 9 f.; *Soergel-Hadding*, § 25, Rn. 33; RGRK-*Steffen*, § 25, Rn. 7; *Lukes*, in FS für H. Westermann, S. 325.

70 *Soergel-Hadding*, § 25, Rn. 34 f.; *Edenfeld*, Rechtsbeziehungen, S. 46 ff.; *Stöber*, Handbuch zum Vereinsrecht, Rn. 36, S. 26; *Reichert*, Handbuch des Vereins- und Verbandsrechts. Rn. 341 f., S. 106; *Beuthien*, ZGR 1989, 255, 257 f.

71 PHBSportR/*Summerer* 2/150; *Pfister*, SpuRt 1996, 48; *ders.*, in FS für W. Lorenz, S. 171, 183; *ders./Steiner*, Sportrecht von A-Z, Verbandsregeln, S. 243.

72 *Edenfeld*, Rechtsbeziehungen, S. 47.

setzen[73]. Maßnahmen eines Vereins gegenüber Nichtmitgliedern sind demzufolge grundsätzlich nichtig[74].

Tritt ein Verein einem Verband bei, so begibt sich nur die juristische Person als solche, nicht jedoch das einzelne Vereinsmitglied, in den autonomen Regelungsbereich des Verbandes. Folglich ist auch nur der beitretende Verein der Satzung und den Ordnungen bzw. Maßnahmen des Verbandes unterworfen. Sollen auch die Vereinsmitglieder an diese Verbandsregelungen gebunden sein, so bedarf es hierauf gerichteter Willenserklärungen der Vereinsmitglieder[75]. Die Tatsache, der mit dem Beitritt des Vereins zum Verband verfolgte Zweck könne ohne Bindung der Vereinsmitglieder an die Verbandssatzung nicht erreicht werden, vermag die rechtsgeschäftliche Grundlage für eine Bindung der Vereinsmitglieder nicht zu ersetzen[76]. Anderenfalls hätten die Verbände eine mit der Reichweite der autonomen Gestaltungsfreiheit nicht zu vereinbarende Regelungskompetenz gegenüber Nichtmitgliedern.

Die Mitgliedschaft in einem verbandsangehörigen Sportverein begründet deshalb ohne weiteres keine unmittelbaren Rechtsbeziehungen zwischen den einzelnen Sportlern und dem für den Erlaß des Regelwerks zuständigen Verband. Zwar haben die nationalen bzw. internationalen Verbände aufgrund der pyramidenförmigen Verbandsstruktur eine Monopolstellung inne, die es ihnen ermöglicht, einheitliche Standards für eine Sportart zu erlassen. Eine automatische Bindung der auf der untersten Ebene der Verbandspyramide angesiedelten Sportler geht mit dem Erlaß der Verbandsregelungen jedoch nicht einher. Die einzelnen Sportler sind als Vereinsmitglieder vielmehr nur den Satzungen und Ordnungen »ihres« Sportvereins unterworfen. Sollen sie darüber hinaus auch an das Verbandsregelwerk gebunden werden, ist stets ein hierauf gerichteter rechtsgeschäftlicher Wille jedes einzelnen Sportlers erforderlich.

---

73 *Pfister*, SpuRt 1996, 48; *ders./Steiner*, Sportrecht von A-Z, Verbandsregeln, S. 243; PHBSportR/*Summerer* 2/150.

74 *Stöber*, Handbuch zum Vereinsrecht, Rn. 669, S. 381 f.

75 RGRK-*Steffen*, § 25, Rn. 7; MünchKomm-*Reuter*, Vor § 21, Rn. 121; *ders.*, in RuS 7, S. 53, 58; *Soergel-Hadding*, § 25, Rn. 34; *Staudinger-Weick*, § 25, Rn. 12; *Edenfeld*, Rechtsbeziehungen, S. 48 ff.; *Vieweg*, Normsetzung, S. 339 f.; *Lukes*, in FS für H. Westermann, S. 325, 331 f., 344.

76 MünchKomm-*Reuter*, Vor § 21, Rn. 121; *ders.*, in RuS 7, S. 53, 58 f.; *Edenfeld*, Rechtsbeziehungen, S. 50.

II. Bindung durch unmittelbare Verbandsmitgliedschaft der Sportler

Die vorangehenden Ausführungen haben gezeigt, daß die Satzungen und Ordnungen der Verbände wegen der begrenzten Reichweite der vereinsautonomen Regelungsbefugnis nur im Innenverhältnis für die Mitglieder und Organe des Verbandes gelten. Ist das Regelwerk eines Verbandes jedoch – zumindest teilweise – für Nichtmitglieder geschaffen, müßte der Verband eigentlich bestrebt sein, die betreffenden Normadressaten zum Verbandsbeitritt zu bewegen. Daher hätten an sich alle aktiv am organisierten Sport Beteiligten die Mitgliedschaft in dem für ihre Sportart zuständigen Verband zu erwerben, da sie infolge ihres Verbandsbeitritts an das vom Verband erlassene sportliche Regelwerk gebunden wären.

Mit dem Beitritt eines Sportlers zu einem verbandsangehörigen Verein erlangt dieser freilich nicht zugleich auch die Verbandsmitgliedschaft[77], da allein der Erwerb der Vereinsmitgliedschaft keine unmittelbaren Rechtsbeziehungen zwischen Vereinsmitglied und Verband begründet[78]. Soll neben dem Erwerb der Mitgliedschaft in einem verbandsangehörigen Verein zugleich die Mitgliedschaft im Verband begründet werden, sind unterschiedliche Aufnahmeverträge[79] erforderlich. Unverzichtbar sind zwei von einem freien Willensentschluß getragene rechtsgeschäftliche Beitrittserklärungen[80], mit denen sich das neue Mitglied den voneinander zu unterscheidenden autonomen Regelungsbereichen von Verein und Verband unterstellt. Regelmäßig wird eine Person, die organisiert Sport treiben will, einem Sportverein beitreten. Es entspricht allerdings kaum den rechtstatsächlichen Gegebenheiten, daß ein Sportler mit dem Beitritt zum Sportverein gleichzeitig mit dem zuständigen Verband einen Aufnahmevertrag abschließt.

---

77 BGHZ 28, 131, 134; BGH, ZIP 1989, 14, 16=NJW 1989, 1724=BGHZ 105, 306; *Stöber*, Handbuch zum Vereinsrecht, Rn. 163, S. 119; *Sauter/Schweyer*, Der eingetragene Verein, Rn. 79, S. 63; *Beuthien*, ZGR 1989, 255, 258; *Daigfuß*, Vereinsmitglieder, S. 29; RGRK-*Steffen*, § 38, Rn. 6; *Ernst*, Die Ausübung der Vereinsgewalt, S. 78.

78 § 4 I.

79 Nach h. M. wird die Mitgliedschaft in einem Verein – soweit nicht durch Beteiligung an der Vereinsgründung bereits erworben – durch einen Aufnahmevertrag zwischen Verein und neuem Mitglied begründet.; BGH, NJW 1987, 2503; MünchKomm-*Reuter*, § 38, Rn. 58; *Sauter/Schweyer*, Der eingetragene Verein, Rn. 71, S. 57; *Stöber*, Handbuch zum Vereinsrecht, Rn. 136, S. 106 f.

80 *Beuthien*, ZGR 1989, 255, 258.

Soll mit dem Beitritt zu einem Verein dennoch gleichzeitig die Mitgliedschaft in einem Verband begründet werden, kann dies durch entsprechende Normen in den Satzungen von Verein und Verband erfolgen. Nicht ausreichend ist es allerdings, wenn allein der Verband in seine Satzung eine Bestimmung aufnehmen würde, wonach alle Mitglieder der verbandsangehörigen Vereine mit der Mitgliedschaft im Verein zugleich die Verbandsmitgliedschaft erwerben sollen[81]. Eine derartige Satzungsbestimmung vermag die Beitrittserklärung des neuen Vereinsmitglieds zum Verband nicht zu ersetzen, da die entsprechende Verbandsbestimmung nur für den Verein nicht jedoch für das neue Vereinsmitglied verbindlich ist. Erforderlich sind zur Begründung der Doppelmitgliedschaft in Verein und Verband aufeinander bezugnehmende Satzungsbestimmungen. So muß die Satzung des Vereins eine Bestimmung enthalten, wonach sämtliche Vereinsmitglieder zugleich die Verbandsmitgliedschaft erwerben. Die Verbandssatzung muß ihrerseits bestimmen, daß die Mitglieder des Mitgliedsvereins gleichzeitig Einzelmitglieder des Verbandes sind[82]. Trotz der aufeinander bezugnehmenden Satzungsbestimmungen vollzieht sich der Erwerb der Verbandsmitgliedschaft in diesen Fällen nicht aufgrund eines vereinsrechtlichen Korporationsaktes, sondern mittels eines Aufnahmevertrages zwischen Verband und Vereinsmitglied[83]. Denn mit dem Beitritt zum Verein wird für das neue Mitglied die Vereinssatzung und damit auch die darin enthaltene Mitgliedschaftsvermittlungsklausel verbindlich, womit überwiegender Ansicht nach schlüssig der Beitritt zum Verband erklärt wird[84]. Mit der Annahme dieser Beitrittserklärung kommt dann ein die Mitgliedschaft im Verband begründender Aufnahmevertrag zwischen Verband und Vereinsmitglied zustande[85].

---

81 *Beuthien*, ZGR 1989, 255, 258; *Hohl*, Nominierung, S. 64; *Sauter/Schweyer*, Der eingetragene Verein, Rn. 79, S. 63.

82 BGHZ 28, 131, 134; BGH, ZIP 1989, 14, 16=NJW 1989, 1724=BGHZ 105, 306; offen gelassen AG Frankfurt aM, SpuRt 1999, 36, 37; *Beuthien*, ZGR 1989, 255, 258; *Reichert*, Handbuch des Vereins- und Verbandsrechts, Rn. 347, S. 108; *Hohl*, Nominierung, S. 65; RGRK-*Steffen*, § 38, Rn. 6; *Stöber*, Handbuch zum Vereinsrecht, Rn. 163, S. 119 f.; *Sauter/Schweyer*, Der eingetragene Verein, Rn. 79, S. 63; *Erman-Westermann*, § 38, Rn. 5; *Daigfuß*, Vereinsmitglieder, S. 29; *Ernst*, Die Ausübung der Vereinsgewalt, S. 78; kritisch *Soergel-Hadding*, § 38, Rn. 11; einschränkend MünchKomm-*Reuter*, Vor § 21, Rn. 122.

83 *Beuthien*, ZGR 1989, 255, 272; einschränkend AG Frankfurt aM, SpuRt 1999, 36, 37.

84 *Beuthien*, ZGR 1989, 255, 259; *ders./Hüsken*, Jura 1989, 96, 97; *Daigfuß*, Vereinsmitglieder, S. 35; a. A. MünchKomm-*Reuter*, Vor § 21, Rn. 122.

85 Vgl. zur rechtsdogmatischen Konstruktion eines derartigen Aufnahmevertrages *Beuthien*, ZGR 1989, 255 ff.; *ders./Hüsken*, Jura 1989, 96 ff.; *Daigfuß*, Vereinsmitglieder, S. 27 ff.

III. Satzungsrechtliche Verankerung der Verbandsnormen in der Satzung der Sportvereine

Neben dem Erwerb der unmittelbaren Verbandsmitgliedschaft besteht eine andere (vereins-)rechtliche Möglichkeit, Sportler an die für die Sportausübung erforderlichen Regelwerke zu binden darin, die von den Spitzenverbänden erlassenen Regeln über die in der Verbandspyramide jeweils nachgeordneten Ebenen bis hinab zu den Sportvereinen weiterzuleiten. Finden die Verbandsregeln auf diesem Weg Eingang in die Satzungen der Sportvereine, sind die vereinsangehörigen Sportler nicht nur an die vom Verein selbst erlassenen Bestimmungen, sondern unmittelbar auch an die in die Vereinssatzung inkorporierten, Verbandsregeln (vereins-) mitgliedschaftlich gebunden[86]. Sollen auf diese Weise alle in die Verbandshierarchie eingegliederten Sportvereine Bestandteile der Verbandsregeln in der Vereinssatzung verankern, muß ein den Sportvereinen übergeordneter Verband eine Bestimmung in die eigene Satzung aufnehmen, der zufolge die Mitgliedsvereine zur Inkorporation der betreffenden Verbandsregeln verpflichtet sind[87]. Erfüllen sämtliche verbandsangehörigen Sportvereine ihre mitgliedschaftliche Pflicht, sind alle vereinsangehörigen Sportler einheitlich an das Verbandsregelwerk gebunden.

Aufgrund der historisch gewachsenen Strukturen im Sport[88] sind die Sportvereine allerdings nicht immer Mitglied in einem für die Normsetzung im Sport zuständigen Verband. Insofern können die Spitzenverbände die Sportvereine nicht unmittelbar satzungsmäßig verpflichten, diejenigen Verbandsregeln, die für die einheitliche Ausübung einer Sportart erforderlich sind, in die Vereinssatzung aufzunehmen. Sollen bei einer derartigen Konstellation Satzungsbestimmungen der nationalen Spitzenverbände für die Mitglieder der Sportvereine verbindlich sein, ist eine lückenlose Mehrfachverankerung des Verbandsrechts vom nationalen Spitzenverband, über die

86 BGH, NJW 1995, 583, 585; BayObLGZ 36 (1986), 528, 534; OLG Frankfurt, SpuRt 1994, 87, 88; *Pfister*, JZ 1995, 464, 465; *Schlosser*, Vereins- und Verbandsgerichtsbarkeit, S. 80; *Lindemann*, SpuRt 1994, 17, 20; *Fenn*, SpuRt 1997, 77 f.; *Reichert*, Handbuch des Vereins- und Verbandsrechts, Rn. 348, S. 108; PHBSportR/*Summerer* 2/150; *Hohl*, Nominierung, S. 70; *Vieweg*, Normsetzung, S. 336 f.; *ders.*, NJW 1991, 1511, 1514.

87 BayObLGZ 36 (1986), 528, 534; *Reichert*, Handbuch des Vereins- und Verbandsrechts, Rn. 348, S. 108; *Daigfuß*, Vereinsmitglieder, S. 65; *Vieweg*, Normsetzung, S. 336 f.; *ders.*, NJW 1991, 1511, 1514.

88 Vgl. § 3.

Landes- und eventuell Regionalverbände bis hinab zu den Sportvereinen erforderlich[89].

Ein Sportverein sei beispielsweise Mitglied eines übergeordneten Landesverbandes und dieser seinerseits Mitglied des nationalen Spitzenverbandes. Der nationale Spitzenverband muß dann zum einen den Landesverband verpflichten, Bestandteile seiner Satzung in der Landesverbandssatzung zu verankern und diese Obliegenheit an die nachgeordnete Verbandsstufe weiterzugeben. Zum anderen muß der Landesverband nicht nur seiner mitgliedschaftlichen Pflicht zur Inkorporation der Verbandsbestimmungen nachkommen, sondern auch die Mitgliedsvereine verpflichten, die betreffenden Verbandsbestimmungen in die Vereinssatzung aufzunehmen. Ergänzen die Mitgliedsvereine ihre Vereinssatzung um die über den Landesverband weitergeleiteten Regeln des Spitzenverbandes, so besteht eine lückenlose Verweisungskette vom Spitzenverband, über den Landesverband bis hinab zu den Sportvereinen. Auf diese Weise sind neben dem Landesverband und den Sportvereinen auch die vereinsangehörigen Sportler mitgliedschaftlich dem Regelwerk des nationalen Spitzenverbandes unterworfen[90]. Sämtliche vereinsangehörigen Sportler sind damit an einheitliche Standards für die Sportausübung gebunden, wenn alle in die Verbandshierarchie eingegliederten Vereine und Verbände die von den nationalen Spitzenverbänden erlassenen Regelungen in die eigene Satzung inkorporieren.

IV. Vertragliche Bindung der Sportler

Die zuvor erörterten mitgliedschaftlichen Bindungsmöglichkeiten sind freilich nicht die einzigen rechtlichen Optionen, Sportler dem Regelwerk der Spitzenverbände zu unterwerfen. Obwohl die Satzung nur im Innenverhältnis des Vereins für die Organe und Mitglieder gilt[91], ist es nicht ausgeschlossen, die Satzungsregelungen auch auf Nichtmitglieder zu erstrecken. Um den Kreis der an die Satzungsregeln gebundenen Personen über die unmit-

---

89 LG Neubrandenburg, SpuRt 1994, 149, 150=NJW-RR 1994, 1269 f.; Rechtsausschuß des DLV, NJW 1992, 2588, 2590 f.; *Heermann*, NZG 1999, 325; *Fenn*, SpuRt 1997, 77 f.; *Vieweg*, NJW 1991, 1511, 1514; *ders.*, SpuRt 1995, 97, 98; *ders.*, NJW 1992, 2539, 2540; PHBSportR/*Summerer* 2/150.

90 Rechtsausschuß des DLV, NJW 1992, 2588, 2590 f.; *Baecker*, Grenzen der Vereinsautonomie, S. 122 f.; *Pfister/Steiner*, Sportrecht von A-Z, Verbandsregeln, S. 244; *Pfister*, in FS für W. Lorenz, S. 171, 183 f.; *Vieweg*, Normsetzung, S. 336 f.; *ders.*, NJW 1991, 1511, 1514; *Daigfuß*, Vereinsmitglieder, S. 65; *Steinbeck*, Vereinsautonomie und Dritteinfluß, S. 163 Fn. 62.

91 § 4 I.

telbaren Vereinsmitglieder und -organe hinaus zu erweitern, ist eine vertragliche Vereinbarung erforderlich, in der ein außenstehender Dritter erklärt, daß die vertraglich fixierten Satzungsregeln für ihn verbindlich sein sollen[92]. Über die Tatsache, daß für eine solche vertragliche Bindung an die Satzungen und Ordnungen freilich stets eine hierauf gerichtete rechtsgeschäftliche Erklärung erforderlich ist, dürfen in einigen gerichtlichen Entscheidungen anzutreffende Formulierungen wie »Unterwerfung ... durch Einzelakt[93]« bzw. »Bindung des Sportlers ... an Verbandsregeln im Hinblick auf den, den Sport beherrschenden, Leitgedanken des fair play[94]« nicht hinwegtäuschen[95].

1. Erscheinungsformen der vertraglichen Bindung

Die Entwicklung in den letzten Jahren zeigt, daß rein tatsächlich immer mehr Verbände dazu übergehen, Sportler vertraglich an das für die Sportausübung notwendige Regelwerk zu binden[96]. Mit Abschluß einer solchen rechtsgeschäftlichen Vereinbarung erklären die Sportler beispielsweise, daß Bestandteile der Verbandssatzung, Wettkampfbestimmungen, die Rechts- und Verfahrensordnungen oder Dopingbestimmungen für sie gelten

92 BGH, NJW 1995, 583, 584=SpuRt 1995, 43 ff.; OLG München, SpuRt 1996, 133, 134; OLG Düsseldorf, SpuRt 1995, 171, 172; OLG Frankfurt, SpuRt 1994, 87, 88 f.; SpuRt 1998, 237, 238; NJW-RR 2000, 1117, 1119; LG München I, SpuRt 1995, 161, 166 f.; *Lukes*, in FS für H. Westermann, S. 325, 329 ff.; *ders.*, DB 1968, 427, 430; *Soergel-Hadding*, § 25, Rn. 35; MünchKomm-*Reuter*, Vor § 21, Rn. 121; *ders.*, in RuS 7, S. 53, 59 f.; *Reichert*, Handbuch des Vereins- und Verbandsrechts, Rn. 349, S. 108; *Daigfuß*, Vereinsmitglieder, S. 91 ff.; PHBSportR/*Summerer* 2/155; *Baecker*, Grenzen der Vereinsautonomie, S. 123; *Edenfeld*, Rechtsbeziehungen, S. 193 ff.; *Schlosser*, Vereins- und Verbandsgerichtsbarkeit, S. 77 ff.; *Lindemann*, SpuRt 1994, 17, 20 f., *Stöber*, Handbuch zum Vereinsrecht, Rn. 732, S. 411 f.; *Schimke*, Sportrecht, S. 101 ff.; *Hohl*, Nominierung, S. 79; *Pfister/Steiner*, Sportrecht von A-Z, Verbandsregeln, S. 245; *Heermann*, NZG 1999, 325, 326.

93 BGH, NJW 1995, 583, 584=SpuRt 1995, 43, 44.

94 OLG München, SpuRt 1996, 133, 134.

95 *Pfister*, JZ 1995, 464, 465; *Edenfeld*, Rechtsbeziehungen, S. 199 f.; *Lukes*, in FS für H. Westermann, S. 325, 332 f.

96 Vgl. § 1.

sollen[97]. Derartige Regelanerkennungsverträge sind in der Praxis in den unterschiedlichsten Erscheinungsformen anzutreffen.

So haben die Vertragsbeziehungen, abhängig von der Interessenlage der Vertragspartner, ganz unterschiedliche vertragliche Laufzeiten. Will ein Sportler nur an einem bestimmten Wettkampf teilnehmen, schließen Verband und Sportler sogenannte Teilnahme- bzw. Nominierungsverträge. Hierbei erklären die Sportler, daß das Verbandsregelwerk lediglich für die Dauer des Wettkampfs für sie gelten soll[98]. Ein solcher Teilnahme- bzw. Nominierungsvertrag kommt etwa dadurch zustande, daß der Veranstalter in der Ausschreibung auf das für den konkreten Wettkampf maßgebliche Regelwerk verweist. Mit der Meldung zum Wettkampf erklärt der Sportler seinerseits, die in der Wettkampfausschreibung genannten, Spiel- und Wettkampfbestimmungen für die Zeit des Wettkampfs verbindlich anzuerkennen[99]. Selbst dann, wenn eine Ausschreibung keinen ausdrücklichen Hinweis auf das anzuwendende Regelwerk enthält, müssen die Teilnehmer bei ihrer Meldung zum Wettkampf davon ausgehen, daß dieser nur nach einheitlichen Standards ablaufen kann, die für alle Teilnehmer gleichermaßen verbindlich sind[100]. Die Wettkampfteilnehmer erklären daher mit der Meldung zum Wettkampf zumindest konkludent, daß diejenigen Spiel- und Wettkampfregeln für sie gelten sollen, mit denen sie als Teilnehmer am organisierten Wettkampfgeschehen offensichtlich rechnen müssen. Dies sind jedenfalls Spiel- und Wettkampfregelungen, die für die konkrete Sportart prägend und erforderlich sind, um einen Wettkampf durchführen zu können[101]. Unklar ist allerdings häufig die Reichweite einer konkludent mit der Wettkampfmeldung erklärten vertraglichen Bindung an die Verbandsre-

---

97 Vgl. § 1 Athletenvereinbarung des DRV; vgl. auch Muster einer Athletenvereinbarung abgedruckt bei *Niese*, in Akademieschrift 49, S. 7 ff.; *Haas/Prokop*, SpuRt 1996, 187, 189 ff.; *Prokop*, in Akademieschrift 49, S. 19 ff.; *Fikentscher/Schmitt/Sonn*, SpuRt 1999, 89 ff.

98 PHBSportR/*Summerer* 2/155 ff.; *Heermann*, NZG 1999, 325, 326 f.

99 BGH, NJW 1995, 583, 586; *Edenfeld*, Rechtsbeziehungen, S. 199 ff.; *Pfister*, JZ 1995, 464, 465; PHBSportR/*Summerer* 2/155 ff.; *Lindemann*, SpuRt 1994, 17, 21; *Fenn*, SpuRt 1997, 77, 79; *Heermann*, NZG 1999, 325, 326 f.; *Röhricht*, in RuS 22, S. 19, 36.

100 Vgl. BGH, NJW 1995, 583, 584 f.

101 *Lindemann*, SpuRt 1994, 17, 21; *Edenfeld*, Rechtsbeziehungen, S. 198 ff.; *Pfister*, JZ 1995, 464, 465 f.; *Daigfuß*, Vereinsmitglieder, S. 91; *Soergel-Hadding*, § 25, Rn. 35; einschränkend PHBSportR/*Summerer* 2/159.

geln[102]. So ist vor allem zweifelhaft, ob und wenn ja in welchem Maße der Verband berechtigt ist, Sanktionen gegen einen Sportler wegen unsportlichen Verhaltens zu verhängen. Verhält sich ein Sportler regelwidrig, so muß er zwar mit einer wettkampfbezogenen Ahndung seines Verhaltens, etwa einer Disqualifikation, rechnen. Im Gegensatz dazu sind jedoch über das eigentliche Wettkampfgeschehen hinausgehende Sanktionen in Form von Geldstrafen o. ä. von der konkludenten Unterwerfungsvereinbarung regelmäßig nicht mehr gedeckt[103].

Eine für die Dauer eines Wettkampfs befristete vertragliche Bindung entspricht im Profi- und Leistungssport regelmäßig nicht den Interessen der Beteiligten. Zur Wahrung der Fairneß und Chancengleichheit ist vielmehr eine Erklärung der Sportler notwendig, daß das Regelwerk über den Zeitraum eines konkreten Wettkampfs hinaus auch während der Trainingsphase für sie gelten soll[104]. Gerade im Lichte der Dopingproblematik ist es erforderlich, nicht nur während eines Wettkampfs, sondern auch in den zwischen den Wettkämpfen liegenden Vorbereitungsphasen die Einnahme leistungssteigernder Dopingsubstanzen durch eine Bindung der Sportler an die Dopingbestimmungen zu verhindern[105]. In der Praxis sind derartige längerfristige vertragliche Gestaltungen in Form von Spieler- bzw. Athletenpässen oder Lizenz- bzw. Athletenvereinbarungen anzutreffen[106]. Neben der vertraglichen Bindung an das Regelwerk für einen bestimmten Zeitraum wird beispielsweise in einer Athletenvereinbarung das Verhältnis zwischen Sportler und Verband umfassend geregelt. Zum Vertragsinhalt zählen dabei typischerweise Bestimmungen, die die Nominierung zu Wettkämpfen, die Bereitstellung von Sportausrüstung, die Verwertung von Persönlichkeitsrechten, die Verpflichtung zur Teilnahme an Wettkämpfen etc. betreffen[107]. Unabhängig von der vertraglichen Laufzeit sind damit zwei verschiedene Vertragstypen zu unterscheiden. Dabei handelt es sich zum einen um den

102 So setzt die wirksame Einbeziehung insbesondere die Möglichkeit voraus, Kenntnis von den vertraglich anerkannten Bestimmungen nehmen zu können. Erforderlich ist demnach, daß die Sportler zumindest wissen, welche Verbandsbestimmungen konkludent anerkennt werden.; vgl. hierzu § 5 II 2 b) bb) sowie § 6 II 2.

103 Vgl. *Edenfeld*, Rechtsbeziehungen, S. 201; *Pfister*, JZ 1995, 464, 466.

104 OLG München, SpuRt 1996, 133, 134; *Haas/Adolphsen*, NJW 1995, 2147 f.; *dies.*, NJW 1996, 2351; PHBSportR/*Summerer* 2/158.

105 OLG München, SpuRt 1996, 133, 134; *Haas/Adolphsen*, NJW 1995, 2146 f.; *dies.*, NJW 1996, 2351; *Vieweg*, SpuRt 1995, 97, 99.

106 PHBSportR/*Summerer* 2/155 ff.; *Fenn*, SpuRt 1997, 77, 78; *Edenfeld*, Rechtsbeziehungen, S. 184 f.; *Heermann*, NZG 1999, 325, 326 ff.

107 Vgl. Muster einer Athletenvereinbarung abgedruckt bei *Niese*, in Akademieschrift 49, S. 7 ff.; *Haas/Prokop*, SpuRt 1996, 187, 189 ff.; *Prokop*, in Akademieschrift 49, S. 19 ff.; *Fikentscher/Schmitt/Sonn*, SpuRt 1999, 89 ff.

schlichten Regelanerkennungsvertrag und zum anderen um Vereinbarungen, in denen neben der Regelanerkennung das Rechtsverhältnis zwischen Sportler und Verband umfassend geregelt wird[108].

2. Rechtsnatur des schlichten Regelanerkennungsvertrages

Im Hinblick auf das Ziel eines Regelanerkennungsvertrages, Sportler an das Regelwerk zu binden, ohne gleichzeitig die Verbandsmitgliedschaft zu begründen, fragt sich, wie derartige vertragliche Vereinbarungen rechtlich einzuordnen sind. Nachfolgend soll daher die Rechtsnatur eines Regelanerkennungsvertrages beleuchtet werden. Denn nur wenn Klarheit darüber herrscht, wie ein solcher Vertrag rechtlich zu qualifizieren ist, können die Grenzen der Abschluß- und inhaltlichen Gestaltungsfreiheit bestimmt sowie die Folgen einer Überschreitung dieser Grenzen geklärt werden.

a) Austauschvertrag

Beruht die Bindung der Sportler an die Verbandssatzung auf einer vertraglichen Vereinbarung mit dem Verband, so erscheint es naheliegend, diese Rechtsbeziehung als einen Austauschvertrag zu charakterisieren. Teilweise wird dies auch angenommen. So soll der vertraglichen Bindung, anders als im Verhältnis des Vereins zu den unmittelbaren Vereinsmitgliedern, eine auf Leistungsaustausch gerichtete Interessenlage zugrunde liegen[109]. Dieser Ansicht zufolge wäre der Sportler vertraglich verpflichtet, das Regelwerk und darauf beruhende Verbandsentscheidungen zu befolgen, um als Gegenleistung Verbandseinrichtungen und -leistungen nutzen zu können. Fraglich ist allerdings, ob die Einordnung der vertraglich begründeten Rechtsbeziehung zwischen Verband und Sportler als Austauschvertrag zutreffend ist. Dann müßten sich Sportler und Verband in einem Regelanerkennungsvertrag nämlich zu einem Leistungsaustausch verpflichten und jeweils einen selbständigen Zweck sowie entgegengesetzte Interessen verfolgen[110].

---

108 Vgl. hierzu *Prokop*, in Akademieschrift 49, S. 19, 24 f.

109 ArbG Gelsenkirchen, NJW 1977, 598; *Soergel-Hadding*, § 25, Rn. 35; *Daigfuß*, Vereinsmitglieder, S. 97 f.; *Heermann*, NZG 1999, 325, 328 f.

110 Vgl. zu den Merkmalen eines Austauschvertrages *Larenz/Wolf*, BGB AT, § 23, Rn. 126, S. 471; *Soergel-Wiedemann*, Vor § 320, Rn. 5, 23; MünchKomm-*Emmerich*, Vor § 320, Rn. 3 ff.

Typischerweise verlaufen die Interessen des Verbandes, die diesen dazu bewegen, sein Regelwerk auf die außenstehenden Sportler zu erstrecken, nicht völlig konträr zu denjenigen, die ein Sportler mit Abschluß des Vertrages verfolgt[111]. Die vertragliche Bindung an die Verbandsregeln liegt vielmehr im beiderseitigen Interesse der Vertragspartner. Der vertraglich verfolgte Zweck besteht nämlich gerade darin, allgemeingültige einheitliche Standards für die organisierte Ausübung einer Sportart zu gewährleisten. Denn nur unter der Voraussetzung, daß für alle am organisierten Sportgeschehen Beteiligten einheitliche Regelungen gelten, werden sportliche Leistungen vergleichbar. An der Vergleichbarkeit sportlicher Leistungen ist nicht nur der Verband, sondern auch jeder einzelne Sportler in gleicher Weise interessiert, da dies die Grundvoraussetzung einer jeden wettkampfmäßig betriebenen Sportart ist[112]. Deshalb schafft der Verband ein Regelwerk, an welches sich die Sportler vertraglich binden. Die Vertragspartner erbringen demzufolge keine in einem Austauschverhältnis stehenden Leistungen[113]. Der Regelanerkennungsvertrag ist daher kein Austauschvertrag, für den gegensätzliche Interessen der Vertragspartner typisch wären[114].

b) Atypische Mitgliedschaft

Kennzeichnet eine vertragliche Regelbindung also, daß Sportler und Verband keine gegensätzlichen Interessen verfolgen, könnte diese Vertragsbeziehung mitgliedschaftlicher Rechtsnatur sein. So gesehen stellt sich tatsächlich die Frage, ob ein Regelanerkennungsvertrag vielleicht nichts anderes als eine atypische mitgliedschaftliche Rechtsbeziehung zwischen Sportler und Verband begründet. Zielvorgabe eines solchen Vertrages ist es nämlich, ein einheitliches, für alle am Sportgeschehen Beteiligten verbindliches Regelwerk für die Ausübung einer Sportart zu schaffen. Auf die Existenz derartiger Regelungen ist der Sport in seiner Gesamtheit genauso wie jeder einzelne am Wettkampf teilnehmende Sportler zwingend angewiesen. Um die für den Wettkampfsport erforderliche Vergleichbarkeit sportlicher Leistungen zu ermöglichen, akzeptiert ein jeder Sportler deshalb das Ver-

---

111 BGH, NJW 1995, 583, 585; *Haas*, in Akademieschrift 49, S. 57, 63; *ders./Prokop*, SpuRt 1996, 109, 110; *Plath*, Individualrechtsbeschränkungen, S. 37.

112 Vgl. *Haas*, ZGR 2001, 325, 337.

113 Vgl. hierzu auch *Reuter*, DZWir 1996, 1, 5; *Pfister*, JZ 1995, 464, 466; *ders.*, in FS für W. Lorenz, S. 171, 184.

114 Vgl. auch BGH, NJW 1995, 583, 585; *Haas/Prokop*, SpuRt 1996, 109, 110; *Pfister*, in FS für W. Lorenz, S. 171, 184; *Reuter*, DZWir 1996, 1, 5; *Plath*, Individualrechtsbeschränkungen, S. 37.

bandsregelwerk in der Erwartung, daß auch alle anderen teilnehmenden Sportler ebenso daran gebunden sind[115]. Damit verfolgen alle Sportler gleichermaßen vertraglich den Zweck, die Basis für die wettkampfmäßige Sportausübung zu schaffen. Die Schaffung einheitlicher Standards für eine Sportart zählt neben der Förderung der Sportausübung freilich zu den satzungsmäßigen Zwecken eines Spitzenverbandes. Mit Abschluß eines Regelanerkennungsvertrages wird daher der Verbandszweck, dem der Verband kraft Satzung verpflichtet ist, zumindest partiell zum von Sportler und Verband gemeinsam verfolgten Zweck erhoben[116].

Beabsichtigen mithin alle Sportler mit einem Regelanerkennungsvertrag gleichermaßen, die infrastrukturellen Voraussetzungen für die Teilnahme am organisierten Sport zu schaffen, so ist diese grundsätzlich gleichgerichtete Interessenlage tatsächlich mit derjenigen vergleichbar, die Personen dazu bewegt, einen Verein zu gründen bzw. diesem beizutreten. Denn zu einem Verein schließen sich Personen zusammen bzw. treten diesem bei, um mit den anderen Vereinsmitgliedern einen gemeinsamen Zweck zu erreichen[117]. Zu berücksichtigen ist freilich, daß die gemeinsame Zweckverfolgung der Hauptgrund und nicht lediglich Nebenzweck für die Begründung der Mitgliedschaft in einem Verein ist. So verfolgen beispielsweise auch bei einem partiarischen Darlehen Darlehensgeber und Darlehensnehmer partiell gleichgerichtete Interessen. Denn soweit der Darlehensgeber am Unternehmensgewinn des Darlehensnehmers prozentual beteiligt ist[118], hat dieser ein eigenes Interesse an einem möglichst hohen Gewinn. Dennoch verfolgen Darlehensnehmer und Darlehensgeber die Maximierung des Unternehmensgewinns nicht etwa als gemeinsamen Zweck. Vielmehr wird der Darlehensnehmer auf eigene Rechnung und eigene Gefahr hin tätig. Der Darlehensgeber seinerseits verfolgt nur den Zweck, sein Geld gewinnbringend anzulegen[119]. Diese unterschiedlichen Zwecke bedingen allenfalls mittelbar das gemeinsame Interesse daran, möglichst hohe Unternehmensgewinne zu erzielen. Folglich hat das partiarische Darlehen trotz partiell gleichgerichteter Interessen keinen gesellschaftsrechtlichen Charakter, sondern ist viel-

---

115 Vgl. auch BGH, NJW 1995, 583, 584.

116 *Haas/Prokop*, SpuRt 1996, 109, 111; *dies.*, JR 1998, 45, 46; *Prokop*, Dopingverbote, S. 202; vgl. hinsichtlich der Verbandszwecke auch § 3 III.

117 Vgl. zur Definition des Vereins unter § 3 I.

118 Vgl. hierzu *K. Schmidt*, Gesellschaftsrecht, § 62 II 1 c), S. 1842 f.; *Hopt*, Handels- und Gesellschaftsrecht Bd II, Rn. 36, S. 22.

119 BGH, NJW 1990, 573, 574; NJW 1995, 192; *Hopt*, Handels- und Gesellschaftsrecht Bd II, Rn. 36, S. 22.

mehr von einer auf gemeinsame Zweckverfolgung hin ausgerichteten gesellschaftsvertraglichen Bindung abzugrenzen[120].

Mitgliedschaftsrechtlich einzuordnen ist ein Regelanerkennungsvertrag somit allenfalls dann, wenn die Vertragspartner einen gemeinsamen Zweck verfolgen, der nicht lediglich ein einseitigen Interessen von Verband und Sportler nachgeordneter, mittelbarer Nebenzweck ist. Mit der vertraglichen Bindung wollen der Verband sowie jeder einzelne Sportler gleichermaßen die infrastrukturellen Voraussetzungen für die organisierte Ausübung einer Sportart schaffen[121], ohne die sportliche Leistungen nicht vergleichbar und Wettkampfsport damit nicht möglich wäre. Einheitliche Standards für eine Sportart zu gewährleisten, ist mithin für beide Vertragsparteien nicht etwa nur ein mittelbarer Nebenzweck, sondern der mit dem Regelanerkennungsvertrag verfolgte Hauptzweck. Die vertragliche Rechtsbeziehung zwischen Sportler und Verband könnte somit mitgliedschaftlicher Rechtsnatur sein.

Der Erwerb der Mitgliedschaft erschöpft sich freilich nicht allein darin, daß das neue Mitglied den Verbandsregeln unterworfen ist. Vielmehr stehen allen Mitgliedern grundsätzlich sämtliche mitgliedschaftlichen Teilhabe- und Stimmrechte zu, mit denen sie durch Wahlen und Abstimmungen das Vereinsleben mitgestalten können. Jedes Mitglied kann somit gestaltend Einfluß auf Erlaß und Änderung derjenigen Normen nehmen, an die es aufgrund der Verbandsmitgliedschaft gebunden ist. Ziel der vertraglichen Bindung ist es aber, die Sportler den Verbandsregeln zu unterwerfen, ohne ihnen die mitgliedschaftlichen Stimm- und Teilhaberechte an der Willensbildung im Verband einzuräumen[122].

Mit einem Regelanerkennungsvertrag könnte deshalb allenfalls die Begründung einer *stillen* Verbandsmitgliedschaft bezweckt sein. Danach wären die Sportler Verbandsmitglieder, ohne selbst an der Willensbildung im Verband teilhaben zu können. Bei Vorliegen eines sachlichen Grundes ist es prinzipiell zulässig, eine vom gesetzlichen Leitbild der §§ 21 ff. BGB abweichende atypische Mitgliedschaft zu schaffen, die mit weniger mitglied-

---

120 BGH, NJW 1990, 573, 574; NJW 1995, 192; OLG Celle, NZG 1999, 650; OLG Schleswig, NZG 2000, 1176 f.; *K. Schmidt*, Gesellschaftsrecht, § 62 II 1 c), S. 1842 f.; *Hopt*, Handels- und Gesellschaftsrecht Bd II, Rn. 36, S. 22; Münch.Hdb.GesR I/*Schücking* § 2 Rn. 33; *Hüffer*, Gesellschaftsrecht, S. 4; *von Gerkan* in *Röhricht/Graf von Westphalen* (Hrsg.), HGB, § 230, Rn. 56.

121 Siehe zu den Zielvorgaben für eine Athleten- bzw. Lizenzvereinbarung § 2; vgl. auch BGH, NJW 1995, 583, 585.

122 *Soergel-Hadding*, § 25, Rn. 35; vgl. aber zur Rüge fehlerhafter Verbandsbeschlüsse § 11 II.

schaftlichen Rechten und Pflichten ausgestattet ist[123]. Zur Schaffung einer solchen atypischen Mitgliedschaft sind allerdings Satzungsbestimmungen notwendig, die ausdrücklich die vom gesetzlichen Leitbild abweichenden mitgliedschaftlichen Rechte und Pflichten normieren[124]. Die Sportler könnten somit bei entsprechender Gestaltung der Verbandssatzung als *stille* Verbandsmitglieder an die Satzungen und Ordnungen gebunden werden, ohne maßgeblich an der Willensbildung im Verband beteiligt zu sein. Mit § 40 BGB hat der Gesetzgeber freilich die Grenzen zwischen der privatautonomen inhaltlichen Gestaltungsfreiheit der Satzung und den unabdingbaren gesetzlichen Vorschriften abgesteckt[125]. So ist es etwa unzulässig, sämtliche mitgliedschaftlichen (Minderheiten)Rechte abzubedingen[126]. Unentziehbar sind etwa das Recht auf Teilnahme an der Mitgliederversammlung in seinem Kernbereich[127] oder die Befugnis, fehlerhafte Verbandsbeschlüsse anzufechten[128]. Eine stille Verbandsmitgliedschaft unter Ausschluß sämtlicher mitgliedschaftlicher Rechte ist mithin unzulässig[129].

Derzeit gewähren die Satzungen nationaler Spitzenverbände – bis auf wenige Ausnahmen[130] – jedoch nur Sportverbänden und -vereinen, nicht jedoch einzelnen Sportlern die Verbandsmitgliedschaft[131]. Sollen neben diesen korporativen Mitgliedern auch natürliche Personen die Verbandsmitgliedschaft erwerben, müssen die Verbände ihre Satzungen dementsprechend ändern[132]. Die Sportverbände schließen jedoch Regelanerkennungsverträge, ohne zuvor in ihrer Satzung Art und Umfang einer (atypischen) Verbandsmitgliedschaft der Sportler zu normieren. Bereits dieser rechtstatsächliche Befund spricht daher gegen die Annahme einer atypischen Verbandsmitgliedschaft der Sportler[133]. Zudem sind die Sportler nur an die für

123 *Reichert*, Handbuch des Vereins- und Verbandsrechts, Rn. 497, S. 159; MünchKomm-*Reuter*, § 38, Rn. 57; *Palandt-Heinrichs*, § 38, Rn. 2.

124 *Reichert*, Handbuch des Vereins- und Verbandsrechts, Rn. 497, S. 159; *Stöber*, Handbuch zum Vereinsrecht, Rn. 129 f., S. 105 f.

125 *Soergel-Hadding*, § 40 Rn. 1.

126 Vgl. *Reichert*, Handbuch des Vereins- und Verbandsrechts, Rn. 525 ff., S. 169 ff.

127 LG Bremen, Rpfleger 1990, 262 f.; *Reichert*, Handbuch des Vereins- und Verbandsrechts, Rn. 499, S. 160.

128 *Reichert*, Handbuch des Vereins- und Verbandsrechts, Rn. 531, S. 171.

129 *Edenfeld*, Rechtsbeziehungen, S. 59; *Lukes*, in FS für H. Westermann, S. 325, 333, 342; *Vieweg*, in FS für R. Lukes, S. 809, 815; *ders.*, in RuS 16, S. 23, 44 f.; *Reichert*, Handbuch des Vereins- und Verbandsrechts, Rn. 499, S. 160.

130 Vgl. Hinweise bei *Hohl*, Nominierung, S. 63.

131 Vgl. hierzu § 7 DFB-Satzung, § 6 DHB-Satzung, § 4 DSV-Satzung, § 4 DLV-Satzung.

132 *Reichert*, Handbuch des Vereins- und Verbandsrechts, Rn. 492, S. 157 f.

133 *Haas/Prokop*, JR 1998, 45, 46; *Prokop*, Dopingverbote, S. 202.

die organisierte Ausübung einer Sportart erforderlichen Regelungen, nicht jedoch an das gesamte Regelwerk des Verbandes vertraglich gebunden. Unmittelbare Mitglieder sind hingegen nicht nur partiell, sondern typischerweise dem gesamten Verbandsregelwerk unterworfen. Ferner stehen den Sportlern selbst die unentziehbaren mitgliedschaftlichen Minderheitenrechte nicht zu. Die Willenserklärungen der Vertragspartner sind deshalb nicht darauf gerichtet, in den Grenzen des § 40 BGB eine inhaltlich vom gesetzlichen Leitbild der §§ 21 ff. BGB abweichende, atypische Mitgliedschaft zu begründen. Ein Regelanerkennungsvertrag unterscheidet sich vielmehr von einem die Mitgliedschaft begründenden Aufnahmevertrag dadurch, daß Nichtmitglieder an die Satzung gebunden werden, ohne gleichzeitig atypische Mitglieder in dem vertragschließenden Verband zu werden[134].

c) Mitgliedschaftsähnlicher Charakter

Obwohl der Regelanerkennungsvertrag keine Verbandsmitgliedschaft begründet, ist dieses Rechtsverhältnis einer atypischen *stillen* Mitgliedschaft inhaltlich stark angenähert. So sollen die Sportler zwar sachlich begrenzt, ansonsten aber in gleicher Weise wie unmittelbare Mitglieder an die Verbandsregeln gebunden werden. Der Verbandszweck, dem der Verband kraft Satzung sowie die Sportler aufgrund vertraglicher Vereinbarung verpflichtet sind, wird damit zumindest partiell zum gemeinsam verfolgten Zweck[135]. Von »außen« betrachtet, erlangen die Sportler damit eine der Mitgliedschaft stark angenäherte Rechtsstellung. Der Regelanerkennungsvertrag ist demzufolge ein mitgliedschaftsähnliches Rechtsverhältnis[136]. Im Unterschied

134 *Lukes*, in FS für H. Westermann, S. 325, 331, 333; *Daigfuß*, Vereinsmitglieder, S. 91; *Heermann*, NZG 1999, 325, 326.

135 *Haas/Prokop*, SpuRt 1996, 109, 111; *dies.*, JR 1998, 45, 46; *Prokop*, Dopingverbote, S. 202.

136 BGH, NJW 1995, 583, 584 f.; *Haas*, in Akademieschrift 49, S. 57, 63; *ders./Prokop*, SpuRt 1996, 109, 110; *ders./Adolphsen*, NJW 1995, 2146; *Pfister*, in FS für W. Lorenz, S. 171, 184 f.; *ders.*, JZ 1995, 464, 466; *Reuter*, in RuS 7, S. 53, 59 f.; *ders.*, DZWir 1996, 1, 5; *Nickel*, in Akademieschrift 52, S. 49, 55; a. A. OLG Frankfurt, NJW 1973, 2208, 2209 f.; *Soergel-Hadding*, § 25, Rn. 35; *Daigfuß*, Vereinsmitglieder, S. 97 f.; *Heermann*, NZG 1999, 325, 328 f.; *Plath*, Individualrechtsbeschränkungen, S. 26 ff.; *Plath* stellt speziell für das Verhältnis des DFB zu den Lizenzspielern (betrifft die Rechtslage vor der Gründung des Ligaverbandes Anm. d. Verf.) auf einen gesetzesvertretenden Charakter der DFB Bestimmungen ab und charakterisiert das Verbandsrecht als gesetzesvertretendes Privatrecht. Dabei wird jedoch

zu einer Verbandsmitgliedschaft werden die Sportler dabei an die Verbandsregeln gebunden, ohne mitgliedschaftlich an der Willensbildung im Verband beteiligt zu sein. Als Pendant der vertraglichen Regelanerkennung erwerben die Sportler »lediglich« das Recht, dem Satzungsauftrag des Verbandes entsprechend, am organisierten Sportgeschehen teilzunehmen[137]. Fraglich ist aber, ob eine solche mitgliedschaftsähnliche Vertragsgestaltung vereins-/gesellschaftsrechtlichen Grundprinzipien widerspricht.

aa) Unzulässigkeit der vertraglichen Bindung wegen Fremdbestimmung

Bedenken gegen die Zulässigkeit der vertraglichen Bindung ergeben sich möglicherweise daraus, daß die Sportler unter Ausschluß einer Beteiligung an der Willensbildung im Verband dessen Regelwerk unterworfen sind. Ein Regelanerkennungsvertrag könnte daher unwirksam sein, wenn die Sportler mit Abschluß des Vertrages auf unzulässige Art und Weise einer Fremdbestimmung durch den Verband ausgesetzt werden. Dieser Gesichtspunkt ist bedeutsam, wenn die vereinsrechtliche Normgebundenheit zwingend und untrennbar damit verknüpft ist, daß jedes einzelne Vereinsmitglied vermöge der mitgliedschaftlichen Teilhabe- und Gestaltungsrechte bei Wahlen und Abstimmungen an der Willensbildung beteiligt ist und damit tatsächlich Einfluß auf diejenigen Normen nehmen kann, denen es kraft Mitgliedschaft unterworfen ist.

Charakteristisch für den körperschaftlich strukturierten, vom Wechsel der Mitglieder unabhängigen Verein ist das Prinzip der Mehrheitsherrschaft[138]. Da für Beschlüsse das Mehrheitsprinzips gilt, können für alle Mitglieder gleichermaßen verbindliche Regelungen aufgestellt werden, die eine Minderheit nicht billigt. Die Mehrheitsherrschaft stellt sich dabei aus

---

nicht ausreichend gewürdigt, daß trotz der faktischen Wirkungen der DFB Bestimmungen diese eben nicht wie staatliches Recht für jeden, der sich tatsächlich in den Zuständigkeitsbereich des DFB begibt, Wirkungen entfalten. Vielmehr ist hierzu stets ein privatrechtlicher Vertrag erforderlich, der einem die Mitgliedschaft in einem Verein begründenden Vertrag ähnlich ist. Würden die Lizenzspieler Mitglied des DFB werden, könnte man trotz der Machtstellung des DFB nicht ernsthaft an der mitgliedschaftlichen Beziehung zwischen DFB und Lizenzspieler zweifeln. Vor diesem Hintergrund vermag es nicht zu überzeugen, daß die der Begründung der Mitgliedschaft vergleichbare vertragliche Regelbindung nicht mit den bekannten zivilrechtlichen Instituten zu erfassen sei.

137 Vgl. *Haas/Prokop*, JR 1998, 45, 47.

138 BGHZ 48, 207, 210; MünchKomm-*Reuter*, § 39, Rn. 1; *Haas*, ZGR 2001, 325, 341.

Sicht der überstimmten Minderheit als eine Fremdbestimmung ihrer mitgliedschaftlichen Rechtsbeziehung dar[139]. Fraglich ist, ob diese unter anderem damit zu rechtfertigen ist, daß die überstimmte Minderheit aufgrund ihrer Mitwirkungsrechte zumindest die Chance hatte, auf die inhaltliche Gestaltung der Regelungen Einfluß zu nehmen[140]. Die Mitwirkungsmöglichkeit bei der Willensbildung legitimiert die Fremdbestimmung jedoch nicht, weil ein Mitglied unabhängig von seiner Einflußnahmemöglichkeit auf die Willensbildung in gleicher Weise einer von ihm nicht gebilligten Satzungsgestaltung unterworfen sein kann. Der Fall, daß ein Mitglied von der Mitwirkung an der Willensbildung ausgeschlossen ist, begründet nämlich keine weitergehende Fremdbestimmung als derjenige, indem es »lediglich« überstimmt wurde[141].

Die Normgebundenheit im Vereinsrecht ist daher nicht zwingend und untrennbar mit Einflußnahmemöglichkeiten jedes einzelnen Mitglieds auf die Willensbildung verknüpft. Nicht die Beteiligung der Mitglieder an der Willensbildung legitimiert die Mehrheitsherrschaft im Vereinsrecht, sondern die Freiwilligkeit der Mitgliedschaft, die sich darin äußert, daß jedes einzelne Mitglied sich willentlich durch Teilnahme an der Gründung oder späteren Vereinsbeitritt der Regelungshoheit der Mehrheit unterstellt[142] und gem. § 39 BGB das unabdingbare Recht hat, sich durch Vereinsaustritt der Fremdbestimmung wieder zu entziehen[143]. Das Recht zum Austritt aus dem Verein ist damit das unentbehrliche Korrelat zu der Unterwerfung des Mitglieds unter die Satzungsgewalt des Vereins[144]. Die Normgebundenheit der Vereinsmitglieder beruht folglich auf dem freien Willensentschluß eines jeden Mitglieds, sich dem autonomen Regelungsbereich des Vereins zu un-

---

139 Vgl. auch *Haas*, ZGR 2001, 325, 341.

140 So *Steinbeck*, Vereinsautonomie und Dritteinfluß, S. 220 f.; vgl. auch *Lukes*, in FS für H. Westermann, S. 325, 338, der die Mitwirkung einer Person an der Willensbildung als Korrelat der Unterworfenheit unter die Vereinsgewalt ansieht.

141 A. A. *Steinbeck*, Vereinsautonomie und Dritteinfluß, S. 220 f., die in der Tatsache überstimmt zu werden, *qualitativ* etwas anderes sieht, als gänzlich von der Mitwirkung ausgeschlossen zu sein, da im letztgenannten Fall nicht einmal die Chance besteht, sich mit seiner Auffassung durchzusetzen.

142 Vgl. hierzu § 4 I.

143 BGHZ 48, 207, 210; BGH, ZIP 1983, 1195, 1197; MünchKomm-*Reuter*, § 25, Rn. 29, § 39, Rn. 1 f.; *Larenz/Wolf*, BGB AT, § 10, Rn. 112, S. 223 f.; *Haas*, ZGR 2001, 325, 341; *Baecker*, Grenzen der Vereinsautonomie, S. 15; *Erman-Westermann*, § 39, Rn. 1.

144 So ausdrücklich *Larenz/Wolf*, BGB AT, § 10, Rn. 112, S. 223 f.; vgl. auch *Erman-Westermann*, § 39, Rn. 1.

terstellen und dem unabdingbaren Recht, die damit einhergehende Fremdbestimmung der Mehrheit durch Vereinsaustritt zu beenden[145].

Anderenfalls wäre es auch nur schwer zu erklären, weshalb es in den Grenzen des § 40 BGB zulässig ist, mitgliedschaftliche Teilhaberechte an der Willensbildung weitgehend einzuschränken, um beispielsweise eine *stille* Mitgliedschaft zu schaffen[146]. Daß mit einer Mitgliedschaft nicht untrennbar und zwingend Mitgestaltungsrechte verbunden sein müssen, zeigt auch der Vergleich mit einer Publikumskommanditgesellschaft. Der Zweck einer solchen atypisch ausgestalteten KG ist regelmäßig auf die Ansammlung und Verwaltung von Kapitalmitteln einer unbestimmten Vielzahl von Kommanditisten angelegt[147]. Vielfach haben die Kommanditisten nur Überwachungs- und Kontrollrechte[148]. Mitgestaltenden Einfluß auf den Inhalt des Gesellschaftsvertrages, an den sie kraft Mitgliedschaft gebunden sind, bzw. auf die Geschäftsführung können sie hingegen typischerweise nicht nehmen[149]. Hiermit vergleichbar ist auch die Rechtsstellung eines stillen Gesellschafters, der in der Regel keine Einwirkungsmöglichkeiten auf den Betrieb des Handelsgeschäfts hat, aber dennoch in einem gesellschaftsrechtlichen Verhältnis zu dem Unternehmensinhaber steht[150].

Einen gesellschafts- bzw. vereinsrechtlichen Grundsatz, wonach Mitwirkungs- und Mitgestaltungsrechte an der Willensbildung zwingend und untrennbar mit einer mitgliedschaftlichen Bindung an die Satzung bzw. den Gesellschaftsvertrag verknüpft sind, gibt es somit nicht. Bindungsvoraussetzung ist vielmehr eine hierauf gerichtete Willenserklärung eines jeden Mitglieds bzw. Gesellschafters. Daraus folgt, daß begründete Zweifel an der Zulässigkeit eines Regelanerkennungsvertrages dann bestehen, wenn die Verbandsnormen ohne rechtserhebliche Willenserklärungen auf Nichtmitglieder erstreckt werden würden[151]. Das ist freilich gerade nicht der Fall. So erklären die Sportler mit Abschluß eines Regelanerkennungsvertrages rechtsgeschäftlich, daß die vertraglich fixierten Satzungsregelungen für sie verbindlich sein sollen. Wie die zwingende Vorschrift des § 39 BGB belegt,

---

145 MünchKomm-*Reuter*, § 25, Rn. 29, § 39, Rn. 1.

146 Vgl. § 4 IV 2 b).

147 BGH, NJW 1975, 1318, 1319; NJW 1982, 2303; *von Gerkan* in *Röhricht/Graf von Westphalen* (Hrsg.), HGB, § 161, Rn. 87; *Hopt*, Handels- und Gesellschaftsrecht Bd II, Rn. 815, S. 199; *K. Schmidt*, Gesellschaftsrecht, § 57 I, S. 1668 f.

148 *Hopt*, Handels- und Gesellschaftsrecht Bd II, Rn. 815, S. 199.

149 BGH, NJW 1975, 1318, 1319; NJW 1982, 2303; *von Gerkan* in *Röhricht/Graf von Westphalen* (Hrsg.), HGB, § 161, Rn. 87; *Hopt*, Handels- und Gesellschaftsrecht Bd II, Rn. 815, S. 199.

150 *Haas/Prokop*, SpuRt 1996, 109, 110.

151 Vgl. *Lukes*, in FS für H. Westermann, S. 325, 338.

rechtfertigt allein eine rechtsgeschäftliche Unterwerfungserklärung freilich nicht die Fremdherrschaft durch den vertragschließenden Verband. Vielmehr muß zusätzlich gewährleistet sein, daß die Sportler die vertragliche Bindung innerhalb einer angemessen Frist beenden können. Daher ist ein Regelanerkennungsvertrag zeitlich zu befristen. Ist dieser hingegen unbefristet abgeschlossen, muß der Vertrag zumindest innerhalb einer angemessenen Frist ordentlich kündbar sein[152]. Die autonome Entscheidung des Nichtmitglieds, sich einer fremdbestimmten Regelungshoheit zu unterstellen und die Möglichkeit durch Kündigung oder Befristung die Fremdbestimmung zu beenden[153], rechtfertigt die vertragliche Erstreckung der Verbandsnormen auf die Nichtmitglieder[154]. Sind die Sportler damit nicht ohne die Möglichkeit einer eigenen Willensbetätigung einer Fremdbestimmung durch den Verband ausgesetzt, bestehen insoweit gegen die Zulässigkeit eines Regelanerkennungsvertrages keine Bedenken.

Überdies begründet die vertragliche Regelanerkennung nicht nur »fremdbestimmte« Pflichten für die Sportler. Wird nämlich der Verbandszweck – Schaffung der infrastrukturellen Voraussetzungen für die Ausübung einer Sportart – zum von Verband und Sportler mit der vertraglichen Regelanerkennung gemeinsam verfolgten Zweck, folgt aus dieser Zwecksetzung eine sachlich-gegenständliche Begrenzung der Eingliederung in die fremde Regelungshoheit. So sind die Sportler nämlich nur an diejenigen Verbandsbestimmungen gebunden, die zu einer einheitlichen Ausübung einer Sportart erforderlich sind. Als Korrelat der vertraglichen Regelanerkennung erhalten sie dem Verbandszweck entsprechend die Möglichkeit, Vereinseinrichtungen bzw. -leistungen in Anspruch nehmen zu können[155]. Der Verband ist nämlich seinerseits verpflichtet, allen Sportlern die bestmöglichen Rahmenbedingungen für die Ausübung ihrer Sportart zu gewährleisten[156]. So gesehen entsteht mit einem Regelanerkennungsvertrag

---

152 Die Zulässigkeit einer zeitlichen Befristung bzw. die Dauer der Kündigungsfrist sind dabei an den Anforderungen des § 39 Abs. 2 BGB zu orientieren.

153 Faktisch ist die Möglichkeit der Sportler, die Fremdherrschaft zu beenden, durch die Monopolstellung der Sportverbände eingeschränkt. Obwohl die Sportler darauf angewiesen sind, mit dem Verband Vertragsbeziehungen aufrecht zu erhalten, lassen sich dennoch allein aus der Monopolsituation keine Argumente gegen die Zulässigkeit der vertraglichen Erstreckung der Regelungen auf Nichtmitglieder herleiten. [allgemein hierzu *Lukes*, in FS für H. Westermann, S. 325, 337 f.]; vgl. zu den Folgen der Monopolstruktur im Sport für die Abschluß- und inhaltliche Gestaltungsfreiheit von Athleten- bzw. Lizenzvereinbarungen die §§ 6 ff.

154 Ausführlich *Lukes*, in FS für H. Westermann, S. 325, 338 ff., der jedoch die Möglichkeit zur Kündigung aus wichtigem Grund genügen läßt.

155 Vgl. allgemein hierzu *Lukes*, in FS für H. Westermann, S. 325, 339 f.

156 Vgl. § 4 IV 3 b).

gerade keine, um sämtliche mitgliedschaftlichen Teilhabe- und Vermögensrechte kupierte, hinsichtlich der Pflichten aber vollständige Verbandsmitgliedschaft, der die Wirksamkeit zu versagen wäre[157].

bb) Numerus clausus der Gesellschaftsformen

Ein Regelanerkennungsvertrag könnte trotzdem unzulässig sein, weil dieses Rechtsverhältnis inhaltlich einer *stillen* Mitgliedschaft ähnlich ist, ohne jedoch rechtlich als unmittelbare Verbandsmitgliedschaft qualifiziert werden zu können[158]. Kennzeichnend für eine derartige mitgliedschaftsähnliche Rechtsbeziehung ist nämlich, daß die Sportler (partiell) dem Verbandszweck verpflichtet sind, wobei die gemeinsame Zweckverfolgung Haupt- und nicht lediglich Nebenzweck der vertraglichen Regelanerkennung ist[159].

Das Merkmal der gemeinsamen Zweckverfolgung unterscheidet Gesellschaftsverhältnisse grundsätzlich von reinen Austauschverträgen[160]. Handelt es sich bei der vertraglichen Regelbindung wegen der gemeinsamen Zweckverfolgung um ein gesellschaftsrechtlich geprägtes Vertragsverhältnis, ist dessen Zulässigkeit im Lichte des sogenannten »numerus clausus« der Gesellschaftsformen zu untersuchen. Danach ist die Gestaltungsfreiheit im Gesellschaftsrecht eingeschränkt. Die Vertragspartner eines Gesellschaftsvertrages können nämlich keine neuen Gesellschaftsformen entwikkeln. Vielmehr sind sie verpflichtet, einen der vom Gesetz zur Verfügung gestellten Gesellschaftstypen zu wählen. Im Vereins- und Gesellschaftsrecht besteht daher ein Rechtsform- bzw. Typenzwang[161].

Der Sinn und Zweck dieser Beschränkung der Vertragsfreiheit liegt zum einen im Gläubigerschutz. Den potentiellen Vertragspartnern soll klar sein, mit welcher rechtlichen Gestaltungsform sie es zu tun haben und welchen Risiken sie ausgesetzt sind, wenn sie mit dieser in rechtsgeschäftlichen

---

157 Vgl. hierzu *Edenfeld*, Rechtsbeziehungen, S. 59; *Lukes*, in FS für H. Westermann, S. 325, 333, 342; *Vieweg*, in FS für R. Lukes, S. 809, 815; *ders.*, in RuS 16, S. 23, 44 f.

158 Vgl. § 4 IV 2 b).

159 Vgl. § 4 IV 2 b).

160 BGH, WM 1965, 1052 f.; NJW 1990, 573, 574; *K. Schmidt*, Gesellschaftsrecht, § 4, S. 59 ff., § 59 I 3 b), S. 1739; *Kübler*, Gesellschaftsrecht, § 6 I 1 d), S. 43; MünchKomm-*Ulmer*, Vor, § 705, Rn. 80 ff.

161 *K. Schmidt*, Gesellschaftsrecht, § 5 II 1, S. 102 ff.; *Hueck*, Gesellschaftsrecht, § 1 III, S. 4 f.; *Larenz/Wolf*, BGB AT, § 9, Rn. 6, 36, S. 167 f., 175 f.

Kontakt treten[162]. Zum anderen dient der Typenzwang auch dem Interesse der Mitglieder selbst, wobei insbesondere der Schutz von Minderheiten hervorgehoben wird[163]. Der Typenzwang setzt allerdings nicht das auch im Gesellschaftsrecht geltende Prinzip der Vertragsfreiheit außer Kraft[164]. Vielmehr greift die Vertragsfreiheit auf anderer Ebene. So sind die gesetzlich normierten Gesellschaftsformen – im Gegensatz zu den nicht erschöpfend geregelten einzelnen Vertragstypen des besonderen Schuldrechts – zwar abschließend[165]. Die Vertragsfreiheit besteht im Gesellschaftsrecht daher einerseits hinsichtlich der freien Wahl der Gesellschaftsformen, soweit das Gesetz für eine konkrete Tätigkeit nicht eine bestimmte Gesellschaftsform vorschreibt. Andererseits ist es den Gesellschaftern nicht verwehrt, den Gesellschaftsvertrag interessengerecht auszugestalten, weil der Gesetzgeber häufig einzelne Regelungsbereiche nicht normiert hat bzw. verschiedene gesetzliche Vorschriften abdingbar sind. So ist es durchaus zulässig, durch gesellschaftsvertragliche Regelungen im Rahmen der gesetzlichen Vorschriften eine Gesellschaft dergestalt zu schaffen, daß sie von dem gesetzlichen Leitbild nicht unerheblich abweicht und anderen Gesellschaftsformen angenähert wird. Exemplarisch hierfür sind die GmbH&Co.KG sowie die kapitalistisch ausgestaltete KG[166].

Ziel eines Regelanerkennungsvertrages ist es, Rechte und Pflichten auf die Sportler zu erstrecken, die prinzipiell an eine unmittelbare Mitgliedschaft geknüpft sind, ohne zumindest eine inhaltlich vom gesetzlichen Leitbild abweichende atypische Mitgliedschaft zu begründen[167]. Daher ist fraglich, ob die vertragliche Regelanerkennung neben dem in den §§ 21 ff. BGB normierten bürgerlich-rechtlichen Verein einen neuen Gesellschaftstyp schafft, dem im Hinblick auf den gesellschaftsrechtlichen Typenzwang die Wirksamkeit zu versagen ist. Hiergegen spricht allerdings, daß das mitgliedschaftsähnliche Rechtsverhältnis strukturell Parallelen zu einer atypisch ausgestalteten stillen Gesellschaft aufweist[168]. Da die gesetzlichen Vorschriften der §§ 230 ff. HGB weitgehend dispositiv sind, ist es zulässig, eine vom gesetzlichen Leitbild abweichende stille Gesellschaft zu errich-

162 *K. Schmidt*, Gesellschaftsrecht, § 5 II 1, S. 102 ff.; *Hueck*, Gesellschaftsrecht, § 1 III, S. 4 f.; *Larenz/Wolf*, BGB AT, § 9, Rn. 6, 36, S. 167 f., 175 f.

163 *Larenz/Wolf*, BGB AT, § 9, Rn. 6, 36, S. 167 f., 175 f.

164 *K. Schmidt*, Gesellschaftsrecht, § 5 II 1 a), S. 102.

165 BGHZ 22, 240, 244 f.; 32, 307, 310; vgl. hierzu *K. Schmidt*, Gesellschaftsrecht, § 5 II, S. 102 ff.

166 Vgl. *K. Schmidt*, Gesellschaftsrecht, § 5 II 4, III, S. 116 ff.; *Hueck*, Gesellschaftsrecht, § 1 III, § 4 III, S. 5, 33 f.

167 Vgl. § 4 IV 2 b).

168 Vgl. auch *Haas/Prokop*, SpuRt 1996, 109, 110.

ten[169]. So kann die Rechtsstellung des Stillen intern so ausgestaltet werden, daß sie beispielsweise derjenigen eines Kommanditisten oder eines OHG-Gesellschafters vergleichbar ist[170]. Obwohl der Stille damit im Innenverhältnis eine OHG bzw. KG-Gesellschafter ähnliche Rechtsstellung erlangt, ist er dennoch nicht Mitglied der unternehmenstragenden OHG bzw. KG[171]. Es ist demnach nicht generell unzulässig, Rechtsbeziehungen so auszugestalten, daß sie inhaltlich einer gesetzlich normierten Gesellschaftsform vergleichbar sind, ohne rechtlich die Mitgliedschaft in der betreffenden Gesellschaft zu begründen. Selbst das Gesetz kennt mit den Genußrechten Rechtsverhältnisse, bei denen aufgrund der vertraglichen Gestaltungsfreiheit eine weitgehende Annäherung an die Gesellschafterstellung möglich ist, ohne daß die Genußrechtsinhaber die Mitgliedschaft in der genußrechtsemittierenden Gesellschaft erwerben[172].

(1) Genußrechte

Das Aktiengesetz enthält in § 221 Abs. 3 AktG eine explizite gesetzliche Regelung zu den Genußrechten. Bei diesen handelt es sich um schuldrechtliche Gläubigerrechte, die dieselben oder ähnliche Rechte wie eine Aktie gewähren[173]. Genußrechte sind jedoch keine Mitgliedschaftsrechte[174]. Vielmehr sind sie von den aus der Mitgliedschaft fließenden Rechten zu trennen[175]. Dennoch orientieren sich die Genußrechte durchaus an den aus der Mitgliedschaft in der Gesellschaft folgenden Rechten. So haben sie typischerweise diejenigen Vermögensrechte zum Inhalt, die den Aktionären aufgrund ihrer mitgliedschaftlichen Beteiligung an der Gesellschaft zustehen[176]. Der mögliche Inhalt von Genußrechten beschränkt sich jedoch nicht

169 *Hopt*, Handels- und Gesellschaftsrecht Bd II, Rn. 844, S. 207.

170 *von Gerkan* in *Röhricht/Graf von Westphalen* (Hrsg.), HGB, § 230, Rn. 67; *Hopt*, Handels- und Gesellschaftsrecht Bd II, Rn. 844, S. 207.

171 Münch.Hdb. StG/*Bezzenberger*, § 2, Rn. 13.

172 *Hueck/Fastrich* in *Baumbach/Hueck*, GmbHG, § 29, Rn. 88b.

173 BGH, WM 1959, 434, 436; NJW 1993, 57, 58; ZIP 1992, 1728, 1730; *Lutter*, in Kölner Kommentar zum AktG, 2. Auflage, § 221, Rn. 196 ff.; *Rid-Niebler*, Genußrechte, S. 10 f.

174 *Hüffer*, AktG, § 221, Rn. 26; *K. Schmidt*, Gesellschaftsrecht, § 18 II 2 b) dd), S. 518; *Rid-Niebler*, Genußrechte, S. 11; *Lutter*, in Kölner Kommentar zum AktG, 2. Auflage, § 221, Rn. 197.

175 *Lutter*, in Kölner Kommentar zum AktG, 2. Auflage, § 221, Rn. 196 f.

176 *Hüffer*, AktG, § 221, Rn. 25; *Lutter*, in Kölner Kommentar zum AktG, 2. Auflage, § 221, Rn. 198 ff.; Münch.Hdb.GesR IV/*Krieger* § 63, Rn. 47.

auf die Beteiligung am Gewinn oder Liquidationserlös der Gesellschaft. Es können darüber hinaus auch andere Genußrechte gewährt werden. Hierzu zählt unter anderem die Befugnis, Einrichtungen oder Leistungen der Gesellschaft in Anspruch nehmen zu dürfen[177]. Die Möglichkeit, Nichtmitgliedern Genußrechte zu gewähren, ist zudem kein aktienrechtsspezifisches Phänomen[178]. Obwohl sich nur im AktG eine explizite Regelung hierzu findet, entspricht es allgemeiner Auffassung, daß als Genußrechtsemittenten GmbH's, Genossenschaften, Personengesellschaften und selbst Idealvereine in Betracht kommen[179].

Unklar ist bislang die Rechtsnatur der Genußrechte. Nach h. M. handelt es sich bei diesen um schuldrechtliche Ansprüche des Inhabers gegen die Gesellschaft, die gerade keine mitgliedschaftlichen Befugnisse zum Inhalt haben[180]. Zwischen Gesellschaft und Genußrechtsinhaber soll ein Dauerschuldverhältnis eigener Art bestehen, das auf wiederkehrende Leistungen gerichtet ist. Hauptleistungspflichten sind danach die Erbringung der versprochenen Leistung durch den Genußrechtsinhaber und Leistung der vereinbarten Gewinnbeteiligung durch die Gesellschaft[181]. Zustimmung verdient diese Auffassung dahingehend, daß die Genußrechte keine mitgliedschaftliche Beteiligung an der genußrechtsemittierenden Gesellschaft gewähren. Damit ist freilich positiv noch nichts über das Innenverhältnis zwischen genußrechtsemittierender Gesellschaft und Genußrechtsinhaber gesagt. Geht man davon aus, daß sich der Handlungsrahmen der emittierenden Gesellschaft den Genußrechtsinhabern gegenüber nach der gesellschaftlichen Zwecksetzung richtet, dann wird der Zweck der emittierenden Gesellschaft zum gemeinsamen vertraglichen Zweck[182]. Selbst der BGH spricht nunmehr davon, daß, soweit der Genußrechtsinhaber der Gesellschaft Kapital mit der Maßgabe zur Verfügung stellt, dieses haftungsrechtlich wie Eigenkapital zu behandeln, er von der dem Vertragspartner erkennbaren Erwartung ausgehe, daß sich die Geschäfte der Gesellschaft im Rahmen des

---

177 Münch.Hdb.GesR IV/*Krieger* § 63, Rn. 47; *Lutter*, in Kölner Kommentar zum AktG, 2. Auflage, § 221, Rn. 216; *Rid-Niebler*, Genußrechte, S. 6; *Habersack*, ZHR 155 (1991), 378, 384; *Hachenburg/Goerdeler/Müller*, GmbHG, 8. Aufl., Anh § 29, Rn. 2.

178 *Frantzen*, Genußscheine, S. 25 ff. mwN; *Schön*, JZ 1993, 925, 926.

179 *Frantzen*, Genußscheine, S. 25 ff.; *Hachenburg/Goerdeler/Müller*, GmbHG, 8. Aufl., Anh § 29, Rn. 1.

180 BGH, WM 1959, 434, 436; NJW 1993, 57, 58; ZIP 1992, 1728, 1730; *Lutter*, in Kölner Kommentar zum AktG, 2. Auflage, § 221, Rn. 197; *Rid-Niebler*, Genußrechte, S. 10 f.; Münch.Hdb.GesR IV/*Krieger* § 63, Rn. 48.

181 BGH, NJW 1993, 57, 63.

182 *Schön*, JZ 1993, 925, 928.

von der Satzung vorgegebenen Unternehmensgegenstandes bewegen[183]. Damit erkennt auch der BGH eine Zweckgemeinschaft zwischen einem Genußrechtsinhaber und seinem Vertragspartner an[184]. Aufgrund der gemeinsamen Zweckverfolgung kann, so eine in der Literatur vertretene Ansicht[185], im Innenverhältnis zwischen Gesellschaft und Genußrechtsinhaber eine stille Gesellschaft bestehen. Die Gewährung von Genußrechten und die Begründung einer Innengesellschaft sind, folgt man dieser Ansicht, keine sich gegenseitig ausschließenden Rechtsformen[186].

Charakteristisches Merkmal der Genußrechte ist es demnach, daß den Genußrechtsinhabern vertraglich Rechte eingeräumt werden, die den Mitgliedschaftsrechten der Gesellschafter ähnlich sind. Dennoch führt die Gewährung der betreffenden Rechte nicht zu einer mitgliedschaftlichen Beteiligung des Genußrechtsinhabers an der emittierenden Gesellschaft. Unabhängig von der Tatsache, daß ein Genußrechtsinhaber der emittierenden Gesellschaft als außenstehender Dritter gegenübersteht, kann das Innenverhältnis zwischen Gesellschaft und Genußrechtsinhaber in der Weise gesellschaftsrechtlich geprägt sein, daß zwischen beiden eine einfache Innengesellschaft besteht[187].

(2) Vergleich des mitgliedschaftsähnlichen Rechtsverhältnisses mit den Genußrechten

Überträgt man die vorstehenden Überlegungen auf das Verhältnis zwischen Sportler und Verband, werden Parallelen zwischen dem mitgliedschaftsähnlichen Rechtsverhältnis und den Genußrechten erkennbar. Der Sportler steht dem Verband nämlich vergleichbar einem Genußrechtsinhaber ebenfalls als außenstehendes Nichtmitglied gegenüber, das aufgrund einer vertraglichen Regelung an bestimmten Verbandsleistungen partizipiert. Dabei wird der Verbandszweck kraft vertraglicher Vereinbarung auch zu einem von den Vertragspartnern gemeinsam verfolgten Zweck erhoben. Insoweit ist das Verhältnis zwischen Verband und Sportler mit demjenigen zwischen Gesellschaft und Genußrechtsinhaber strukturell vergleichbar. Um Verbandslei-

183 BGH, NJW 1993, 57, 63.

184 *Schön*, JZ 1993, 925, 929.

185 *Schön*, JZ 1993, 925, 929; *Habersack*, ZHR 155 (1991), 378, 392, 401; a. A. BGH, WM 1959, 434, 436; *Lutter*, in Kölner Kommentar zum AktG, 2. Auflage, § 221, Rn. 232; *Frantzen*, Genußscheine, S. 15 ff. mwN.

186 *Schön*, JZ 1993, 925, 930; a. A. *Lutter*, in Kölner Kommentar zum AktG, 2. Auflage, § 221, Rn. 232; *Frantzen*, Genußscheine, S. 15 ff. mwN.

187 *Schön*, JZ 1993, 925, 928 ff.; *Habersack*, ZHR 155 (1991), 378, 394 f.

stungen nutzen zu können, bindet sich der Sportler jedoch an das vom Verband geschaffene Regelwerk und unterstellt sich dessen Sanktionsgewalt. Typischerweise führt die Gewährung von Genußrechten demgegenüber nicht zu einer Eingliederung der Genußrechtsinhaber in eine fremdbestimmte Organisation, was freilich gerade Zweck der vertraglichen Regelbindung ist. Trotz partieller Unterschiede ist insgesamt gesehen die mit der vertraglichen Regelanerkennung begründete mitgliedschaftsähnliche Rechtsbeziehung, mit dem Rechtsverhältnis zwischen den Inhabern von Genußrechten und der emittierenden Gesellschaft vergleichbar, was für die Zulässigkeit derartiger mitgliedschaftsähnlicher Rechtsbeziehungen spricht.

Unklar ist dennoch, ob eventuell aus dem Zweck des gesellschaftsrechtlichen Typenzwangs Argumente gegen die Zulässigkeit der vertraglichen Regelanerkennung hergeleitet werden können. Ziel eines Regelanerkennungsvertrages ist es, Nichtmitglieder partiell der Regelungshoheit des Verbandes zu unterstellen. Ein Auftreten dieses »*mitgliedschaftsähnlichen Gebildes*« als eigenständige Gesellschaftsform im Rechtsverkehr ist damit gerade nicht beabsichtigt[188]. Zum anderen werden die Sportler nicht ohne Rücksicht auf ihre Interessen in unzulässiger Art und Weise schutzlos einer Fremdherrschaft durch den Verband ausgesetzt[189]. Der mit dem gesellschaftsrechtlichen Typenzwang verfolgte Schutzzweck ist infolgedessen schon nicht tangiert. Außerdem kann aufgrund der Tatsache, daß Verband und Sportler den Verbandszweck vertraglich zum gemeinschaftlich verfolgten Zweck erheben, im Innenverhältnis – ebenso wie im Verhältnis der genußrechtsemittierenden Gesellschaft zu den Genußrechtsinhabern – eine einfache Innengesellschaft bestehen. Auch in bezug auf den gesellschaftsrechtlichen Typenzwang sind demnach keine Gründe ersichtlich, die gegen die Zulässigkeit eines Regelanerkennungsvertrages sprechen könnten. Infolgedessen ist es nicht unzulässig, den Verbandszweck vertraglich zum von Verband und Sportler gemeinsam verfolgten Zweck zu erheben, um für »außenstehende« Dritte zumindest partiell typischerweise nur die unmittelbaren Mitglieder treffende Rechte und Pflichten zu begründen. Ein Regelanerkennungsvertrag verstößt nach alledem nicht gegen den »numerus clausus« der Gesellschaftsformen.

---

188 Vgl. *K. Schmidt* [Gesellschaftsrecht, § 5 II 1 a), S. 102], der im Hinblick auf den Schutz des Rechtsverkehrs der Auffassung ist, daß mindestens für jeden nach außen auftretenden Verband Rechtsformzwang herrscht.

189 Siehe § 4 IV 2 c) aa); vgl. zu dem sich aus den Grenzen der Abschluß- und inhaltlichen Gestaltungsfreiheit ergebenden Schutz der Sportler die Ausführungen zu den §§ 6 ff.

d) Zusammenfassung

Zusammenfassend bleibt damit folgendes festzuhalten. Der Regelanerkennungsvertrag begründet eine Rechtsbeziehung zwischen Sportler und Verband, die einer atypischen Mitgliedschaft inhaltlich ähnlich ist, ohne rechtlich als Mitgliedschaft i. S. der §§ 21 ff. BGB qualifiziert werden zu können. Obwohl die Sportler dem Verband daher als außenstehende Nichtmitglieder gegenüberstehen, ist das Innenverhältnis aufgrund der gemeinsamen Zweckverfolgung gesellschaftsrechtlich geprägt, weshalb zwischen Sportler und Verband prinzipiell eine einfache Innengesellschaft besteht[190]. Die Rechtsstellung der Sportler ist vergleichbar mit derjenigen von Genußrechtsinhabern, die der genußrechtsemittierenden Gesellschaft gleichermaßen als Nichtmitglieder gegenüberstehen, wobei es ebenfalls nicht ausgeschlossen ist, daß zwischen den Parteien des Genußrechtsvertrages im Innenverhältnis eine stille Gesellschaft besteht. Da sich Innengesellschaften in einer schuldrechtlichen Sonderverbindung erschöpfen können[191], sind die Grenzen zwischen Gesellschafts- und Austauschverträgen fließend[192]. Das mitgliedschaftsähnliche Rechtsverhältnis ist daher, in gleicher Weise wie auch das Genußrechtsverhältnis, im Grenzbereich zwischen dem Gesellschaftsrecht und reinen Austauschverträgen angesiedelt. Gesellschafts- bzw. vereinsrechtliche Grundsätze, die einer solchen Rechtsbeziehung prinzipiell entgegenstehen könnten, sind dabei weder hinsichtlich einer unzulässigen Fremdbestimmung, noch in bezug auf den gesellschaftsrechtlichen Typenzwang ersichtlich.

3. Rechtsnatur der vertraglichen Bindung bei über die Regelanerkennung hinausgehenden Abreden

Fraglich ist, ob sich an dem mitgliedschaftsähnlichen Charakter etwas ändert, wenn im Vertrag neben der Regelanerkennung auch andere Fragen, wie etwa die Nominierung zu Wettkämpfen, das Tragen von Sportbekleidung mit Aufdrucken des Verbandssponsors, die Verpflichtung zur Teil-

---

190 Vgl. zu den gegenseitigen Treue- und Förderpflichten nachfolgend § 4 IV 3.

191 Vgl. *K. Schmidt*, Gesellschaftsrecht, § 7 I 2 b) bb), S. 178; *Hueck*, Gesellschaftsrecht, § 19 III, S. 167; MünchKomm-*Ulmer*, § 705, Rn. 236, 239 (für die stille Gesellschaft).

192 Vgl. zur schwierigen Abgrenzung einer stillen Gesellschaft von einem Darlehensvertrag BGH, NJW 2001, 1270, 1271=DStR 2001, 266, 267 sowie die Ausführungen unter § 4 IV 2 b).

nahme an Wettkämpfen etc. geregelt werden. Es handelt sich hierbei um vertragliche Regelungen, die typischerweise in Athletenvereinbarungen anzutreffen sind[193]. Für solche Vereinbarungen, die inhaltlich über die schlichte Regelanerkennung hinausgehende Abreden enthalten, wird die Auffassung vertreten, sie hätten keinen mitgliedschaftsähnlichen, sondern einen auf Leistungsaustausch gerichteten Charakter[194]. Werden die Sportler etwa zum Tragen bestimmter Kleidungsstücke vertraglich verpflichtet, sei das Verhältnis zwischen Sportler und Verband dem Austausch von Dienstleistungen vergleichbar, gerichtet auf die Erzielung wirtschaftlicher Vorteile[195]. Auch ein Nominierungsvertrag, in dem sich ein Sportler neben der Regelanerkennung zur Teilnahme an Wettkämpfen verpflichtet, zu denen der Verband ihn nominiert hat[196], wird nicht etwa als mitgliedschaftsähnlich, sondern als Geschäftsbesorgungsvertrag mit einem überdurchschnittlich starken Bezug zum Auftragsrecht qualifiziert[197]. Dieser Ansicht zufolge hätte beispielsweise eine Athletenvereinbarung keinen mitgliedschaftsähnlichen, sondern einen austauschvertraglichen Charakter.

Zu bedenken ist aber, daß auch vertragliche Vereinbarungen, die zusätzlich zur Regelanerkennung Nebenabreden enthalten, die Bindung an ein einheitliches sportliches Regelwerk gewissermaßen als Geschäftsgrundlage voraussetzen. Denn nur soweit diese Grundvoraussetzung für die organisierte Ausübung einer Sportart garantiert ist, besteht überhaupt eine Notwendigkeit, Fragen der Nominierung zu Wettkämpfen, der Vermarktung von Persönlichkeitsrechten oder ähnliches zu regeln. Die Unterwerfungserklärung ist folglich auch bei Vereinbarungen, die über die Regelanerkennung hinausgehende Abreden enthalten, stets ein unverzichtbarer wesentlicher Vertragsbestandteil. Die vertragliche Unterwerfung erschöpft sich freilich nicht allein darin, daß die Sportler für die Laufzeit des Vertrages verpflichtet sind, die Verbandsregeln als für sich verbindlich anzuerkennen[198]. Sie bezweckt vielmehr, die Sportler partiell in die körperschaftlich

---

193 Vgl. Ziffer 4 Muster-Athletenvereinbarung, §§ 2, 4 Athletenvereinbarung (1999) des DRV.

194 PHBSportR/*Summerer* 2/347 f.; *Heermann*, NZG 1999, 325, 327 ff.; *Edenfeld*, Rechtsbeziehungen, S. 211 f.; *Pfister*, in FS für W. Lorenz, S. 171, 185.

195 PHBSportR/*Summerer* 2/347 f.; vgl. für Interessendivergenzen zwischen Sportler und Verband bei der Vermarktung auch *Vieweg/Hannamann*, in Akademieschrift 49, S. 43, 50 f.

196 Vgl. ausführlich hierzu *Hohl*, Nominierung, S. 104 ff.; *Heermann*, NZG 1999, 325, 327.

197 *Hohl*, Nominierung, S. 114 ff., 129; PHBSportR/*Summerer* 2/157; *Heermann*, NZG 1999, 325, 327, 329.

198 So aber wohl, *Daigfuß*, Vereinsmitglieder, S. 97; *Heermann*, NZG 1999, 325, 327.

geprägte Verbandsorganisation einzugliedern, um die Sportausübung dem Verbandszweck folgend, der autonomen Regelungsbefugnis des Verbandes zu unterstellen[199]. Der einzelne Sportler erlangt damit auch bei Vereinbarungen, die neben der Regelanerkennung weitere Abreden enthalten, zumindest hinsichtlich der Bindung an das Regelwerk eine der Mitgliedschaft ähnliche Rechtsposition, die insoweit korporationsrechtlich geprägt ist. Infolge der Unterwerfungserklärung ist ein Sportler deshalb nicht nur an die Verbandsregeln gebunden, sondern neben dem Verband zumindest partiell ebenfalls dem Verbandszweck als gemeinsamen Interesse verpflichtet[200]. Die Aufnahme von Nebenabreden in einen Regelanerkennungsvertrag führt folglich nicht dazu, daß dieser ausschließlich als Austauschvertrag zu qualifizieren ist.

Rechtlich könnte es sich aber um einen gemischten Vertrag handeln, der sowohl Merkmale eines mitgliedschaftlichen Rechtsverhältnisses als auch solche eines Austauschvertrages enthalten würde[201]. Wie gemischte Verträge rechtlich zu behandeln sind, ist umstritten. Hierzu werden im wesentlichen drei verschiedene Theorien vertreten[202]. Nach der Absorptionstheorie soll das Recht des im Vordergrund stehenden Vertragstyps die Regelungen der anderen möglicherweise in Betracht kommenden Vertragstypen verdrängen. Es kommt mithin darauf an, welcher Vertragstyp den Schwerpunkt bildet[203]. Die Kombinationstheorie löst das Problem gemischter Verträge hingegen dergestalt, daß sie die den verschiedenen Vertragstypen zugehörigen Regelungen nebeneinander anwendet[204]. Eine dritte Möglichkeit bietet die Theorie der analogen Rechtsanwendung. Hiernach sollen die Bestimmungen der einzelnen Vertragstypen nur analog angewendet werden können, weil das Gesetz die vertraglichen Mischformen nicht geregelt

---

199 *Reuter*, in RuS 7, S. 53, 59 f.; *ders.*, DZWir 1996, 1, 5; *Haas/Prokop*, JR 1998, 45, 46; *Prokop*, Dopingverbote, S. 202.

200 Vgl. auch *Haas/Prokop*, SpuRt 1996, 109, 110; *dies.*, JR 1998, 45, 46 f.; *ders./Adolphsen*, NJW 1995, 2146, 2148; *Prokop*, Dopingverbote, S. 202 f.

201 Vgl. allgemein zu gemischten Verträgen MünchKomm-*Thode*, § 305, Rn. 66; MünchKomm-*Ulmer*, Vor § 705, Rn. 89; *Palandt-Heinrichs*, Einf v § 305, Rn. 19 ff.; *Soergel-Wolf*, § 305, Rn. 27.

202 *Palandt-Heinrichs*, Einf v § 305, Rn. 24; *Soergel-Wolf*, § 305, Rn. 27; MünchKomm-*Thode*, § 305, Rn. 66 f.; MünchKomm-*Ulmer*, Vor § 705, Rn. 89 ff.

203 BGH, NJW 1975, 645 f.; NJW 1989, 1673, 1674; *Palandt-Heinrichs*, Einf v § 305, Rn. 24; *Soergel-Wolf*, § 305, Rn. 27; MünchKomm-*Thode*, § 305, Rn. 67; MünchKomm-*Ulmer*, Vor § 705, Rn. 90; *Larenz/Canaris*, Schuldrecht Bd II/2 BT, § 63 I 3 a), S. 44.

204 BGH, NJW 1973, 1235 f.; NJW 1975, 305 f.; *Palandt-Heinrichs*, Einf v § 305, Rn. 24; *Soergel-Wolf*, § 305, Rn. 27; MünchKomm-*Thode*, § 305, Rn. 67; MünchKomm-*Ulmer*, Vor § 705, Rn. 90; *Larenz/Canaris*, Schuldrecht Bd II/2 BT, § 63 I 3 a), S. 44.

hat[205]. Die h. M. hat sich keiner der zuvor genannten Auffassungen ausdrücklich angeschlossen. Welche Rechtsvorschriften auf einen gemischten Vertrag anzuwenden sind, soll über eine Verknüpfung der einzelnen Theorien der Interessenlage der Parteien entsprechend, jeweils im Einzelfall entschieden werden[206]. Danach sind für jede Leistung prinzipiell die Regelungen des entsprechenden Vertragstyps anzuwenden[207]. Kollidieren dabei die unterschiedlichen gesetzlichen Regelungen oder wird der Eigenart des Vertrages nur die Unterstellung unter ein Vertragsrecht gerecht, so sind die Regelungen desjenigen Vertragstyps heranzuziehen, der den rechtlichen oder wirtschaftlichen Schwerpunkt bildet[208]. Sind die verschiedenen Vertragstypen gleichwertig, so kommen die Vorschriften zur Anwendung, die dem Vertragszweck am besten entsprechen[209].

Die für Austauschverträge geltenden Regelungen sind danach auf Athletenvereinbarungen o. ä. Vertragsgestaltungen (teilweise) anzuwenden, wenn dies der Interessenlage der Parteien und dem vertraglich verfolgten Zweck am besten entspricht. Das setzt freilich voraus, daß sich die Vertragsparteien zumindest partiell zu einem Leistungsaustausch verpflichten und gegensätzliche Interessen verfolgen. Die für einen schlichten Regelanerkennungsvertrag charakteristische gemeinsame Zweckverfolgung sowie die gleichgerichtete Interessenlage von Verband und Sportler müßten folglich von Elementen eines Austauschvertrages überlagert oder zumindest ergänzt werden. Das ist jedoch zweifelhaft, wenn die Nebenabreden lediglich wechselseitige Rechte und Pflichten der Vertragspartner konkretisieren, die ihnen bereits aufgrund der gemeinsamen Zweckverfolgung obliegen. Insoweit stehen die einzelnen Leistungen nicht in einem Austauschverhältnis.

---

205 *Palandt-Heinrichs*, Einf v § 305, Rn. 24; *Soergel-Wolf*, § 305, Rn. 27; MünchKomm-*Ulmer*, Vor § 705, Rn. 90.

206 BGH, NJW 1973, 1235; NJW 1988, 640 ff.; NJW 1995, 324, 326; *Palandt-Heinrichs*, Einf v § 305, Rn. 24 f.; *Soergel-Wolf*, § 305, Rn. 27; MünchKomm-*Thode*, § 305, Rn. 67; MünchKomm-*Ulmer*, Vor § 705, Rn. 90; *Larenz/Canaris*, Schuldrecht Bd II/2 BT, § 63 I 3 b), S. 44.

207 *Palandt-Heinrichs*, Einf v § 305, Rn. 25; vgl. auch BGH, NJW 1981, 341, 342.

208 BGH, NJW 1981, 341, 342; NJW 1995, 324, 326; *Palandt-Heinrichs*, Einf v § 305, Rn. 25 f.

209 *Palandt-Heinrichs*, Einf v § 305, Rn. 25a; vgl. auch *Soergel-Wolf*, § 305, Rn. 27 ff.; MünchKomm-*Thode*, § 305, Rn. 67.

a) Treue- und Förderpflichten im mitgliedschaftlichen Rechtsverhältnis

Generell besteht in allen Rechtsverhältnissen, für die ein gemeinsamer Zweck kennzeichnend ist, die mitgliedschaftliche Pflicht, den gemeinsamen Zweck zu fördern[210]. Ihr konkreter Inhalt ergibt sich dabei aus Gesetz, Satzung bzw. Gesellschaftsvertrag, wobei sich dieser nicht in einer einmaligen statischen Spezifizierung erschöpft[211]. Dies gilt in gleicher Weise für die Vereinsmitgliedschaft, weil mit dem Vereinsbeitritt die Mitglieder dem Vereinszweck als gemeinsamen Interesse verpflichtet sind. Das einzelne Mitglied gliedert sich mit dem Vereinsbeitritt in eine organisierte Zweckgemeinschaft ein, die ihm gewisse Einflußmöglichkeiten auf die Interessen des Vereins sowie diejenigen der übrigen Mitglieder eröffnet. Jedes Mitglied muß daher sein Verhalten den aus dem gemeinsam verfolgten Zweck fließenden gemeinsamen Interessen anpassen und diese fördern. Mit der Bindung an den gemeinsamen Zweck obliegen den Vereinsmitgliedern, dem Verein sowie den übrigen Mitgliedern gegenüber daher bestimmte Loyalitätspflichten[212]. Diese Pflichten verdichten sich aufgrund der Besonderheiten eines mitgliedschaftlichen Rechtsverhältnisses, über die jedem Vertragspartner eines Schuldvertrages aus § 242 BGB obliegenden Loyalitätspflichten hinaus, zu konkreten mitgliedschaftlichen Treuepflichten[213]. Art und Intensität der mitgliedschaftlichen Treuepflichten richten sich unter anderem nach dem jeweilig verfolgten Vereinszweck, der Geschlossenheit des Verbandes sowie dem Grad der persönlichen Bindung[214]. Ihrem Inhalt nach können die Treuepflichten in aktive und passive Treuepflichten eingeteilt werden[215], die jedes Mitglied dazu anhalten, sich dem Verein gegenüber

210 *Lutter*, AcP 180 (1980), 84, 102 ff.; *Reichert/van Look*, Handbuch des Vereins- und Verbandsrechts 6. Aufl., Rn. 608, S. 223.

211 *Lutter*, AcP 180 (1980), 84, 102.

212 Vgl. BGHZ 110, 323 ff.=BGH, NJW 1990, 2877, 2878 f.; NJW 1995, 1739, 1740 ff.; *Reichert*, Handbuch des Vereins- und Verbandsrechts, Rn. 608, S. 192; *Prokop*, Dopingverbote, S. 193 f, 196 f.

213 BGHZ 110, 323, 330; *Lutter*, AcP 180 (1980), 84, 102 f.; *K. Schmidt*, Gesellschaftsrecht, § 20 IV 1, S. 588 f.; *Reichert*, Handbuch des Vereins- und Verbandsrechts, Rn. 608, S. 192; *Dütz*, in FS für W. Herschel, S. 55, 62 f.; *Soergel-Hadding*, § 38, Rn. 23; MünchKomm-*Reuter*, § 38, Rn. 41; *Sauter/Schweyer*, Der eingetragene Verein, Rn. 348, S. 256.

214 *Dütz*, in FS für W. Herschel, S. 55, 63; *Sauter/Schweyer*, Der eingetragene Verein, Rn. 348, S. 256; *Soergel-Hadding*, § 38, Rn. 23; *Reichert*, Handbuch des Vereins- und Verbandsrechts, Rn. 611, S. 193.

215 *Lutter*, AcP 180 (1980), 84, 108 ff.; *Reichert/van Look*, Handbuch des Vereins- und Verbandsrechts 6. Aufl., Rn. 609, S. 224.

loyal zu verhalten, die Vereinszwecke aktiv zu fördern und alles zu unterlassen, was dem Vereinszweck schaden könnte[216]. Das Mitglied eines Sportvereins kann danach etwa verpflichtet sein, an Wettkämpfen der Vereinsmannschaft teilzunehmen[217].

Treuepflichten bestehen freilich nicht nur im Verhältnis der Mitglieder zum Verein. Denn nicht nur die Mitglieder, sondern auch der Verein selbst ist kraft Satzung an die Vereinszwecke gebunden und kann insbesondere durch Handlungen seiner Organe Einfluß auf die Interessen der Mitglieder nehmen. Als Ausfluß der Rechtsbeziehung zwischen Verein und Mitglied obliegt mithin auch dem Verein die Pflicht, auf die mitgliedschaftlichen Interessen der einzelnen Vereinsmitglieder Rücksicht zu nehmen, diese zu fördern und die effektive Ausübung mitgliedschaftlicher Rechte zu ermöglichen[218]. Daraus folgt auch die Verpflichtung des Vereins, die einzelnen Mitglieder nicht entgegen den geltenden vereinsrechtlichen Bestimmungen zu behandeln[219].

b) Treue- und Förderpflichten im mitgliedschaftsähnlichen Rechtsverhältnis

Nicht nur für ein mitgliedschaftliches Rechtsverhältnis, sondern auch für die vertragliche Regelanerkennung, ist die Verfolgung eines gemeinsamen Zwecks kennzeichnend. Die Sportler unterwerfen sich dem Regelwerk des Verbandes, um im Gegenzug entsprechend dem Verbandszweck am organisierten Sportgeschehen teilnehmen sowie Verbandsleistungen und -einrichtungen nutzen zu können. Kraft vertraglicher Vereinbarung sind die Sportler – freilich unter Ausschluß mitgliedschaftlicher Teilhaberechte an der

---

216 *Reichert*, Handbuch des Vereins- und Verbandsrechts, Rn. 608, S. 192; *Lutter*, AcP 180 (1980), 84, 108 ff.; *Soergel-Hadding*, § 38, Rn. 23; *Steding*, BuW 1999, 664.

217 *Lutter*, AcP 180 (1980), 84, 109; MünchKomm-*Reuter*, § 38, Rn. 41; *Prokop*, Dopingverbote, S. 151.

218 BGH, ZIP 1982, 568, 572; ZIP 1984, 583 f.; NJW 1990, 2877, 2878, NJW 1992, 368, 369; OLG Stuttgart, NJW 1996, 1352 f. (für Schutz- und Obhutspflichten des Vereins gegenüber seinen Mitgliedern); LG Nürnberg-Fürth, SpuRt 1998, 39, 40; *Lutter*, AcP 180 (1980), 84, 122 f.; *Reichert*, Handbuch des Vereins- und Verbandsrechts, Rn. 615, S. 195 f.; *Reichert/van Look*, Handbuch des Vereins- und Verbandsrechts 6. Aufl., Rn. 615, S. 228; *Götz/Götz*, JuS 1995, 106, 107; *Steding*, BuW 1999, 664 ff.

219 BGH, NJW 1990, 2877, 2878 mwN; LG Nürnberg-Fürth, SpuRt 1998, 39, 40; *Götz/Götz*, JuS 1995, 106, 107; *Haas/Prokop*, JR 1998, 45, 46; *Hadding*, in FS für A. Kellermann, S. 91, 97; *Linnenbrink/Hofmeister*, SpuRt 1996, 127, 128.

Willensbildung – nicht nur in die Verbandsorganisation eingebunden, sondern auch dem Verbandszweck verpflichtet. Deshalb obliegen ihnen dem Verband gegenüber Loyalitätspflichten, die sich aufgrund der Ähnlichkeit zwischen der vertraglichen Regelanerkennung und der unmittelbaren Mitgliedschaft gleichermaßen zu Treuepflichten verdichten. Die vertraglich dem Verbandsregelwerk unterworfenen Sportler treffen demzufolge in dem Maße mitgliedschaftsähnliche Treuepflichten, in dem sie kraft Unterwerfungserklärung dem Verbandszweck als gemeinsamen Interesse verpflichtet sind[220].

Bei der Bestimmung des Inhalts der mitgliedschaftsähnlichen Treuepflichten ist allerdings zu berücksichtigen, daß die Sportler von der Willensbildung im Verband gerade ausgeschlossen sind. Die ihnen obliegenden Treuepflichten können daher nicht die Funktion haben, mitgliedschaftliche Mitverwaltungs- und Kontrollrechte[221] zu begrenzen. Durch ihr tatsächliches Verhalten, insbesondere bei der Sportausübung, können Sportler dennoch rein tatsächlich Einfluß auf den Verbandszweck ausüben[222], dem sie aufgrund vertraglicher Vereinbarung verpflichtet sind. Ihnen obliegt daher unter anderem die Pflicht, Maßnahmen zu unterlassen, die dem vertraglich zum gemeinsam verfolgten Zweck erhobenen Verbandszweck beeinträchtigen[223]. Neben der passiven, sind die Sportler freilich auch zur aktiven Förderung des Verbandszwecks verpflichtet[224]. Die aktiven Treuepflichten beziehen sich dabei nicht ausschließlich auf den ideellen Verbandszweck. Neben dem ideellen Hauptzweck können Idealvereine in gewissen Grenzen nämlich auch einen wirtschaftlichen Nebenzweck verfolgen, ohne gegen § 21 BGB zu verstoßen. Voraussetzung ist allerdings, daß sich die konkrete wirtschaftliche Tätigkeit in den Grenzen des sogenannten Nebenzweckprivilegs bewegt[225]. Danach ist eine wirtschaftliche Betätigung des Vereins un-

---

220 Vgl. LG Darmstadt, SpuRt 2001, 114, 115; *Haas/Prokop*, SpuRt 1996, 109, 110; *dies.*, JR 1998, 45, 46 f.; *Prokop*, in Akademieschrift 49, S. 19, 23; *ders.*, Dopingverbote, S. 203 ff.; *Hannamann*, Kartellverbot, S. 93 ff.

221 Vgl. zu dieser Funktion der Treuepflichten BGH, NJW 1995, 1739, 1741; *Steding*, BuW 1999, 664, 666.

222 *Prokop*, Dopingverbote, S. 203.

223 LG Darmstadt, SpuRt 2001, 114, 115; *Haas/Prokop*, SpuRt 1996, 109, 111; *Prokop*, Dopingverbote, S. 203 f.; *Hannamann*, Kartellverbot, S. 102 f.

224 LG Darmstadt, SpuRt 2001, 114, 115; *Haas/Prokop*, SpuRt 1996, 109, 111; *Prokop*, Dopingverbote, S. 203.

225 Vgl. zur wirtschaftlichen Tätigkeit der Sportverbände unten die §§ 8 und 10.

schädlich, die der Verfolgung des nichtwirtschaftlichen Hauptzwecks dient und diesem nach Art und Umfang funktional untergeordnet ist[226].

Sportverbände sind allein durch Mitgliedsbeiträge bzw. staatliche Mittel regelmäßig nicht mehr in der Lage, ihren Haushalt zu finanzieren. Das gilt nicht nur für die Schaffung und Gewährleistung optimaler Voraussetzungen für die Ausübung von Leistungs- und Profisport (Trainer, Betreuer, Trainingsstätten, medizinische Versorgung etc.), sondern auch für die Förderung des Nachwuchs- und Breitensports. Zur Erfüllung ihrer satzungsmäßigen Aufgaben sind die Sportverbände deshalb darauf angewiesen, sich erwerbswirtschaftlich zu betätigen. Ihren Haushalt decken sie dabei teilweise durch Sponsoren- und Werbeverträge[227]. Solche Einkünfte lassen sich typischerweise nur unter Einbeziehung der einzelnen Sportler in die Sponsoring- und Werbemaßnahmen des Verbandes erzielen. Den Sportlern obliegt somit infolge der vertraglichen Bindung an den Verbandszweck die Pflicht, auch den wirtschaftlichen Nebenzweck zu fördern. Sie sind deshalb verpflichtet, den Verband bei der Beschaffung finanzieller Mittel zu unterstützen, die dieser zur Erfüllung der ideellen Verbandszwecke benötigt[228]. Diese Pflicht ist vergleichbar mit der den unmittelbaren Vereinsmitgliedern obliegenden Beitragspflicht, die letztlich eine besondere Ausprägung der allgemeinen mitgliedschaftlichen Förderpflicht ist[229]. Art und Umfang der den vertraglich gebundenen Sportlern obliegenden Treuepflichten richten sich dabei entscheidend nach dem verfolgten Zweck sowie der persönlichen Bindung des Sportlers an den Verband. Je intensiver die gemeinsame Zweckverfolgung und die persönliche Bindung eines Sportlers an den Verband (beispielsweise durch intensive Nutzung von Verbandseinrichtungen) ist, desto umfassender sind die dem Sportler dem Verband gegenüber obliegenden Treuepflichten[230].

---

226 BGH, NJW 1983, 569, 570 f.; *K. Schmidt*, Gesellschaftsrecht, § 23 III 3 d), S. 677; *Stöber*, Handbuch zum Vereinsrecht, Rn. 49, 54, S. 33, 36; *Reichert*, Handbuch des Vereins- und Verbandsrechts, Rn. 132 f., S. 41 f.; *Lettl*, DB 2000, 1449, 1452; vgl. hierzu auch § 8 II.

227 Vgl. *Prokop*, in Akademieschrift 49, S. 19, 22; *ders.*, Dopingverbote, S. 47; *Niese*, in Akademieschrift 49, S. 7, 16.

228 *Haas/Prokop*, SpuRt 1996, 109, 111; *Prokop*, in Akademieschrift 49, S. 19, 23; A. A. wohl *Fikentscher/Schmitt/Sonn* [SpuRt 1999, 89, 92], die sich grundsätzlich gegen eine Werbepflicht der Athleten aussprechen.; vgl. zum Umfang der dem Sportler dem Verband gegenüber obliegenden Pflichten auch unter § 10 II.

229 *Reichert/van Look*, Handbuch des Vereins- und Verbandsrechts 6. Aufl., Rn. 608, S. 223.

230 *Haas/Prokop*, SpuRt 1996, 109, 110.

Treuepflichten bestehen allerdings nicht nur im Verhältnis der Sportler zum Verband. Infolge der gemeinsamen Zweckverfolgung und der tatsächlichen Einwirkungsmöglichkeiten auf die Interessen der Sportler ist der Verband seinerseits verpflichtet, die Sportlerinteressen zu berücksichtigen und aktiv zu fördern[231]. Denn unterstellen die Sportler ihre Interessen, die typischerweise auf Teilnahme am organisierten Sport gerichtet sind, mit der Unterwerfungserklärung dem autonomen Regelungsbereich des Verbandes, so hat dieser jedem Sportler die bestmöglichen Rahmenbedingungen für die Sportausübung zu gewährleisten[232]. Die Sportverbände sind daher vor allem verpflichtet, die infrastrukturellen Voraussetzungen für die organisierte Ausübung einer Sportart zu schaffen. Hierzu zählt nicht nur der Erlaß und die Durchsetzung einheitlicher Standards für die Sportausübung[233], sondern auch die Nominierung zu Wettkämpfen[234], eine qualifizierte Betreuung durch Trainer, technisches Personal, Physiotherapeuten bzw. Ärzte oder die Verpflichtung, den Sportlern die erforderliche Sport- bzw. Wettkampfausrüstung zur Verfügung zu stellen[235]. Insgesamt hat ein Sportverband den vertraglich gebundenen Sportlern gegenüber verschiedene Gleichbehandlungs-[236] und Fürsorgepflichten[237], die nicht nur individuell ausgerichtet sind. So ist anerkannt, daß einem nationalen Spitzenverband auch auf die Gesamtheit der Sportler bezogene Fürsorgepflichten im Verhältnis zum internationalen Sportverband obliegen[238].

Werden zusätzlich zur Regelanerkennung weitere Nebenabreden in einen Vertrag aufgenommen, kommt es für die Bestimmung der Rechtsnatur des Vertrages, auf den Umfang der mit Abschluß des Vertrages den Vertragspartnern obliegenden Treue- und Fürsorgepflichten an. Können die vertraglichen Nebenabreden als Ausprägung der wechselseitigen mitgliedschaftsähnlichen Treue- und Fürsorgepflichten interpretiert werden, die auf die Verfolgung des gemeinsamen Zwecks bezogen sind, stehen

---

231 LG Darmstadt, SpuRt 2001, 114, 115; *Prokop*, Dopingverbote, S. 204 f.; vgl. auch *Reichert*, Handbuch des Vereins- und Verbandsrechts, Rn. 609, S. 192 f.

232 *Haas/Prokop*, SpuRt 1996, 109, 111; *Prokop*, Dopingverbote, S. 205 f.

233 Vgl. hierzu auch *Hannamann*, Kartellverbot, S. 99 ff.

234 *Hohl*, Nominierung, S. 217; *Haas/Prokop*, SpuRt 1996, 109, 110; *Prokop*, in Akademieschrift 49, S. 19, 23; *ders.*, Dopingverbote, S. 206.

235 Vgl. zu den im Rahmen einer Athletenvereinbarung konkretisierten Pflichten des Verbandes Ziffer 3 Muster-Athletenvereinbarung; § 2 Athletenvereinbarung (1999) DRV.

236 LG Darmstadt, SpuRt 2001, 114, 115; vgl. hierzu § 9 I.

237 Vgl. zu Treuepflichten des Verbandes den vertraglich gebundenen Sportlern gegenüber auch § 12 I 1.

238 LG Neubrandenburg, SpuRt 1994, 149 f.; *Haas/Prokop*, SpuRt 1996, 109, 110; *Prokop*, in Akademieschrift 49, S. 19, 23.

die betreffenden Rechte und Pflichten der Vertragsparteien nicht in einem Austauschverhältnis. Solche Regelungen haben im Grunde deklaratorische Bedeutung, deren Sinn vorrangig darin besteht, zur Schaffung von Rechtsklarheit und Rechtssicherheit, den aus der gemeinsamen Zweckverfolgung sich ergebenden Pflichtenkatalog zu konkretisieren[239]. Der rechtliche und wirtschaftliche Schwerpunkt liegt damit trotz der vertraglichen Nebenabreden weiterhin bei der Regelanerkennung und der Präzisierung der aus der gemeinsamen Zweckverfolgung fließenden Rechte und Pflichten. Der Eigenart derartiger Vereinbarungen entspricht es daher, diese insgesamt als mitgliedschaftsähnlich zu qualifizieren[240]. Nebenabreden führen insoweit keine Elemente eines Austauschvertrages in einen Regelanerkennungsvertrag ein.

Deshalb stehen etwa die Pflicht zur Teilnahme an Wettkämpfen, die Verpflichtung einheitliche Wettkampfbekleidung zu tragen sowie die Bindung an das Regelwerk in keinem Austauschverhältnis zum Nominierungsanspruch bzw. zur Pflicht des Verbandes, den Sportlern Verbandseinrichtungen zur Verfügung zu stellen. Ist die Schaffung einheitlicher Standards sowie die Förderung der organisierten Ausübung einer Sportart der gemeinsam vertraglich verfolgte Zweck, dann dienen die vorgenannten Pflichten lediglich dem gemeinsamen Interesse, diesen Zweck zu erreichen. Erst wenn im Vertrag Leistungspflichten geregelt werden, die nicht mehr als Ausfluß der gegenseitigen Treue- und Fürsorgepflichten qualifiziert werden können, erhält der Vertrag partiell oder sogar insgesamt einen austauschvertraglichen Charakter, wenn die im Gegenseitigkeitsverhältnis stehenden Leistungspflichten den rechtlichen oder wirtschaftlichen Schwerpunkt des Vertrages bilden. Ob eine vertraglich fixierte Pflicht noch als Ausprägung der Treue- und Fürsorgepflichten zu qualifizieren ist, kann nicht generell bestimmt werden, da Art und Umfang der wechselseitigen Treue- und Fürsorgepflichten nur einzelfallbezogen ermittelt werden können. Überschritten ist die Grenze hin zu einem Austauschverhältnis aber unzweifelhaft dann, wenn die Sportler zu einer wirtschaftlichen Tätigkeit verpflichtet sind, die weder ausschließlich dem gemeinsam verfolgten ideellen Verbandszweck dient, noch diesem funktionell untergeordnet ist. Solche Pflichten können dann nämlich nicht als Konkretisierung einer, auf den wirtschaftlichen Nebenzweck des Verbandes gerichteten, mitgliedschafts-

---

239 Vgl. *Haas/Prokop*, SpuRt 1996, 109, 110 f., 112; *Prokop*, in Akademieschrift 49, S. 19, 24.

240 Vgl. zu der Frage, ob trotz des mitgliedschaftsähnlichen Charakters die auf Austauschverträge zugeschnittenen Vorschriften über das Recht der Allgemeinen Geschäftsbedingungen (§§ 305 ff. BGB) auf solche Vereinbarungen anzuwenden sind, § 6 II und § 9 II 4.

ähnlichen Förderpflicht interpretiert werden. Der Bereich der gemeinsamen mitgliedschaftsähnlichen Zweckverfolgung ist beispielsweise verlassen, wenn der Athlet vertraglich in die Vermarktung von Persönlichkeitsrechten einwilligt und hierfür ein nicht unerhebliches Entgelt bekommt. Sportler und Verband stehen sich hier als Parteien eines Austauschvertrages gegenüber[241].

Hinsichtlich des Regelungsziels[242] sind Athleten- bzw. Lizenzvereinbarungen damit von Verträgen abzugrenzen, in denen sich Sportverband und Sportler zur Erbringung gegenseitiger Leistungen verpflichten, die über die zwischen den Beteiligten bestehenden wechselseitigen Treue- und Fürsorgepflichten hinausgehen. Im Unterschied zu Athleten- bzw. Lizenzvereinbarungen ist der Vertragsinhalt bei derartigen Vereinbarungen prinzipiell Verhandlungssache der Beteiligten. Der Verband erbringt seine Leistung also nur deshalb, weil er von dem Sportler eine bestimmte Gegenleistung erwartet. Der Sportverband wird – anders als bei einer Athleten- bzw. Lizenzvereinbarung – quasi zum Sponsor des Sportlers[243].

4. Spannungsverhältnis Gesellschaftsrecht – Arbeitsrecht

Die Rechtsnatur eines Regelanerkennungsvertrages könnte aber dann anders zu beurteilen sein, wenn ein Sportler die betreffende Sportart kommerziell ausübt. So sind Vereinbarungen zwischen Sportler und Verband möglicherweise als Arbeitsvertrag zu qualifizieren, wenn der Verband die Sportler vertraglich zur Teilnahme an bestimmten Wettkämpfen verpflichtet oder bestimmte Leistungen vergütet. Zu denken ist hier u. a. an Prämienzahlungen des Verbandes für vordere Plazierungen bei Wettkämpfen oder aber an eine finanzielle Beteiligung der Sportler an den Erlösen aus der Vermarktung von Persönlichkeitsrechten. Einen arbeitsvertraglichen Charakter könnte ein Regelanerkennungsvertrag aber auch in denjenigen Fällen erhalten, in denen ein Sportler Arbeitnehmer eines Sportvereins ist. Schlüpft der Verband aufgrund seiner vertraglichen Regelungsbefugnisse und der damit verbundenen Einwirkungsmöglichkeiten auf den Arbeitsvertrag zwischen Sportler und Verein in eine (Teil-)Arbeitgeberposition, dann wäre ein Regelanerkennungsvertrag arbeitsvertraglich geprägt.

---

241 Vgl. *Haas/Prokop*, SpuRt 1996, 109, 112.

242 Vgl. § 2.

243 *Prokop*, in Akademieschrift 49, S. 19, 21; *Haas/Prokop*, SpuRt 1996, 109, 111 f.

a) Weisungsabhängige fremdbestimmte Tätigkeit

Der herrschenden Meinung zufolge ist Arbeitnehmer derjenige, der aufgrund eines Vertrages über (entgeltliche) Dienstleistungen für einen Anderen unselbständig in persönlicher Abhängigkeit tätig ist[244]. Sportler sind demnach Arbeitnehmer eines Verbandes, wenn sie kraft vertraglicher Vereinbarung dem betreffenden Verband gegenüber nach dessen Weisungen verpflichtet sind, sportliche Leistungen gegen Entgelt zu erbringen. Eine persönliche Abhängigkeit ist danach etwa zu bejahen, wenn der Verband den Sportlern hinsichtlich der Teilnahme an Wettkämpfen, Zeit, Art, Ort und Umfang des täglichen Trainings, der Ernährung, der privaten Lebensführung etc. weisungsbefugt ist[245]. Werden die Sportler in einem Regelanerkennungsvertrag verpflichtet, der Weisung des Verbandes folgend an bestimmten Trainingslagern, Wettkämpfen oder Werbe- und Sponsoringmaßnahmen teilzunehmen und erhalten sie hierfür Vergütungen, könnten die Sportler Arbeitnehmer des Verbandes sein.

Bei der Ermittlung der Arbeitnehmereigenschaft ist jedoch zu berücksichtigen, daß den Sportlern infolge der vertraglichen Bindung an den Verbandszweck mitgliedschaftsähnliche Treuepflichten dem Verband gegenüber obliegen. Die Pflicht zur Teilnahme am Training, Wettkampf oder einer Werbe- bzw. Sponsoringmaßnahme könnte daher bereits aus einer solchen aktiven mitgliedschaftsähnlichen Treuepflicht resultieren. Einen Rechtssatz, wonach Dienste in persönlicher Abhängigkeit nur im Rahmen von Arbeitsverträgen erbracht werden dürfen, gibt es nämlich nicht[246]. So kann beispielsweise der von den Vereinsmitgliedern zu leistende Mitgliedsbeitrag auch in der Leistung weisungsabhängiger Dienste bestehen[247]. Vereinsmitglieder können deshalb auf Grundlage des mitgliedschaftlichen Rechtsverhältnisses verpflichtet sein, Dienste in persönlicher Abhängigkeit zu erbringen, ohne hierdurch gleichzeitig zu Arbeitnehmern des Vereins zu

---

244 Statt vieler BAG, NZA 1995, 823, 832; NZA 1996, 33, 34; LAG Rheinland-Pfalz, SpuRt 2000, 119, 120; Sozialgericht Kassel, SpuRt 1999, 207, 208; *Löwisch*, Arbeitsrecht, Rn. 3, S. 2; *Schaub*, Arbeitsrechts-Handbuch, § 29 Rn. 1, S. 199.

245 *Haas*, in Akademieschrift 49, S. 57, 64; *Imping*, Fußballspieler, S. 51; *Rybak*, Lizenzfußballspieler, S. 57 ff.; *Meyer-Cording*, RdA 1982, 13; *Prokop*, Dopingverbote, S. 152 ff. mwN; *Bepler*, in Sportler, Arbeit und Statuten, S. 43, 49 (für Fußballspieler); vgl. hierzu auch § 12 I 3 a).

246 BAG, NZA 1991, 308; NZA 1996, 33, 35.

247 BAG, NZA 1995, 823, 833; NZA 1996, 33, 34; *Reichert*, Handbuch des Vereins- und Verbandsrechts, Rn. 2814, S. 989 f.; *Palandt-Heinrichs*, § 58, Rn. 5; Vgl. zu der damit im Zusammenhang stehenden Frage, einer unzulässigen Umgehung arbeitsrechtlicher Schutzbestimmungen, nachfolgend unter § 4 IV 4 b).

mutieren[248]. Um ermitteln zu können, ob Sportler Arbeitnehmer eines Verbandes sind, ist also darauf abzustellen, ob die Dienstleistungspflichten der Sportler noch dem mitgliedschaftsähnlichen Rechtsverhältnis zuzuordnen sind oder auf einer darüber hinausgehenden vertraglichen Vereinbarung beruhen.

Eine ähnliche Abgrenzung wird bei der Ermittlung der Arbeitnehmereigenschaft von Vertragsamateuren vorgenommen, die sich als unmittelbare Mitglieder eines Sportvereins diesem gegenüber vertraglich verpflichten, entgeltlich sportliche Leistungen zu erbringen[249]. Bei ihnen handelt es sich daher um eine Mischform zwischen Amateur- und Berufssportlern[250]. Vertragsamateure sind dann Arbeitnehmer eines Sportvereins, wenn sie aufgrund der konkreten Vertragsgestaltung verpflichtet sind, ihre Leistungen für den Verein in einer für Arbeitsverträge typischen Abhängigkeit zu erbringen, die über die durch die Vereinsmitgliedschaft begründete Weisungsabhängigkeit hinausgeht[251].

Überträgt man diese Kriterien auf die vorliegende Fragestellung, so gilt für die Abgrenzung des mitgliedschaftsähnlichen Rechtsverhältnisses von einem Arbeitsvertrag folgendes: Ihren Ursprung haben die Dienstverpflichtungen solange und soweit in dem mitgliedschaftsähnlichen Rechtsverhältnis, wie die von den Sportlern zu leistenden Dienste als Ausprägungen der mitgliedschaftsähnlichen Treue- und Förderpflichten zu qualifizieren sind. Insofern fehlt es an einer über das vereinsrechtlich geprägte Rechtsverhältnis hinausgehenden vertraglichen Vereinbarung, die eine für Arbeitsverhältnisse typische Weisungsgebundenheit der Sportler begründen könnte. Sind die Sportler etwa verpflichtet, an Wettkämpfen oder offiziellen Mannschaftsveranstaltungen des Verbandes teilzunehmen bzw. einheitliche Sportbekleidung mit Aufdrucken des Verbandssponsors zu tragen, bleibt es bei dem mitgliedschaftsähnlichen Charakter, falls diese Dienstleistungspflichten als Konkretisierung der den Sportlern obliegenden aktiven Förderpflichten interpretiert werden können. Eine Ausgestaltung mitgliedschaftsähnlicher Förderpflichten ist beispielsweise anzunehmen, wenn die Sportler nur in geringem Umfang sportliche oder sonstige Leistungen nach

---

248 *Reichert*, Handbuch des Vereins- und Verbandsrechts, Rn. 2814, S. 990.

249 Vgl. BAG AP Nr. 51 zu § 611 BGB; LAG Rheinland-Pfalz, SpuRt 2000, 119, 120; Sozialgericht Kassel, SpuRt 1999, 207, 208; ArbG Siegburg, SpuRt 2000, 118, 119; *Weisemann/Spieker*, Sport, Spiel und Recht, Rn. 27 ff., S. 13 ff.

250 LAG Rheinland-Pfalz, SpuRt 2000, 119, 120; *Gitter*, in Münchener Handbuch zum Arbeitsrecht Bd. 2, § 202, Rn. 25 ff., S. 1766 f.

251 Vgl. BAG AP Nr. 51 zu § 611 BGB; LAG Rheinland-Pfalz, SpuRt 2000, 119, 120; Sozialgericht Kassel, SpuRt 1999, 207, 208; *Weisemann/Spieker*, Sport, Spiel und Recht, Rn. 27 f., S. 13 f.; a. A. FG Bremen, SpuRt 2000, 34, 36.

Weisung des Verbandes erbringen müssen. Davon ist typischerweise in denjenigen Fällen auszugehen, in denen die Sportler trotz der vertraglichen Pflichten über Ort, Zeit und Umfang ihres Trainings bzw. über die Teilnahme an Wettkämpfen relativ frei bestimmen können. Insoweit fehlt es an einer umfassenden Fremdbestimmung der Sportausübung, was ein Indiz für die Arbeitnehmerstellung der Sportler wäre[252].

Demgegenüber ist eine arbeitsvertragliche Verpflichtung typischerweise dann anzunehmen, wenn die Sportler mit ihren sportlichen Leistungen nicht vorrangig den Verbandszweck fördern, sondern mit dem Vertrag in erster Linie wirtschaftliche Interessen verfolgen und damit gleichzeitig ein solches Interesse des Verbandes befriedigen[253]. Ein starkes Indiz hierfür ist die Höhe einer vom Verband an die Sportler gezahlten Vergütung. Übersteigt diese den Rahmen einer bloßen Aufwandsentschädigung[254], so spricht das für das Vorliegen eines Arbeitsverhältnisses[255]. Allein die Aufnahme einer Vergütungsregel führt ohne Hinzutreten weiterer Umstände jedoch nicht dazu, daß der mitgliedschaftsähnliche Charakter durch eine darüber hinausgehende arbeitsvertragliche Vereinbarung überlagert wird[256]. Eine bloß wirtschaftliche Abhängigkeit[257] der Sportler vom Verband vermag daher eine Arbeitnehmereigenschaft selbst dann nicht zu begründen, wenn die Zahlungen des Verbandes einen nicht unerheblichen Teil der Einnahmen des Sportlers ausmachen. Entscheidend ist vielmehr, ob die in persönlicher Abhängigkeit zu erbringenden sportlichen Leistungen und die vom Verband

---

252 LAG Rheinland-Pfalz, SpuRt 2000, 119, 120; *Prokop*, Dopingverbote, S. 153; *Hilpert*, RdA 1997, 92, 95.

253 Allgemein hierzu BAG AP Nr. 51 zu § 611 BGB; OLG Stuttgart, AuR 1978, 125; *Prokop*, Dopingverbote, S. 151; *Reichert*, Handbuch des Vereins- und Verbandsrechts, Rn. 2814, S. 990.

254 Als Aufwandsentschädigung werden dabei Zahlungen angesehen, die nach § 3 Nr. 50 EStG als steuerfreie Zuwendungen gelten. Bei solchen Zahlungen handelt es sich insoweit nicht um Arbeitseinkommen.; vgl. hierzu FG Bremen, SpuRt 2000, 34, 36; Sozialgericht Kassel, SpuRt 1999, 207, 208; *Gitter*, in Münchener Handbuch zum Arbeitsrecht Bd. 2, § 202, Rn. 34, S. 1768 f.; *Prokop*, Dopingverbote, S. 152.

255 BAG AP Nr. 51 zu § 611 BGB; Sozialgericht Kassel, SpuRt 1999, 207, 208; *Hilpert*, RdA 1997, 92, 94; *Gitter*, in Münchener Handbuch zum Arbeitsrecht Bd. 2, § 202, Rn. 36, S. 1769; *Prokop*, Dopingverbote, S. 151 f.; *Reichert*, Handbuch des Vereins- und Verbandsrechts, Rn. 2814, S. 990.

256 Vgl. allgemein hierzu BAG AP Nr. 51 zu § 611 BGB; LAG Rheinland-Pfalz, SpuRt 2000, 119, 120 f.; *Gitter*, in Münchener Handbuch zum Arbeitsrecht Bd. 2, § 202, Rn. 34 ff., S. 1768 f.; *Prokop*, Dopingverbote, S. 152.

257 BAG AP Nr. 51 zu § 611 BGB; *Schaub*, Arbeitsrechts-Handbuch § 8 Rn. 29, S. 81; *Weisemann/Spieker*, Sport, Spiel und Recht, Rn. 29, S. 15.

gezahlte Vergütung in einem für Arbeitsverträge typischen Austauschverhältnis von Leistung und Gegenleistung stehen[258].

Hieran fehlt es, wenn die vom Verband an den Athleten gezahlten Entgelte den Rahmen der dem Verband aufgrund der gemeinsamen Zweckverfolgung obliegenden Fürsorgepflicht wahren und die Zahlung eine verhältnismäßige Beteiligung des Sportlers an den vom Sportler im Rahmen der ihm obliegenden Treuepflicht erbrachten Leistungen bewirken soll. So steht beispielsweise die Prämienzahlung an einen Sportler nicht in einem Austauschverhältnis zum Anspruch des Verbandes auf Teilnahme des Sportlers an einem Wettkampf, sofern sich die Teilnahmepflicht noch im Rahmen der mitgliedschaftsähnlichen Treuepflicht des Sportlers hält. Etwas anderes gilt erst dann, wenn die Sportler umfassend zur Teilnahme am Training, an Wettkämpfen sowie Werbe- und Sponsoringmaßnahmen verpflichtet werden und hierfür ein die Aufwandsentschädigung übersteigendes Entgelt beziehen. Entscheidend ist also, ob die aus dem mitgliedschaftsähnlichen Rechtsverhältnis folgende oder eine vertragsbedingte persönliche Abhängigkeit den Vertrag und dessen Abwicklung prägt[259].

b) Umgehung arbeitsrechtlicher Bestimmungen

Ob das Rechtsverhältnis zwischen Sportler und Verband dem Arbeitsrecht zuzurechnen ist, wird jedoch für den Fall, daß ein Sportler Arbeitnehmer seines Sportvereins ist, kontrovers diskutiert. Bedeutsam ist dies vor allem im Bereich des professionell betriebenen Mannschaftsports, da die Sportler hier nicht Mitglieder, sondern Arbeitnehmer ihrer Sportvereine sind[260]. Obwohl die zu dieser Frage in Rechtsprechung und Literatur vertretenen Auffassungen recht unterschiedlich sind, verfolgen sie dennoch ein einheitliches Ziel. So sollen die arbeitsrechtlichen Vorschriften auf das Verhältnis zwischen Sportler und Verband anwendbar sein, um zu verhindern, daß durch die vertraglich vereinbarte Befugnis des Verbandes zur Normsetzung und -anwendung die arbeitsrechtlichen Schutzbestimmungen zu Ungunsten

---

258 PHBSportR/*Fritzweiler* 3/13.

259 Vgl. allgemein hierzu BAG AP Nr. 51 zu § 611 BGB; *Hilpert*, RdA 1997, 92, 94; *Prokop*, Dopingverbote, S. 151.

260 Allgemeine Auffassung vgl. BAG, NJW 1980, 470=AP Nr. 2 zu § 611 zu Berufssport (I 1 a); *Haas*, in Akademieschrift 49, S. 57, 63 f.; *Schlosser*, in FS für A. Zeuner, S. 467, 473; *Westermann*, JA 1984, 394, 396; *Buchner*, NJW 1976, 2242; *Meyer-Cording*, RdA 1982, 13; *Bepler*, in Sportler, Arbeit und Statuten, S. 43, 45, 48 f.

der Sportler umgangen werden[261]. Hierzu wird teilweise die Auffassung vertreten, der Verband sei in Ausübung der ihm vertraglich eingeräumten Regelungs- und Sanktionskompetenz selbst Arbeitgeber oder nehme zumindest partiell Arbeitgeberfunktionen der Vereine wahr[262]. Anderer Auffassung zufolge soll der Verband als Gläubiger i. S. des § 317 BGB im Rahmen des Arbeitsvertrages zwischen Verein und Sportler auftreten[263]. Schließlich wird auch die Ansicht vertreten, der Verband verfüge mit Ausübung der ihm vertraglich eingeräumten Rechte über materielle Arbeitgeberbefugnisse[264]. Fraglich ist jedoch, ob der allen Ansichten gleichermaßen zugrunde liegende Schutzgedanke geeignet ist, die Anwendung arbeitsrechtlicher Vorschriften zu rechtfertigen.

aa) Arbeitgeberstellung des Verbandes

Charakteristisches Merkmal eines Arbeitsverhältnisses ist, daß die von Arbeitnehmer und Arbeitgeber zu erbringenden Leistungen in einem Austauschverhältnis stehen[265]. Insoweit ist ein Arbeitsvertrag, wie jeder andere Austauschvertrag, durch gegenläufige Interessen der Vertragspartner geprägt. Angesichts der wirtschaftlichen Überlegenheit des Arbeitgebers stehen sich die Vertragsparteien weitgehend nicht gleichberechtigt gegenüber, so daß der Arbeitgeber die Macht hat, seine Interessen einseitig zu Lasten des Arbeitnehmers durchzusetzen. Vertragsgerechtigkeit im Sinne eines angemessenen Ausgleichs der gegenseitigen Interessen ist durch freies Aushandeln der Vertragsbedingungen[266] insofern nicht zu erreichen. Ein Ziel arbeitsrechtlicher Schutzvorschriften ist es daher, Sorge dafür zu tragen, daß

---

261 *Buchner*, NJW 1976, 2242 ff.; *ders.*, RdA 1982, 1, 9; *Westermann*, JA 1984, 394, 396 f.; *Schaub*, Arbeitsrechts-Handbuch, § 186 Rn. 101 f., S. 1828 f.; *Imping*, Fußballspieler, S. 206 ff.; vgl. zu den verschiedenen Auffassungen auch *Imping*, Fußballspieler, S. 200 ff.

262 ArbG Gelsenkirchen, NJW 1977, 598; *Buchner*, NJW 1976, 2242, 2245; *ders.*, RdA 1982, 1, 9 f.; *Vollkommer*, RdA 1982, 16, 28; *Imping*, Fußballspieler, S. 208 ff.

263 BAG, NJW 1980, 470, 471=AP Nr. 2 zu § 611 zu Berufssport (I 2 b); *Meyer-Cording*, RdA 1982, 13, 14.

264 *Westermann*, JA 1984, 394, 397.

265 *Löwisch*, Arbeitsrecht, Rn. 24, S. 8; *Schaub*, Arbeitsrechts-Handbuch, § 29 Rn. 3, S. 199 f.

266 Vgl. allgemein zur Privatautonomie *Larenz/Wolf*, BGB AT, § 2, Rn. 39 ff., S. 34 f.; MünchKomm-*Kramer*, Vor § 145, Rn. 2; *Erman-Hefermehl*, Vor § 145, Rn. 26; *Medicus*, BGB AT, Rn. 173 ff., S. 74; *Flume*, AT Bd II § 1, 6 a) S. 7 f.; *Staudinger-Löwisch*, § 305, Rn. 1 ff.; *Palandt-Heinrichs*, Einf v § 145, Rn. 7.

die gegenseitigen Leistungen in einem angemessenen Verhältnis zueinander stehen[267]. Insofern ist das Arbeitsrecht auf Verträge zugeschnitten, bei denen die Vertragspartner gegensätzliche Interessen verfolgen.

Unzweifelhaft sind die Verbände in der Lage, durch die ihnen vertraglich eingeräumte Regelungs- und Sanktionskompetenz erheblichen Einfluß auf das Arbeitsverhältnis zwischen Verein und Sportler zu nehmen. So hindert beispielsweise eine von einem Verband verhängte Sperre wegen unsportlichen Verhaltens den betroffenen Sportler daran, seinen (arbeits)vertraglichen Pflichten dem Verein gegenüber nachzukommen. Zur organisierten Ausübung einer Sportart ist es jedoch erforderlich, daß alle teilnehmenden Athleten einheitlich an das vom Verband geschaffene Regelwerk gebunden und dessen Sanktionsgewalt unterworfen sind, weil nur insoweit sportliche Leistungen vergleichbar sind[268]. Das gilt unabhängig davon, ob jemand als Amateur- oder Profisportler sportliche Leistungen erbringt[269]. Allgemeingültige Standards für die Sportausübung schaffen folglich erst die Basis dafür, daß sich Sportler vertraglich verpflichten können, sportliche Leistungen gegen Entgelt zu erbringen. Ohne eine einheitliche Regelungs- und Sanktionsbefugnis der Verbände wäre die berufsmäßige Ausübung einer Sportart daher nicht möglich[270]. Dies gilt für Individual- und Mannschaftssportarten gleichermaßen[271]. Die Verbände verfolgen deshalb keine einseitigen Interessen, die den Interessen der einzelnen Sportler zuwiderlaufen. Auch für den Fall, daß die Sportler Arbeitnehmer eines Sportvereins sind, ist die vertragliche Regelanerkennung von der Verfolgung gemeinsamer Interessen geprägt. Der Regelanerkennungsvertrag mutiert deshalb trotz der Einwirkungsbefugnisse des Verbandes auf das Arbeitsverhältnis zwischen Sportler und Verein nicht zu einem Austauschvertrag, bei dem die Verbände von einem Interessengegensatz gekennzeichnete Arbeitgeberbefugnisse ausüben würden[272].

Außerdem ist unklar, worin die Arbeitsleistung der Sportler bestehen soll. Teilweise wird diese zwar darin gesehen, daß Sportler durch die Sport-

---

267 *Larenz/Wolf*, BGB AT, § 42, Rn. 20 ff., S. 772 f.; *Löwisch*, Arbeitsrecht, Rn. 26 ff., S. 8 f.; *Schaub*, Arbeitsrechts-Handbuch, § 2 Rn. 1 ff., S. 3 f.; *Soergel-Wolf*, Vor § 305, Rn. 14 (bzgl. der Inhaltskontrolle).

268 Vgl. § 2.

269 Vgl. *Haas*, in Akademieschrift 49, S. 57, 74.

270 Vgl. auch *Reuter*, DZWir 1996, 1, 6.

271 *Haas*, in Akademieschrift 49, S. 57, 74.

272 *Haas*, in Akademieschrift 49, S. 57, 74; A. A. *Imping* [Fußballspieler, S. 207], der Maßnahmen des DFB, die das Arbeitsverhältnis zwischen Verein und Lizenzspieler beeinflussen, als typisch für einen Arbeitgeber bezeichnet.

ausübung mittelbar bzw. unmittelbar den Verbandszweck fördern[273]. Die Sportler sind jedoch bereits aufgrund mitgliedschaftsähnlicher Treuepflichten verpflichtet, den Verbandszwecks aktiv und passiv zu fördern[274]. Erfüllen sie die ihnen obliegenden Treuepflichten in der Weise, daß sie sportliche Leistungen erbringen, so erfolgt dies nicht mit der Intention, als austauschvertragliche Gegenleistung ihre Teilnahme am organisierten Sport zu ermöglichen und verbandsrechtliche Leistungen nutzen zu können. Solange die Förderleistungen als Ausprägung mitgliedschaftsähnlicher Treuepflichten interpretiert werden können, stehen diese daher nicht in einem für einen Arbeitsvertrag typischen Austauschverhältnis. Insoweit erbringen die Sportler keine arbeitsvertraglichen Leistungen gegenüber dem Verband[275]. Die aus dem Regelanerkennungsvertrag fließenden Regelungs- und Sanktionsbefugnisse und die den Sportlern obliegenden Förderpflichten haben daher auch dann ihren Ursprung in einem mitgliedschaftsähnlichen Rechtsverhältnis, wenn die Sportler Arbeitnehmer eines Sportvereins sind[276].

Obwohl der Verband keine originären Arbeitgeberbefugnisse ausübt, ist fraglich, ob es sich bei der verbandsrechtlichen Regelungs- und Sanktionskompetenz eventuell um von den Sportvereinen abgespaltene Arbeitgeberfunktionen handelt. In dieser Hinsicht wäre eine Anwendung des Arbeitsrechts auf das Verhältnis zwischen Verband und Athlet geboten, um die Umgehung arbeitsrechtlicher Schutzbestimmungen zu verhindern. Die verbandsrechtlichen Regelungs- und Sanktionsbefugnisse beinhalten freilich nur dann abgeleitete Arbeitgeberbefugnisse, wenn die Vereine ihrerseits in der Lage wären, derartige Aufgaben zu erfüllen. Im Lichte der historischen Entwicklung der Strukturen im Sport wird allerdings deutlich, daß die Entstehung übergeordneter Spitzenverbände maßgeblich darauf zurückzuführen ist, daß Sportvereine und Verbände auf regionaler Ebene nicht in der Lage sind, einheitliche allgemeingültige Standards für die Sportausübung zu schaffen und deren Einhaltung zu sanktionieren[277]. Deshalb verfolgen die Verbände mit der Regelungs- und Sanktionskompetenz eigene Satzungsaufgaben im Interesse der Gesamtheit aller Verbandsmitglieder, nicht jedoch Einzelinteressen eines Vereins im Verhältnis zu seinen Sportlern[278].

---

273 *Imping*, Fußballspieler, S. 214.

274 Vgl. § 4 IV 3.

275 *Schlosser*, in FS für A. Zeuner, S. 467, 476; *Meyer-Cording*, RdA 1982, 13, 14; *Haas*, in Akademieschrift 49, S. 57, 74; *Plath*, Individualrechtsbeschränkungen, S. 35 f.

276 *Haas*, in Akademieschrift 49, S. 57, 74.

277 Vgl. § 3 IV.

278 *Haas*, in Akademieschrift 49, S. 57, 74; vgl. auch *Reuter*, DZWir 1996, 1, 6; *ders.*, NJW 1983, 649, 651.

Üben die Verbände mithin keine von den Sportvereinen abgeleiteten (Teil-) Arbeitgeberbefugnisse aus[279], droht keine Umgehung arbeitsrechtlicher Bestimmungen durch Ausgliederung von Befugnissen der Vereine auf den Verband.

Der Interessenlage aller Beteiligten entspricht vielmehr die Aufgabe des Verbandes als »*Ordnungsmacht des Sports*«, der die infrastrukturellen Voraussetzungen für die Ausübung einer Sportart und damit für den Abschluß von Arbeitsverträgen zwischen Sportlern und Vereinen schafft[280]. Wollte man aufgrund dessen eine (Teil-)Arbeitgeberstellung bejahen, ist unklar, warum nicht auch staatliche Behörden bzw. der Gesetzgeber ebenfalls (Teil-)Arbeitgeber sind, wenn sie die Rahmenbedingungen für die Ausübung eines bestimmten Berufs gestalten. Gleichwohl hat bislang niemand ernsthaft in Erwägung gezogen, die zuständige Behörde als (Teil-)Arbeitgeber einzustufen, wenn sie Konzession für die Ausübung eines bestimmten Berufs vergibt oder entzieht bzw. den Gesetzgeber als (Teil-)Arbeitgeber anzusehen, weil er Voraussetzungen für den Erwerb der Fahrerlaubnis festlegt bzw. Lenkzeiten für LKW-Fahrer reglementiert und damit entscheidend Einfluß auf die Berufsausübung von Kraftfahrern nimmt[281].

bb) Schutzbedürftigkeit der Sportler

Trotzdem wird die Anwendung arbeitsrechtlicher Vorschriften befürwortet, um einer Umgehung des Arbeitnehmerschutzes durch den zusätzlich zum Arbeitsvertrag zwischen Sportler und Verein geschlossenen Regelanerkennungsvertrag entgegenzutreten[282]. Dieser Ansicht ist freilich nur zu folgen, wenn anderenfalls ein inakzeptables Schutzdefizit zu Lasten der Sportler bestehen würde.

Die Verbände beanspruchen jedoch nicht nur im Rahmen des Mannschaftssports, sondern auch für die Individualsportarten das Recht, die für die Ausübung einer Sportart erforderlichen einheitlichen Standards zu gestalten und deren Einhaltung zu sanktionieren. Im Bereich des Individualsports nehmen die Verbände infolgedessen ebenfalls Einfluß auf die Berufs-

---

279 *Haas*, in Akademieschrift 49, S. 57, 74; *Reuter*, DZWir, 1996, 1, 6; *ders.*, in RuS 7, S. 53, 63; *Weisemann/Spieker*, Sport, Spiel und Recht, Rn. 43, S. 24 f.

280 *Reuter*, DZWir 1996, 1, 6.

281 *Reuter*, DZWir 1996, 1, 6; *ders.*, in RuS 7, S. 53, 63; *ders.*, NJW 1983, 649, 651.

282 Vgl. *Westermann*, JA 1984, 394, 397; *Schaub*, Arbeitsrechts-Handbuch, § 186 Rn. 101 f., S. 1828 f.; *Buchner*, RdA 1982, 1, 9; *Imping*, Fußballspieler, S. 207 f.; allgemein zu Fragen der Umgehung arbeitsrechtlicher Bestimmungen BAG, NZA 1996, 33, 35 f. mwN.

ausübung der Sportler. Soweit ersichtlich, wird die Anwendung des Arbeitsrechts auf das Verhältnis zwischen Verband und Individualsportler allerdings nicht vertreten. Warum aber gerade Mannschaftssportler schutzwürdiger als Individualsportler sein sollen, leuchtet nicht ein. Die ergebnisbezogene Argumentation[283], arbeitsrechtliche Bestimmungen seien schon aufgrund eines Schutzbedürfnisses anzuwenden, ist mithin abzulehnen[284]. Vielmehr sind die Sportler unabhängig davon, ob sie eine Mannschafts- oder eine Individualsportart betreiben, gleichermaßen schutzwürdig. Freilich ist nicht zu übersehen, daß aufgrund der Monopolstellung der Verbände, die rechtsgeschäftliche Unterwerfungserklärung der Sportler keine hinreichende Legitimation für einen gerechten Vertragsinhalt vermittelt[285]. Zum Schutz vor unangemessenen Regelungen und sportgerichtlichen Entscheidungen eines Verbandes ist es trotzdem nicht erforderlich, arbeitsrechtliche Schutzbestimmungen anzuwenden. Schutzdefizite zu Lasten der Sportler entstehen nämlich deshalb nicht, weil es der vereinsrechtliche Prüfungsmaßstab ermöglicht, Maßnahmen sozialmächtiger Verbände anhand der §§ 138, 242 BGB auf ihre Rechtmäßigkeit zu überprüfen[286]. Zudem werden Regelungen und darauf beruhende Entscheidungen von Sportverbänden immer häufiger am Maßstab des Kartellrechts gemessen[287].

V. Zusammenfassung

Die vorstehenden Ausführungen haben gezeigt, daß auf Grundlage der rechtstatsächlichen Rahmenbedingungen für die organisierte Sportausübung drei verschiedene Möglichkeiten bestehen, Sportler einheitlich an die für die Ausübung einer Sportart erforderlichen Spiel- und Wettkampfbestimmungen zu binden. Hierzu zählen neben dem Erwerb der unmittelbaren Verbandsmitgliedschaft, die Inkorporation der Verbandsbestimmungen in die Vereinssatzung sowie die vertragliche Bindung an die Verbandsbestimmungen. Mit der vertraglichen Regelanerkennung verfolgen Sportler und Verband gleichgerichtete Interessen zur Erreichung eines gemeinsamen Zwecks. Sie begründet deshalb ein der Mitgliedschaft ähnliches Rechtsver-

---

283 So selbst *Westermann*, JA 1984, 394, 397; *Buchner*, RdA 1982, 1, 9; *Schlosser*, in FS für A. Zeuner, S. 467, 476.

284 *Schlosser*, in FS für A. Zeuner, S. 467, 476; *Haas*, in Akademieschrift 49, S. 57, 75.

285 *Reuter*, in RuS 7, S. 53, 64; vgl. auch die Ausführungen unter §§ 9 f.

286 BGH, NJW 1995, 583, 585; *Reuter*, DZWir 1996, 1, 6; *Haas*, in Akademieschrift 49, S. 57, 75; vgl. auch § 9.

287 Vgl. § 9 II 1.

hältnis zwischen Sportler und Verband, welches Gemeinsamkeiten zu der zwischen den Inhabern von Genußrechten und der genußrechtsemittierenden Gesellschaft bestehenden Rechtsbeziehung aufweist. Enthält die Vereinbarung zusätzlich zur Regelanerkennung weitere Vertragselemente, ist diese dennoch als mitgliedschaftsähnlich zu qualifizieren, soweit der Schwerpunkt weiterhin auf der Regelanerkennung beruht und die Nebenabreden lediglich die wechselseitigen mitgliedschaftsähnlichen Treuepflichten konkretisieren. Auch die Zuordnung eines Regelanerkennungsvertrages zum Arbeitsrecht entspricht insoweit weder Sinn und Zweck solcher Vereinbarungen noch der Interessenlage der Vertragsparteien. An dem mitgliedschaftsähnlichen Charakter ändert sich erst dann etwas, wenn neben der Regelanerkennung Abreden getroffen werden, die nicht mehr als Ausprägung wechselseitiger Treue- und Fürsorgepflichten interpretiert werden können. Insoweit ist die Vereinbarung partiell oder insgesamt als Austauschvertrag zu qualifizieren. Ziel einer Athletenvereinbarung ist es, die Sportler vertraglich an die Verbandsregeln zu binden und die aus der gemeinsamen Zweckverfolgung abgeleiteten wechselseitigen mitgliedschaftsähnlichen Treue- und Fürsorgepflichten zu konkretisieren. Werden darüber hinaus keine in einem Gegenseitigkeitsverhältnis stehenden Pflichten begründet, ist auch eine Athletenvereinbarung als mitgliedschaftsähnlich zu qualifizieren[288].

§ 5 Rechtlicher und tatsächlicher Vergleich der einzelnen Bindungsmöglichkeiten

Stehen den Sportverbänden drei verschiedene Handlungsalternativen zur Verfügung, Sportler an das Verbandsregelwerk zu binden, so bleibt zu klären, welche der Möglichkeiten der Interessenlage der Sportler sowie derjenigen des Verbandes weitestgehend entspricht. Bei der Bestimmung der Interessen der Parteien ist das mit der Regelbindung verfolgte Ziel zu berücksichtigen, zur Wahrung der Chancengleichheit alle Sportler gleichermaßen den für die organisierte Ausübung einer Sportart erforderlichen Spiel- und Wettkampfbestimmungen zu unterwerfen. Das sportliche Regelwerk ist allerdings nicht statisch, sondern unterliegt stetigen Anpassungen an die sich dynamisch ändernden »Umweltbedingungen« für die Sportausübung. Zur Wahrung der Chancengleichheit ist es deshalb erforderlich, die geänderten Regelungen an die Normadressaten umgehend weiterleiten zu können, damit sämtliche Sportler flächendeckend an die jeweils aktuellen Regelungen

288 *Haas/Prokop*, SpuRt 1996, 109, 110 ff.

gebunden sind. Folglich besitzt diejenige Lösungsmöglichkeit entscheidende Vorteile, die in der Lage ist, ohne erheblichen Verwaltungs- und Kostenaufwand eine Bindung an die jeweils aktuellen Verbandsbestimmungen zu ermöglichen. Die Vor- und Nachteile der einzelnen Bindungsmöglichkeiten sind daher anhand der Interessenlage der Parteien zu bestimmen, wobei der Anpassungsfähigkeit an die sich stetig ändernden »Umweltbedingungen« besondere Bedeutung zukommt.

I. Interessenlage der Parteien

1. Verbandsmitgliedschaft der Athleten

Zu den Verbandszwecken gehört es, einheitliche Regeln für die Ausübung einer Sportart zu schaffen und dafür Sorge zu tragen, daß sämtliche an einem Wettkampf teilnehmenden Sportler an die entsprechenden Spiel- und Wettkampfbedingungen gebunden sind[289]. Die autonome Regelungsbefugnis ermöglicht es den Sportverbänden, in Satzungen und Ordnungen das Rechtsverhältnis zu den Mitgliedern umfassend zu regeln. Sind die Verbandsmitglieder an die Verbandssatzungen und -ordnungen und damit zugleich an die für die einheitliche Ausübung einer Sportart notwendigen Regelungen gebunden, müßten die Sportverbände eigentlich bestrebt sein, sämtlichen am organisierten Sport teilnehmenden Athleten die Verbandsmitgliedschaft zu gewähren. Die Athleten wären auf diese Weise nicht nur an die Verbandsbestimmungen gebunden, sondern könnten als Mitglieder am Erlaß und der Fortentwicklung des sportlichen Regelwerks mitwirken. Die Verbandssatzungen und -ordnungen wären auf diese Weise im höchst möglichen Maße durch diejenigen legitimiert, die an die Normen gebunden sind. Hierdurch ließe sich der Gefahr entgegenwirken, daß aufgrund des mehrstufigen Aufbaus von den einzelnen Sportvereinen bis hin zu den nationalen Spitzenverbänden die Belange der Basisvereinsmitglieder durch die korporativen Verbandsmitglieder nicht ausreichend berücksichtigt werden. Insoweit wäre die Beteiligung der Basisvereinsmitglieder an der Willensbildung im Verband zu begrüßen, könnte damit doch einem Defizit an basisdemokratischer Legitimation der Normen, die für die einheitliche Ausübung einer Sportart erforderlich sind, entgegengewirkt werden[290].

Vor diesem Hintergrund überrascht es auf den ersten Blick, daß unmittelbare Mitglieder der nationalen Spitzenverbände fast ausschließlich nur

289 Vgl. §§ 2, 3.

290 *Beuthien*, ZGR 1989, 255, 256; *Daiguß*, Vereinsmitglieder, S. 28.

die Regional- bzw. Landesverbände oder einzelne Sportvereine, nicht jedoch die einzelnen Sportler sind[291]. Zu berücksichtigen ist freilich die große Anzahl der Personen, die in Deutschland organisiert Sport treiben. So haben eine ganze Reihe von Spitzenverbänden über die ihnen angeschlossenen Verbände und Vereine mehrere hunderttausend und teilweise sogar einige Millionen Mitglieder[292]. Allein in den Zuständigkeitsbereich des DFB entfallen derzeit ca. 6,26 Millionen Sportler[293]. Würden sämtliche Sportler die ordentliche Mitgliedschaft im nationalen Spitzenverband erwerben, so wären sie nicht nur an die Satzung und die Ordnungen des Verbandes gebunden. Ihnen stünden zudem grundsätzlich alle mitgliedschaftlichen Rechte zu. Der damit verbundenen Gefahr, daß eine dynamische, sich den ständig ändernden Bedingungen im Sport anpassende, Regelfortschreibung infolge der enorm hohen Mitgliederzahlen zum Erliegen kommen könnte, ließe sich freilich entgegenwirken. So ist es gem. § 40 BGB zulässig, abweichend von den gesetzlichen Regelungen durch Satzungsbestimmungen die mitgliedschaftlichen Rechte einzuschränken. Die Verbände könnten den Sportlern etwa eine stimmrechtslose, außerordentliche Verbandsmitgliedschaft gewähren. Unzulässig ist es jedoch, eine Mitgliedschaft unter Ausschluß aller mitgliedschaftlichen Rechte zu begründen. Nicht abdingbar sind insoweit das Recht auf Teilnahme an der Mitgliederversammlung, das Recht auf Einberufung der Mitgliederversammlung gem. § 37 BGB, das Recht fehlerhafte Beschlüsse »anzufechten« etc.[294]. Obwohl solche Massenvereine, zu denen sich die nationalen Sportverbände entwickelt haben, nicht dem gesetzlichen Leitbild des bürgerlich rechtlichen Vereins[295] entsprechen, ließen sich bei entsprechender Gestaltung der Satzung die Probleme weitgehend vermeiden, die eine große Anzahl von Verbandsmitgliedern mit sich bringt[296]. Trotzdem ist es nicht unproblematisch, derartige Verbände in einer sich dynamisch verändernden Umwelt organisatorisch und verwaltungstechnisch zu führen.

---

291 Vgl. § 3, § 4 IV 2 b).

292 Vgl. die Bestandserhebung des DSB zu den Mitgliederzahlen der Spitzenverbände Stand 31.12.2000; WWW-Server des DSB (http://www.dsb.de) »Ranking der Spitzenverbände«.

293 DSB Bestandserhebung ebenda.

294 *Reichert*, Handbuch des Vereins- und Verbandsrechts, Rn. 531 f., S. 171.

295 *Steinbeck*, Vereinsautonomie und Dritteinfluß, S. 1; MünchKomm-*Reuter*, Vor § 21, Rn. 118; *Prokop*, Dopingverbote, S. 106; *Vieweg*, Normsetzung, S. 153.

296 So hat der FC Bayern München ca. 85.000 [vgl. § 3 II] und der ADAC mehrere Millionen Mitglieder [vgl. *Staudinger-Weick*, Vorbem zu §§ 21 ff, Rn. 56].

Gegen eine »*stille*« Verbandsmitgliedschaft einzelner Sportler sprechen zudem die historisch gewachsenen Strukturen im Sport[297]. Die Entwicklung des organisierten Sports war durch Zusammenschlüsse von Sportvereinen und -verbänden zu einem jeweils übergeordneten Verband geprägt. Dabei haben die übergeordneten Verbände Aufgaben zu erfüllen, die von den Vereinen und Verbänden auf nachgeordneter Ebene nicht bewältigt werden können[298]. Deshalb ist es typisch für die Verbandsstruktur im deutschen Sport, daß den Verbänden in der Regel nur korporative Mitglieder angehören. Soweit sich die Spitzenverbände von diesen historisch gewachsenen Strukturen nicht lösen und ihre Satzungen ändern, so daß neben den Vereinen und Verbänden auch natürliche Personen die Mitgliedschaft erwerben können, ist die stille Verbandsmitgliedschaft keine geeignete Handlungsalternative.

Schließlich entspricht der Erwerb der Verbandsmitgliedschaft häufig auch nicht der Interessenlage der Sporttreibenden. So enthalten die Satzungen und Ordnungen der Spitzenverbände eine Vielzahl von Regelungen, die an die korporativen Mitglieder gerichtet sind. Die Sportler an das gesamte Regelwerk zu binden, ist daher unzweckmäßig. Neben dem Umfang widerspricht aber auch die Dauer der mit der Verbandsmitgliedschaft begründeten Bindung mitunter den Interessen der Sporttreibenden. Nehmen Sportler nur gelegentlich an Wettkämpfen teil, dann genügt es, diese nur für die Dauer des konkreten Wettkampfs dem sportlichen Regelwerk zu unterwerfen. Ein Bedürfnis für eine langfristige Bindung[299] besteht erst dann, wenn Leistungen und Einrichtungen des Spitzenverbandes umfassend genutzt werden, um dauerhaft am organisierten (Leistungs-)Sport teilnehmen zu können. Insgesamt gesehen entspricht der Erwerb der Verbandsmitgliedschaft damit in der Regel weder den Interessen der Spitzenverbände noch denjenigen der Sportler.

2. Satzungsrechtliche Verankerung der Verbandsnormen

Eine Möglichkeit, die Sportler unabhängig vom Erwerb der Verbandsmitgliedschaft an Verbandsregeln zu binden, ist die satzungsrechtliche Verankerung von Bestandteilen der Satzungen und Ordnungen der Verbände in den Satzungen einzelner Sportvereine. Diese Vorgehensweise erlaubt es, die am organisierten Sportgeschehen Beteiligten nicht undifferenziert dem

297 Vgl. BGH, NJW 1995, 583, 585.
298 Vgl. § 3 II, III.
299 Vgl. hierzu auch § 4 IV 1.

gesamten Verbandsregelwerk zu unterwerfen. So werden in die Verweisungskette nämlich nicht sämtliche, sondern nur diejenigen Verbandsregeln aufgenommen, die zur einheitlichen Sportausübung erforderlich sind. Im Unterschied zum Erwerb der Verbandsmitgliedschaft entspricht diese Variante, Sportler flächendeckend an das sportliche Regelwerk zu binden, deshalb insofern regelmäßig den Interessen der Beteiligten.

Die satzungsrechtliche Verankerung von Verbandsbestimmungen in Vereinssatzungen bereitet in der praktischen Umsetzung jedoch nicht unerhebliche Schwierigkeiten. Ein Sportverein ist nämlich häufig nicht Mitglied des für die jeweilige Sportart zuständigen Spitzenverbandes. Sollen dennoch sämtliche vereinsangehörigen Sportler einheitlich an das sportliche Regelwerk gebunden werden, müssen die betreffenden Verbandsregelungen durch entsprechende Satzungsbestimmungen mittels einer lückenlosen Verweisungskette, über die in der Verbandshierarchie nachgeordneten Verbände bis hinunter zu den Sportvereinen weitergegeben werden[300]. Rein tatsächlich ist ein Verband freilich kaum in der Lage, flächendeckend zu kontrollieren, ob sämtliche Vereine und Verbände ihrer Verpflichtung zur Inkorporation des Verbandsrechts nachgekommen sind[301]. Damit besteht aber die Gefahr, daß nicht alle am organisierten Sportgeschehen Beteiligten, gleichermaßen an das sportliche Regelwerk gebunden sind[302].

Bliebe es statisch bei der einmaligen Verankerung der Verbandsregeln in den Vereinssatzungen, ließe sich eine flächendeckende Bindung trotz der zuvor dargestellten Probleme je nach Anzahl der in den Zuständigkeitsbereich eines Verbandes fallenden Sportvereine mit erheblichem organisatorischen und verwaltungstechnischen Aufwand im Einzelfall noch bewältigen. Allerdings unterliegen die sportlichen Regelwerke aufgrund der rasanten Entwicklung in den Bereichen der Technik, der Medizin oder etwa auch der Medien einer ständigen Anpassung an die sich dynamisch ändernden Umweltbedingungen für die Sportausübung. Eine einmalige statische Verankerung der Verbandsregeln in den Vereinssatzungen wird diesen Anfor-

---

300 Vgl. § 4 III.

301 *Fenn*, SpuRt 1997, 77, 78; *Schimke*, Sportrecht, S. 101; *Lindemann*, SpuRt 1994, 17, 18.

302 Ein anschauliches Beispiel hierfür ist der sogenannte Fall »Krabbe I«. In diesem Verfahren hob der Rechtsausschuß des DLV eine gegen die Leichtathletin Katrin Krabbe verhängte Sperre unter anderem deswegen auf, weil ein Sanktionstatbestand, auf dessen Grundlage eine Sperre hätte ausgesprochen werden können, weder in der Satzung des Leichtathletikverbandes Mecklenburg-Vorpommerns, noch in der Satzung des Heimatvereins der Sportlerin verankert war. Es bestand somit keine lückenlose Kette korrespondierender Satzungsnormen.; vgl. Rechtsausschuß des DLV, NJW 1992, 2588, 2590 f.

derungen freilich nicht gerecht. Daher müssen die Sportvereine bei jeder Änderung der Verbandsregeln die eigenen Satzungen bzw. Ordnungen entsprechend anpassen. Gibt ein Sportverein seinen Mitgliedern die Möglichkeit, verschiedene Sportarten auszuüben, so hat der Verein die von den unterschiedlichen Spitzenverbänden erlassenen Regelwerke in die Vereinssatzung zu inkorporieren und bei jeder Regeländerung seitens der Verbände die Satzung den veränderten Bestimmungen entsprechend anzupassen. Daß dies die einzelnen Sportvereine vor kaum mehr zu bewältigende Probleme stellt, ist kaum zu übersehen[303]. Rein tatsächlich kann die für jeden Sportwettkampf notwendige Chancengleichheit in der Regel allein durch eine satzungsrechtliche Mehrfachverankerung von Verbandsbestimmungen nicht hinreichend gewährleistet werden.

Unabhängig von den tatsächlichen Schwierigkeiten setzt eine Bindung der Sportler im Wege der satzungsrechtlichen Verankerung der Verbandsregeln voraus, daß die am organisierten Sport Beteiligten Mitglied eines Sportvereins sind. Da jedoch nicht selten ausländische oder nicht vereinsangehörige Sportler an Sportwettkämpfen[304] teilnehmen, ist schon diese Grundvoraussetzung häufig nicht erfüllt[305]. Ist es trotz der dargestellten Probleme möglich, die Voraussetzungen für eine satzungsrechtliche Verankerung der Verbandsregeln zu schaffen, bestehen aus rechtlicher Sicht keine Bedenken, die vereinsangehörigen Sportler mittels der »satzungsrechtlichen Lösung« einheitlich an das sportliche Regelwerk zu binden.

3. Vertragliche Bindung

Mit der vertraglichen Regelanerkennung kann im Unterschied zu den mitgliedschaftsrechtlichen Bindungsmöglichkeiten das sportliche Regelwerk unabhängig von einer Verbands- bzw. Vereinsmitgliedschaft auf die Sportler erstreckt werden. Damit werden die zuvor beschriebenen Schwierigkeiten einer stillen Verbandsmitgliedschaft der Sportler sowie der mit erheblichen Unsicherheitsfaktoren verbundene »*(Um)weg*« über die Mehrfachverankerung von Verbandsbestimmungen in den Satzungen nachgeordneter

303 BGH, NJW 1995, 583, 585; *Prokop*, in Akademieschrift 39, S. 28, 34; *Fenn*, SpuRt 1997, 77, 78; *Schimke*, Sportrecht, S. 101; *Röhricht*, in Akademieschrift 39, S. 12, 17.

304 So sind beispielsweise die in der 1. und 2. Fußballbundesliga aktiven Sportler nicht Mitglieder, sondern Arbeitnehmer der Bundesligavereine.

305 BGH, NJW 1995, 583, 585; *Fenn*, SpuRt 1997, 77, 78; *Röhricht*, in Akademieschrift 39, S. 12, 17.

Verbände und Sportvereine weitestgehend vermieden. Im Unterschied zur satzungsrechtlichen Lösung können sich die Verbände als Vertragspartner des Regelanerkennungsvertrages nämlich ohne erhebliche Schwierigkeiten einen Überblick darüber verschaffen, welche Athleten tatsächlich an das sportliche Regelwerk gebunden sind.

Für die vertragliche Lösung spricht zudem die Möglichkeit, neben der Regelanerkennung, sämtliche Fragen regeln zu können, die das Verhältnis zwischen Verband und Sportler betreffen. Dieses Ziel wäre zwar auch durch entsprechende Bestimmungen in der Verbandssatzung zu erreichen. Insbesondere im wirtschaftlichen Bereich sind die Verbände jedoch darauf angewiesen, dynamisch auf die sich stetig ändernden Gegebenheiten reagieren zu können. Die Überlegung, Regelungen zu wirtschaftlichen Fragen in die Verbandssatzung aufzunehmen, wurde wegen des schwerfälligen und kostenintensiven Verfahrens der Satzungsänderung seitens der Verbände daher schnell wieder verworfen[306]. Letztendlich trägt der Umstand, das Verhältnis zwischen Sportler und Verband umfassend vertraglich regeln zu können, in einem erheblichen Maße zur Rechtssicherheit und -klarheit bei und ist folglich geeignet, Rechtsstreitigkeiten zwischen Verband und Sportler zu vermeiden.

Vergegenwärtigt man sich jedoch die Zahl, der über die nachgeordneten Verbände und Vereine den nationalen Spitzenverbänden angeschlossenen Sportler[307], so werden aber auch die Grenzen der vertraglichen Bindung deutlich. Fallen in den Zuständigkeitsbereich des DFB beispielsweise ca. 6,26 Millionen Sportler, so leuchtet es ohne weiteres ein, daß der DFB nicht unmittelbar mit all diesen Personen einen Regelanerkennungsvertrag abschließen kann. Als Vertragspartner einer längerfristigen Lizenz- bzw. Athletenvereinbarung kommen mithin nur diejenigen Sportler in Betracht, die ihre Sportart als Profi- bzw. Leistungssportler betreiben. Für Sportler, die sich nur gelegentlich an Wettkämpfen beteiligen, ist es demgegenüber vorteilhaft, einen Regelanerkennungsvertrag für die Dauer eines Wettkampfes abzuschließen. Um den dabei für die Verbände anfallenden Verwaltungsaufwand zu minimieren, können diese den Veranstaltern von Sportwettkämpfen beispielsweise Vertretungsmacht zum Abschluß der Regelanerkennungsverträge erteilen.

Insgesamt gesehen entspricht die vertragliche Bindung damit weitestgehend den Interessen der Beteiligten. So werden zum einen nur diejenigen Verbandsregeln auf die Sportler erstreckt, die zur einheitlichen Ausübung einer Sportart erforderlich sind. Zum anderen kann den unterschiedlichen

306 *Prokop*, in Akademieschrift 49, S. 19, 20.
307 Vgl. Nachweise unter § 5 I 1.

Interessen der Sporttreibenden folgend, in zeitlicher Hinsicht die Bindungsdauer variiert werden[308]. Für die vertragliche Regelbindung spricht damit die Tatsache, daß aufgrund der flexiblen Gestaltungsmöglichkeiten die Vereinbarungen zwischen Sportler und Verband den jeweiligen Bedürfnissen des konkreten Falls entsprechend, ohne größere Schwierigkeiten angepaßt werden können.

Zusammenfassend bleibt damit folgendes festzuhalten. Den Verbänden stehen zwar grundsätzlich drei verschiedene Möglichkeiten zur Auswahl, Sportler an das für die einheitliche Ausübung einer Sportart erforderliche Regelwerk zu binden. Eine Unterwerfung aufgrund einer außerordentlichen stillen Verbandsmitgliedschaft scheidet jedoch aufgrund der widersprechenden Interessenlage der Beteiligten und den rechtstatsächlichen Gegebenheiten regelmäßig aus. Mithin verbleiben den Verbänden zwei unterschiedliche Handlungsalternativen. So besteht einerseits die Möglichkeit, Sportler mittels einer lückenlosen Verweisungskette vom Verband bis hin zu den Sportvereinen dem Verbandsregelwerk zu unterwerfen. Andererseits können die Sportler mit Abschluß eines Regelanerkennungsvertrages an das sportliche Regelwerk gebunden werden. Zur Bestimmung, welcher Weg am besten geeignet ist, eine lückenlose flexible Unterwerfung der Sportler unter das Regelwerk zu ermöglichen, ist aber nicht nur die Interessenlage der Beteiligten zu berücksichtigen. Darüber hinaus ist eine Bewertung der satzungsrechtlichen sowie der vertraglichen Lösung hinsichtlich der Anpassungsfähigkeit an geänderte Verbandsbestimmungen und der praktischen Handhabbarkeit erforderlich.

II. Anpassungsfähigkeit an geänderte Bedingungen in rechtlicher Hinsicht

Im Hinblick auf die Anpassungsfähigkeit ist diejenige Bindungsmöglichkeit vorzugswürdig, die geeignet ist, Änderungen der Verbandsbestimmungen an die Normadressaten unmittelbar weiterzuleiten. Eine wortgetreue Wiedergabe der Verbandsbestimmungen in der Vereinssatzung oder dem Regelanerkennungsvertrag würde angesichts dieser Zielvorgabe zu nicht unerheblichen Schwierigkeiten führen. So bliebe eine Änderung der Verbandsregeln nämlich ohne Einfluß auf die wörtlich in die Vereinssatzung bzw. den Vertrag übernommenen Regelwerke. Damit ist bei jeder Regeländerung eine Satzungs- bzw. Vertragsanpassung mit einer wörtlichen Neu-

308 Vgl. § 4 IV 1.

fassung der geänderten Bestimmungen erforderlich[309]. Zudem würde die Satzung des Sportvereins bzw. der Regelanerkennungsvertrag wegen der Fülle der wortgetreu in Bezug genommenen Regelungen an Übersicht und Klarheit verlieren. Weder die satzungsrechtliche noch die vertragliche Lösung ist insoweit praktikabel. Letztlich bliebe nur die Möglichkeit, einzelne Sportler, trotz der entgegenstehenden Interessenlage und den historisch gewachsenen Strukturen im Sportbereich, als außerordentliche Mitglieder in den Verband aufzunehmen.

Wegen der dargelegten Schwierigkeiten ist sowohl die satzungsrechtliche wie auch die vertragliche Lösung nur zweckmäßig, wenn die in Bezug genommenen Verbandsbestimmungen nicht wortwörtlich wiedergegeben werden, sondern auf diese mit einer Satzungs- bzw. Vertragsbestimmung verwiesen wird. Hierbei ist zwischen sogenannten statischen und dynamischen Verweisungen zu unterscheiden. Bei den statischen Verweisungen[310] handelt es sich um solche, die auf Verbandsbestimmungen in einer konkreten Fassung Bezug nehmen, wobei spätere Änderungen der Fremdsatzung nicht mit erfaßt werden[311]. Demgegenüber übernimmt eine dynamische Verweisung[312] die Verbandsregeln in ihrer jeweils aktuellen Fassung[313].

Wird in die Satzung eines Vereins bzw. in den Vertrag eine statische Verweisung aufgenommen, hat dies den Vorteil, daß sich eine wortgetreue Wiedergabe der einzelnen Verbandsbestimmungen erübrigt. Ist die Verweisung widerspruchsfrei, bestimmt und verständlich gefaßt, wird eine statische Verweisung überwiegend für zulässig erachtet[314]. Nachteilig an dieser Art der Verweisung ist, daß spätere Änderungen des Verbandsrechts nicht erfaßt werden. Eine statische Verweisung verliert damit bei jeder Änderung der in Bezug genommenen Verbandsregeln ihre Aktualität, so daß jeweils eine entsprechende Anpassung der in der Satzung bzw. im Vertrag verankerten Verweisungsbestimmung notwendig ist[315]. Statische Verweisungen sind

309 Vgl. auch *Steinbeck*, Vereinsautonomie und Dritteinfluß, S. 163.

310 Vgl. allgemein zur Begriffsbestimmung BVerfGE 47, 285, 311 f.

311 *Vieweg*, Normsetzung, S. 343; PHBSportR/*Summerer* 2/151; *Schaible*, Gesamtverein, S. 41.

312 Vgl. allgemein zur Begriffsbestimmung BVerfGE 47, 285, 312 f.

313 BGH, NJW 1995, 583, 585; OLG-Hamm, NJW-RR 1988, 183 f.; *Steinbeck*, Vereinsautonomie und Dritteinfluß, S. 172; *Stöber*, Handbuch zum Vereinsrecht, Rn. 34, S. 23; PHBSportR/*Summerer* 2/153; *Heermann*, NZG 1999, 325, 326, 331 f.

314 BGH, WM 1988, 1879, 1882; OLG Hamm, NJW-RR 1988, 183 f.; OLG Frankfurt aM, SpuRt 1994, 87, 88; *Sauter/Schweyer*, Der eingetragene Verein, Rn. 132, S. 99; *Steinbeck*, Vereinsautonomie und Dritteinfluß, S. 167 ff.; *Palandt-Heinrichs*, § 25, Rn. 2; a. A. *Stöber*, Handbuch zum Vereinsrecht, Rn. 34, S. 22 ff., zustimmend PHB-SportR/*Summerer* 2/151 für den Fall, daß dem Sportler schwere Nachteile drohen.

315 Vgl. auch BGH, NJW 1995, 583, 585.

mithin nicht geeignet, sämtliche Sportler ohne den Aufwand einer ständigen Satzungs- bzw. Vertragsänderung gleichermaßen an die jeweils aktuellen sportlichen Regelwerke zu binden. Die für jede wettkampfmäßig betriebene Sportart erforderliche Chancengleichheit wäre daher nur mit einem erheblichen Verwaltungs- und Kostenaufwand zu gewährleisten.

Im Unterschied zu einer statischen werden von einer dynamischen Verweisung die Verbandsbestimmungen in ihrer jeweils aktuellen Fassung zu Vertrags- bzw. Satzungsbestandteilen erklärt. Bei Änderungen der Verbandsbestimmungen sind mithin keine entsprechenden vertraglichen oder satzungsrechtlichen Anpassungen erforderlich. Der entscheidende Vorteil einer dynamischen gegenüber einer statischen Verweisung ist offensichtlich. Denn die mit einer statischen Inbezugnahme verbundenen Schwierigkeiten werden mit einer dynamischen Verweisung vermieden. Folglich ist diejenige Bindungsmöglichkeit vorzugswürdig, mit der das für die einheitliche Ausübung einer Sportart erforderliche Regelwerk in der jeweils aktuellen Fassung in Bezug genommen werden kann. Entscheidend für eine Bewertung der satzungsrechtlichen und der vertraglichen Lösung ist damit, ob und wenn ja, unter welchen Voraussetzungen dynamische Verweisungen in Satzungen bzw. in Verträgen zulässig sind.

1. Dynamische Verweisungen in Satzungen

Regelungszweck einer dynamischen, wie auch einer statischen Verweisung in einer Vereinssatzung ist es, bestimmte Teile einer Fremdsatzung in die Vereinssatzung zu inkorporieren. Im Unterschied zu einer statischen Verweisung, bei der die Verbandsbestimmungen in der sich aus der Verweisung ergebenden Fassung Bestandteile der Vereinssatzung sind, führt eine dynamische Verweisung dazu, daß die Verbandsbestimmungen in ihrer jeweils aktuellen Fassung Bestandteile der Vereinssatzung werden, ohne daß eine Beteiligung der grundsätzlich gem. § 33 BGB für Satzungsänderungen zuständigen Mitgliederversammlung erforderlich ist. Werden geänderte Verbandsregeln damit automatisch in die Vereinssatzung übernommen, besteht die mit einer zeitlich verzögerten Änderung der Vereinssatzung verbundene Gefahr uneinheitlicher Standards für die Sportausübung nicht[316].

---

316 Vgl. *Steinbeck*, Vereinsautonomie und Dritteinfluß, S. 172.

Überwiegender Ansicht nach sind dynamische Verweisungen in Vereinssatzungen auf Fremdsatzungen jedoch unzulässig[317]. Grund hierfür ist, so die herrschende Ansicht, daß eine dynamische Verweisung gegen die Regelung des § 33 Abs. 1 BGB verstößt[318], wonach für Satzungsänderungen prinzipiell die Mitgliederversammlung zuständig ist. Zudem soll eine dynamische Verweisung auch im Hinblick auf § 71 Abs. 1 BGB unzulässig sein[319]. Gem. § 71 Abs. 1 S. 1 BGB bedürfen Satzungsänderungen zu ihrer Wirksamkeit der Eintragung in das Vereinsregister. Der Anmeldung der Satzungsänderung sind gem. § 71 Abs. 1 S. 3 BGB der die Änderung enthaltene Beschluß in Urschrift und Abschrift beizufügen. Werden die inkorporierten Bestimmungen der in Bezug genommenen Fremdsatzung automatisch Bestandteile der Vereinssatzung, so stehe deren Wirksamkeit das gem. § 71 Abs. 1 BGB für Satzungsänderungen konstitutive Eintragungserfordernis der geänderten Satzungsbestimmungen in das Vereinsregister entgegen[320]. Sinn und Zweck des Eintragungserfordernisses ist es, die Rechtsverhältnisse eines rechtsfähigen Vereins, die für den Rechtsverkehr bedeutend sind, den Mitgliedern und Dritten gegenüber darzustellen[321]. Hält man dynamische Verweisungen auf Fremdsatzungen wegen § 71 Abs. 1 BGB für unzulässig, so bezweckt das Verbot dynamischer Verweisungen u. a. Informationsinteressen der Vereinsmitglieder zu schützen[322].

---

317 BGH, NJW 1995, 583, 585; BGH, WM 1988, 1879, 1882=NJW-RR 1989, 376, 378; OLG Frankfurt, NJW 1983, 2576; OLG Hamm, NJW-RR 1988, 183, 184; MünchKomm-*Reuter*, Vor § 21, Rn. 120; *ders.*, in RuS 7, S. 53, 57, 67; *Steinbeck*, Vereinsautonomie und Dritteinfluß. S. 172 ff.; *Reichert*, Handbuch des Vereins- und Verbandsrechts, Rn. 3164, S. 1166; *Reichert/van Look*, Handbuch des Vereins- und Verbandsrechts 6. Aufl., Rn. 297a, S. 103; *Schaible*, Gesamtverein, S. 41 (für eingetragenen Verein); *Daigfuß*, Vereinsmitglieder, S. 69 f.; PHBSportR/*Summerer* 2/153; *Fenn*, SpuRt 1997, 77, 78; *Röhricht*, in Akademieschrift 39, S. 12, 17; *Prokop*, Dopingverbote, S. 226.

318 OLG Hamm, NJW-RR, 1988, 183, 184; *Schaible*, Gesamtverein, S. 41; *Daigfuß*, Vereinsmitglieder, S. 70; *Stöber*, Handbuch zum Vereinsrecht, Rn. 34, S. 23.

319 OLG Hamm, NJW-RR 1988, 183, 184; MünchKomm-*Reuter*, Vor § 21, Rn. 120; *Daigfuß*, Vereinsmitglieder, S. 69 f.; PHBSportR/*Summerer* 2/153; *Schaible*, Gesamtverein, S. 41; *Stöber*, Handbuch zum Vereinsrecht, Rn. 34, S. 23.

320 Vgl. MünchKomm-*Reuter*, Vor § 21, Rn. 120; *Schaible*, Gesamtverein, S. 41; *Stöber*, Handbuch zum Vereinsrecht, Rn. 34, S. 23.

321 *Stöber*, Handbuch zum Vereinsrecht, Rn. 1001, S. 482; MünchKomm-*Reuter*, § 71, Rn. 3; *Staudinger-Habermann*, § 71, Rn. 8.

322 *Haas/Prokop*, SpuRt 1998, 15, 17; vgl. auch BGH, WM 1988, 1879, 1882=NJW-RR 1989, 376, 378.

Gegen die Zulässigkeit dynamischer Verweisungen werden neben formellen auch materielle Einwände erhoben[323]. Da mit einer dynamischen Verweisung ein Teil der Satzungsänderungskompetenz auf einen vereinsfremden Dritten übertragen wird, greift, so die überwiegende Ansicht, eine dynamische Verweisung in einem unzulässigen Maße in die Vereinsautonomie des verweisenden Vereins ein[324]. Der Verein überschreite das Maß zulässiger Selbstbeschränkung, wenn er im vorhinein, ohne selbst eine Prüfung vorzunehmen[325], erklärt, die von einem vereinsfremden Dritten erlassenen Bestimmungen verbindlich anzuerkennen[326]. Die Willensbildung über die Inkorporation kann, so die h. M., nicht auch zukünftige Änderungen umfassen[327]. Anderenfalls besteht die Gefahr, daß der Verein völlig der Willkür des Dritten ausgeliefert ist und die Mitgliederversammlung des übernehmenden Vereins keine eigene wirkliche Entscheidungsbefugnis besitzt[328]. Demnach verfolgt das Verbot dynamischer Verweisungen einen doppelten Zweck. Einerseits dient es dem Informationsschutz der Vereinsmitglieder. Andererseits bezweckt es einen Institutionsschutz zugunsten des Vereins[329]. Im Lichte der Doppelfunktion des Verbots dynamischer Verweisungen ist zu untersuchen, ob ein generelles Verbot zu rechtfertigen ist. Nachfolgend ist deshalb der Frage nachzugehen, ob eine dynamische Inkorporation von Drittsatzungen in die Vereinssatzung mit dem aus der Vereinsautonomie fließenden Institutionsschutz zugunsten des Vereins vereinbar ist. Hierzu sind Umfang und Grenzen der vereinsautonomen Regelungsbefugnis zu klären.

---

323 Vgl. OLG Hamm, NJW-RR 1988, 183, 184; MünchKomm-*Reuter*, Vor § 21, Rn. 120; *Steinbeck*, Vereinsautonomie und Dritteinfluß, S. 175 f.; *Röhricht*, in Akademieschrift 39, S. 12, 17; *Daigfuß*, Vereinsmitglieder, S. 70; *Reichert/van Look*, Handbuch des Vereins- und Verbandsrechts 6. Aufl., Rn. 297a, S. 103.

324 *Steinbeck*, Vereinsautonomie und Dritteinfluß, S. 175 f.

325 Vgl. hierzu BGH, WM 1988, 1879, 1882=NJW-RR 1989, 376, 378.

326 OLG Hamm, NJW-RR 1988, 183, 184; *Daigfuß*, Vereinsmitglieder, S. 70.

327 *Reichert/van Look*, Handbuch des Vereins- und Verbandsrechts 6. Aufl., Rn. 297a, S. 103.

328 *Röhricht*, in Akademieschrift 39, S. 12, 17.

329 *Haas/Prokop*, SpuRt 1998, 15, 17 f.; vgl. auch *Heß*, in Aktuelle Rechtsfragen des Sports, S. 18.

a) Zulässigkeit dynamischer Verweisungen im Hinblick auf den Institutionsschutz

Der Grundsatz der Vereinsautonomie ermöglicht es den Mitgliedern, das Vereinsleben eigenverantwortlich durch die Satzung, Beschlüsse der Mitgliederversammlung bzw. Maßnahmen anderer Vereinsgremien frei zu gestalten[330]. Die autonome Regelungsbefugnis verschafft den Mitgliedern dabei das Recht, eine dem Vereinszweck entsprechende Organisationsstruktur zu errichten, soweit nicht zwingende Bestimmungen des Vereinsrechts bzw. die allgemeinen Grenzen der privatautonomen Regelungsbefugnis[331] dem entgegenstehen[332]. Entscheidend ist dabei, daß die das Vereinsleben betreffenden Entscheidungen auf den Willen der Mitglieder zurückzuführen sind, der Verein also ein von der Willensbestimmung und -betätigung der Mitglieder getragener Personenverband ist[333]. Ein Sportverein kann daher nicht nur seinen Zweck autonom bestimmen, sondern zudem eine diesem Zweck entsprechende Organisationsstruktur wählen.

Der Zweck eines Sportvereins ist darauf gerichtet, den Mitgliedern die Teilnahme am organisierten Sport zu ermöglichen. Für die organisierte Sportausübung sind für alle Wettkampfteilnehmer gleichermaßen verbindliche einheitliche Standards erforderlich. Diese einheitlichen Standards zu schaffen, sind die Sportvereine selbst nicht in der Lage. Hierzu bedarf es vielmehr einer übergeordneten Instanz. Im organisierten Sport übernehmen die Sportverbände in der Regel diese Aufgaben, die die einzelnen Sportvereine nicht erfüllen können[334]. Daher resultiert aus der Zweckverfolgung für die Sportvereine die Notwendigkeit, sich in die Verbandsstruktur einzugliedern. Diese auf einem freien Entschluß der Mitgliederversammlung beruhende organisatorische Eingliederung in die Verbandshierarchie ist letztendlich nichts anderes als die Ausübung vereinsautonomer Regelungsbefugnisse[335].

Der mit der Eingliederung des Vereins in die Verbandshierarchie verfolgte Zweck, den Vereinsmitgliedern die Teilnahme am organisierten Sport zu ermöglichen, läßt sich allerdings allein durch den Verbandsbeitritt nicht erreichen. Zudem ist eine Bindung der Vereinsmitglieder an die vom Ver-

---

330 Vgl. § 3 I.

331 Vgl. hierzu § 3 I; *Dütz*, in FS für W. Herschel, S. 55, 56 f.

332 BVerfG, NJW 1991, 2623, 2625; KG, OLGZ 1974, 385, 387; *Dütz*, in FS für W. Herschel, S. 55, 56 f., 73.

333 BVerfG, NJW 1991, 2623, 2625; KG, OLGZ 1974, 385, 387; *Beuthien/Gätsch*, ZHR 156, (1992), 459, 461.

334 Vgl. § 3 IV.

335 BVerfG, NJW 1991, 2623, 2625; *Beuthien/Gätsch*, ZHR 156 (1992), 459, 461.

band für die einheitliche Ausübung einer Sportart geschaffenen Spiel- und Wettkampfbestimmungen erforderlich[336]. Daher geht jeder, der einem Sportverein beitritt, um am organisierten Sportgeschehen teilnehmen zu können, selbstverständlich davon aus, daß er zur organisierten Sportausübung an standardisierte Regelungen nationaler bzw. internationaler Verbände gebunden ist, auf deren Erlaß er so gut wie keinen Einfluß hat[337]. Zur Erreichung des vom Verein mit dem Verbandsbeitritt verfolgten Ziels, den Mitgliedern im Rahmen des Vereinszwecks die Teilnahme am organisierten Sport zu ermöglichen, muß der Verein mit dem Verbandsbeitritt einen Teil seiner vereinsautonomen Regelungsbefugnis auf einen übergeordneten Verband übertragen[338]. Der verbandsangehörige Sportverein verzichtet insoweit auf den Erlaß eigener Spiel- und Wettkampfregelungen und inkorporiert hingegen die für die einheitliche Sportausübung notwendigen Verbandsregelungen in die eigene Satzung. Weil die vereinsangehörigen Sportler stets an die aktuellen Verbandsbestimmungen gebunden sein müssen, läßt sich die Inkorporation am effektivsten mittels einer dynamischen Verweisungsklausel erreichen. Daher ist auch die Aufnahme einer dynamischen Verweisung in die Vereinssatzung eine organisatorische Maßnahme der Vereinsmitglieder im Rahmen der Verfolgung des Vereinszwecks und mithin von der Vereinsautonomie gedeckt. Daran ändert auch die mit der dynamischen Inkorporation der Verbandsbestimmungen dem Verband geschaffene Möglichkeit, Einfluß auf den Inhalt der Vereinssatzung nehmen zu können, grundsätzlich nichts. Wollte man demgegenüber unbesehen jeglichen Dritteinfluß als nicht mit der Vereinsautonomie vereinbar ansehen, hätte das eine erhebliche Einschränkung der Vereinsautonomie zur Folge. Auch die Einschränkung des Selbstverwaltungsrechts durch entsprechende Satzungsbestimmungen ist prinzipiell eine Form der Ausübung von Vereinsautonomie[339].

---

336 Vgl. § 2.

337 BGH, NJW 1995, 583, 584.

338 Vgl. § 3 IV.

339 BVerfG, NJW 1991, 2623, 2625; KG, OLGZ 1974, 385, 387; *Dütz*, in FS für W. Herschel, S. 55, 73 ff.; *Beuthien/Gätsch*, ZHR 156 (1992), 459, 473 f.; a. A. *Flume*, AT Bd I/2, § 7 I 3, S. 194 ff.

aa) Grenzen der durch die Vereinsautonomie gewährten Gestaltungsfreiheit

Die den Vereinsmitgliedern zustehende inhaltliche Gestaltungsfreiheit der Satzung ist jedoch nicht schrankenlos. Begrenzt wird die Möglichkeit, im Rahmen der organisatorischen Gestaltungsbefugnis den Verein einem vereinsfremden Dritteinfluß auszusetzen, durch den Grundsatz, daß der Verein eine von der Willensbestimmung und -betätigung der Vereinsmitglieder getragene Personenvereinigung ist. Die Vereinsautonomie ist folglich von zwei nicht notwendig parallel verlaufenden Tendenzen geprägt[340]. Einerseits gewährleistet sie das Recht der Vereinsmitglieder das Vereinsleben umfassend autonom zu gestalten, wozu auch die Eingliederung in die hierarchisch gegliederte Verbandsstruktur und ein damit im Zusammenhang stehender Dritteinfluß auf den Verein zu zählen sind. Andererseits soll die Vereinsautonomie die Vereinsmitglieder vor einer Entäußerung des Selbstbestimmungsrechts zugunsten eines vereinsfremden Dritten bewahren[341]. Wo die Grenze zulässigen Dritteinflusses verläuft, läßt sich nicht abstrakt festlegen. Vielmehr sind im konkreten Fall beide Tendenzen unter Berücksichtigung der Zweckverfolgung des Vereins in einem ausgewogenen Maße zu berücksichtigen[342].

Ein Sportverein, der sich zur Verfolgung des Vereinszwecks in die Verbandshierarchie eingliedert, darf sich danach in gewissem Umfang der Regelungsbefugnis eines Verbandes unterordnen. Unzulässig ist hingegen eine Integration in den Verband, die eine Willensbestimmung und -betätigung der Mitglieder nicht mehr zuließe. Die Vereinsmitglieder müssen trotz der Eingliederung des Vereins in die Verbandshierarchie weiterhin in der Lage sein, eigenverantwortlich Entscheidungen treffen zu können. Das Selbstbestimmungsrecht des Vereins muß mithin stets gewahrt bleiben. Ist das nicht mehr gewährleistet, ist das Maß zulässiger Selbstbeschränkung überschritten. So darf sich der Verein vor allem nicht derart einem Dritteinfluß aussetzen, daß er zu einer Verwaltungsstelle bzw. zu einem Sondervermögen des übergeordneten Verbandes degradiert wird. Anderenfalls könnte er nicht als ein vom Willen seiner Mitglieder getragener Personenverband

340 BVerfG, NJW 1991, 2623, 2625; LG Aachen, DVBl. 1976, 914, 915; *Edenfeld*, Rechtsbeziehungen, S. 31; *Steinbeck*, Vereinsautonomie und Dritteinfluß, S. 30; *Blum/Ebeling*, in Sportler, Arbeit und Statuten, S. 85, 113.

341 BVerfG, NJW 1991, 2623, 2625; *Edenfeld*, Rechtsbeziehungen, S. 31; *Steinbeck*, Vereinsautonomie und Dritteinfluß, S. 30.

342 BVerfG, NJW 1991, 2623, 2625.

angesehen werden[343]. Ein so weitreichender Dritteinfluß ist im Hinblick auf die Vereinsautonomie unzulässig. Da die Selbstbeschränkung der Erreichung der mit dem Verbandsbeitritt verfolgten Zwecke dient[344], muß zudem ein Zusammenhang zwischen der Selbstbeschränkung und den mit dem Verbandsbeitritt verfolgten Interessen bestehen[345]. Vor diesem Hintergrund gilt es zu untersuchen, ob die Aufnahme einer dynamischen Verweisung generell das Maß zulässiger Selbstbeschränkung überschreitet oder derartige Satzungsbestimmungen nicht vielmehr in einem begrenzten Umfang zulässig sind.

bb) Zulässiger Dritteinfluß auf den Verein

Nachfolgend werden verschiedene Konstellationen möglichen Dritteinflusses auf die Satzungsänderungskompetenz der Vereinsmitglieder sowie die Möglichkeit, autonome Organisations- bzw. Selbstverwaltungsbefugnisse auf einen vereinsfremden Dritten zu übertragen, erörtert. Dies dient dem Ziel, Kriterien zu erarbeiten, mit deren Hilfe die Grenze zwischen zulässigem und unzulässigem Dritteinfluß bestimmt werden kann.

(1) Zustimmungsrecht eines Dritten zu Satzungsänderungen

Gem. § 33 S. 1 BGB ist für Änderungen der Vereinssatzung grundsätzlich die Mitgliederversammlung zuständig. Danach erfordert eine Satzungsänderung einen von drei Vierteln der anwesenden Mitglieder gefaßten Beschluß. Die Aufnahme einer dynamischen Verweisungsklausel in die Vereinssatzung führt dazu, daß die Vereinssatzung ohne einen entsprechenden Beschluß der an sich gem. § 33 S. 1 BGB für Satzungsänderungen zuständigen Mitgliederversammlung herbeigeführt wird. Bei § 33 S. 1 BGB handelt es sich gem. § 40 BGB indes um eine dispositive Vorschrift. In der Ver-

343 BVerfG, NJW 1991, 2623, 2626; BayObLGZ 29 (1979), 303, 308 ff.=NJW 1980, 1756 f.; KG, OLGZ 1974, 385, 390; OLG Frankfurt, OLGZ 1981, 391, 392 f.; NJW 1983, 2576; OLG Köln, NJW 1992, 1048; LG Hildesheim, NJW 1965, 2400; *Dütz*, in FS für W. Herschel, S. 55, 57; *Bidinger*, Verbandshandbuch 120 Nr. 12, S. 33; *Soergel-Hadding*, § 33, Rn. 7.

344 Vgl. § 5 II 1 a).

345 Das KG [OLGZ 1974, 385, 392] spricht insoweit von einem berechtigten Interesse für die Selbstbeschränkung.; vgl. auch LG Aachen, DVBl. 1976, 914, 915.

einssatzung können deshalb abweichend von § 33 S. 1 BGB andere Erfordernisse für die Änderung einer Satzung aufgestellt werden.

So ist es, einer im Vordringen befindlichen Auffassung zufolge[346], zulässig, einem vereinsfremden Dritten durch eine entsprechende Satzungsbestimmung ein Zustimmungsrecht zu Satzungsänderungen zu gewähren. Zählt die Satzungsautonomie der Mitgliederversammlung jedoch zum Kernbereich der Vereinsautonomie[347], könnte das Zustimmungsrecht Dritter zu Satzungsänderungen die Vereinsautonomie in ihrem Kern nicht unwesentlich beschränken, was für die Unzulässigkeit eines derartigen Zustimmungsrechts spricht. Hiergegen läßt sich einwenden, daß der Dritte mit Hilfe des Zustimmungsrechts nicht in den Verein »hineinregieren« kann, da ihm kein Recht zur Satzungsänderung, sondern lediglich ein Vetorecht zusteht. Der Verein kann durch das Recht des Dritten deshalb allenfalls am status quo festgehalten werden, so daß die Vereinsautonomie nicht unzulässig eingeschränkt sei[348].

Mit seinem Vetorecht ist der Berechtigte freilich in der Lage, jedwede Satzungsänderung zu verhindern. Denn selbst die Beseitigung des Zustimmungsrechts erfordert eine Satzungsänderung, die ihrerseits der Zustimmung des Dritten bedarf[349]. Bei einer »Blockadepolitik« des Dritten könnte das Zustimmungsrecht in seiner Wirkung einer unzulässigen »Unveränderlichkeitsklausel« der Satzung bzw. einzelner Satzungsbestimmungen[350] gleichkommen. Der Grund für die Unzulässigkeit einer solchen Satzungsgestaltung besteht darin, daß der Verein eine von der Willensbestimmung und -betätigung seiner Mitglieder getragene Personenvereinigung ist. Die Satzung darf deswegen nicht so gestaltet sein, daß die zukünftigen Mitglieder keinen Einfluß auf die Willensbildung im Verein haben[351]. Ist der berechtigte Dritte aufgrund seines Vetorechts in der Lage, die Satzungsauto-

---

346 BVerfGE 83, 341, 360 f.=NJW 1991, 2623 ff.; KG, OLGZ 1974, 385, 387 ff.=Rpfleger 1974, 394 ff.; OLG Köln, NJW 1992, 1048 ff.; LG Aachen, DVBl. 1976, 914, 915; *Sauter/Schweyer*, Der eingetragene Verein, Rn. 136, S. 103; *Dütz*, in FS für W. Herschel, S. 55, 71 ff.; *Palandt-Heinrichs*, § 33, Rn. 2; *Staudinger-Weick*, § 33, Rn. 8; *Edenfeld*, Rechtsbeziehungen, S. 94 ff.; *Steinbeck*, Vereinsautonomie und Dritteinfluß, S. 102 ff.; a. A. LG Siegen, Rpfleger 1964, 267 f.; LG Hildesheim, NJW 1965, 2400; OLG Stuttgart, NJW-RR 1986, 995, 996; *Flume*, AT Bd I/2, § 7 I 3, S. 193 ff.; *ders.*, JZ 1992, 238, 239.

347 *Flume*, AT Bd I/2, § 7 I 3, S. 193 f.; *ders.*, JZ 1992, 238, 239.

348 KG, OLGZ 1974, 385, 391; *Dütz*, in FS für W. Herschel, S. 72 f.

349 *Beuthien/Gätsch*, ZHR 156 (1992), 459, 475.

350 *Soergel-Hadding*, § 33, Rn. 7; *Staudinger-Weick*, § 33, Rn. 6; *Sauter/Schweyer*, Der eingetragene Verein, Rn. 137, S. 104; MünchKomm-*Reuter*, § 33, Rn. 17.

351 MünchKomm-*Reuter*, § 33, Rn. 17; *Steinbeck*, Vereinsautonomie und Dritteinfluß, S. 91, 93 f.

nomie der Mitgliederversammlung vollends zu blockieren, kann der Verein nicht mehr als eine von dem Willen seiner Mitglieder getragene Personenvereinigung angesehen werden. Die Grenze zulässiger Selbstbeschränkung ist insoweit überschritten. Zustimmungsbefugnisse, die nicht vereinsangehörigen Dritten derart weitreichende Eingriffe ermöglichen, sind infolgedessen unzulässig[352].

Trotzdem sind Zustimmungsrechte Dritter zu Satzungsänderungen nicht generell unvereinbar mit der Vereinsautonomie. Unwirksam sind derartige Klauseln nur dann, wenn aufgrund des Zustimmungsrechts des Dritten nicht mehr sichergestellt ist, daß die aktuellen Satzungsbestimmungen auch tatsächlich den aktuellen Willen der Vereinsmitglieder repräsentieren. Können sich die Vereinsmitglieder jedoch ohne Einfluß des Dritten von dessen Zustimmungsrecht lösen, besteht nicht die Gefahr einer »ewigen« Bindung an die Vereinssatzung. Der Dritteinfluß muß mithin so ausgestaltet sein, daß die Mitglieder jederzeit ohne Beteiligung des Dritten in der Lage sind, dessen Fremdeinfluß zu beenden. In der Aufrechterhaltung des Zustimmungsrechts liegt dann eine konkludente Bestätigung des Fremdeinflusses[353]. Damit üben letztlich die Mitglieder die Satzungsautonomie aus. Wollen sie entgegen dem zustimmungsberechtigten Dritten eine Satzungsänderung herbeiführen, haben sie es in der Hand, durch einen satzungsändernden Beschluß das Zustimmungsrecht zu beseitigen. Insoweit beschränkt der Dritteinfluß die Vereinsautonomie nicht in unzulässiger Weise. Vielmehr sind beide Tendenzen der Vereinsautonomie dann hinreichend berücksichtigt, wenn einerseits die Einschränkung der Vereinsautonomie zugunsten eines vereinsfremden Dritten nicht insgesamt für unzulässig erachtet wird, der Verein andererseits aber stets in der Lage ist, sich autonom von dem Zustimmungsrecht des Dritten zu lösen[354].

Führt demnach nicht jede Beschränkung der Satzungsänderungskompetenz zu einer unzulässigen Selbstbeschränkung des Vereins, so spricht das prinzipiell für die Rechtmäßigkeit dynamischer Verweisungen. Gleichwohl besteht zwischen dem Zustimmungsrecht eines Dritten zu Satzungsänderungen und einer dynamischen Verweisung ein nicht unwesentlicher Unterschied. Bei einem Zustimmungsrecht kann der begünstigte Dritte nur die Änderung der Satzung verhindern. Stimmt der Dritte der Satzungsänderung nicht zu, bleibt der bestehende status quo erhalten. Demgegenüber bewirkt

---

352 Vgl. *Beuthien/Gätsch*, ZHR 156 (1992), 459, 475 f.; *Steinbeck*, Vereinsautonomie und Dritteinfluß, S. 92 ff.

353 *Beuthien/Gätsch*, ZHR 156 (1992), 459, 475; *Steinbeck*, Vereinsautonomie und Dritteinfluß, S. 102; *Edenfeld*, Rechtsbeziehungen, S. 98.

354 Vgl. auch *Beuthien/Gätsch*, ZHR 156 (1992), 459, 476; *Edenfeld*, Rechtsbeziehungen, S. 98; *Steinbeck*, Vereinsautonomie und Dritteinfluß, S. 102 ff.

eine dynamische Verweisung eine Satzungsänderung ohne Beteiligung der Vereinsmitglieder in dem Moment, in dem die in Bezug genommene Drittsatzung geändert wird und möglicherweise erforderliche Eintragungen vollzogen sind[355]. Der Verein beteiligt mithin nicht lediglich einen Dritten an Satzungsänderungen. Werden nämlich von der dynamischen Verweisung auch zukünftige Änderungen der Fremdsatzung erfaßt, so überträgt der verweisende Verein einen Teil seiner Satzungsänderungskompetenz auf denjenigen, der die in Bezug genommenen Regelungen erläßt[356]. Zu klären ist deshalb, ob es generell zu einer unzulässigen Selbstbeschränkung führt, wenn ein Verein einzelne aus der Vereinsautonomie fließende Befugnisse an einen vereinsfremden Dritten delegiert.

(2) Übertragung der Vereinsgerichtsbarkeit

Neben dem Recht des Vereins zur Regelsetzung fließt aus der Vereinsautonomie auch dasjenige zur Regelanwendung. Zu letzterem gehört auch die Befugnis des Vereins, Vereinsstrafen zu verhängen[357]. Sind in der Vereinssatzung keine abweichenden Bestimmungen getroffen, ist für die Verhängung von Vereinsstrafen grundsätzlich die Mitgliederversammlung zuständig[358]. Diese Zuständigkeit kann jedoch im Rahmen der autonomen Regelungsbefugnis des Vereins durch die Satzung frei bestimmt werden. So liegt die Sanktionsbefugnis häufig nicht bei der Mitgliederversammlung, sondern bei einem anderen Vereinsorgan, wie z. B. dem Vorstand oder einem mit der Verhängung von Vereinsstrafen betrauten Vereinsgericht[359].

Fraglich ist, ob ein Verein die Befugnis zur Verhängung von Vereinsstrafen auch auf einen vereinsfremden Dritten übertragen kann[360]. Der BGH[361] hat zu diesem Problem in einem Fall Stellung bezogen, in dem ein Dach-

---

355 Vgl. hierzu § 5 II 1 c) bb).

356 *Steinbeck*, Vereinsautonomie und Dritteinfluß, S. 175.

357 Vgl. § 3 I.

358 *Soergel-Hadding*, § 39, Rn. 12a, § 25, Rn. 45; *Hadding/van Look*, ZGR 1996, 326, 331; MünchKomm-*Reuter*, § 25, Rn. 46; *Reichert*, Handbuch des Vereins- und Verbandsrechts, Rn. 1638, S. 544.

359 *Hadding/van Look*, ZGR 1996, 326, 331; *Soergel-Hadding*, § 25, Rn. 45; *Reichert*, Handbuch des Vereins- und Verbandsrechts, Rn. 1638 f., S. 544 f.

360 Dafür *Steinbeck*, Vereinsautonomie und Dritteinfluß, S. 241 f.; *Sauter/Schweyer*, Der eingetragene Verein, Rn. 95, S. 74 (Ausschließung eines Mitglieds); Demgegenüber einschränkend MünchKomm-*Reuter*, § 25, Rn. 46, für den Fall, daß der Dritte nicht in die Wertordnung des Vereins eingebunden ist.

361 BGH, NJW 1995, 583 ff.

verband im Einklang mit dessen föderalem Aufbau die Ausübung der Verbandsgerichtsbarkeit auf den örtlich jeweils zuständigen Mitgliedsverband übertragen hat. Es zähle zum Selbstbestimmungsrecht eines Verbandes, so das Gericht, innerhalb seines Wirkungs- und Aufgabenkreises frei darüber zu entscheiden, in welcher Form er die ihm zufallende Sportgerichtsbarkeit organisiere. Zu dieser Organisationsfreiheit gehöre es auch, die Sportgerichtsbarkeit auf eine vom Verband für geeignet erachtete Institution zu übertragen. Dies gelte solange und soweit, wie die Übertragung nicht willkürlich zum Nachteil der der Gerichtsbarkeit unterworfenen Beteiligten erfolgt und die getroffene Zuständigkeitsregelung so bestimmt gefaßt ist, daß für die Betroffenen im voraus erkennbar ist, welche Stelle für die Verhängung von Sanktionen zuständig ist[362]. So ist es überwiegender Ansicht nach etwa auch zulässig, die Befugnis, Vereinsmitglieder von der Benutzung der Vereinseinrichtungen auszuschließen, auf einen Dritten zu übertragen[363]. Diese Möglichkeit, über den Ausschluß einzelner Vereinsmitglieder von Vereinsrichtungen zu entscheiden, gewährt dem Dritten einen nicht unerheblichen aber dennoch zulässigen Dritteinfluß auf den Verein[364]. Voraussetzung für die Übertragung der Vereinsgerichtsbarkeit auf einen Dritten ist freilich stets eine entsprechende Zuständigkeitsregelung in der Satzung[365]. Kann der Verein bei entsprechender Satzungsänderung die Vereinsgerichtsbarkeit wieder an sich ziehen, bestehen im Hinblick auf die Vereinsautonomie, überwiegender Ansicht nach, keine grundlegenden Bedenken gegen die Ausgliederung. Die Grenze zulässiger Selbstbeschränkung des Vereins ist insoweit nicht überschritten[366].

---

362 BGH, NJW 1995, 583, 586; im Ergebnis zustimmend *Hadding/van Look*, ZGR 1996, 326, 331 f.; *Steinbeck*, Vereinsautonomie und Dritteinfluß, S. 129; vgl. auch *Sauter/Schweyer*, Der eingetragene Verein, Rn. 95, S. 74 [Ausschließung von Mitgliedern durch vereinsfremde Dritte].

363 BGH, NJW-RR 1992, 507 ff.; *Hadding/van Look*, ZGR 1996, 326, 331; allgemein zum Ausschluß eines Mitglieds *Sauter/Schweyer*, Der eingetragene Verein, Rn. 95, S. 74; a. A. MünchKomm-*Reuter*, § 25, Rn. 46.

364 *Haas/Prokop*, SpuRt 1998, 15, 18; *Grunewald*, EWiR 1992, 231 f.

365 *Sauter/Schweyer*, Der eingetragene Verein, Rn. 95, S. 74; *Hadding/van Look*, ZGR 1996, 326, 332; *Steinbeck*, Vereinsautonomie und Dritteinfluß, S. 129.

366 *Hadding/van Look*, ZGR 1996, 326, 332; *Steinbeck*, Vereinsautonomie und Dritteinfluß, S. 129; einschränkend MünchKomm-*Reuter*, § 25, Rn. 46.

cc) Konsequenzen für die Zulässigkeit dynamischer Verweisungsnormen

Die Möglichkeit, die Sanktionsbefugnis auf einen vereinsfremden Dritten zu übertragen, belegt, daß nicht zwangsläufig eine unzulässige Selbstbeschränkung des Vereins vorliegt, wenn dieser einen klar umrissenen Teil des ihm zustehenden Organisations- und Selbstverwaltungsrechts an einen externen Dritten delegiert. Speziell für den Bereich des organisierten Sports ist dabei anerkannt, daß eine für zweckmäßig erachtete Verlagerung einzelner Befugnisse von dem originär zuständigen Verein bzw. Verband auf eine andere Ebene der Verbandspyramide mit der Vereinsautonomie in Einklang steht[367]. Ist die Verlagerung der aus der Vereinsautonomie fließenden Normanwendungs- und Sanktionsbefugnis aus Zweckmäßigkeitserwägungen auf eine andere Ebene innerhalb des hierarchisch gegliederten Verbandssystems zulässig, so spricht das dafür, auch die Übertragung der Normsetzung aus Zweckmäßigkeitsgesichtspunkten auf eine geeignetere Institution innerhalb des Verbandsystems für zulässig zu erachten. Im Lichte dessen ist nachfolgend die Zulässigkeit dynamischer Verweisungen zu erörtern.

(1) Begrenzung auf eindeutig bestimmte Sachbereiche

Die Selbstbeschränkung der Satzungshoheit des Vereins führt, wie die vorstehenden Ausführungen belegen, nicht unweigerlich zu einem Verstoß gegen das Prinzip, daß der Verein ein von der Willensbestimmung und -betätigung seiner Mitglieder getragener Personenverband ist. Unvereinbar mit diesem Prinzip ist jedoch eine Selbstbeschränkung, bei der der Verein seine Rechtssetzungsbefugnis dergestalt auf einen Dritten überträgt, daß die Mitgliederversammlung keinerlei Einfluß auf die Änderung der Vereinssatzung nehmen kann. Muß die Satzungsänderungskompetenz deshalb im wesentlichen dem Verein selbst verbleiben, so folgt hieraus, daß dynamische Verweisungen eindeutig auf einen bestimmten Sachbereich zu begrenzen sind. Zweifel über Art und Umfang der inkorporierten Bestimmungen müssen ausgeschlossen sein[368]. Außerdem dürfen wesentliche Punkte der vereinsrechtlichen Satzungsautonomie der Regelungshoheit der Mitgliederversammlung nicht entzogen werden. Anderenfalls ist der Verein nicht mehr als eine von der Willensbildung und -betätigung seiner Mitglieder getragene Personenvereinigung anzusehen. Einen Anhaltspunkt dafür, was zu

---

367 BGH, NJW 1995, 583, 586.

368 *Blum/Ebeling*, in Sportler, Arbeit und Statuten, S. 85, 114.

den wesentlichen Punkten der vereinsrechtlichen Regelungsbefugnis zu zählen ist, bieten die §§ 57, 58 BGB. Unzulässig sind mithin Satzungsbestimmungen, wonach die Vereinssatzung ausschließlich durch Bezugnahme auf Fremdsatzungen geändert werden kann[369] bzw. in den vom Gesetz als wesentlich angesehenen Punkten Fremdsatzungen dynamisch inkorporiert werden[370].

(2) Kompetenz zur Beseitigung der dynamischen Verweisung

Unklar ist dennoch, ob dynamische Verweisungen nicht auch bei einer eindeutigen sachlichen Begrenzung unzulässig sind, da ohne Beteiligung der Vereinsmitglieder Bestandteile einer Fremdsatzung in die Vereinssatzung inkorporiert werden, was h. M. nach unabhängig vom Umfang der Verweisungsnorm eine unzulässige Selbstbeschränkung des Vereins darstellen soll[371]. Gleichwohl führt eine dynamische Verweisung dann nicht zu einer endgültigen Übertragung der Satzungsänderungskompetenz auf einen Dritten, wenn die Vereinsmitglieder in der Lage sind, durch Änderung oder Streichung der dynamischen Verweisungsklausel die Kompetenz zur Satzungsänderung wieder an sich zu ziehen[372]. Behält die Mitgliederversammlung damit die Macht, die Satzung jederzeit entsprechend dem aktuellen Mitgliederwillen zu gestalten, spricht dies für die Zulässigkeit dynamischer Verweisungen[373]. In der Beibehaltung der dynamischen Verweisung kann dann nämlich ein fortwährendes konkludentes Einverständnis der Vereinsmitglieder mit der Geltung der betreffenden Normen gesehen werden.

---

369 OLG Frankfurt, NJW 1983, 2576.

370 OLG Hamm, NJW-RR 1988, 183 f.; weitergehend *Blum/Ebeling*, in Sportler, Arbeit und Statuten, S. 85, 113.

371 *Steinbeck*, Vereinsautonomie und Dritteinfluß, S. 89 ff. mwN, 107 f.; *Soergel-Hadding*, § 33, Rn. 7; *Beuthien/Gätsch*, ZHR 156 (1992), 459, 479; *Palandt-Heinrichs*, § 33, Rn. 2; für die den Koalitionen aufgrund Art. 9 Abs. 3 GG zustehende Regelungsbefugnis BAG, NJW 1981, 1574.

372 Siehe auch *Blum/Ebeling*, in Sportler, Arbeit und Statuten, S. 85, 114; vgl. zudem BAG, NJW 1981, 1574 [Zulässigkeit einer dynamischen Verweisung in Tarifverträgen im Hinblick auf die Tarifautonomie].

373 Vgl. auch *Schaible*, Gesamtverein, S. 41 f.; *Summerer*, Internationales Sportrecht, S. 155.

(3) Sachgerechtigkeit der dynamischen Inkorporation von Fremdsatzungen

Wenngleich die Vereinsmitglieder die Bindung an die inkorporierten Bestimmungen im nachhinein beseitigen können, sind sie freilich erst einmal ohne eigenständige vorhergehende Kenntnis-[374] und Einflußnahmemöglichkeiten den in Bezug genommenen Satzungsbestimmungen unterworfen. Deswegen ist es nicht ausgeschlossen, daß die Mitglieder zumindest vorübergehend an Bestimmungen gebunden werden, die weder ihrem Willen noch ihrem Interesse entsprechen[375]. Infolgedessen ist, so eine in Literatur und Rechtsprechung vertretene Ansicht[376], die zwingende Grenze der Vereinsautonomie überschritten, was zur Unzulässigkeit dynamischer Verweisungen führen soll.

Zu berücksichtigen ist aber, daß der Verein berechtigt ist, eine dem Vereinszweck entsprechende Organisationsstruktur zu schaffen, mit der prinzipiell auch Einschränkungen der Selbstbestimmung und -verwaltung des Vereins einhergehen können. Zu vereinbaren ist der Fremdeinfluß mit dem vereinsrechtlichen Institutionsschutz dabei solange, wie dieser im Hinblick auf den Vereinszweck sachgerecht ist[377]. Sachgerecht ist eine dynamische Inkorporation von Fremdsatzungen, wenn der Fremdeinfluß auf den Verein funktionsnotwendig aus dem verfolgten Vereinszweck resultiert. Wäre der Vereinszweck ohne den Fremdeinfluß ungleich schwerer oder überhaupt nicht zu erreichen, könnte das Verbot dynamischer Verweisungen im Extremfall zur Einstellung der Vereinsaktivitäten führen. Unter dieser Voraussetzung sind Defizite im Hinblick auf vorherige Kenntnis- und Einflußnahmemöglichkeiten im Interesse der Verfolgung des Vereinszwecks akzeptabel[378]. Dynamische Verweisungen sind damit rechtswirksam, wenn ein Verein nicht in der Lage ist, den sachlich in Bezug genommenen Bereich eigenständig, ohne dynamische Inkorporation der Fremdsatzung, effektiv zu regeln. Bietet eine dynamische Verweisung hingegen keinerlei Vorteile bei der Verfolgung der Vereinszwecke, so ist sie unzulässig. Das Spannungsverhältnis zwischen dem vereinsrechtlichen Institutionsschutz und dem Fremdeinfluß ist deshalb dahingehend zu lösen, daß die Vereinsmitglieder

---

374 Vgl. hierzu BGH, WM 1988, 1879, 1882.

375 Vgl. hierzu *Steinbeck*, Vereinsautonomie und Dritteinfluß, S. 107 f., 175 f.

376 OLG Hamm, NJW-RR 1988, 183, 184; *Daigfuß*, Vereinsmitglieder, S. 70; *Reichert/van Look*, Handbuch des Vereins- und Verbandsrechts 6. Aufl., Rn. 297a, S. 103; *Steinbeck*, Vereinsautonomie und Dritteinfluß, S. 175.

377 Vgl. allgemein zur Sachgerechtigkeit von Fremdeinfluß auf den Verein BVerfG, NJW 1991, 2623, 2625 f.; *Dütz*, in FS für W. Herschel, S. 55, 73 ff.

378 A. A. *Steinbeck*, Vereinsautonomie und Dritteinfluß, S. 107 f., 175 f.

schon zum Zeitpunkt der Aufnahme einer dynamischen Verweisung in der Lage sein müssen, nicht nur die Sachgerechtigkeit der derzeit gültigen Bestimmungen der in Bezug genommenen Satzung, sondern im wesentlichen auch die Sachgerechtigkeit der zukünftigen Bestimmungen der Fremdsatzung zu beurteilen[379].

Im Bereich des organisierten Sports resultiert die Sachgerechtigkeit der mittels einer dynamischen Verweisung in die Vereinssatzungen inkorporierten Verbandsbestimmungen daraus, daß Grundvoraussetzung einer jeden wettkampfmäßig betriebenen Sportart für alle Teilnehmer gleichermaßen verbindliche Standards sind. Derartige einheitliche Standards zu schaffen, sind jedoch nur den Sportvereinen übergeordnete Verbände in der Lage[380]. Eine über den internen Vereinsbereich hinausgehende Teilnahme der Vereinsmitglieder am organisierten Sport ist demzufolge ausgeschlossen, sollten die einzelnen Sportvereine eigene Regelwerke aufstellen[381]. Entspricht es hingegen dem Vereinszweck, daß die Mitglieder am organisierten Sport teilnehmen, muß ein Sportverein das Verbandsregelwerk in die Vereinssatzung inkorporieren und auf eigenständige Regelungen diesbezüglich verzichten. Die Vereine kommen infolgedessen nicht umhin, ihre Mitglieder an die betreffenden Verbandsbestimmungen zu binden. Die von den Verbänden erlassenen sportlichen Regelwerke sind also in ihrer jeweils aktuellen Fassung unabdingbare Voraussetzung für die Erreichung der Vereinszwecke. Aus der Funktionsnotwendigkeit einheitlicher Standards resultiert mithin schon im voraus die Sachgerechtigkeit einer dynamischen Inkorporation der betreffenden Verbandsbestimmungen.

Außerdem ist vor dem Inkrafttreten der inkorporierten Satzungsbestimmungen nicht jegliche Kenntnis- und Einflußnahmemöglichkeit ausgeschlossen. Gem. § 71 Abs. 1 S. 1 BGB ist bei einem rechtsfähigen Verein die Eintragung der geänderten Bestimmungen in das Vereinsregister Voraussetzung dafür, daß die geänderten Satzungsbestimmungen wirksam werden[382]. Daher kann zumindest der für die Eintragung zuständige Vereinsvorstand[383] vor Inkrafttreten der betreffenden dynamisch inkorporierten Bestimmungen Kenntnis von diesen nehmen[384]. Bei gravierenden Widersprüchen der in Bezug genommenen Verbandsbestimmungen mit den Vereinsinteressen besteht damit die Möglichkeit, von der Eintragung erst einmal

379 Vgl. für dynamische Verweisungen in Tarifverträgen BAG, NJW 1981, 1574, 1575.

380 Vgl. § 3 IV.

381 Vgl. *Heß*, in Aktuelle Rechtsfragen des Sports, S. 18.

382 Vgl. zur Anwendbarkeit des § 71 Abs. 1 S. 1 BGB bei dynamischen Verweisungen die Ausführungen unter § 5 II 1 c) bb).

383 *Reichert*, Handbuch des Vereins- und Verbandsrechts, Rn. 438, S. 141.

384 Ähnlich *Sauter/Schweyer*, Der eingetragene Verein, Rn. 329, S. 246.

abzusehen und eine Mitgliederversammlung einzuberufen, die sodann die Gelegenheit hat, die dynamische Verweisung zu ändern bzw. völlig zu beseitigen. Demzufolge kann die dynamische Inkorporation der betreffenden Verbandsbestimmungen bereits im Vorfeld verhindert werden.

Zusammenfassend bleibt also festzuhalten, daß, obwohl ein Teil der Satzungsautonomie vom Verein auf einen Dritten übertragen wird, dynamische Verweisungen unter engen Voraussetzungen nicht gegen die Vereinsautonomie verstoßen. Dies entspricht auch der mit dem Verbandsbeitritt einhergehenden grundsätzlich für zulässig erachteten Verlagerung autonomer Regelungsbefugnisse vom Verein auf den Verband[385]. Beruht die Gründung von Verbänden im Sport maßgeblich darauf, daß für die organisierte Sportausübung einheitliche für alle Teilnehmer gleichermaßen verbindliche Regeln notwendig sind, betrifft die Übertragung autonomer Regelungsbereiche vom Sportverein auf den Verband zwangsläufig einen Teil der Satzungsautonomie[386]. Der vom Verbot dynamischer Klauseln verfolgte Institutionsschutz begrenzt dabei zwar die Zulässigkeit dynamischer Verweisungen, rechtfertigt jedoch nicht, derartige Verweisungen grundsätzlich für unzulässig zu erachten[387].

Die Grenze zulässiger Selbstbeschränkung durch Aufnahme einer dynamischen Verweisung in die Vereinssatzung ist gewahrt, wenn diese erforderlich ist, die Vereinszwecke zu fördern. Die dynamische Verweisung muß dabei eindeutig auf die zu inkorporierenden Bestimmungen verweisen, wobei der Verein wesentliche Punkte seiner Satzungsautonomie nicht in die dynamische Verweisung einbeziehen darf. Erforderlich ist weiterhin, daß der Verein stets ohne Dritteinfluß die dynamische Verweisung ändern bzw. gänzlich streichen kann und es im voraus möglich ist, die Sachgerechtigkeit

---

385 *Pfister*, in FS für W. Lorenz, S. 171, 180; *Soergel-Hadding*, Vor § 21, Rn. 54; *Summerer*, Internationales Sportrecht, S. 155; *Sauter/Schweyer*, Der eingetragene Verein, Rn. 323, S. 243.

386 *Reuter* [DZWir 1996, 1, 7 f.] führt in diesem Zusammenhang unter Bezugnahme auf die Entscheidung des BVerfG [NJW 1991, 2623 ff.] aus: »*...Da der nationale Sportverband seiner Sportart den Zugang zum internationalen Sportverkehr nur über die Abhängigkeit vom internationalen Sportverband eröffnen kann, wird man die verbandsrechtliche Zulässigkeit solcher Abhängigkeit auf dieser Grundlage wenn nicht als Gebot der verfassungsrechtlich geschützten Verbandsautonomie so doch zumindest als mit ihr vereinbar anzusehen haben.*«

387 Gegen eine generelle Unzulässigkeit dynamischer Verweisungen – mit zum Teil jedoch abweichender Begründung – ebenfalls *Vieweg*, Normsetzung, S. 343 ff.; *Heß*, in Aktuelle Rechtsfragen des Sports, S. 17 f.; *Summerer*, Internationales Sportrecht, S. 154 ff.; *Blum/Ebeling*, in Sportler, Arbeit und Statuten, S. 85, 109 ff.; vgl. auch *Schaible*, Gesamtverein, S. 41 f.; *Sauter/Schweyer*, Der eingetragene Verein, Rn. 329, S. 246 (beide für Gesamtverein).

der von einer dynamischen Verweisung erfaßten späteren Änderungen der Fremdsatzung überblicken zu können.

b) Zulässigkeit dynamischer Verweisungen im Hinblick auf den Informationsschutz

Neben dem Institutionsschutz zugunsten des Vereins bezweckt das Verbot dynamischer Verweisungen in Vereinssatzungen zugleich einen gewissen Informationsschutz zugunsten der Vereinsmitglieder[388]. Informationsdefizite könnten daraus resultieren, daß die Vereinsmitglieder nicht in der Lage sind, sich durch Einsichtnahme in die Vereinssatzung über die inkorporierten Fremdsatzungsbestandteile zu informieren. Dieser Mangel an Transparenz könnte mit dem Gebot, wichtige Grundsatzentscheidungen in die Vereinssatzung aufzunehmen[389], kollidieren. Dieser Satzungsvorbehalt für Grundlagenentscheidungen des Vereinslebens dient unter anderem dem Informationsschutz der einzelnen Mitglieder[390]. Diese sollen sich durch Einsichtnahme in die Vereinssatzung über die wesentlichen aus der Vereinsmitgliedschaft resultierenden Rechtsbeziehungen zum Verein informieren können[391]. Deshalb haben die Vereinsmitglieder auch das Recht, jederzeit die Vereinssatzung einzusehen[392]. Zudem folgt das Gebot, wichtige Grundsatzentscheidungen in die Vereinssatzung aufzunehmen, auch daraus, daß nur die Vereinssatzungen und nicht etwaige Nebenordnungen den Akten des Registergerichts beizufügen sind. Würde die Satzung nicht die wesentlichen Grundsatzentscheidungen enthalten, so könnten sich (potentielle) Vereinsmitglieder durch Einsichtnahme des Vereinsregisters sowie der Regi-

---

388 Vgl. § 5 II 1.

389 BGH, NJW 1967, 1268 ff.; NJW 1984, 1355; NJW 1989, 1724, 1725; NJW 1995, 583, 586; LG München I, SpuRt 2000, 155, 158; *Soergel-Hadding*, § 25, Rn. 21; *Staudinger-Weick*, § 25, Rn. 3; *Vieweg*, NJW 1991, 1511, 1514; *Palandt-Heinrichs*, § 25, Rn. 1 f.

390 BGH, NJW 1989, 1724, 1725; LG München I, SpuRt 2000, 155, 158; *Haas*, ZGR 2001, 325, 339 f.; *ders./Prokop*, SpuRt 1998, 15, 16 f.; *Röhricht*, in Akademieschrift 39, S. 12, 14 f.; *Krogmann*, Grundrechte im Sport, S. 59; kritisch MünchKomm-*Reuter*, § 25, Rn. 6.

391 BGHZ 47, 172 ff.=NJW 1967, 1268, 1269 f.; *Staudinger-Weick*, § 25, Rn. 7.

392 BGHZ 47, 172, 175=NJW 1967, 1268 ff.; *Soergel-Hadding*, § 25, Rn. 34; *Reichert*, Handbuch des Vereins- und Verbandsrechts, Rn. 341, S. 106.

sterakten nicht schnell und umfassend über die wesentlichen Grundlagen des Vereinslebens informieren[393].

Obwohl die mittels einer dynamischen Verweisung inkorporierten Fremdsatzungsbestimmungen zu Bestandteilen der Vereinssatzung werden, ist den rechtlich geschützten Informationsinteressen der Vereinsmitglieder nicht gedient, weil ein Blick in die Vereinssatzung nicht sämtliche für die Vereinsmitglieder verbindlichen Regelungen offenbart. Mit der Aufnahme dynamischer Verweisungen in die Vereinssatzung müssen die Vereine daher Vorkehrungen treffen, um den mit der Inkorporation einhergehenden Informationsdefiziten entgegenwirken zu können. Die Vereine sind deshalb verpflichtet, die Fremdsatzungsbestimmungen in ihrer aktuellen Fassung zur Einsichtnahme für die Mitglieder vorrätig zu haben. Sportvereine müssen demzufolge stets im Besitz der momentan gültigen Spiel- und Wettkampfbestimmungen der verschiedenen vom Verein repräsentierten Sportarten sein[394]. Lassen sich auf diese Weise Informationsdefizite eliminieren, ist auch der zweite Gesichtspunkt des Verbots dynamischer Klauseln in Vereinssatzungen nicht geeignet, derartige Bestimmungen generell für unzulässig zu erachten.

c) Einfachgesetzliche Zulässigkeitsvoraussetzungen

aa) Vereinbarkeit mit § 33 Abs. 1 S. 1 BGB

Ziel der Aufnahme einer dynamischen Klausel in die Vereinssatzung ist es, Satzungsänderungen ohne einen entsprechenden Beschluß der Mitgliederversammlung zu ermöglichen. § 33 Abs. 1 S. 1 BGB verlangt hingegen für Satzungsänderungen einen Beschluß von drei Vierteln der erschienenen Mitglieder. Fraglich ist, ob eine dynamische Verweisung demzufolge gegen § 33 Abs. 1 S. 1 BGB verstößt. § 33 BGB ist jedoch gem. § 40 BGB abdingbar. Infolgedessen kann die Satzung für Satzungsänderungsbeschlüsse eine von § 33 Abs. 1 S. 1 BGB abweichende Mehrheit bestimmen. Die erforderlichen Mehrheitsverhältnisse können dabei nicht nur verschärft, sondern auch abgemildert werden[395]. Wegen des uneingeschränkten Wortlauts des

---

393 Vgl. OLG-Hamm, NJW-RR 1988, 183, 184; *Haas/Prokop*, SpuRt 1998, 15, 17; *Heß*, in Aktuelle Rechtsfragen des Sports, S. 18.

394 Im Ergebnis so auch *Heß*, in Aktuelle Rechtsfragen des Sports, S. 18.

395 *Sauter/Schweyer*, Der eingetragene Verein, Rn. 135, S. 102; *Soergel-Hadding*, § 33, Rn. 6; *Reichert*, Handbuch des Vereins- und Verbandsrechts, Rn. 422, S. 135; *Steinbeck*, Vereinsautonomie und Dritteinfluß, S. 84.

§ 40 BGB ist es indes nicht nur möglich, abweichend von § 33 Abs. 1 S. 1 BGB, andere Mehrheitsverhältnisse für Satzungsänderungsbeschlüsse zu normieren. Vielmehr ist es ebenfalls legitim, die Kompetenz der Mitgliederversammlung zur Änderung der Satzung zu beschränken[396]. Grenzen zulässigen Dritteinflusses auf den Verein lassen sich § 40 BGB mangels gegenteiliger Anhaltspunkte insoweit gerade nicht entnehmen. Diese ergeben sich vielmehr aus der Abwägung der nicht notwendig parallel verlaufenden Tendenzen der Vereinsautonomie, wonach einerseits Dritteinfluß auf den Verein zulässig ist, der Dritteinfluß andererseits jedoch nicht zu einer Selbstentmündigung des Vereins führen darf[397]. In den damit aus dem vereinsrechtlichen Institutionsschutz folgenden Grenzen kann die in § 33 Abs. 1 S. 1 BGB normierte Kompetenz der Mitgliederversammlung zugunsten eines vereinsfremden Dritten wegen § 40 BGB eingeschränkt werden. Die Aufnahme einer dynamischen Verweisung verstößt folglich nicht gegen § 33 Abs. 1 S. 1 BGB, sondern bewirkt, daß für den von der Verweisungsnorm sachlich erfaßten Bereich die Satzungsänderungskompetenz zulässigerweise abbedungen ist[398].

bb) Vereinbarkeit mit § 71 Abs. 1 S. 1 BGB

Gem. § 71 Abs. 1 S. 1 BGB bedarf eine Satzungsänderung zu ihrer Wirksamkeit einer Eintragung in das Vereinsregister. Der Eintragung kommt dabei als Wirksamkeitsvoraussetzung für Satzungsänderungen konstitutive Wirkung zu[399]. Nach h. M. ist dem Eintragungserfordernis nicht allein durch einen allgemeinen Vermerk, daß die Satzung geändert worden sei, genüge getan[400]. Erforderlich ist vielmehr, die jeweils geänderten Satzungsbestimmungen sowie die allgemeine Bezeichnung des Gegenstands der betreffenden Bestimmungen anzugeben[401]. Soll die Satzung mittels einer dynami-

---

396 *Sauter/Schweyer*, Der eingetragene Verein, Rn. 135, S. 101 f.; *Soergel-Hadding*, § 33, Rn. 6; *Dütz*, in FS für W. Herschel, S. 55, 71; *Stöber*, Handbuch zum Vereinsrecht, Rn. 619, S. 357; MünchKomm-*Reuter*, § 33, Rn. 15 ff. [einschränkend jedoch in Rn. 22 für Vereine ohne Aufnahmefreiheit]; a. A. *Flume*, AT Bd I/2, § 7 I 3, S. 193 ff.; *ders.*, JZ 1992, 238, 239.

397 Vgl. § 5 II 1 a); *Soergel-Hadding*, § 33, Rn. 7; a. A. *Flume*, JZ 1992, 238, 240.

398 *Vieweg*, Normsetzung, S. 344, 347.

399 *Sauter/Schweyer*, Der eingetragene Verein, Rn. 139, S. 104.

400 MünchKomm-*Reuter*, § 71, Rn. 3; *Soergel-Hadding*, § 71, Rn. 6.

401 MünchKomm-*Reuter*, § 71, Rn. 3; *Soergel-Hadding*, § 71, Rn. 6; *Staudinger-Habermann*, § 71, Rn. 8; *Steinbeck*, Vereinsautonomie und Dritteinfluß, S. 174.

schen Verweisung geändert werden, könnte dies zu dem Eintragungserfordernis des § 71 Abs. 1 S. 1 BGB in Widerspruch stehen[402].

Deshalb wird § 71 Abs. 1 S. 1 BGB im Zusammenhang mit dynamischen Verweisungen teilweise restriktiv gehandhabt[403]. So soll die Eintragung der Satzungsänderung dann entbehrlich sein, wenn diese ein Regelungsfeld betrifft, das in der Satzung des Vereins zur Regelung durch den Dachverband freigegeben, und der Wortlaut der Norm in einen Anhang der Satzung aufgenommen worden ist[404]. In welchem Umfang der Verein ein Regelungsfeld der Satzungsautonomie eines Dachverbandes unterstellt, bestimme sich nach dem Umfang der dynamischen Verweisung[405]. Dieser Ansicht zufolge ist allein durch eine Änderung der mittels dynamischer Verweisung in Bezug genommenen Fremdsatzung die Vereinssatzung ohne eine entsprechende Eintragung in das Vereinsregister wirksam geändert.

Fraglich ist, ob das Eintragungserfordernis des § 71 Abs. 1 S. 1 BGB dahingehend zur Disposition der Vereinsmitglieder steht, daß im Zusammenhang mit der Aufnahme einer dynamischen Verweisung tatsächlich auf die Eintragung als konstitutives Erfordernis einer Satzungsänderung verzichtet werden kann. Zur Beantwortung dieser Frage ist es erforderlich, Sinn und Zweck des § 71 Abs. 1 S. 1 BGB zu bestimmen. Der Ausgangspunkt hierfür ist die Funktion des Vereinsregisters, die darin besteht, die Informationsinteressen (potentieller) Vereinsmitglieder zu befriedigen, die sich durch Einsichtnahme in das Register sowie die Registerakten einen Überblick über die wesentlichen Grundentscheidungen des Vereinslebens verschaffen wollen[406]. Die gem. § 71 Abs. 1 S. 1 BGB erforderliche Eintragung des Gegenstands einer Satzungsänderung soll Interessenten dabei in die Lage versetzen zu entscheiden, ob sich eine genauere Einsicht der Registerakten für sie lohnt[407]. Würde man auf das Eintragungserfordernis des § 71 Abs. 1 S. 1 BGB verzichten, könnte das Vereinsregister die ihm zukommende Informationsfunktion nicht erfüllen. Mithin handelt es sich bei der Eintragung der Satzungsänderung in das Vereinsregister um ein formelles Erfordernis, welches der Verkehrssicherheit dient[408]. Das Eintragungserfordernis steht daher nicht zur Disposition der Vereinsmitglieder, so daß in der Vereinssat-

---

402 OLG Hamm, NJW-RR 1988, 183, 184; MünchKomm-*Reuter*, Vor § 121, Rn. 120; *Schaible*, Gesamtverein, S. 41; *Heermann*, NZG 1999, 325, 326.

403 *Summerer*, Internationales Sportrecht, S. 156 f.

404 *Summerer*, Internationales Sportrecht, S. 157.

405 *Summerer*, Internationales Sportrecht, S. 156.

406 Vgl. § 5 II 1 b).

407 MünchKomm-*Reuter*, § 71, Rn. 3.

408 *Steinbeck*, Vereinsautonomie und Dritteinfluß, S. 174.

zung kein rechtswirksamer Verzicht hierauf erklärt werden kann[409]. Auch wenn die Mitglieder abweichend von § 33 Abs. 1 S. 1 BGB ein anderes Verfahren zur Satzungsänderung in der Vereinssatzung normieren können, sind sie also nicht befugt, in diesem Zusammenhang auch von der Voraussetzung des § 71 Abs. 1 S. 1 BGB abzuweichen[410].

Obwohl das Eintragungserfordernis des § 71 Abs. 1 S. 1 BGB nicht zur Disposition der Vereinsmitglieder steht, läßt sich hieraus nicht die Unzulässigkeit dynamischer Verweisungen folgern. Vielmehr ist auch bei einer mittels einer dynamischen Verweisung geänderten Satzung eine entsprechende Eintragung in das Vereinsregister konstitutives Erfordernis für das Wirksamwerden der geänderten Satzungsbestimmungen[411]. Der Verein muß mithin dem Registergericht eine aktuelle Fassung der geänderten Bestimmungen der in Bezug genommenen Fremdsatzung zur Eintragung zuleiten.

cc) Vereinbarkeit mit § 71 Abs. 1 S. 3 BGB

Wird mittels einer dynamischen Verweisung die Vereinssatzung ohne entsprechenden Beschluß der Mitgliederversammlung geändert, könnte hierin allerdings ein Verstoß gegen § 71 Abs. 1 S. 3 BGB liegen[412]. Danach ist der Anmeldung einer Satzungsänderung bei dem Registergericht der die Änderung enthaltende Beschluß in Urschrift und Abschrift beizufügen. Diesem Erfordernis kann der Verein bei einer durch eine dynamische Verweisung bewirkten Satzungsänderung nicht nachkommen. Ein entsprechender Beschluß der Mitgliederversammlung existiert gerade nicht.

Das Erfordernis des § 71 Abs. 1 S. 3 BGB steht jedoch in einem inhaltlichen Zusammenhang mit § 33 Abs. 1 S. 1 BGB[413]. Der Gesetzgeber geht nämlich grundsätzlich davon aus, daß zur Änderung der Satzung ein Beschluß der Mitgliederversammlung erforderlich ist. Vor diesem Hintergrund ist § 71 Abs. 1 S. 3 BGB zu sehen, wonach der betreffende Satzungsänderungsbeschluß in Urschrift und Abschrift dem Registergericht zuzuleiten ist. Das Verfahren der Satzungsänderung kann jedoch gem. § 40 BGB abweichend von § 33 Abs. 1 S. 1 BGB so gestaltet werden, daß ein Beschluß

---

409 RGZ 88, 395, 402; *Soergel-Hadding*, § 71, Rn. 4; MünchKomm-*Reuter*, § 71, Rn. 1.

410 Vgl. auch *Steinbeck*, Vereinsautonomie und Dritteinfluß, S. 174 f.

411 *Vieweg*, Normsetzung, S. 344; *Sauter/Schweyer*, Der eingetragene Verein, Rn. 329, S. 246 (für Gesamtverein); *Blum/Ebeling*, in Sportler, Arbeit und Statuten, S. 85, 111.

412 So *Schaible*, Gesamtverein, S. 41.

413 *Steinbeck*, Vereinsautonomie und Dritteinfluß, S. 173.

der Mitgliederversammlung zur Änderung der Satzung nicht erforderlich ist. Wollte man eine von der gesetzlichen Vorschrift abweichende Gestaltung des Verfahrens der Satzungsänderung an dem Erfordernis des § 71 Abs. 1 S. 3 BGB scheitern lassen, widerspräche dies dem in § 40 BGB zum Ausdruck kommenden gesetzgeberischen Willen. Knüpft die Satzung abweichend von § 33 Abs. 1 S. 1 BGB zulässigerweise andere Voraussetzungen an eine Satzungsänderung, so ist § 71 Abs. 1 S. 3 BGB dementsprechend anzupassen. Wird mittels dynamischer Verweisung die Vereinssatzung ohne einen entsprechenden Beschluß der Mitgliederversammlung geändert, so ist eine solche Vorgehensweise nicht etwa deshalb unzulässig, weil dem Registergericht kein Satzungsänderungsbeschluß in Ur- und Abschrift vorgelegt wird. Vielmehr ist § 71 Abs. 1 S. 3 BGB dahin zu modifizieren, daß anstelle des Beschlusses der Mitgliederversammlung der Anmeldung der Satzungsänderung bei dem Registergericht eine aktuelle Fassung der inkorporierten Bestimmungen der Fremdsatzung beizufügen ist[414].

d) Zusammenfassung

Festzuhalten bleibt, daß weder der vom Verbot dynamischer Verweisungen bezweckte Institutionsschutz zugunsten des Vereins bzw. der Informationsschutz zugunsten der Vereinsmitglieder noch einfachgesetzliche Bestimmungen ein völliges Verbot dynamischer Verweisungen in Vereinssatzungen rechtfertigen können. Zulässigkeitsvoraussetzungen einer dynamischen Verweisung sind jedoch eine eindeutige sachliche Begrenzung der in Bezug genommenen Bestimmungen der Fremdsatzung, die Möglichkeit der Mitgliederversammlung die dynamisch inkorporierten Bestimmungen autonom ändern bzw. streichen zu können sowie die Sachgerechtigkeit der dynamischen Verweisung hinsichtlich des verfolgten Vereinszwecks. Darüber hinaus muß der Verein Vorkehrungen treffen, um der Gefahr von Informationsdefiziten, die mit der Aufnahme einer dynamischen Verweisung einhergehen, entgegenwirken zu können. Erforderlich ist weiterhin, die durch eine dynamische Verweisung bewirkte Satzungsänderung gem. § 71 Abs. 1 S. 1 BGB in das Vereinsregister einzutragen. Sind danach schon keine Gründe ersichtlich, die zu einer generellen Unwirksamkeit dynamischer Verweisungen in Satzungen führen, bestehen gegen die Zulässigkeit dynamischer Verweisungen in Vereinsordnungen, die fremde Vereins- bzw. Ver-

---

414 Vgl. *Steinbeck*, Vereinsautonomie und Dritteinfluß, S. 173 f.; im Ergebnis so auch *Sauter/Schweyer*, Der eingetragene Verein, Rn. 329, S. 246 (für Gesamtverein).

bandsordnungen in Bezug nehmen, erst recht keine grundsätzlichen Bedenken[415].

2. Dynamische Verweisungen in Verträgen

Auch bei der vertraglichen Bindung an das Regelwerk eines Verbandes stellt sich die Frage, ob die jeweils aktuellen Verbandsbestimmungen für die Sportler verbindlich sind. Denn unabhängig von einer vertraglichen Erstreckung des Regelwerks auf Nichtmitglieder ist ein Verband stets in der Lage, seine Satzung zu ändern. Die Unterwerfungserklärung könnte im Zuge einer solchen Satzungsänderung seitens des Verbandes an Aktualität verlieren. Um dem Zweck eines Regelanerkennungsvertrages, alle Sportler einheitlich dem Verbandsregelwerk zu unterwerfen, gerecht zu werden, ist mit jeder Änderung der auf die Nichtmitglieder erstreckten Verbandsregeln eine entsprechende Vertragsanpassung notwendig. Die mit einer stetigen Vertragsanpassung einhergehenden organisatorischen und verwaltungstechnischen Probleme ließen sich durch Aufnahme einer dynamischen Verweisung in die Regelanerkennungsverträge vermeiden, wonach die Verbandsbestimmungen in ihrer jeweils aktuellen Fassung zum Vertragsbestandteil erklärt werden[416].

a) Leistungsbestimmungsrecht i. S. der §§ 315 ff. BGB

Eine höchstrichterliche Entscheidung zur Zulässigkeit dynamischer Verweisungen in Verträgen, die dazu dienen, Nichtmitglieder an die aktuelle Fassung der Satzung bzw. Ordnungen eines Vereins zu binden, steht bislang noch aus. Die Ansichten in der Literatur hierzu sind geteilt[417]. Teilweise wird eine dynamische Verweisung in Verträgen unter Hinweis auf § 315

---

415 Vgl. zur Zulässigkeit dynamischer Verweisungen in Vereinsordnungen *Steinbeck*, Vereinsautonomie und Dritteinfluß, S. 178 f.

416 Vgl. Ziffer 2 Athletenvereinbarung-DLV.

417 *Lukes*, in FS für H. Westermann, S. 325, 335 f.; *Edenfeld*, Rechtsbeziehungen, S. 212 ff.; *Pfister*, in FS für W. Lorenz, S. 171, 185 f.; *ders.*, JZ 1995, 464, 467; *Reichert*, Handbuch des Vereins- und Verbandsrechts, Rn. 349, S. 108 f.; *Daigfuß*, Vereinsmitglieder, S. 99 f.; einschränkend hinsichtlich der Zulässigkeit *Heermann*, NZG 1999, 325, 332.

BGB für zulässig erachtet[418]. § 315 Abs. 1 BGB geht davon aus, daß einem Vertragspartner das Recht zur Leistungsbestimmung übertragen werden kann[419]. Der Anwendungsbereich dieser Norm beschränkt sich dabei nicht nur auf die Möglichkeit, einem Vertragspartner ein Leistungsbestimmungsrecht zu gewähren. Vielmehr ist § 315 BGB auf sämtliche vertraglichen Nebenabreden sowie über den Bereich der Schuldverhältnisse hinaus, auf alle denkbaren Vertragsverhältnisse anwendbar[420]. Mithin findet diese Vorschrift auch auf gesellschaftsrechtliche Verträge Anwendung, bei denen kein Austauschverhältnis von Leistung und Gegenleistung, sondern die gemeinsame Zweckverfolgung im Vordergrund steht. So ist anerkannt, daß § 315 BGB im Rahmen von Gesellschaftsverträgen, beispielsweise bei der Konkretisierung der den Gesellschaftern obliegenden Pflichten, zur Anwendung kommen kann[421]. Selbst im Rahmen von Mitgliedschaftsverhältnissen soll § 315 BGB anwendbar sein[422].

Der dieser Norm zugrunde liegende Gedanke erschließt sich, wenn man den »Normalfall« eines Rechtsgeschäfts betrachtet. Auf Grundlage der den Rechtssubjekten verliehenen Privatautonomie können diese kraft Willenserklärung ihre Rechtsbereiche eigenständig, insbesondere durch Abschluß von Verträgen, regeln[423]. Die Privatautonomie kann dabei auch so ausgeübt werden, daß mit einer Willenserklärung nicht das gesamte Rechtsgeschäft, sondern nur ein Teil von diesem unmittelbar geregelt und die übrige Gestaltung dem anderen Vertragsteil überlassen wird. Ein Rechtsverhältnis kann daher so strukturiert sein, daß einem Vertragspartner das Recht zur Konkretisierung des Vertragsinhalts zukommt[424]. In Ermangelung anderer vertraglicher Regelungen kann das Gestaltungsrecht des Dritten nicht willkürlich, sondern gem. § 315 Abs. 1 BGB nur in den Grenzen des billigen Ermessens ausgeübt werden[425].

Erfaßt § 315 BGB vertragliche Gestaltungsrechte der unterschiedlichsten Vertragstypen, könnte man die Bindung der Sportler an die jeweils ak-

---

418 *Lukes*, in FS für H. Westermann, S. 325, 335 f.; *Edenfeld*, Rechtsbeziehungen, S. 212 ff.; *Pfister*, in FS für W. Lorenz, S. 171, 185 f.; *ders.*, JZ 1995, 464, 467; *Soergel-Hadding*, § 25, Rn. 35; *Reichert*, Handbuch des Vereins- und Verbandsrechts, Rn. 349, S. 108 f.; *Daigfuß*, Vereinsmitglieder, S. 99 f.

419 *Fastrich*, Inhaltskontrolle, S. 15.

420 MünchKomm-*Gottwald*, § 315, Rn. 2; *Lukes*, in FS für H. Westermann, S. 325, 335; *Soergel-Wolf*, § 315, Rn. 8 f.

421 RGZ 87, 261, 265 f.; *Lukes*, in FS für H. Westermann, S. 325, 335.

422 *Soergel-Wolf*, § 315, Rn. 9; MünchKomm-*Gottwald*, § 315, Rn. 26.

423 *Larenz/Wolf*, BGB AT, § 2, Rn. 15 f., S. 26; *Medicus*, BGB AT, Rn. 174 f., S. 74.

424 *Lukes*, NJW 1963, 1897, 1899; *ders.*, in FS für H. Westermann, S. 325, 336.

425 *Lukes*, NJW 1963, 1897, 1899; *Staudinger-Mader*, § 315, Rn. 15.

tuellen Verbandsbestimmungen als ein Gestaltungsrecht des Verbandes zur Konkretisierung des Vertragsinhalts auffassen[426]. Hieran bestehen jedoch Zweifel, wenn man sich Sinn und Zweck der vertraglichen Regelanerkennung vor Augen führt. Mit einer solchen mitgliedschaftsähnlichen Vereinbarung sollen Nichtmitglieder hinsichtlich der Regelbindung nämlich unmittelbaren Mitgliedern gleichgestellt werden. Dynamische Verweisungen in Regelanerkennungsverträgen als Gestaltungsrecht i. S. der §§ 315 ff. BGB anzusehen, ist daher konstruktiv nur möglich, wenn auch die unmittelbaren Mitglieder selbst, hinsichtlich der Bindung an die jeweils aktuellen Satzungen und Ordnungen, einem solchen Gestaltungsrecht unterworfen sind.

Zum Teil wird bei Mehrheitsentscheidungen im Rahmen der Mitgliederversammlung die Anwendung des § 317 BGB befürwortet. Die Mehrheit der Mitgliederversammlung sei insoweit Dritter i. S. des § 317 BGB, deren Entscheidung sich die Mitglieder zu unterwerfen hätten[427]. Gegen diese Ansicht spricht jedoch, daß die Vereinsmitglieder selbst die Mitgliederversammlung bilden. Insoweit kann die Mehrheit der Mitgliederversammlung kein selbständiger Dritter i. S. des § 317 BGB sein[428]. Auch gegen die Annahme, dem Verein stehe ein Gestaltungsrecht i. S. des § 315 BGB im Hinblick auf die für die Vereinsmitglieder verbindlichen Vereinsbestimmungen zu[429], bestehen grundlegende Bedenken. Das Gesetz geht nämlich davon aus, daß für Satzungsänderungen die Mitgliederversammlung zuständig ist. Sind die Vereinsbestimmungen mithin stets auf den aktuellen Willen der Mitglieder zurückzuführen, kann die Verbindlichkeit der Vereinssatzung nicht auf einem einseitigen Gestaltungsrecht des Vereins gegenüber den Vereinsmitgliedern beruhen. Die Verbindlichkeit der Vereinssatzung für die Mitglieder basiert demzufolge nicht auf einem Gestaltungsrecht i. S. der §§ 315 ff. BGB[430]. Ist es Ziel der vertraglichen Regelanerkennung, Nicht-

---

426 Vgl. *Lukes*, in FS für H. Westermann, S. 325, 335 ff.; *Edenfeld*, Rechtsbeziehungen, S. 212 ff.; *Pfister*, JZ 1995, 464, 467.

427 *Bötticher*, Gestaltungsrecht, S. 27 ff.; *ders.*, ZfA 1970, 3, 44 f.

428 *Baecker*, Grenzen der Vereinsautonomie, S. 31 f.

429 Vgl. *Maier*, Rechtsfragen, S. 144 ff.

430 Dennoch wird teilweise eine analoge Anwendung des § 315 BGB für die Kontrolle von Satzungsbestimmungen befürwortet [*Palandt-Heinrichs*, § 25, Rn. 9]. Für eine analoge Anwendung des § 315 BGB besteht jedoch keine Notwendigkeit, weil eine Rechts- und Inhaltskontrolle der Satzungsbestimmungen am Maßstab der §§ 138, 242 BGB bzw. den kartellrechtlichen Verbotsvorschriften [vgl. § 9] erfolgt [siehe hierzu auch *Prokop*, Dopingverbote, S. 212 ff.].; Vgl. auch *Soergel-Wolf*, § 315, Rn. 9 *Wolf* faßt die Normsetzungsbefugnis der Tarifvertragsparteien nicht als einseitiges Bestimmungsrecht auf. Daher hält er § 315 BGB für die Kontrolle der Normsetzung durch die Tarifvertragsparteien für nicht anwendbar.

mitglieder hinsichtlich der Regelbindung den Vereinsmitgliedern gleichzustellen, beruht die dynamische Unterwerfung unter die im Vertrag bezeichneten Vereinsbestimmungen ebenfalls nicht auf einem einseitigen Gestaltungsrecht des Vereins gegenüber den Regelunterworfenen[431]. Die Zulässigkeit dynamischer Verweisungen in Verträgen richtet sich mithin nicht nach den §§ 315 ff. BGB.

b) Vereinsrechtliche Grundsätze als Zulässigkeitsmaßstab

Mit der vertraglichen Regelanerkennung sollen die Nichtmitglieder partiell in den autonomen Regelungsbereich eines Vereins eingegliedert werden, so daß die vertraglich in Bezug genommenen Verbandsbestimmungen mit Abschluß des Vertrages für die Nichtmitglieder in der gleichen Weise wie für die Mitglieder gelten. Die autonome Regelungsbefugnis der Vereinsmitglieder ist damit auch auf Nichtmitglieder erstreckt, soweit diese sich mit einer entsprechenden Bindung an die Vereinsbestimmungen rechtsgeschäftlich einverstanden erklärt haben. Sind die Nichtmitglieder damit hinsichtlich der Regelbindung den Vereinsmitgliedern gleichgestellt, so sind sie auch genauso schutzbedürftig wie die Vereinsmitglieder. Der Schutz der Nichtmitglieder darf deshalb im mitgliedschaftsähnlichen Verhältnis nicht hinter dem Schutz der Mitglieder zurückbleiben[432]. Die Zulässigkeit dynamischer Verweisungen in Regelanerkennungsverträgen bestimmt sich daher nach den Kriterien, die für dynamische Verweisungen in Satzungen[433] erarbeitetet worden sind. Zulässigkeitsmaßstab sind danach der vereinsrechtliche Institutions- sowie der Informationsschutz.

aa) Institutionsschutz

Hinsichtlich der vereinsinternen Willensbildung begrenzt der vereinsrechtliche Institutionsschutz zwar die Zulässigkeit dynamischer Verweisungen in Satzungen, rechtfertigt jedoch nicht, diese generell für unzulässig zu erachten. Denn haben es die Vereinsmitglieder jederzeit in der Hand, sich autonom von dem Dritteinfluß zu lösen und ist dieser auf einen sachlich begrenzten Teil der Satzungsautonomie beschränkt, degradiert der mit einer

---

431 Vgl. auch MünchKomm-*Reuter*, § 25, Rn. 30.

432 BGH, NJW 1995, 583, 586; *Haas/Prokop*, SpuRt 1998, 15, 17; *ders./Adolphsen*, NJW 1995, 2146, 2148.

433 Vgl. § 5 II 1.

dynamischen Verweisung einhergehende Dritteinfluß den Verein nicht zu einem Sondervermögen oder einer Verwaltungsstelle eines anderen[434]. Im Lichte dessen ist nachfolgend zu klären, ob es zulässig ist, Nichtmitglieder vertraglich an die jeweils geltende Fassung der Vereinssatzung zu binden oder der Verein damit die Grenze zulässiger Fremdbestimmung überschreitet.

Mit der vertraglichen Regelbindung werden Nichtmitglieder zwar partiell in die körperschaftlich geprägte Vereinsorganisation eingegliedert, damit diese dem Vereinszweck entsprechend Vereinseinrichtungen und -leistungen nutzen können. Den Normunterworfenen stehen jedoch keinerlei mitgliedschaftliche Mitbestimmungs- bzw. Mitgestaltungsrechte zu. Sie haben daher nicht die Möglichkeit, Einfluß auf die Willensbildung und -betätigung im Verein zu nehmen[435]. Unerheblich ist es dabei, ob der Verein seine eigene Satzung oder aber Fremdsatzungen zum Inhalt der vertraglichen Regelanerkennung macht. Einem unzulässigen Dritteinfluß setzt sich der Verein mit dem Abschluß von Regelanerkennungsverträgen, mit denen Dritte an die Vereinsregeln in der jeweils aktuellen Fassung gebunden werden, in keinem Fall aus[436].

bb) Informationsschutz

Unabhängig vom vereinsrechtlichen Institutionsschutz könnten der Zulässigkeit dynamischer Verweisungen Informationsdefizite zu Lasten der Normunterworfenen entgegenstehen. Genauso wenig wie die Vereinsmitglieder in der Lage sind, sich durch Einsichtnahme in die Vereinsatzung über die inkorporierten Fremdsatzungsbestandteile zu informieren, ist es den vertraglich gebundenen Nichtmitgliedern möglich, aus dem Regelanerkennungsvertrag die jeweils aktuelle Fassung der von ihnen anerkannten Regelungen zu ersehen. Damit bestehen in beiden Fällen vergleichbare Informationsdefizite. Rechtfertigen diese Informationsdefizite jedoch kein generelles Verbot dynamischer Verweisungen in Satzungen[437], so kann für derartige Klauseln in Verträgen nichts anderes gelten, wenn die Informationsinteressen in beiden Fällen gleichermaßen geschützt werden können. Da die Nichtmitglieder vergleichbar den Vereinsmitgliedern den Vereinsbestimmungen unterworfen sind, müssen sie genauso wie die Vereinsmitglie-

434 Vgl. § 5 II 1 a).
435 Siehe zu möglichen Ausnahmen § 11 II.
436 *Haas/Prokop*, SpuRt 1998, 15, 18.
437 Vgl. § 5 II 1 b).

der die Möglichkeit haben, von den für sie verbindlichen Bestimmungen in der jeweils aktuellen Fassung Kenntnis zu nehmen[438].

Vor diesem Hintergrund ist die Möglichkeit zur Kenntnisnahme der vertraglich in Bezug genommenen Satzungsbestimmungen zwar notwendige, jedoch auch gleichzeitig hinreichende Bedingung, Informationsdefiziten der vertraglich gebundenen Nichtmitglieder vorzubeugen. Deshalb muß beispielsweise bei Wettkämpfen ein Exemplar der maßgeblichen Verbandsbestimmungen zur Einsichtnahme bereit liegen[439]. Eine andere Möglichkeit besteht darin, den Sportlern die betreffenden Verbandsbestimmungen auf Anfrage beim Verband zu übersenden[440]. Hierauf haben die Sportler einen Anspruch, da sich auch aus der Mitgliedschaft das Recht auf Aushändigung eines Exemplars der Satzung ergibt[441]. Nicht erforderlich ist es demgegenüber jedem vertraglich gebundenen Sportler unaufgefordert ein Exemplar der in Bezug genommenen Satzungsbestimmungen auszuhändigen bzw. jede Änderung der Verbandsbestimmungen den einzelnen Sportlern mitzuteilen[442]. Denn auch der Schutz der Vereinsmitglieder erfordert keine ausdrückliche Bekanntgabe jeder Satzungsänderung gegenüber den einzelnen Vereinsmitgliedern[443]. Anderenfalls würde die Vereinfachungswirkung der dynamischen Verweisung auch weitgehend untergraben werden[444]. Allenfalls ist in Erwägung zu ziehen, Änderungen der vertraglich in Bezug genommenen Verbandsbestimmungen beispielsweise in Mitteilungsblättern des Verbandes[445], durch Übersendung an die Sportvereine bzw. im Internet bekanntzumachen. Lassen sich die mit einer dynamischen Verweisung einhergehenden Informationsdefizite auf die bezeichnete Art und Weise eliminieren, sind berechtigte Informationsinteressen der vertraglich gebundenen Sportler nicht geeignet, dynamische Verweisungen in Verträgen für unzulässig zu erachten[446]. Weder der vereinsrechtliche Institutionsschutz noch der Informationsschutz verbieten es demzufolge, Vereinsregelungen vertraglich auf Nichtmitglieder in ihrer jeweils aktuellen Fassung zu erstrekken.

---

438 BGH, NJW 1995, 583, 586=SpuRt 1995, 43 ff.; *Haas/Prokop*, SpuRt 1998, 15, 17; *Pfister*, JZ 1995, 464, 467.

439 Vgl. auch *Lindemann*, SpuRt 1994, 17, 22.

440 Vgl. *Haas/Prokop*, SpuRt 1998, 15, 17; *Prokop*, Dopingverbote, S. 105.

441 LG Karlsruhe, Rpfleger 1987, 164; *Soergel-Hadding*, § 25, Rn. 34.

442 Vgl. *Pfister*, JZ 1995, 464, 467; *Fenn*, SpuRt 1997, 77, 79; einschränkend nunmehr *ders.*, in Festgabe Zivilrechtslehrer 1934/1935, S. 103, 110 f.

443 *Haas/Prokop*, SpuRt 1998, 15, 17; vgl. auch *Soergel-Hadding*, § 25, Rn. 34.

444 *Edenfeld*, Rechtsbeziehungen, S. 214.

445 *Pfister*, JZ 1995, 464, 467; *Fenn*, SpuRt 1997, 77, 79.

446 Vgl. auch *Haas/Prokop*, SpuRt 1998, 15, 17; *Prokop*, Dopingverbote, S. 102 f.

III. Praktische Handhabbarkeit

Anknüpfungspunkt der vorstehenden Überlegungen ist, daß diejenige Variante, die es ermöglicht, Sportler dynamisch an die jeweils aktuellen Verbandsbestimmungen zu binden, entscheidende Vorteile aufweist. Bestehen gegen die Zulässigkeit dynamischer Verweisungen auf die jeweils aktuellen Verbandsbestimmungen weder in Vereinssatzungen noch in Regelanerkennungsverträgen grundlegende Bedenken, so spricht dies aus rechtlicher Sicht weder für noch gegen die eine oder andere Bindungsmöglichkeit. Unklar ist aber, ob hinsichtlich der Zielvorgabe die vertragliche oder die satzungsrechtliche Lösung wegen ihrer praktischen Handhabbarkeit vorzugswürdig ist.

1. Satzungsrechtliche Verankerung

Obwohl es mit einer dynamischen Verweisung möglich ist, das Verfahren der Satzungsänderung dadurch zu beschleunigen, daß ein Beschluß der Mitgliederversammlung nicht notwendig ist, verbleiben bei einer Bindung von Sportlern an das Verbandsregelwerk mittels der satzungsrechtlichen Lösung einige Unsicherheitsfaktoren. So ist es erforderlich, daß innerhalb der Verbandspyramide die nachgeordneten Verbände und Vereine in ihren Satzungen jeweils dynamische Verweisungen verankern, die den zuvor dargestellten Wirksamkeitsanforderungen genügen[447]. Ist die Verweisungskette nicht lückenlos geknüpft, sind trotz der rechtlichen Zulässigkeit dynamischer Verweisungen in Satzungen, Bindungslücken nicht zu vermeiden.

Selbst dann, wenn aufgrund dynamischer Verweisungen eine lückenlose Verweisungskette besteht, kann eine flächendeckende Bindung sämtlicher Vereinsmitglieder nicht mit letzter Gewißheit garantiert werden. Denn die Wirksamkeit einer Satzungsänderung eines rechtsfähigen Vereins hängt gem. § 71 Abs. 1 S. 1 BGB von der Eintragung in das Vereinsregister ab. Auf das Eintragungserfordernis kann auch bei einer Satzungsänderung mittels einer dynamischen Verweisung nicht verzichtet werden[448]. Kommt ein Vorstand der Pflicht zur Anmeldung beim Registergericht nicht oder erst verspätet nach, werden die geänderten Bestimmungen der in Bezug genommenen Fremdsatzung für die Vereinsmitglieder überhaupt nicht oder im Vergleich zu Mitgliedern anderer Sportvereine erst zeitlich versetzt verbindlich. Eine einheitliche Bindung sämtlicher am organisierten Sport teil-

447 Vgl. § 5 II 1.
448 Vgl. § 5 II 1 c) bb).

nehmenden Athleten an die jeweils aktuellen Spiel- und Wettkampfbestimmungen ist mithin nicht zu garantieren.

2. Vertragliche Bindung

Im Unterschied zu einer Satzungsänderung mittels einer dynamischen Verweisung wirken bei einer vertraglichen Regelanerkennung die Satzungsänderungen im Moment ihres Inkrafttretens zeitgleich auch für und gegen die vertraglich gebundenen Nichtmitglieder. Eine dem § 71 Abs. 1 S. 1 BGB vergleichbare konstitutiv wirkende Eintragung ist für die Wirksamkeit der geänderten Bestimmungen den Nichtmitgliedern gegenüber nicht erforderlich. Anders als die Vereine haben es die vertraglich gebundenen Sportler daher nicht in der Hand, die Unterwerfung unter die jeweils aktuellen Verbandsbestimmungen zu umgehen. Die Gefahr von Bindungslücken besteht insoweit nicht. Hierin liegt der entscheidende Vorteil der vertraglichen Regelanerkennung gegenüber der satzungsrechtlichen Bindung im Hinblick auf die praktische Handhabbarkeit[449].

IV. Zusammenfassung und Schlußfolgerung

Die für die einheitliche Ausübung einer Sportart erforderliche Regelbindung sämtlicher Wettkampfteilnehmer läßt sich auf dreierlei Wegen erreichen. Aufgrund der historisch gewachsenen Strukturen im Sportbereich und der Interessenlage der Beteiligten scheidet eine Unterwerfung der Sportler durch Erwerb der unmittelbaren Verbandsmitgliedschaft in der Regel aus. Deshalb stehen den Verbänden nur das satzungsrechtliche sowie das individualvertragliche Modell zur Verfügung. Gegen keine der beiden Möglichkeiten bestehen grundlegende rechtliche Bedenken. Entscheidende Vorteile besitzt jedoch diejenige Variante, mit der sich eine Unterwerfung unter die jeweils aktuellen Spiel- und Wettkampfbestimmungen ohne zeit- und kostenintensive Satzungs- bzw. Vertragsanpassungen erreichen läßt. Der mit Satzungs- bzw. Vertragsanpassungen einhergehende Kosten- und Verwaltungsaufwand läßt sich mit einer dynamischen Inbezugnahme der Spiel- und Wettkampfbestimmungen sowohl bei der satzungsrechtlichen als auch bei der vertraglichen Lösung minimieren. Gleichwohl weist die vertragliche Bindung in Form von Athleten- bzw. Lizenzvereinbarungen gegenüber

---

449 Siehe allgemein zu den Vor- und Nachteilen der vertraglichen Bindung auch § 5 I 3.

einer satzungsrechtlichen Unterwerfung entscheidende Vorteile auf. Denn mit der vertraglichen Regelanerkennung lassen sich im Gegensatz zum satzungsrechtlichen Modell Bindungslücken weitgehend vermeiden. Um eine flächendeckende Unterwerfung aller am organisierten Sport teilnehmenden Sportler zu gewährleisten, ist die vertragliche Bindung mithin am besten geeignet.

Freilich hat die vertragliche Regelanerkennung trotz der überwiegenden Vorzüge auch gewisse Nachteile. Gerade im Grenzbereich zwischen Leistungs- und Breitensport besteht zur Wahrung der Fairneß und Chancengleichheit im Sport einerseits ein Bedürfnis, Sportler über den konkreten Wettkampf hinaus an die betreffenden Verbandsbestimmungen zu binden. Andererseits sind die Verbände aufgrund einer zu großen Zahl von Sportlern häufig nicht in der Lage, langfristige Verträge abzuschließen. Hier bietet sich eine Kombination von einer kurzzeitigen vertraglichen Bindung für die Dauer eines konkreten Wettkampfs und einer satzungsrechtlichen Bindung an die Verbandsnormen an. Darüber hinaus kann der satzungsrechtlichen Unterwerfung im reinen Breitensport durchaus Bedeutung zukommen[450]. Für den hier zu untersuchenden Bereich des Leistungs- und Profisports ist jedoch einzig und allein das individualvertragliche Modell geeignet, alle Sportler unabhängig von der Teilnahme an Wettkämpfen einheitlich an das sportliche Regelwerk zu binden.

---

450 Vgl. auch *Vieweg*, SpuRt 1995, 97, 99.

2. Kapitel
Athleten- bzw. Lizenzvereinbarungen und Grenzen der Abschlußfreiheit

Können mittels einer Athleten- bzw. Lizenzvereinbarung sämtliche Sportler einheitlich an das sportliche Regelwerk in seiner jeweils gültigen Fassung gebunden werden, so ist es auf diese Weise möglich, die für den Wettkampfsport notwendige Chancengleichheit zwischen den Beteiligten zu gewährleisten[451]. Neben der Normbindung können zudem weitere Nebenabreden getroffen werden, um das Rechtsverhältnis zwischen Sportler und Verband – der jeweiligen Interessenlage entsprechend – umfassend vertraglich zu regeln. Wegen dieser Flexibilität setzen sich Athleten- und Lizenzvereinbarungen in der Praxis auch zunehmend durch[452]. Wollen Sportler am organisierten Sport teilnehmen oder Vereinseinrichtungen und -leistungen nutzen, sind sie in Folge dieser Entwicklung immer häufiger darauf angewiesen, mit dem zuständigen Verband eine solche Vereinbarung abzuschließen[453]. Daher stellt sich die Frage, ob ein Sportverband frei darüber entscheiden kann, unter welchen Voraussetzungen er mit Sportlern eine Athleten- bzw. Lizenzvereinbarung abschließt oder die Abschlußfreiheit gewissen Grenzen unterliegt. Grenzen der Abschlußfreiheit könnten dabei sowohl in formeller als auch in materieller Hinsicht bestehen.

§ 6 Formelle Schranken der Abschlußfreiheit

In formeller Hinsicht ist nachfolgend zwischen zwei unterschiedlichen Fragen zu differenzieren. Zum einen ist zu klären, ob der Verband ohne weiteres berechtigt ist, mit Sportlern Athleten- bzw. Lizenzvereinbarungen abzuschließen oder die Verbandssatzung zu diesem Zweck ausdrücklich eine

---

451 Vgl. § 2.

452 Vgl. § 1.

453 Vgl. § 7 I Nr. 3 Leichtathletikordnung-DLV (Mitgliedschaft im Bundeskader, Nationalmannschaft); Ziffer 3. 2. der Musterathletenvereinbarung (Einsatz in der Nationalmannschaft); §§ 66, 67 Spielordnung-DHB (Teilnahme an Bundesligaspielen); § 4 I d Satzung-Ligaverband i. V. m. Lizenzordnung Spieler des Ligaverbandes (Teilnahme am Spielbetrieb des Lizenzfußballs); §§ 1 Nr. 4, 11 ff. Lizenzspielerstatut-DTTB (Teilnahme am Spielbetrieb).

Befugnis vorsehen muß. Zum anderen ist die Frage zu beantworten, inwieweit die Sportverbände verpflichtet sind, den Sportlern den Inhalt der Vereinbarung in gewisser Weise bewußt zu machen, um Informationsdefizite auf Seiten der Sportler auszugleichen.

I. Satzungsermächtigung zum Abschluß von Athleten- und Lizenzvereinbarungen

Die Frage, ob der Verband nur bei einer entsprechenden Satzungsermächtigung befugt ist, mit Sportlern Athleten- bzw. Lizenzvereinbarungen abzuschließen, ist im Lichte des Gebots, Grundentscheidungen des Vereinslebens zwingend in die Satzung aufnehmen zu müssen[454], zu beantworten. Eine ausdrückliche Satzungsermächtigung zum Abschluß derartiger Regelanerkennungsverträge ist also nur dann notwendig, wenn der Abschluß einer solchen Vereinbarung mit Nichtmitgliedern eine Grundlagenentscheidung ist. Zu den wesentlichen Grundentscheidungen zählen etwa Zweck, Name und Sitz des Vereins, seine Organisation, die Zusammensetzung der Vereinsorgane, Bestimmungen über die wesentlichen Rechte und Pflichten der Mitglieder, Regelungen über Erwerb und Verlust der Mitgliedschaft oder Bestimmungen zu Vereinsstrafen[455].

Überwiegender Ansicht nach bezweckt dieses Gebot einen Minderheiten- und Informationsschutz[456]. Die Vereinsmitglieder sollen sich durch Einsichtnahme in die besonderen Publizitätsanforderungen unterliegende Vereinssatzung über die für das Vereinsleben wesentlichen Grundentscheidungen informieren können[457]. Außerdem soll infolge der erschwerten Anforderungen, die § 33 Abs. 1 S. 1 BGB an Satzungsänderungen stellt, ein gewisser Minderheitenschutz erreicht werden[458]. Einer anderen Ansicht zu-

454 BGHZ 47, 172, 177=NJW 1967, 1268, 1270; BGHZ 105, 306, 313 f.=NJW 1989, 1724, 1725; LG München I, SpuRt 2000, 155, 158; *Staudinger-Weick*, § 25, Rn. 3; *Soergel-Hadding*, § 25, Rn. 1; MünchKomm-*Reuter*, § 25, Rn. 1; *Palandt-Heinrichs*, § 25, Rn. 1 f.

455 *Staudinger-Weick*, § 25, Rn. 3; MünchKomm-*Reuter*, § 25, Rn. 4; *Palandt-Heinrichs*, § 25, Rn. 2.

456 BGHZ 105, 306, 313 ff.=NJW 1989, 1724, 1725 mwN; LG München I, SpuRt 2000, 155, 158; *Haas*, ZGR 2001, 325, 339; *ders./Prokop*, SpuRt 1998, 15, 16 f.; *Staudinger-Weick*, § 25, Rn. 7; *Erman-Westermann*, § 25, Rn. 3; *Röhricht*, in Akademieschrift 39, S. 12, 14 f.; ausführlich *Kohler*, Mitgliedschaftliche Regelungen, S. 93 ff.

457 *Haas/Prokop*, SpuRt 1998, 15, 16 f.; vgl. auch § 5 II 1 b).

458 BGHZ 105, 306, 313 ff.=NJW 1989, 1724, 1725; *Haas*, ZGR 2001, 325, 339.

folge[459] bezweckt das Gebot die Sicherung der Integrationsfunktion der Vereinsverfassung. Diese soll die Vereinsmitglieder unter einer Leitidee vereinigen und diese Idee im einzelnen ausgestalten. Unter Verfassung falle dabei nur die Grundordnung. Ein dichtes Regelwerk sowie detaillierte Regelungen zu einzelnen Fragen sollen dabei nicht mit der Integrationsfunktion der Satzung vereinbar sein[460].

1. Schutz der Verbandsmitglieder

Sieht man Sinn und Zweck des Gebots, wesentliche Grundsatzentscheidungen in die Vereinssatzung zu integrieren, in der Schutz- und Informationsfunktion zugunsten der Vereinsmitglieder, ist eine Satzungsermächtigung zum Abschluß von Regelanerkennungsverträgen nur erforderlich, wenn wesentliche Rechte oder Pflichten der unmittelbaren Mitglieder durch die Erstreckung des Regelwerks auf Dritte tangiert werden. Im Hinblick auf die Regelbindung sind die Sportler zwar unmittelbaren Mitgliedern gleichgestellt, ohne jedoch mitgliedschaftlich an der Willensbildung im Verband beteiligt zu sein. Eine wesentliche Beeinträchtigung der Gestaltungsbefugnisse der unmittelbaren Verbandsmitglieder – beispielsweise durch sich ändernde Mehrheitsverhältnisse[461] – droht deshalb grundsätzlich nicht. Freilich sind die Sportler nicht nur einseitig an das sportliche Regelwerk ver-

---

459 MünchKomm-*Reuter*, § 25, Rn. 8.

460 MünchKomm-*Reuter*, § 25, Rn. 1, 8 f.

461 Vgl. aber die Ausführungen unter § 11 II 2. So haben die vertraglich gebundenen Sportler in Ausnahmefällen Zustimmungsrechte bei Verbandsbeschlüssen, die Grundlagen des mitgliedschaftsähnlichen Rechtsverhältnisses betreffen. Diese Rechte dienen jedoch nicht einer Teilhabe an der Willensbildung, um an der zukünftigen Entwicklung des Verbandes gestaltend mitzuwirken, sondern vielmehr dem Schutz vor einer einseitigen Änderung der Grundlagen des mitgliedschaftsähnlichen Rechtsverhältnisses. Die Sportler haben also keine den mitgliedschaftlichen Gestaltungsbefugnissen vergleichbaren Einflußmöglichkeiten auf die Willensbildung im Verband [vgl. hierzu auch die Ausführungen unter § 12 I 4 b)], so daß mitgliedschaftliche Stimmrechte durch das Zustimmungsrecht des Sportlers nicht wesentlich beeinträchtigt werden, was anderenfalls einen Satzungsvorbehalt für den Abschluß von Regelanerkennungsverträgen rechtfertigen könnte. So wird beispielsweise auch für das Recht der GmbH – soweit ersichtlich – ein Satzungsvorbehalt zum Abschluß eines stillen Gesellschaftsvertrages nicht daraus hergeleitet, daß dem stillen Gesellschafter Zustimmungsvorbehalte bei Grundlagenänderungen des Unternehmens [vgl. hierzu Schön, JZ 1993, 925, 929; Münch.Hdb. StG/*Kühn*, § 12, Rn. 8] zustehen.; vgl. hierzu *Schneider/Reusch*, DB 1989, 713, 715 f.; *Scholz/Schneider*, GmbHG, § 35 Rn. 48.

traglich gebunden. Der Regelanerkennungsvertrag verpflichtet nämlich den Verband, den Sportlern die bestmöglichen Rahmenbedingungen zur Ausübung ihrer Sportart zu schaffen. Aber auch hierdurch werden mitgliedschaftliche Rechte der Verbandsmitglieder in der Regel nicht beeinträchtigt. Denn die den Sportlern zur Verfügung gestellten Leistungen und Einrichtungen – Trainingsmöglichkeiten, Nominierung zu Wettkämpfen, Betreuung durch Ärzte, Trainer, technisches Personal etc. – sind typischerweise solche, die der Verband im Rahmen seines Zwecks nur Nichtmitgliedern und gerade nicht seinen korporativen Mitgliedern gewährt. Mit Abschluß eines Regelanerkennungsvertrages werden mitgliedschaftliche Rechte und Pflichten mithin prinzipiell nicht tangiert. Verfolgt das Satzungserfordernis eine Schutz- und Informationsfunktion zugunsten der unmittelbaren Mitglieder, muß die Verbandssatzung nicht ausdrücklich eine Ermächtigung zum Abschluß von Regelanerkennungsverträgen vorsehen.

2. Integrationsfunktion der Satzung

Anderer Ansicht zufolge bezweckt das Gebot, wichtige Grundsatzentscheidungen in die Satzung aufzunehmen, die Sicherung der Integrationsfunktion der Satzung. Danach ist in der Satzung nur die Grundordnung, nicht jedoch die Gesamtordnung zu verankern[462]. Das Verhältnis zwischen satzungsförmiger Grundordnung zu den Vereinsordnungen zeichnet sich dadurch aus, daß die Grundordnung Zweck, Struktur und Reichweite der Vereinsordnungen normieren muß[463]. Fraglich ist, ob der Abschluß von Regelanerkennungsverträgen mit Dritten eine der Grundordnung zuzurechnende Entscheidung darstellt und dementsprechend einer ausdrücklichen Satzungsermächtigung bedarf.

Das Bedürfnis, Nichtmitglieder an das Verbandsregelwerk zu binden, beruht letztlich auf dem – unstreitig in der Satzung zu normierenden – Verbandszweck, einheitliche Regelungen für die Ausübung einer Sportart zu schaffen. Hierzu genügt es freilich nicht, lediglich ein Regelwerk zur Verfügung zu stellen. Will der Verband seinen Zweck erreichen, muß er sämtliche am organisierten Sport teilnehmenden Athleten den für die einheitliche Ausübung der betreffenden Sportart notwendigen Regeln unterwerfen. Typischerweise sind die Sportler aber nicht Mitglieder des regelaufstellenden Verbandes, so daß diese nicht kraft Mitgliedschaft an das Verbandsregelwerk gebunden sind. Der in der Verbandssatzung normierte Zweck ver-

---

462 MünchKomm-*Reuter*, § 25, Rn. 8 f.; *Lukes*, NJW 1972, 121, 126.
463 MünchKomm-*Reuter*, § 25, Rn. 10.

pflichtet die Sportverbände daher, die Athleten auf andere Art und Weise dem sportlichen Regelwerk zu unterwerfen. Die Frage des »*Ob*« einer Bindung ergibt sich demgemäß aus einer Satzungsnorm. Das »*Wie*«, d. h. die Frage, auf welche Art und Weise die Normbindung zu erfolgen hat, ist demgegenüber eine Detailfrage, die im Hinblick auf die Integrationsfunktion nicht in die Satzung aufzunehmen ist. Folgt damit aus dem in der Satzung zwingend zu normierenden Verbandszweck schon die Notwendigkeit, Sportler dem Verbandsregelwerk zu unterwerfen, liegt hierin eine hinreichende Satzungsermächtigung für den Abschluß von Regelanerkennungsverträgen. Eine darüber hinausgehende detaillierte Satzungsregelung, wie diese Bindung konkret zu erfolgen hat, ist im Hinblick auf die Integrationsfunktion der Satzung nicht nur entbehrlich, sondern würde dieser vielmehr zuwiderlaufen. Eine ausdrückliche Satzungsermächtigung zum Abschluß von Regelanerkennungsverträgen ist mithin keine die Grundordnung betreffende Frage und daher auch in bezug auf die Integrationsfunktion der Satzung entbehrlich.

Das Gebot, wichtige Grundsatzentscheidungen in die Satzung aufnehmen zu müssen, zwingt demnach nicht dazu, eine ausdrückliche Ermächtigung in der Satzung zu verankern, die es dem Verband erlaubt, das Regelwerk vertraglich auf Nichtmitglieder zu erstrecken. Mit der vertraglichen Regelanerkennung erlangen die Sportler aber eine mitgliedschaftsähnliche Rechtsstellung, die mit derjenigen von Genußrechtsinhabern vergleichbar ist. Bestehen daher Parallelen zwischen dem mitgliedschaftsähnlichen Rechtsverhältnis und den Genußrechten[464], kann auch ein Vergleich mit den Voraussetzungen für die Ausgabe von Genußrechten Aufschluß darüber geben, ob die Satzung eine ausdrückliche Ermächtigung enthalten muß, um Regelanerkennungsverträge eingehen zu können.

3. Vergleich zu den Genußrechten

Gem. § 221 Abs. 3 i. V. m. Abs. 1 AktG bedarf es für die Ausgabe von Genußrechten durch eine Aktiengesellschaft eines Beschlusses der Hauptversammlung. Eine entsprechende Satzungsregelung ist demgegenüber nicht erforderlich, da die Vorschrift als abschließend angesehen wird[465]. Außerhalb des Aktiengesetzes finden sich allerdings keine gesetzlichen Regelungen zur Ausgabe von Genußrechten. Deshalb wird etwa für das GmbH-

464 Vgl. § 4 IV 2 c) bb).
465 *Rid-Niebler*, Genußrechte, S. 97 mwN; *Lutter*, in Kölner Kommentar zum AktG, 2. Auflage, § 221, Rn. 38.

Recht diskutiert, ob für die Ausgabe von Genußrechten eine entsprechende Ermächtigung im Gesellschaftsvertrag erforderlich ist. Wenn Genußrechte zu einer Beschränkung des Gewinnrechts sowie des Rechts der Gesellschafter auf den Liquidationserlös führen oder den Genußrechtsinhabern Teilnahmerechte an der Gesellschafterversammlung eingeräumt werden, soll für die Ausgabe eine gesellschaftsvertragliche Regelung erforderlich sein[466]. Im einzelnen ist jedoch streitig, welche Art von Genußrechten einer ausdrücklichen Satzungsermächtigung bedürfen[467]. Eine Regelung zur Ausgabe von Genußrechten wird etwa dann als erforderlich angesehen, wenn die Genußberechtigten die Möglichkeit erhalten, in die Grundordnung des Verbandes einzugreifen[468]. Überwiegender Ansicht nach ist deshalb bei einer Beteiligung der Genußrechtsinhaber an der Gewinnverwendung für die Ausgabe derartiger Genußrechte eine gesellschaftsvertragliche Ermächtigung notwendig, weil hierdurch das Gewinnrecht des Gesellschafters beeinträchtigt werden kann[469]. Im Umkehrschluß folgt hieraus, daß in der Regel auf das Erfordernis einer entsprechenden Satzungsregelung verzichtet werden kann, wenn eine wesentliche Beeinträchtigung[470] von Gesellschafterrechten nicht zu befürchten ist. So bedarf es etwa für den Fall, daß keine Beteiligung am Gewinn oder am Liquidationserlös besteht, zur Begründung von Genußrechten keiner entsprechenden Ermächtigung im Gesellschaftsvertrag[471].

Mit Abschluß eines Regelanerkennungsvertrages stehen die Sportler dem Verband in ähnlicher Weise wie auch die Genußrechtsinhaber als außenstehende Nichtmitglieder gegenüber, die kraft vertraglicher Vereinbarung verbandsrechtliche Leistungen und Einrichtungen nutzen können. In die Mitgliedschaft der Verbandsmitglieder wird durch den Abschluß von Regelanerkennungsverträgen, wenn überhaupt, so doch nur unwesentlich

---

466 *Rid-Niebler*, Genußrechte, S. 97 f.; *Hachenburg/Goerdeler/Müller*, GmbHG, 8. Aufl., Anh § 29, Rn. 24.

467 Vgl. *Scholz/Winter*, GmbHG, § 14 Rn. 69 f.; *Hachenburg/Goerdeler/Müller*, GmbHG, 8. Aufl., Anh § 29, Rn. 24.

468 *Rid-Niebler*, Genußrechte, S. 88, 98.

469 *Hueck/Fastrich* in *Baumbach/Hueck*, GmbHG, § 29, Rn. 88c mwN; *Rid-Niebler*, Genußrechte, S. 88; *Rowedder-Rowedder*, GmbHG § 29, Rn. 80; *Roth* in *Roth/Altmeppen*, GmbHG, § 29, Rn. 60.

470 So ist etwa auch der Abschluß eines typischen stillen Gesellschaftsvertrages von der organschaftlichen Vertretungsmacht des Geschäftsführers gedeckt, soweit Gewinnbeteiligungsrechte der Gesellschafter hierdurch nicht wesentlich beeinträchtigt werden. Ein Erlaubnisvorbehalt im Gesellschaftsvertrag bzw. die Zustimmung der Gesellschafter ist demzufolge entbehrlich.; *Schneider/Reusch*, DB 1989, 713, 715 f.; *Scholz/Schneider*, GmbHG, § 35 Rn. 48.

471 Vgl. *Hachenburg/Goerdeler/Müller*, GmbHG, 8. Aufl., Anh § 29, Rn. 24.

eingegriffen. Im GmbH-Recht ist für die Ausgabe von Genußrechten ein Satzungsvorbehalt in der Regel nur dann erforderlich, wenn die Genußrechte mitgliedschaftliche Rechte der Gesellschafter beeinträchtigen können. Der Vergleich mit den Genußrechten stützt damit das zuvor gefundene Ergebnis, daß unabhängig davon, worin der Zweck des Gebots, wichtige Grundsatzentscheidungen in die Vereinssatzung aufzunehmen, besteht, der Abschluß von Regelanerkennungsverträgen mit Nichtmitgliedern keiner ausdrücklichen Ermächtigung in der Verbandssatzung bedarf[472].

II. Transparenzgebot

Formelle Schranken für die Abschlußfreiheit könnten allerdings aus dem Transparenzgebot, also der Pflicht der einen Partei, der Gegenpartei den Vertragsinhalt bewußt zu machen, folgen. So ist es Ziel der vertraglichen Regelanerkennung, zur Wahrung der Chancengleichheit sämtliche Sportler einheitlich dem für die organisierte Sportausübung erforderlichen Regelwerk zu unterwerfen. Hierzu ist es freilich erforderlich, daß die Sportverbände mit sämtlichen Sportlern Verträge schließen, die hinsichtlich des sportlichen Regelwerks inhaltsgleich sind. Die Verbände befinden sich dadurch zwangsläufig in der Position desjenigen, der einseitig Vertragsbedingungen diktiert. Die Sportler haben hingegen nur die Möglichkeit, die Bedingungen zu akzeptieren oder auf einen Vertragsschluß und somit eine Teilnahme am organisierten Sport insgesamt zu verzichten, da ein Ausweichen auf andere Verbände aufgrund der räumlich-fachlichen Monopolstellung der Sportverbände ausgeschlossen ist. Auf den ersten Blick ist diese Situation deshalb durchaus vergleichbar mit derjenigen zwischen dem Verwender Allgemeiner Geschäftsbedingungen und einem Kunden, der die Allgemeinen Geschäftsbedingungen zu akzeptieren hat, ohne selbst Einfluß auf die inhaltliche Gestaltung des Vertrages nehmen zu können. Aufgrund dieser rein tatsächlichen Gegebenheiten stellt sich die Frage, ob bei der vertraglichen Erstreckung von Verbandsregeln die Schutzmechanismen der Vorschriften über das Recht der Allgemeinen Geschäftsbedingungen (§§ 305 ff. BGB) zugunsten der Sportler zu beachten sind.

---

472 *Soergel-Hadding*, § 25, Rn. 2 allgemein für das Verhältnis des Vereins zu Dritten.

1. Anwendung des in den §§ 305 ff. BGB verankerten Transparenzgebots

Sind die §§ 305 ff. BGB[473] auf Regelanerkennungsverträge anzuwenden, können die Verbandsregeln nur unter den Voraussetzungen des § 305 Abs. 2 BGB wirksam in den Vertrag einbezogen werden[474]. Danach werden Allgemeine Geschäftsbedingungen nur dann Vertragsbestandteil, wenn der Verwender die andere Vertragspartei bei Vertragsschluß ausdrücklich oder durch deutlich sichtbaren Aushang am Ort des Vertragsabschlusses auf sie hinweist und der anderen Vertragspartei die Möglichkeit verschafft, in zumutbarer Weise von ihrem Inhalt Kenntnis zu nehmen. Der Verband müßte demzufolge die Sportler bei Vertragsschluß ausdrücklich auf die verschiedenen in den Vertrag einbezogenen Regelwerke aufmerksam machen und die Einsichtnahme in diese ermöglichen. Anderenfalls bestünde die Gefahr, daß nicht alle Sportler gleichermaßen an die für die einheitliche Ausübung einer Sportart erforderlichen Standards gebunden sind.

Die Einbeziehungsvoraussetzungen des § 305 BGB gelten entsprechend aber auch in denjenigen Fällen, in denen der Verwender während der Vertragsdauer Änderungen der AGB vornehmen will[475]. Deshalb könnten sich aus den Vorschriften der §§ 305 ff. BGB Grenzen der Abschlußfreiheit nicht nur hinsichtlich der Art und Weise des Vertragsschlusses, sondern auch in Bezug darauf ergeben, wie der Vertrag geänderten Rahmenbedingungen für die Sportausübung angepaßt werden kann. So enthalten Regelanerkennungsverträge häufig dynamische Verweisungen, denen zufolge die Athleten das sportliche Regelwerk in der jeweils gültigen Fassung anerkennen. Änderungen des Verbandsregelwerks beeinflussen danach unmittelbar den Vertragsinhalt. Rechtlich handelt es sich bei dynamischen Verweisungen in Regelanerkennungsverträgen zwar nicht um ein einseitiges Gestaltungsrecht des Verbandes[476]. Doch kommen derartige Vertragsklauseln zumindest in ihrer Wirkung einem einseitigen Änderungsvorbehalt des Verbandes gleich. Wäre der Verband als Verwender Allgemeiner Geschäftsbedingun-

473 Mit der Integration des AGB-Gesetzes in das BGB sind nur geringe inhaltliche Änderungen verbunden, die ohnedies im Ergebnis zum Teil Rechtsprechung und Lehre zur Anwendung des AGB-Gesetzes entsprechen (BT-Drucksache 14/6040, S. 150). Nachfolgend kann daher auf die Rechtsprechung und Literatur zum AGB-Gesetz Bezug genommen werden.

474 Vgl. hierzu *Fenn*, in Festgabe Zivilrechtslehrer 1934/1935, S. 103, 109 ff.; *Heermann*, NZG 1999, 325, 329 f.; PHBSportR/*Summerer* 2/351.

475 *Ulmer* in *Ulmer/Brandner/Hensen*, AGB-Gesetz, § 2, Rn. 64; *Palandt-Heinrichs*, AGBG, § 2, Rn. 19.

476 § 5 II 2 a).

gen i. S. des § 305 Abs. 1 BGB anzusehen, so hätte er faktisch ein einseitiges Recht zur Änderung der »*Verbands-AGB*«[477].

Umfassende einseitige Änderungsvorbehalte seitens des Verwenders wurden im Hinblick auf die §§ 2, 9 AGBG a. F. (§§ 305 Abs. 2, 3, 307 Abs. 1, 2 BGB n. F.) jedoch überwiegend für unzulässig erachtet[478]. So kann – nach nunmehr ausdrücklicher gesetzlicher Regelung[479] – eine unangemessene Benachteiligung des Vertragspartners i. S. des § 307 Abs. 1 BGB auch darin liegen, daß die Klausel selbst oder die sich aus ihr ergebenden Rechte unklar und unverständlich, insgesamt gesehen also »intransparent« sind. Aus dem Gesetzeszweck sowie verschiedenen Einzelbestimmungen[480] der in das BGB integrierten Bestimmungen des AGB-Gesetzes ergibt sich für den Verwender daher die Obliegenheit, die Vertragsklauseln möglichst transparent zu gestalten[481]. Behält sich der Verwender das Recht vor, die in den Vertrag einbezogenen AGB einseitig zu ändern, ist der Vertragspartner den Änderungen des Verwenders ausgesetzt, ohne daß er vorhersehen kann, welche Belastungen ihn aufgrund künftiger Änderungen des Vertragsinhalts treffen. Zumindest soweit der Änderungsvorbehalt des Verwenders nicht klar begrenzt ist, verstoßen einseitige Änderungsvorbehalte in Allgemeinen Geschäftsbedingungen daher gegen das Transparenzgebot[482]. Mit der Vorschrift des § 305 Abs. 2 BGB, die eine besondere Ausprägung des

---

477 Vgl. allgemein dazu, daß eine dynamische Verweisung dem Verwender ein Recht zur jederzeitigen Änderung der Vertragsbedingungen vorbehalte, *Erman-Hefermehl/Werner*, AGBG, § 2, Rn. 24.

478 BGH, VersR 1971, 1116 ff.; NJW 1998, 454, 456; *Ulmer* in *Ulmer/Brandner/Hensen*, AGB-Gesetz, § 2, Rn. 65; *Staudinger-Schlosser*, AGBG, § 2, Rn. 48; *Staudinger-Coester*, AGBG, § 9, Rn. 138; *Palandt-Heinrichs*, § 2 AGBG, Rn. 20; bzgl. § 2 Abs. 2 AGBG a. F. (§ 305 Abs. 3 BGB n. F.) *Fenn*, in Festgabe Zivilrechtslehrer 1934/1935, S. 103, 111.

479 Die gesetzliche Regelung soll der Klarstellung des ohnehin von der Rechtsprechung stringent angewandten Transparenzgebots dienen.; BT-Drucksache 14/6040, S. 153.

480 Eine besondere Ausprägung des Transparenzgebots ist dabei § 2 AGBG a. F. (§ 305 Abs. 2, 3 BGB n. F.).; vgl. OLG Schleswig, NJW 1995, 2858, 2859; KG, NJW-RR 1999, 1659, 1660; *Palandt-Heinrichs*, AGBG § 9 Rn. 15, § 2 Rn. 14; *Brandner* in *Ulmer/Brandner/Hensen*, AGB-Gesetz, § 9, Rn. 87 f.; *Staudinger-Coester*, AGBG, § 9, Rn. 122.

481 BGH, NJW 1989, 222, 224; NJW 1990, 2383; NJW 1998, 454, 456; NJW 2000, 651, 652; KG, NJW-RR 1999, 1659, 1660; *Staudinger-Coester*, AGBG, § 9, Rn. 121 mwN; *Palandt-Heinrichs*, AGBG § 9, Rn. 15 f.; *Brandner* in *Ulmer/Brandner/Hensen*, AGB-Gesetz, § 9, Rn. 87 ff.; *Wolf*, in *Wolf/Horn/Lindacher*, AGB-Gesetz, § 9, Rn. 143 ff.

482 BGH, NJW 1998, 454, 456; *Staudinger-Coester*, AGBG, § 9, Rn. 138.

Transparenzgebots darstellt[483], ist danach etwa auch eine vertragliche Einbeziehung der AGB in ihrer jeweils gültigen Fassung nicht zu vereinbaren[484]. Dynamische Verweisungen auf das sportliche Regelwerk könnten demzufolge gegen das Transparenzgebot verstoßen und somit unwirksam sein[485]. Die Vorteile[486] der vertraglichen Regelanerkennung gegenüber den vereinsrechtlichen Bindungsmöglichkeiten könnten hierdurch freilich in gewissem Umfang aufgehoben werden.

Zu klären ist daher, ob die Regelungen der §§ 305 ff. BGB über die Einbeziehungskontrolle[487] auf Regelanerkennungsverträge anzuwenden sind. Dies wird im Hinblick auf die strukturelle Ungleichgewichtslage zwischen Verband und Sportler von Teilen der Literatur befürwortet[488]. Wolle ein Sportler wettkampfmäßig Sport treiben, stehe ihm nur ein einziger Vertragspartner mit einem entsprechenden Verhandlungsübergewicht gegenüber. Diese Situation entspricht derjenigen, so diese Auffassung, wie sie im Wirtschaftsverkehr bei nicht ausgehandelten Allgemeinen Geschäftsbedingungen anzutreffen ist, was eine Anwendung der – nunmehr in das BGB integrierten – Vorschriften des AGB-Gesetzes rechtfertige. Allein die rein tatsächliche Vergleichbarkeit des Verhältnisses zwischen Verband und Sportler mit demjenigen zwischen einem Verwender Allgemeiner Geschäftsbedingungen und dessen Vertragspartner rechtfertigt jedoch allenfalls dann die Anwendung der §§ 305 ff. BGB, wenn der Regelungszweck dieser Vorschriften nicht gegen eine Anwendung auf Lizenz- bzw. Athletenvereinbarungen spricht.

---

483 Vgl. OLG Schleswig, NJW 1995, 2858, 2859; *Palandt-Heinrichs*, AGBG § 9 Rn. 15, § 2 Rn. 14; *Ulmer* in *Ulmer/Brandner/Hensen*, AGB-Gesetz, Einl., Rn. 37.

484 *Ulmer* in *Ulmer/Brandner/Hensen*, AGB-Gesetz, § 2, Rn. 65; *Erman-Hefermehl/Werner*, AGBG, § 2, Rn. 24; vgl. auch BGH, VersR 1971, 1116, 1117 f.

485 Vgl. hierzu auch *Blum/Ebeling*, in Sportler, Arbeit und Statuten, S. 85, 116 ff.; *Blum/Ebeling* bejahen zwar grundsätzlich die Anwendung des § 2 AGBG a. F. (§ 305 Abs. 2, 3 BGB n. F.). Da dies jedoch dazu führen kann, daß die Verbandsregeln nicht in ihrer jeweils aktuellen Fassung auf die Sportler erstreckt werden, wollen sie § 2 AGBG a. F. restriktiv anwenden.

486 Vgl. hierzu die Ausführungen unter § 5.

487 Vgl. zur Inhaltskontrolle § 9 II 4.

488 PHBSportR/*Summerer* 2/348 ff.; *Heermann*, NZG 1999, 325, 328 f.; *Fenn*, in Festgabe Zivilrechtslehrer 1934/1935, S. 103, 104 f., 107, 109 ff.

a) Verwender i. S. des § 305 Abs. 1 BGB

§ 305 Abs. 1 BGB definiert den Begriff der Allgemeinen Geschäftsbedingungen und bestimmt damit zugleich den sachlichen Anwendungsbereich der §§ 305 ff. BGB. Anknüpfungspunkt ist dabei die einseitige Vorformulierung der Vertragsbedingungen für eine Vielzahl von Verträgen. Mit diesem weit gefaßten Begriff Allgemeiner Geschäftsbedingungen und dem von § 305 Abs. 1 BGB nicht beschränkten persönlichen Anwendungsbereich verfolgen die Vorschriften über das Recht der Allgemeinen Geschäftsbedingungen – vorbehaltlich der Sondervorschrift des § 310 Abs. 3 BGB[489] – den Zweck, ohne Rücksicht auf die individuelle Schutzbedürftigkeit den mit der Verwendung von Allgemeinen Geschäftsbedingungen für den anderen Teil verbundenen Gefahren entgegenzutreten[490]. Im Grundsatz obliegt es nämlich den Vertragsparteien, den Inhalt von Verträgen auszuhandeln. Vertragsgerechtigkeit soll dabei durch das freie Aushandeln der Vertragsbedingungen gewährleistet werden[491]. Das Verhandlungsgleichgewicht zwischen den Vertragsparteien, das diese Konzeption einer »Richtigkeitsgewähr« von Verträgen voraussetzt, ist allerdings bei Verwendung Allgemeiner Geschäftsbedingungen gestört, da sie für eine Vielzahl von Verträgen einseitig vorformuliert sind und grundsätzlich Vertragsbestandteil werden, ohne daß die Vertragspartner inhaltlich hierüber verhandelt haben[492]. Der Mangel an Vertragsgerechtigkeit muß mithin ausgeglichen werden. Will man dies nicht zu Lasten der Vertragsfreiheit durch zwingende Gesetzesbestimmungen erreichen, bedarf es einer inhaltlichen Kontrolle der nicht ausgehandelten Vertragsbedingungen[493]. So ist es dann auch Ziel der Vorschriften der §§ 305 ff. BGB, den mit der Verwendung Allgemeiner Geschäftsbedingungen einhergehenden Gefahren einseitiger Inanspruchnahme des Rechts zur

---

489 § 310 Abs. 3 BGB ist nicht einschlägig, wenn Sportler nicht als Verbraucher, sondern Unternehmer zu qualifizieren sind. Die Unternehmenseigenschaft der Sportler ist aber zumindest für den Bereich des Profi- und Leistungssports in der Regel zu bejahen, so daß die Sondervorschrift des § 310 Abs. 3 BGB nachfolgend unberücksichtigt bleibt.; vgl. hierzu § 9 II 1 a) cc).

490 BGH, NJW 1978, 945, 947 [zur früheren Rechtsprechung]; NJW 1994, 2825, 2826; *Ulmer* in *Ulmer/Brandner/Hensen*, AGB-Gesetz, Einl., Rn. 29; § 1, Rn. 1 ff.; *Soergel-Stein*, AGBG, § 1, Rn. 1 f.; *Staudinger-Schlosser*, AGBG, § 1, Rn. 23; *Palandt-Heinrichs*, Einf v AGBG, Rn. 5.

491 MünchKomm-*Basedow*, AGBG, Einl., Rn. 4; *Palandt-Heinrichs*, Einf v AGBG, Rn. 1; *Larenz/Wolf*, BGB AT, § 32, Rn. 3, S. 620; § 42, Rn. 1, S. 766; vgl. auch § 4 IV 4 b) aa).

492 *Larenz/Wolf*, BGB AT, § 43, Rn. 1, S. 782; vgl. auch *Heinrichs*, NJW 1977, 1505.

493 *Larenz/Wolf*, BGB AT, § 43, Rn. 2, S. 783; *Canaris*, AcP 200 (2000), 273, 325.

Gestaltung des Vertragsinhalts durch den Verwender Allgemeiner Geschäftsbedingungen entgegenzutreten[494]. Gerade die mangelnde »Richtigkeitsgewähr« eines Vertrages aufgrund des Fehlens frei ausgehandelter Vertragsbedingungen soll kompensiert werden[495].

Fraglich ist aber, ob ein frei ausgehandelter Vertrag im Hinblick auf den vertraglich verfolgten Zweck überhaupt den Interessen der Parteien eines Regelanerkennungsvertrages entspricht. Mit Abschluß einer solchen Vereinbarung verfolgen Sportler und Verband grundsätzlich keine gegensätzlichen, sondern auf einen gemeinsamen Zweck hin ausgerichtete Interessen. Sowohl der Verband als auch die einzelnen Sportler beabsichtigen, die Basis für die organisierte Ausübung einer Sportart zu schaffen. Vor diesem Hintergrund unterwerfen sich die Athleten vertraglich dem sportlichen Regelwerk nur deshalb, weil der Verband mit konkurrierenden Sportlern inhaltsgleiche Verträge schließt[496]. Mit Abschluß eines Regelanerkennungsvertrages werden insoweit mehrseitige Interessen verfolgt. Würden die Vertragsbedingungen demgegenüber zwischen dem Verband und den einzelnen Sportlern jeweils frei ausgehandelt, ließe sich eine einheitliche Bindung aller Athleten an das sportliche Regelwerk nicht gewährleisten. So kann es beispielsweise nicht dem Verhandlungsgeschick einzelner Sportler überlassen werden, an welche Spiel- und Wettkampfbestimmungen sie gebunden sind. Die Abseitsregel im Fußball, das Gewicht einer Kugel beim Kugelstoßen oder etwa eine Liste verbotener Dopingsubstanzen muß – soll die Chancengleichheit als Grundvoraussetzung eines jeden Sportwettkampfs gewahrt sein – für alle Teilnehmer gleichermaßen gelten. Mit einem freien Aushandeln der Vertragsbedingungen würden sich die Sportler demgegenüber die Basis für die Ausübung ihrer Sportart selbst entziehen. Den Inhalt sportlicher Regelwerke in Athleten- bzw. Lizenzvereinbarungen frei auszuhandeln, widerspricht mithin den vertraglich verfolgten Interessen sowohl des Verbandes als auch derjenigen der Sportler. Folglich steht bereits der Regelungszweck, der auf Austauschverträge und damit gegensätzliche Interessen der Vertragspartner zugeschnittenen Vorschriften über das Recht der Allgemeinen Geschäftsbedingungen, einer Anwendung auf rechtsge-

---

494 *Palandt-Heinrichs*, Einf v AGBG, Rn. 4 f.; *Heinrichs*, NJW 1977, 1505; *ders.*, NJW 1996, 2190, 2194; *Fenn*, in Festgabe Zivilrechtslehrer 1934/1935, S. 103, 104 f.; *Ulmer* in *Ulmer/Brandner/Hensen*, AGB-Gesetz, Einl., Rn. 29; § 1 Rn. 5; *Soergel-Stein*, AGBG, § 1, Rn. 2.

495 *Ulmer* in *Ulmer/Brandner/Hensen*, AGB-Gesetz, Einl., Rn. 29 mwN.

496 Vgl. auch *Haas*, ZGR 2001, 325, 337.

schäftliche Unterwerfungsvereinbarungen zwischen Verband und Sportler entgegen[497].

Entspricht die Einbeziehung des vorformulierten sportlichen Regelwerks in Athleten- bzw. Lizenzvereinbarungen aber dem übereinstimmenden Willen beider Parteien, ist schon fraglich, ob der Verband den Sportlern die Vertragsbedingungen i. S. des § 305 Abs. 1 BGB »*stellt*« und er insoweit überhaupt als »*Verwender*« Allgemeiner Geschäftsbedingungen qualifiziert werden kann. In vergleichbaren Fallkonstellationen, in denen beide Parteien übereinstimmend von denselben Vertragsbedingungen ausgehen, werden zwar zum Teil beide Vertragspartner als Verwender Allgemeiner Geschäftsbedingungen angesehen[498]. Hiergegen spricht jedoch der Schutzzweck der Vorschriften über das Recht der Allgemeinen Geschäftsbedingungen, wonach einer einseitigen Inanspruchnahme der vertraglichen Gestaltungsfreiheit begegnet werden soll[499]. Denn soweit die Einbeziehung vorformulierter Vertragsbedingungen dem beiderseitigen Willen entspricht, greift die eine Partei nicht zu Lasten der anderen in deren vertragliche Gestaltungsfreiheit ein[500]. Demzufolge fehlt es an einem Verwender, so daß die §§ 305 ff. BGB grundsätzlich nicht anwendbar sind[501]. Der von beiden Vertragspartnern gewünschte universelle Geltungsanspruch des sportlichen Regelwerks spricht demzufolge ebenfalls gegen die Anwendung der Vorschriften über das Recht der Allgemeinen Geschäftsbedingungen auf die Einbeziehung sportlicher Regelwerke in Athleten- bzw. Lizenzvereinbarungen.

b) Ausnahmebereich des § 310 Abs. 4 BGB

Unklar ist, ob die Nichtanwendbarkeit des in den Vorschriften über das Recht der Allgemeinen Geschäftsbedingungen verankerten Transparenzge-

497 Vgl. auch BGH, NJW 1995, 583, 585; *Haas*, in Akademieschrift 49, S. 57, 63; *Staudinger-Schlosser*, AGBG § 23, Rn. 11; *Röhricht*, in RuS 22, S. 19, 35.

498 *Sonnenschein*, NJW 1980, 1489, 1491 f.; *Schlechtriem*, in FS Duden, S. 571, 576 f.; im Grundsatz auch *Staudinger-Coester*, AGBG, § 1, Rn. 28.

499 *Soergel-Stein*, AGBG, § 1, Rn. 15; *Ulmer* in *Ulmer/Brandner/Hensen*, AGB-Gesetz, § 1 Rn. 29 mwN; *Palandt-Heinrichs*, AGBG, § 1, Rn. 10; *Jaeger*, NJW 1979, 1567, 1572; *Locher*, NJW 1977, 1801; *Medicus*, BGB AT, Rn. 405, S. 155; *Erman-Hefermehl/Werner*, AGBG, § 1, Rn. 13.

500 *Palandt-Heinrichs*, AGBG, § 1, Rn. 10.

501 *Medicus*, BGB AT, Rn. 405, S. 155; *Soergel-Stein*, AGBG, § 1, Rn. 15; *Ulmer* in *Ulmer/Brandner/Hensen*, AGB-Gesetz, § 1 Rn. 30 mwN; *Wolf*, in *Wolf/Horn/Lindacher*, AGB-Gesetz, § 1, Rn. 29.

bots auch auf die Bereichsausnahme des § 310 Abs. 4 BGB gestützt werden kann. Nach § 310 Abs. 4 BGB finden die §§ 305 ff. BGB bei Verträgen auf dem Gebiet des Gesellschaftsrechts keine Anwendung. So unterliegen Verträge, Satzungen und Statuten, einer BGB-Gesellschaft, OHG, KG, stillen Gesellschaft, GmbH, AG keiner Kontrolle am Maßstab der §§ 305 ff. BGB[502]. Nach h. M. gilt der Ausnahmebereich des § 310 Abs. 4 BGB auch für Vereine[503]. Freilich sind vom Anwendungsbereich der Vorschriften über das Recht der Allgemeinen Geschäftsbedingungen nicht sämtliche Rechtsgeschäfte mit einem Verein freigestellt. Der Ausnahmebereich betrifft nur die eigentlichen vereinsrechtlichen Rechtsverhältnisse, die unmittelbar auf der Satzung beruhen, mitgliedschaftlicher Natur sind und dazu dienen, den gemeinsamen Zweck zu verwirklichen[504]. Entscheidend ist mithin die spezifisch gesellschaftsrechtlich korporative Natur eines Vertrages[505]. Rechtsverhältnisse eines Vereins mit Mitgliedern oder Dritten, die im wesentlichen schuldrechtlicher Natur sind, unterfallen demgegenüber nicht dem Ausnahmebereich des § 310 Abs. 4 BGB[506]. Hierbei handelt es sich etwa um Verträge mit einem Verein, die die Benutzung von Vereinseinrichtungen regeln. Selbst wenn in derartigen Benutzungsverträgen Bezug auf Satzungsbestimmungen genommen wird, sollen die §§ 305 ff. BGB anzuwenden sein[507].

Mit Abschluß einer Athleten- bzw. Lizenzvereinbarung erkennen Sportler die Verbandsbestimmungen an, um am organisierten Sportgeschehen teilnehmen und Verbandseinrichtungen und -leistungen nutzen zu können. Insoweit sind Lizenz- bzw. Athletenvereinbarungen mit Verträgen vergleichbar, in denen Vereine die Benutzung von Vereinseinrichtungen vertraglich regeln. Letztere unterfallen – soweit sie einen austauschvertragli-

---

502 BGH, NJW 1995, 192, 193; *Ulmer* in *Ulmer/Brandner/Hensen*, AGB-Gesetz, § 23, Rn. 21; MünchKomm-*Basedow*, AGBG, § 23, Rn. 9.

503 BGH, NJW 1995, 192, 193; NJW 1998, 454; MünchKomm-*Basedow*, AGBG, § 23, Rn. 9; *Ulmer* in *Ulmer/Brandner/Hensen*, AGB-Gesetz, § 23, Rn. 22; *Staudinger-Schlosser*, AGBG § 23, Rn. 10; *Soergel-Stein*, AGBG § 23, Rn. 9; a. A. *Erman-Werner*, AGBG § 23, Rn. 8.

504 BGH, NJW 1988, 1729, 1730; NJW 1998, 454, 455; *K. Schmidt*, Gesellschaftsrecht § 5 III 4 b), S. 128.

505 *Kohler*, Mitgliedschaftliche Regelungen, S. 191.

506 MünchKomm-*Basedow*, AGBG, § 23, Rn. 12; *Edenfeld*, Rechtsbeziehungen, S. 207 f.; *Soergel-Stein*, AGBG, § 23, Rn. 9; *Fenn*, in Festgabe Zivilrechtslehrer 1934/1935, S. 103, 106 f.

507 BGH, NJW-RR 1998, 710 f.; *Kohler*, Mitgliedschaftliche Regelungen, S. 192 f.; MünchKomm-*Basedow*, AGBG, § 23, Rn. 13; *Staudinger-Schlosser*, § 23 AGBG, Rn. 11; *Ulmer* in *Ulmer/Brandner/Hensen*, AGB-Gesetz, § 23, Rn. 22; *Soergel-Stein*, AGBG, § 23, Rn. 9.

chen Charakter aufweisen – freilich nicht dem Ausnahmebereich des § 310 Abs. 4 BGB. So wurden unter anderem auch die Lizenzverträge zwischen den Bundesligaprofis und dem DFB wie Allgemeine Geschäftsbedingungen auf ihre inhaltliche Angemessenheit hin überprüft[508]. Nach Ansicht des BGH sollen auch Satzungsbestimmungen, mit denen ein Verband den Inhalt seiner Rechtsbeziehung zu Nichtmitgliedern regelt, ähnlich wie bei Allgemeinen Geschäftsbedingungen, einer Inhaltskontrolle unterliegen[509]. Gleiches gilt selbst für Gesellschaftsverträge von Publikumsgesellschaften[510] oder stillen Gesellschaften[511], die fertig vorformuliert sind und damit für eine Vielzahl gleichgelagerter Fälle die Rechtsbeziehungen einseitig regeln, ohne daß die Gesellschafter auf die inhaltliche Gestaltung einen ihre Interessen wahrenden Einfluß nehmen können. Bei einer Mitgliedschaft in einer solchen Gesellschaftsform bestehen daher nach Ansicht des BGH Parallelen zu Austauschverträgen, die nicht zwischen den Parteien ausgehandelt werden, so daß die Gesellschaftsverträge einer ähnlichen Inhaltskontrolle wie Allgemeine Geschäftsbedingungen unterliegen[512].

In der sog. Reiter-Entscheidung[513] hebt der BGH demgegenüber ausdrücklich die Unterschiede zwischen der durch einen Interessengleichlauf geprägten mitgliedschaftsähnlichen vertraglichen Unterwerfung unter das Verbandsregelwerk und einem Austauschvertrag hervor[514]. Deshalb sind die sportlichen Regelwerke, nach Ansicht des Gerichts, auch im Verhältnis des regelaufstellenden Verbandes zu Nichtmitgliedern keine Allgemeinen Geschäftsbedingungen i. S. des AGB-Gesetzes a. F. (§§ 305 ff. BGB n. F.)[515]. Einer Inhaltskontrolle unterliegen die Regelwerke daher am Maßstab des § 242 BGB. Wertungsmaßstäbe der – nunmehr in das BGB integrierten – Vorschriften des AGB-Gesetzes sind, so der BGH, allenfalls dann entsprechend heranzuziehen, soweit sie auf das Rechtsverhältnis zwischen Sportler und Verband zutreffen[516]. Hierin liegt nur scheinbar ein Widerspruch zu der

---

508 OLG Frankfurt, NJW 1973, 2208, 2209.

509 BGH, WM 1972, 1249.

510 BGH, NJW 1975, 1318, 1319; ZIP 1988, 22, 24.

511 BGH, NJW 2001, 1270, 1271=DStR 2001, 266 ff.

512 BGH, NJW 1975, 1318, 1319; ZIP 1988, 22, 24; NJW 1988, 1729, 1730; NJW 2001, 1270, 1271; vgl. auch *Ulmer* in *Ulmer/Brandner/Hensen*, AGB-Gesetz, § 23, Rn. 26 ff. mwN.

513 BGH, NJW 1995, 583 ff.

514 Vgl. hierzu *Haas*, in Akademieschrift 49, S. 57, 63 Fn. 31; *Röhricht*, in RuS 22, S. 19, 34 f.

515 BGH, NJW 1995, 583, 585; *Ulmer* in *Ulmer/Brandner/Hensen*, AGB-Gesetz, § 23, Rn. 29; *Staudinger-Schlosser*, AGBG, § 23, Rn. 11.

516 BGH, NJW 1995, 583, 585.

zuvor dargestellten Rechtsprechung, weil der BGH in den betreffenden Entscheidungen eine unbesehene Übertragung der für Austauschverträge entwickelten Grundsätze zum Schutz der »*schwächeren*« Partei aufgrund der Besonderheiten des mitgliedschaftlichen Rechtsverhältnisses ablehnt[517]. Es ist also in jedem Fall zu untersuchen, ob die prinzipiell auf die Verfolgung gegensätzlicher Interessen zugeschnittenen Vorschriften über das Recht der Allgemeinen Geschäftsbedingungen auf das konkrete Vertragsverhältnis passen[518]. Fraglich ist danach, inwieweit das in den §§ 305 ff. BGB verankerte Transparenzgebot auf Regelanerkennungsverträge anzuwenden ist.

Die Fälle, in denen eine entsprechende Anwendung der Wertungsmaßstäbe der Vorschriften über das Recht der Allgemeinen Geschäftsbedingungen befürwortet wird, beziehen sich allesamt nur auf die Inhaltskontrolle[519], nicht jedoch auf die Voraussetzungen zur Einbeziehung Allgemeiner Geschäftsbedingungen in einen Vertrag. Dies könnte gegen eine entsprechende Anwendung der Einbeziehungsvoraussetzungen auf mitgliedschaftliche bzw. mitgliedschaftsähnliche Rechtsverhältnisse sprechen. Die Bereichsausnahme des § 310 Abs. 4 BGB unterscheidet allerdings nicht zwischen diesen beiden Regelungskomplexen. Unterliegen etwa Verträge, in denen das Verbandsregelwerk auf Nichtmitglieder erstreckt wird, einer ähnlichen Inhaltskontrolle wie bei Allgemeinen Geschäftsbedingungen, ist es scheinbar nur ein kleiner Schritt, auch das in den §§ 305 ff. BGB verankerte Transparenzgebot hinsichtlich der Einbeziehung Allgemeiner Geschäftsbedingungen auf derartige Vereinbarungen zu übertragen[520]. Eine entsprechende Anwendung auf Regelanerkennungsverträge kommt freilich nur in Betracht, wenn sich dieses, unter Berücksichtigung der vertraglich verfolgten Interessen, als ein geeignetes Schutzinstrument erweist.

Das Transparenzgebot ist hierzu im Lichte des Regelungszwecks der §§ 305 ff. BGB zu betrachten, den mit der Verwendung von Allgemeinen Geschäftsbedingungen für den anderen Teil verbundenen Gefahren entgegenzutreten. Der dem BGB unausgesprochen zugrundeliegende Idealfall ist, daß sich zwei Parteien mit in etwa gleicher Verhandlungsstärke und gleichem Informations- und Kenntnisstand gegenüberstehen. Durch ein gegenseitiges Verhandeln über die Bedingungen des jeweils anderen Vertrags-

---

517 Für die Publikums-KG BGH, NJW 1975, 1318, 1319; vgl. *Haas*, in Akademieschrift 49, S. 57, 63 Fn. 31; *Nicklisch*, JZ 1976, 105, 111.

518 Vgl. BGH, NJW 1995, 583, 585; PHBSportR/*Summerer* 2/350.

519 Vgl. BGH, WM 1972, 1249; NJW 1975, 1318, 1319; ZIP 1988, 22, 24; NJW 1988, 1729, 1730; NJW 2001, 1270, 1271.

520 Für eine Anwendung des § 2 AGBG a. F. (§ 305 Abs. 2, 3 BGB n. F.) PHBSportR/*Summerer* 2/351; *Heermann*, NZG 1999, 325, 329; *Fenn*, in Festgabe Zivilrechtslehrer 1934/1935, S. 103, 109 ff.

teils wird ein die beiderseitigen Positionen berücksichtigender Ausgleich erreicht, der unter der Bedingung zweier informierter und rational handelnder Vertragsparteien die »Richtigkeitsgewähr« für einen gerechten Vertragsinhalt besitzt[521]. Dieses Konzept beidseitig informierter Vertragspartner ist bei der Verwendung Allgemeiner Geschäftsbedingungen gestört. Der Verwender Allgemeiner Geschäftsbedingungen hat aufgrund einseitiger Inanspruchnahme des Rechts zur inhaltlichen Vertragsgestaltung typischerweise einen Informationsvorsprung[522]. Mit den Einbeziehungsvoraussetzungen des § 305 Abs. 2, 3 BGB soll dem Kunden Kenntnis von den Allgemeinen Geschäftsbedingungen verschafft werden[523], so daß Informationsdefiziten des anderen Teils entgegengewirkt werden kann[524]. So setzt eine wirksame Einbeziehung Allgemeiner Geschäftsbedingungen in den Vertrag nämlich voraus, daß der Verwender die andere Vertragspartei bei Vertragsschluß auf die Allgemeinen Geschäftsbedingungen hinweist und ihr die Möglichkeit verschafft, von deren Inhalt Kenntnis zu nehmen. Der andere Teil soll somit entscheiden können, ob er den Vertrag zu den Bedingungen schließen oder auf den Vertragsschluß verzichten will[525]. Die Abs. 2 und 3 des § 305 BGB erfüllen insoweit eine gewisse Warn- und Aufklärungsfunktion, die bei Vertragsschluß aufgrund des Fehlens frei ausgehandelter Vertragsbedingungen bestehende Informationsdefizite des anderen Vertragsteils beseitigen soll[526]. Zugeschnitten sind die Einbeziehungsvoraussetzungen daher typischerweise auf Austauschverträge, bei denen im Grundsatz eine Bindung an den Vertrag damit begründet wird, daß dieser inhaltlich von beidseitig informierten Vertragsparteien frei ausgehandelt wurde.

Zweifelhaft ist deshalb, ob die Einbeziehungsvoraussetzungen auf mitgliedschaftsähnliche Rechtsverhältnisse erstreckt werden können, die gerade nicht als Austauschvertrag zu qualifizieren sind[527]. Mit einem Regelanerkennungsvertrag sollen die Sportler hinsichtlich der Regelbindung nämlich einem Vereinsmitglied gleichgestellt werden. Die Unterwerfung

---

521 *Larenz/Wolf*, BGB AT, § 32, Rn. 3, S. 620; *Schmidt-Rimpler*, AcP 147 (1941), 130, 151 ff.; *ders.* in FS für L. Raiser, S. 3, 4 ff.

522 Vgl. *Palandt-Heinrichs*, Einf v AGBG, Rn. 3; *Larenz/Wolf*, BGB AT, § 42, Rn. 32, S. 776, § 43, Rn. 1, S. 782; MünchKomm-*Basedow*, AGBG, Einl., Rn. 5.

523 *Larenz/Wolf*, BGB AT, § 43, Rn. 25, S. 789.

524 BGH, NJW 1990, 715, 716; *Wolf* in *Wolf/Horn/Lindacher*, AGB-Gesetz, § 2, Rn. 1.

525 *Wolf* in *Wolf/Horn/Lindacher*, AGB-Gesetz, § 2, Rn. 1; § 9 Rn. 144; vgl. hierzu auch *Staudinger-Schlosser*, Einl zum AGBG, Rn. 31, der allerdings Zweifel daran hat, daß die Anforderungen des § 2 AGBG a. F. (§ 305 Abs. 2, 3 BGB n. F.) tatsächlich den Entschluß zum Abschluß des Vertrages beeinflussen.

526 Vgl. BGH, NJW 1990, 715, 716; *Soergel-Stein*, AGBG, § 2, Rn. 2.

527 Vgl. § 4 IV 2 a), 3.

von Vereinsmitgliedern unter die Vereinssatzung ist freilich nicht dadurch legitimiert, daß jedes einzelne Mitglied gestaltend Einfluß auf den Inhalt der Satzung nehmen kann[528]. Kennzeichnend für das Vereinsrecht ist vielmehr das Prinzip der Mehrheitsherrschaft. Minderheiten können daher an Bestimmungen gebunden werden, deren Erlaß sie tatsächlich nicht beeinflussen konnten und die insoweit ihrem Interesse nicht entsprechen. Mehrheitsentscheidungen, die für die überstimmte Minderheit fremdbestimmend wirken, führen freilich nicht zu Funktionsstörungen der Vereinsautonomie, sondern sind vielmehr kennzeichnend für das Vereinsrecht[529]. Hierin liegt ein entscheidender Unterschied zwischen der Vereins- und der Vertragsautonomie. So ist die Richtigkeitsgewähr eines Vertrages nämlich generell beeinträchtigt, wenn dessen Inhalt durch einseitige Inanspruchnahme der inhaltlichen Gestaltungsfreiheit durch eine Vertragspartei fremdbestimmt wird. Im Vereinsrecht bietet – anders als im Vertragsrecht – nicht etwa die Möglichkeit, auf die inhaltliche Gestaltung des Rechtsverhältnisses Einfluß nehmen zu können, sondern das in § 39 BGB vorgesehene Recht des Mitglieds zum Austritt die Gewähr dafür, daß die Satzung tendenziell die Interessen der Mitglieder berücksichtigt[530]. Die Vereinsmitglieder können demzufolge die Normbindung für die Zukunft beenden, um sich von Pflichten zu befreien, die sie nicht tragen können oder wollen. Demgegenüber sind die Vertragspartner für die Zukunft grundsätzlich an den einmal vereinbarten Vertragsinhalt gebunden, ohne sich einseitig lösen zu können (»pacta sunt servanda«). Die Kenntnis vom angestrebten Vertragsinhalt hat insoweit eine besondere Bedeutung für die Vertragspartner. Hingegen hat der Maßstab des § 305 BGB zur Abschlußkontrolle im Vereinsrecht wegen der Möglichkeit der Mitglieder, sich für die Zukunft von der Normbindung lösen zu können, nicht den gleichen Stellenwert wie bei Austauschverträgen, was gegen eine entsprechende Anwendung auf vereinsrechtliche Rechtsverhältnisse spricht.

Nicht zu übersehen ist dennoch, daß auch im Vereinsrecht Transparenzdefizite auftreten können, weil mit dem Erwerb der Mitgliedschaft die Satzung für das neue Mitglied unabhängig von einer tatsächlichen Kenntnisnahme vom Satzungsinhalt verbindlich ist. Die mit dem Beitritt zum Verein einhergehende Bindung an die Vereinssatzung läßt sich freilich nur rechtfertigen, wenn das neue Mitglied die Möglichkeit hat, von den nunmehr verbindlichen mitgliedschaftlichen Rechten und Pflichten Kenntnis zu neh-

---

528 Vgl. § 4 IV 2 c) aa).

529 Vgl. auch *Steinbeck*, Vereinsautonomie und Dritteinfluß, S. 223.

530 MünchKomm-*Reuter*, Vor § 21, Rn. 89, § 25, Rn. 29, § 39, Rn. 1; vgl. auch § 4 IV 2 c) aa).

men. Einen Beitrag zum Informationsschutz der Mitglieder leistet dabei das Gebot, wichtige Grundsatzentscheidungen des Vereinslebens in die Satzung aufzunehmen[531]. Auf diese Weise kann Transparenzdefiziten entgegengewirkt werden, weil die Mitglieder einen Anspruch auf jederzeitige Einsichtnahme in die Satzung[532] sowie auf Aushändigung eines Satzungsexemplars haben[533]. Nicht erforderlich ist es jedoch, jedem neuen Mitglied ein Exemplar der Satzung oder bei Satzungsänderungen die geänderte Fassung auszuhändigen[534].

Das Transparenzgebot findet demnach eine Grundlage nicht nur in den Vorschriften über das Recht der Allgemeinen Geschäftsbedingungen, sondern auch in vereinsrechtlichen Grundsätzen. Die mitgliedschaftsähnliche Unterwerfung der Sportler unter das Verbandsregelwerk legt es freilich nahe, auf derartige Vereinbarungen nicht die auf Austauschverträge zugeschnittenen Schutzmechanismen der §§ 305 ff. BGB, sondern die spezifisch vereinsrechtlichen Grundsätze anzuwenden[535]. Hierfür spricht letztlich auch der Regelungszweck des § 310 Abs. 4 BGB[536], der korporative Rechtsverhältnisse vom Anwendungsbereich der §§ 305 ff. BGB ausschließt, weil die auf Austauschverträge zugeschnittenen Vorschriften über das Recht der Allgemeinen Geschäftsbedingungen für derartige Rechtsverhältnisse typischerweise keine geeigneten Wertungsmaßstäbe bereithalten[537]. Demzufolge sind auf Lizenz- und Athletenvereinbarungen, die korporativen

---

531 Vgl. § 5 II 1 b).

532 Vgl. BGH, NJW 1967, 1268, 1269; LG Karlsruhe, Rpfleger 1987, 164; *Reichert*, Handbuch des Vereins- und Verbandsrechts, Rn. 341, S. 106; *Soergel-Hadding*, § 25, Rn. 34.

533 LG Karlsruhe, Rpfleger 1987, 164; *Reichert*, Handbuch des Vereins- und Verbandsrechts, Rn. 341, S. 106; *Soergel-Hadding*, § 25, Rn. 34; *Erman-Westermann*, § 25, Rn. 1.

534 *Haas/Prokop*, SpuRt 1998, 15, 17.

535 BGH, NJW 1995, 583, 586; Das Gericht nimmt in der Entscheidung Bezug auf das vereinsrechtliche Transparenzgebot.; vgl. auch *Prokop*, Dopingverbote, S. 104; A. A. *Edenfeld* [Rechtsbeziehungen, S. 212], der eine entsprechende Anwendung der Wertungsmaßstäbe des AGB-Gesetzes a. F. (nunmehr §§ 305 ff. BGB n. F.) auch dann befürwortet, wenn kein Austauschverhältnis besteht.

536 A. A. *Fenn* [in Festgabe Zivilrechtslehrer 1934/1935, S. 103, 105 ff.], der Athletenvereinbarungen – entgegen der hier vertretenen Ansicht – als schuldrechtsähnlich qualifiziert und damit konsequenterweise den Ausnahmebereich des § 23 Abs. 1 AGBG a. F. (§ 310 Abs. 4 BGB n. F.) als nicht eröffnet ansieht.

537 Dem widerspricht es nicht, daß Satzungen/ Gesellschaftsverträge gem. § 242 BGB teilweise einer ähnlichen Inhaltskontrolle wie Allgemeine Geschäftsbedingungen unterliegen, da eine Inhaltskontrolle am Maßstab des § 242 BGB nicht spezifisch auf Austauschverträge zugeschnitten ist.; vgl. zur Inhaltskontrolle unten § 9.

Rechtsverhältnissen ähnlich sind[538], die in den §§ 305 ff. BGB verankerten Transparenzbestimmungen hinsichtlich der Einbeziehung nicht anzuwenden[539]. Somit setzt eine wirksame vertragliche Regelanerkennung grundsätzlich weder die strikte Beachtung der in § 305 Abs. 2, 3 BGB normierten Einbeziehungsvoraussetzungen voraus, noch verstoßen dynamische Verweisungen in Verträgen, wonach das sportliche Regelwerk in seiner jeweils gültigen Fassung anerkannt wird, gegen das in den §§ 305 Abs. 2, 3, 307 Abs. 1 BGB verankerte Transparenzgebot. Eine entsprechende Anwendung der Wertungsmaßstäbe der Vorschriften über das Recht der Allgemeinen Geschäftsbedingungen kommt danach allenfalls dann in Betracht, wenn bei einer Anwendung vereinsrechtlicher Grundsätze Schutzdefizite zu Lasten der Sportler im Hinblick auf die Transparenz der vertraglich anerkannten Verbandsbestimmungen zu verzeichnen sind.

2. Kenntnisnahmemöglichkeit

Grundsätzlich darf der Schutz der vertraglich gebundenen Sportler nicht hinter dem Schutzniveau im Vereinsrecht zurückbleiben[540]. Ein vergleichbarer Schutz vor Informationsdefiziten, den das Gebot, wichtige Grundsatzentscheidungen in die Satzung aufzunehmen, den Mitgliedern vermittelt, muß demzufolge auch für die Sportler gelten, die dem sportlichen Regelwerk vertraglich unterworfen sind. In ähnlicher Weise wie die Vereinsmit-

538 Die Anwendung der Vorschriften über das Recht der Allgemeinen Geschäftsbedingungen könnte freilich anders zu beurteilen sein, wenn Sportler mit Verbänden/ Vereinen Verträge schließen, die keinen mitgliedschaftsähnlichen, sondern einen auf Leistungsaustausch gerichteten Charakter aufweisen.; vgl. *Pfister*, in FS für W. Lorenz, S. 171, 185; *ders.*, JZ 1995, 464, 466; *Edenfeld*, Rechtsbeziehungen, S. 211.

539 Vgl. generell zur Frage der Anwendbarkeit des AGB-Gesetzes a. F. (nunmehr §§ 305 ff. BGB n. F.) BGH, NJW 1995, 583, 585; OLG Frankfurt aM, NJW-RR 2000, 1117, 1119; *Haas/Prokop*, SpuRt 1996, 109, 111; *Haas*, in Akademieschrift 49, S. 57, 63; *Pfister*, in FS für W. Lorenz, S. 171, 184 f.; *ders.*, JZ 1995, 464, 466; *Staudinger-Schlosser*, AGBG, § 23, Rn. 11; *Ulmer* in *Ulmer/Brandner/Hensen*, AGB-Gesetz, § 23, Rn. 22, 29; *Röhricht*, in RuS 22, S. 19, 34 f.; *Lindemann*, SpuRt 1994, 17, 20; demgegenüber für die Anwendung des AGB-Gesetzes a. F. *Vieweg*, in Akademieschrift 39, S. 36, 37 ff.; *ders.*, NJW 1991, 1511, 1516; *ders.*, in RuS 16, S. 23, 44 f.; *Staudinger-Weick*, § 25, Rn. 11; *Soergel-Hadding*, § 25, Rn. 35; *Siegfried*, Fernsehberichterstattung, S. 66 ff.; *Heermann*, NZG 1999, 325, 328 f.; PHBSportR/*Summerer* 2/345 ff.; *Fenn*, in Festgabe Zivilrechtslehrer 1934/1935, S. 103, 104 ff.; *Blum/Ebeling*, in Sportler, Arbeit und Statuten, S. 85, 116; allgemein so auch *Kohler*, Mitgliedschaftliche Regelungen, S. 193.

540 Vgl. § 5 II 2 b).

glieder die Möglichkeit haben, sich durch Einsichtnahme in die Satzung über die wesentlichen Grundlagen des Vereinslebens informieren zu können, müssen demnach die Sportler Kenntnis von den Regelungen nehmen können, die vertraglich auf sie erstreckt werden[541]. Bei Abschluß des Vertrages haben die Sportler – wie auch die Vereinsmitglieder[542] – somit neben der zumutbaren Kenntnisnahmemöglichkeit[543] auch einen Anspruch auf Aushändigung eines Exemplars des für sie verbindlichen Regelwerks. Werden die Verbandsbestimmungen allerdings in der jeweils aktuellen Fassung anerkennt, kann dem berechtigten Interesse an Transparenz der Verbandsbestimmungen freilich mit einer einmaligen Kenntnisnahmemöglichkeit bei Vertragsschluß nicht ausreichend Rechnung getragen werden. Die Sportler haben daher auch bei jeder Änderung der vertraglich anerkannten Regelungen einen Anspruch auf Kenntnisnahme sowie Aushändigung eines Exemplars der geänderten Regelungen[544]. Gründe, warum die vertraglich gebundenen Sportler darüber hinaus schutzwürdiger als beispielsweise »stille« Verbandsmitglieder sein könnten, die ohne mitgliedschaftliche Stimmrechte zu besitzen den Verbandsbestimmungen unterworfen sind, sind nicht ersichtlich. Mithin ist die zumutbare Kenntnisnahmemöglichkeit bzw. ein Anspruch auf Aushändigung einer jeweils aktuellen Fassung der vertraglich in Bezug genommenen Verbandsregeln nicht nur notwendige, sondern zugleich hinreichende Bedingung, den berechtigten Informationsinteressen der Sportler Rechnung zu tragen[545].

Entgegen der hier vertretenen Ansicht werden jedoch teilweise strengere Anforderungen als die Möglichkeit der Kenntnisnahme an die wirksame Regelanerkennung gestellt[546]. Beeinträchtigen Verbandsregeln persönlichkeitsrechtlich geschützte Rechtsgüter der Athleten, so soll Kenntnis von Art

---

541 Vgl. hierzu auch BGH, NJW 1995, 583, 586; *Lindemann*, SpuRt 1994, 17, 22; Der BGH geht davon aus, daß bei einer zumutbaren Kenntnisnahmemöglichkeit die vertraglich gebundenen Sportler nicht schlechter gestellt sind, als bei einer Unterwerfung durch Erwerb der unmittelbaren Mitgliedschaft.

542 Vgl. hierzu § 5 II 2 b) bb); § 6 II 1 b).

543 Vgl. BGH, NJW 1995, 583, 586; *Haas/Prokop*, SpuRt 1996, 109, 111; *dies.*, SpuRt 1998, 15, 17; *Lindemann*, SpuRt 1994, 17, 21; *Fenn*, SpuRt 1997, 77, 79; *Reichert*, Handbuch des Vereins- und Verbandsrechts, Rn. 350, S. 110; Vgl. auch *Pfister* [JZ 1996, 464, 466], der es für eine wirksame Einbeziehung in den Vertrag genügen läßt, wenn die Sportler mit entsprechenden Verbandsbestimmungen rechnen mußten.

544 Vgl. hierzu § 5 II 2 b) bb).

545 Vgl. auch *Fenn*, SpuRt 1997, 77, 79; nunmehr einschränkend im Hinblick auf § 2 Abs. 1 AGBG a. F. (§ 305 Abs. 2 BGB n. F.) *ders.*, in Festgabe Zivilrechtslehrer 1934/1935, S. 103, 110 f.

546 *Vieweg*, in RuS 20, S. 53, 82; *Waldhauser*, Fernsehrechte, S. 199 f.; *Hannamann*, Kartellverbot, S. 214.

und Umfang des konkreten Eingriffs in die rechtlich geschützten Interessen der Sportler erforderlich sein[547]. Hiergegen spricht jedoch, daß die Profi- und Leistungssportler infolge der Kommerzialisierung des Sports davon ausgehen können, daß sie als Wettkampfteilnehmer in fremde Werbemaßnahmen eingebunden werden. Die Sportler wissen also, daß das Verbandsregelwerk typischerweise Regelungen enthält, die persönlichkeitsrechtlich geschützte Rechtsgüter tangieren. Solange die Verbandsregeln den Sportlern keine Pflichten auferlegen, mit denen diese als Wettkampfteilnehmer offensichtlich nicht rechnen konnten, sind die Sportler ausreichend dadurch geschützt, daß sie die Möglichkeit haben, von den betreffenden Regelungen Kenntnis nehmen zu können[548].

Demzufolge bietet das vereinsrechtliche Transparenzgebot einen ausreichenden Schutz, so daß eine entsprechende Anwendung der in den Vorschriften über das Recht der Allgemeinen Geschäftsbedingungen verankerten Transparenzerfordernisse hinsichtlich der wirksamen Einbeziehung des Regelwerks in Lizenz- bzw. Athletenvereinbarungen nicht geboten ist[549]. Für eine wirksame vertragliche Anerkennung der Verbandsbestimmungen ist es etwa ausreichend, wenn der Verband einem Sportler ein vorformuliertes Vertragsexemplar übergibt, in dem auf die vertraglich anzuerkennenden Regelungen verwiesen wird sowie die Möglichkeit eröffnet, vom Inhalt dieser Regelungen Kenntnis zu nehmen. Letzteres kann unter anderem dadurch erfolgen, daß der Verband bei Wettkämpfen oder in der Geschäftsstelle stets Exemplare der aktuellen Verbandsbestimmungen zur Einsichtnahme bereithält[550] oder diese über das Internet zugänglich macht[551]. Aufgrund des nicht selten relativ umfangreichen Regelwerks, das die Sportler vertraglich anerkennen, ist der Verband freilich nicht verpflichtet, jedem einzelnen Sportler mit dem Angebot auf Abschluß einer Lizenz- bzw. Athletenvereinbarung unaufgefordert ein Exemplar des Regelwerks zu übersenden[552]. Ausreichend ist es, wenn die Regelunterworfenen eine aktuelle Fassung des sport-

---

547 *Vieweg*, in RuS 20, S. 53, 82; vgl. auch *Waldhauser*, Fernsehrechte, S. 199 f.; *Hannamann*, Kartellverbot, S. 214.

548 Eine wirksame Bindung an die betreffenden Regelungen setzt freilich voraus, daß diese einer Inhaltskontrolle standhalten.; vgl. hierzu die Ausführungen unter § 9.

549 Für eine Anwendung des § 2 AGBG a. F. (nunmehr § 305 Abs. 2, 3 BGB n. F.) *Vieweg*, in Akademieschrift 39, S. 36, 37; *Heermann*, NZG 1999, 325, 329 f.; PHB-SportR/*Summerer* 2/351; *Fenn*, in Festgabe Zivilrechtslehrer 1934/1935, S. 103, 109 ff.; für eine analoge Anwendung des AGB-Gesetzes a. F. (nunmehr §§ 305 ff. BGB n. F.) *Edenfeld*, Rechtsbeziehungen, S. 211 f.; *Staudinger-Weick*, § 25, Rn. 11.

550 Vgl. auch *Lindemann*, SpuRt 1994, 17, 22.

551 Vgl. auch *Adolphsen*, SpuRt 2000, 159, 160.

552 Vgl. auch § 5 II 2 b) bb) sowie die dortigen Verweise.

lichen Regelwerks beim Verband anfordern können[553]. Unterschiede zwischen der hier vertretenen Auffassung und der analogen Anwendung des in den §§ 305 ff. BGB verankerten Transparenzgebots bestehen daher nicht nur im Hinblick auf die Zulässigkeit dynamischer Verweisungen[554]. Denn bei schriftlichen Vertragsangeboten des Verwenders Allgemeiner Geschäftsbedingungen wird ein Hinweis darauf, daß die AGB in den Geschäftsräumen des Verwenders eingesehen werden können, entweder gar nicht oder nur unter bestimmten Voraussetzungen als ausreichend für eine wirksame Einbeziehung der Allgemeinen Geschäftsbedingungen angesehen[555].

§ 7 Materielle Schranken der Abschlußfreiheit

Folgen damit insbesondere aus dem vereinsrechtlichen Transparenzgebot formelle Schranken für die Art und Weise des Vertragsabschlusses, so ist nachfolgend zu klären, ob die Abschlußfreiheit der Sportverbände auch in materieller Hinsicht eingeschränkt ist. Grundsätzlich kann jeder frei darüber entscheiden, ob und mit wem er einen Vertrag schließen will[556]. Dies gilt dem Grunde nach auch für die Sportverbände, so daß sie prinzipiell die Vertragspartner einer Athleten- bzw. Lizenzvereinbarung frei wählen können. Die Abschlußfreiheit unterliegt freilich dann materiellen Einschränkungen, wenn der Verband rechtlich verpflichtet ist, mit bestimmten Sportlern eine Athleten- bzw. Lizenzvereinbarung abzuschließen. Eine Rechtspflicht des Verbandes mit Sportlern zu kontrahieren, könnte sich einerseits aus dem privat gesetzten Recht der Verbände, d. h. aus der Verbandssatzung selbst ergeben. Andererseits kann unabhängig von etwaigen Regelungen in der Verbandssatzung eine Rechtspflicht des Verbandes zum Vertragsschluß auch aus dem staatlichen Recht folgen.

---

553 Vgl. *Haas/Prokop*, SpuRt 1998, 15, 17; *Prokop*, Dopingverbote, S. 105; so noch *Fenn*, SpuRt 1997, 77, 79; nunmehr einschränkend wegen § 2 AGBG a. F. (§ 305 Abs. 2, 3 BGB n. F.) *ders.*, in Festgabe Zivilrechtslehrer 1934/1935, S. 103, 110 f.

554 Vgl. hierzu *Blum/Ebeling* [Sportler, Arbeit und Statuten, S. 85, 117 f.], die zwar die Anwendung des AGB-Gesetzes a. F. (§§ 305 ff. BGB n. F.) grundsätzlich befürworten, für die Zulässigkeit dynamischer Klauseln aber eine Ausnahme von § 2 AGBG a. F. statuieren.

555 Vgl. hierzu BGH, NJW 1990, 715, 716; *Ulmer* in *Ulmer/Brandner/Hensen*, AGB-Gesetz, § 2, Rn. 48.

556 *Larenz/Wolf*, BGB AT, § 34, Rn. 24, S. 647.

I. Anspruch auf Vertragsschluß auf Grundlage der Verbandssatzung

Verbandssatzungen bzw. -ordnungen können Regelungen enthalten, in denen normiert ist, unter welchen Voraussetzungen mit Sportlern Athleten- bzw. Lizenzvereinbarungen abgeschlossen werden sollen. Sportler, die die entsprechenden Kriterien erfüllen, könnten deshalb möglicherweise einen Anspruch auf Vertragsschluß gegen den betreffenden Sportverband haben. Fraglich ist jedoch, inwieweit die Verbände sich mit Aufnahme derartiger Kriterien im Außenverhältnis rechtserheblich binden wollen.

Ähnliche Fragen können sich auch bei einem Aufnahmebegehren einer Person in einen Verein stellen. Hat der Verein an die Aufnahme neuer Mitglieder bestimmte Voraussetzungen geknüpft, fragt sich, ob eine Person, die die geforderten Kriterien erfüllt, hieraus einen Anspruch gegen den Verein auf Aufnahme herleiten kann. Ein solcher Aufnahmeanspruch wird überwiegend verneint[557]. Eine Auflistung der Aufnahmekriterien in der Satzung oder einer Nebenordnung führt der herrschenden Auffassung zufolge nicht zu einer Selbstbindung des Vereins dahingehend, sämtliche Personen in den Verein aufnehmen zu wollen, die die Aufnahmekriterien erfüllen. Enthalten Vereinssatzungen bzw. Nebenordnungen Kriterien für den Erwerb der Mitgliedschaft, so will der Verein im Zweifel nur die Anforderungen des § 58 Ziff. 1 BGB erfüllen[558]. Bei den Aufnahmekriterien handelt es sich insoweit nur um interne Anweisungen an die zuständigen Vereinsorgane[559]. Eine Außenwirkung gegenüber potentiellen Vereinsmitgliedern kommt den Vereinsbestimmungen nicht zu, soweit sich aus diesen nicht eindeutig ein Wille des Vereins zur Selbstbindung hinsichtlich der Aufnahme neuer Mitglieder ergibt[560]. Ein Indiz gegen einen Aufnahmeanspruch, gestützt auf die Vereinssatzung bzw. -ordnung, ist dabei etwa ein der Aufnahme vorgelagertes Aufnahmeverfahren. Würde allein die Erfüllung der Aufnahmekriterien durch einen Bewerber zu einer Selbstbindung des Vereins führen, käme dem

557 RGZ 47, 76, 79; 60, 94, 103 f.; BGH, NJW 1961, 172, 173; NJW 1985, 1214, 1215; NJW 1985, 1216; NJW 1987, 2503; NZG 1999, 217, 218=DStR 1999, 331; MünchKomm-*Reuter*, § 38, Rn. 58; *Baecker*, Grenzen der Vereinsautonomie, S. 61, 65 f.; *Imping*, Fußballspieler, S. 225; *Soergel-Hadding*, § 38, Rn. 12.

558 *Baecker*, Grenzen der Vereinsautonomie, S. 65 f.

559 BGH, NJW 1961, 172, 173; NJW 1985, 1214, 1215; *Baecker*, Grenzen der Vereinsautonomie, S. 66.

560 BGH, NJW 1961, 172, 173; NJW 1985, 1214, 1215; schlechthin gegen einen Aufnahmeanspruch bei Erfüllung der satzungsmäßigen Voraussetzungen MünchKomm-*Reuter*, § 38, Rn. 58.

satzungsmäßig geregelten Aufnahmeverfahren keine eigenständige Bedeutung zu[561].

Fraglich ist, ob die gegen einen aus dem privat gesetzten Vereinsrecht abgeleiteten Aufnahmeanspruch vorgetragenen Erwägungen in gleicher Weise gegen eine Selbstbindung hinsichtlich des Abschlusses von Athleten- bzw. Lizenzvereinbarungen sprechen. Einer solchen Übertragung könnte entgegenstehen, daß die vertraglich gebundenen Sportler keine mitgliedschaftliche, sondern nur eine mitgliedschaftsähnliche Rechtsposition erlangen. Infolge der Unterwerfungserklärung sind sie zwar hinsichtlich der Regelgebundenheit den Mitgliedern gleichgestellt, ohne jedoch mitgliedschaftliche Teilhabe- und Gestaltungsrechte zu besitzen. Einflußmöglichkeiten auf die Willensbildung innerhalb des Verbandes bestehen demzufolge prinzipiell nicht. Dem Verband könnte es deshalb gleichgültig sein, mit welchen Sportlern er eine Athleten- bzw. Lizenzvereinbarung abschließt. Insoweit könnte ein Anspruch auf Vertragsschluß allein bei Erfüllung der in der Satzung normierten Kriterien bestehen.

Gegen diese Annahme spricht indes, daß die Sportler mit Abschluß eines Regelanerkennungsvertrages die Möglichkeit erhalten, am organisierten Sportgeschehen teilzunehmen und Verbandseinrichtungen und -leistungen zu nutzen. Vor allem die Athleten sind es aber, die einen Sportverband im In- und Ausland in der Öffentlichkeit repräsentieren. Auch wenn ein Sportler die in der Satzung bzw. Ordnung normierten Kriterien erfüllt, will sich der Verband daher im Zweifel seiner Entscheidungsfreiheit nicht durch eine Selbstbindung begeben. Vielmehr besteht ein Interesse im Einzelfall prüfen zu können, ob eine Athleten- bzw. Lizenzvereinbarung abgeschlossen werden soll oder nicht. Die Grundsätze zu einem aus dem privat gesetzten Vereinsrecht abgeleiteten Aufnahmeanspruch lassen sich daher auf den Abschluß von Regelanerkennungsverträgen übertragen. Die Auswahlkriterien haben demnach grundsätzlich keine Außenwirkung. Hängt der Abschluß einer Athleten- bzw. Lizenzvereinbarung von der Erfüllung bestimmter Kriterien ab, erfolgt mangels gegenteiliger Anhaltspunkte keine Selbstbindung des Verbandes dahingehend, mit jedem Sportler der die betreffenden Kriterien erfüllt zu kontrahieren. Die Auswahlkriterien sind im Zweifel nur ein Leitfaden für die zuständigen Verbandsorgane, um entscheiden zu können, welche Sportler als Vertragspartner einer Athleten- bzw. Lizenzvereinbarung in Betracht kommen.

561 *Baecker*, Grenzen der Vereinsautonomie, S. 66.

II. Anspruch auf Vertragsschluß nach den Grundsätzen des Kontrahierungszwangs

Demgegenüber könnte sich ein Anspruch auf Vertragsschluß nach den Grundsätzen des Kontrahierungszwangs aus dem staatlichen Recht ergeben. Die grundgesetzlich verbürgte Vertragsautonomie garantiert indes jedermann, sich seinen Vertragspartner frei auszuwählen[562]. Demgegenüber bedeutet jegliche Einschränkung der freien Wahl des Vertragspartners im Rahmen eines Kontrahierungszwangs eine nicht unerhebliche Beschneidung der Vertragsfreiheit[563] und bedarf daher einer besonderen Rechtfertigung und Abwägung der widerstreitenden Interessen. Allgemeiner Anknüpfungspunkt für einen Kontrahierungszwangs ist in der Regel, daß einer Vielzahl von Nachfragern nur ein bzw. einige wenige Anbieter gegenüberstehen, die eine Monopol- oder zumindest eine marktbeherrschende Stellung inne haben[564]. Den Nachfragern ist deshalb in der Regel keine oder nur eine stark eingeschränkte Ausweichmöglichkeit auf andere Anbieter eröffnet. Aufgrund dieser Machtposition sind die Anbieter typischerweise in der Lage, einseitig von der Vertragsautonomie Gebrauch zu machen, indem sie den Vertragsinhalt sowie die Vertragspartner bestimmen können, ohne sich mit diesen abstimmen zu müssen. Dieser ungleichen Machtverteilung versucht man einerseits durch eine inhaltliche Kontrolle des Vertrages[565] und andererseits durch eine Verpflichtung zum Vertragsschluß zu begegnen[566].

Fälle von Kontrahierungszwang finden sich dabei in den unterschiedlichsten Lebensbereichen. Dies gilt beispielsweise für den Bereich der Daseinsvorsorge, wo etwa Energieversorgungsunternehmen oder (Personen)Transportunternehmen einem Kontrahierungszwang unterliegen[567]. Neben spezialgesetzlich geregelten Fällen eines Kontrahierungszwangs wird ein solcher vor allem auf das Diskriminierungsverbot des § 20 Abs. 1 i. V. m. § 33 S. 1 GWB oder allgemein auf die §§ 826, 249 BGB gestützt[568].

---

562 *Larenz/Wolf*, BGB AT, § 34, Rn. 24, S. 647; *Medicus*, Schuldrecht I AT, Rn. 64, S. 36.

563 *Larenz/Wolf*, BGB AT, § 34, Rn. 30, S. 648; *Medicus*, Schuldrecht I AT, Rn. 79, S. 42; *Palandt-Heinrichs*, Einf v § 145, Rn. 8; *Grunewald*, AcP 182 (1982), 181, 186.

564 *Larenz/Wolf*, BGB AT, § 34, Rn. 35, S. 649; *Palandt-Heinrichs*, Einf v § 145, Rn. 9.

565 Vgl. hierzu unten § 9 f.

566 Vgl. hierzu *Grunewald*, AcP 182 (1982), 181, 186.

567 *Larenz/Wolf*, BGB AT, § 34, Rn. 31 ff., S. 648; *Medicus*, Schuldrecht I AT, Rn. 81, S. 43; MünchKomm-*Kramer*, Vor § 145, Rn. 9 ff.; *Palandt-Heinrichs*, Einf v § 145, Rn. 8 ff.

568 BGH, ZIP 1994, 1274, 1276 mwN; *Medicus*, Schuldrecht I AT, Rn. 82 ff., S. 44 ff.; *Larenz/Wolf*, BGB AT, § 34, Rn. 31 ff., S. 648 f.; *Soergel-Wolf*, Vor § 145, Rn. 49 ff.

Auch Vereine und Verbände können grundsätzlich einem allgemeinen Kontrahierungszwang unterliegen, der sie dazu verpflichtet, Nichtmitglieder vertraglich an Vereins- bzw. Verbandsleistungen partizipieren zu lassen[569]. Inwieweit Sportverbände dementsprechend verpflichtet sind, mit Sportlern Regelanerkennungsverträge abzuschließen, bestimmt sich danach, in welcher tatsächlichen Beziehung die einzelnen Sportler zum Verband stehen.

1. Faktoren, aus denen sich der Kontrahierungszwang ableiten könnte

Grundvoraussetzung einer jeden wettkampfmäßig betriebenen Sportart ist die Chancengleichheit für die Wettkampfteilnehmer. Damit alle Sportler die gleichen Chancen haben, den Wettkampf zu gewinnen, muß ein für sämtliche Teilnehmer gleichermaßen verbindliches sportliches Regelwerk bestehen[570]. Namentlich im Bereich des Leistungssports ist eine flächendeckende Regelbindung aller Sportler am effektivsten mittels einer vertraglichen Regelanerkennung zu erreichen. Deshalb gehen immer mehr Verbände dazu über, mit ihren Sportlern Athleten- bzw. Lizenzvereinbarungen abzuschließen[571]. Neben einer flächendeckenden Unterwerfung unter das Regelwerk kann mit der vertraglichen Bindung flexibel auf die sich stetig ändernden Rahmenbedingungen im Profi- und Leistungssport reagiert werden. So werden häufig alle Angelegenheiten, die das Verhältnis zwischen Sportler und Verband betreffen, umfassend vertraglich geregelt. Hierzu zählen unter anderem Fragen der Vermarktung von Persönlichkeitsrechten einzelner Sportler, des Trainings und der Ausbildung, Teilnahmepflichten an Wettkämpfen, der Streitschlichtung, etc.[572]. Wegen des umfassenden Regelungsinhalts einer Athleten- bzw. Lizenzvereinbarung kommt dieser eine immer stärkere Bedeutung für die professionelle Ausübung einer Sportart zu. So wird teilweise der Verbleib in der Nationalmannschaft bzw. die Nominierung zu sowie die Teilnahme an Wettkämpfen vom Abschluß einer Athle-

---

569 Vgl. *Edenfeld*, Rechtsbeziehungen, S. 132.

570 Vgl. § 2.

571 Vgl. § 1, § 4 IV 1.

572 Vgl. Athletenvereinbarung des DRV; Athletenvereinbarung des DLV abgedruckt bei *Prokop*, in Akademieschrift 49, S. 19, 35 ff.; Muster einer Athletenvereinbarung abgedruckt bei *Niese*, in Akademieschrift 49, S. 7 ff.; *Haas/Prokop*, SpuRt 1996, 187, 189 ff.; *Fikentscher/Schmitt/Sonn*, SpuRt 1999, 89 ff.

ten-/Lizenz- o. ä. Vereinbarung abhängig gemacht[573]. Ohne Abschluß einer solchen Vereinbarung ist ein Sportler zukünftig kaum noch in der Lage, seine Sportart auf nationaler oder internationaler Ebene zu betreiben. Weigert sich der zuständige Verband mit einem Sportler eine Athleten- bzw. Lizenzvereinbarung zu schließen, hat der Betreffende aufgrund des pyramidenförmigen Aufbaus der Sportorganisation sowie des »Ein-Platz-Prinzips« keine Möglichkeit, auf andere Sportverbände auszuweichen. Rein faktisch haben die Sportverbände damit eine Monopolstellung im Hinblick auf den Zugang zum Leistungs- und Profisport inne. Zwischen Sportler und Verband besteht daher eine für das Eingreifen des Kontrahierungszwangs typische Konstellation[574]. Mithin ist zu klären, ob und unter welchen Voraussetzungen die Freiheit der Sportverbände, die Vertragspartner frei auswählen zu können, eingeschränkt ist, so daß sie verpflichtet sind, mit bestimmten Sportlern eine Athleten- bzw. Lizenzvereinbarung abzuschließen. Angesichts des mitgliedschaftsähnlichen Charakters von Athleten- und Lizenzvereinbarungen stellt sich dabei die Frage, inwieweit die Sportverbände dem allgemeinen Kontrahierungszwang unterliegen, oder ob nicht die speziellen vereinsrechtlichen Grundsätze zum Aufnahmeanspruch in einen sozialmächtigen Verein/ Verband entsprechend zur Anwendung kommen.

2. Entsprechende Anwendbarkeit der vereinsrechtlichen Grundsätze zum Aufnahmezwang

a) Aufnahmezwang bei sozialmächtigen Vereinen/Verbänden

Aus der Vereinsautonomie folgt unter anderem die Aufnahmefreiheit, so daß Vereine/Verbände in der Wahl ihrer Mitglieder grundsätzlich frei sind. Dies gilt selbst für den Fall, daß die Bewerber die satzungsmäßigen Voraussetzungen erfüllen[575]. Parallel zum allgemeinen Kontrahierungszwang ist jedoch für den Bereich des Vereinsrechts ein spezieller Kontrahierungs-

---

573 Vgl. § 7 I Nr. 3 Leichtathletikordnung-DLV (Mitgliedschaft im Bundeskader, Nationalmannschaft); 3. 2. der Musterathletenvereinbarung (Einsatz in der Nationalmannschaft); §§ 66, 67 Spielordnung-DHB (Teilnahme an Bundesligaspielen); §§ 1 Nr. 4, 11 ff. Lizenzspielerstatut-DTTB (Teilnahme am Spielbetrieb).

574 Vgl. hierzu auch OLG München, SpuRt 2001, 64, 66.

575 BGH, NJW 1980, 186, 187; NJW 1987, 2503, 2504; NZG 1999, 217, 218=DStR 1999, 331 ff.; WuW/E OLG 2775, 2777; *Larenz/Wolf*, BGB AT, § 10, Rn. 108, S. 221; *Steinbeck*, WuW 1996, 91, 92.

zwang anerkannt, der auf Aufnahme in einen wirtschafts- bzw. sozialmächtigen Verein/ Verband gerichtet ist[576]. Eine solche Verpflichtung zur Aufnahme kann sich dabei aus einer gesetzlichen Vorschrift ergeben. Um einen solchen Fall handelt es sich bei § 20 Abs. 6 GWB. Danach besteht ein Anspruch auf Aufnahme in eine Wirtschafts- und Berufsvereinigung sowie Güterzeichengemeinschaft, wenn die Ablehnung der Aufnahme eine sachlich nicht gerechtfertigte ungleiche Behandlung darstellt und zu einer unbilligen Benachteiligung des Unternehmens im Wettbewerb führen würde. Wirtschafts- und Berufsvereinigungen sind dadurch gekennzeichnet, daß sie wirtschaftliche und/oder berufliche Interessen ihrer Mitglieder wahrnehmen[577]. Im Bereich des Boxsports wurde beispielsweise ein Aufnahmeanspruch von Berufsboxern, Trainern, Punktrichtern und anderen im Berufssport tätigen Personen in den Bund Deutscher Berufsboxer auf § 27 GWB a. F. (jetzt § 20 Abs. 6 GWB) gestützt[578]. Selbst der DFB wurde bereits als »Berufsvereinigung« i. S. des § 27 GWB a. F. angesehen[579]. Nach einer in der Literatur vertretenen Ansicht werden angesichts der flächendeckenden Vermarktungstätigkeit sogar alle Spitzenverbände des Sports als Wirtschaftsvereinigungen i. S. des § 20 Abs. 6 GWB qualifiziert[580].

Sind trotz der zunehmenden Kommerzialisierung im Sport die Voraussetzungen des § 20 Abs. 6 GWB nicht erfüllt, weil ein Verband einmal nicht als Berufs- oder Wirtschaftsvereinigung qualifiziert werden kann oder dem Anspruchsteller die Unternehmenseigenschaft[581] fehlt[582], kann jedoch aus den allgemeinen Regelungen, nämlich aus den §§ 826, 249 BGB[583] bzw. aus dem Rechtsgedanken der §§ 20 Abs. 6 GWB, 826 BGB, ein Anspruch auf Aufnahme gegen den Verein/ Verband hergeleitet werden[584]. Teilweise wird

576 *Baecker*, Grenzen der Vereinsautonomie, S. 66; *Grunewald*, AcP 182 (1982), 181, 185.

577 *Langen/Schultz*, KartR, § 20, Rn. 262.

578 WuW/E BKartA 357, 359; vgl. hierzu auch *Grunewald*, AcP 182 (1982), 181, 208 f.; *Baecker*, Grenzen der Vereinsautonomie, S. 69 ff.

579 LG Frankfurt, NJW 1983, 761, 763; *Vollkommer*, RdA 1982, 16, 25; *Baecker*, Grenzen der Vereinsautonomie, S. 70 f.

580 PHBSportR/*Summerer* 2/111; *Steinbeck*, WuW 1996, 91, 96 f.

581 Vgl. zur Unternehmenseigenschaft i. S. des GWB § 9 II 1 a).

582 WuW/E OLG 2784; *Langen/Schultz*, KartR, § 20, Rn. 264; vgl. hierzu auch *Baecker*, Grenzen der Vereinsautonomie, S. 69 ff.

583 BGH, NJW 1959, 880 f.; NJW 1969, 316, 317; LG Frankfurt, ZIP 1989, 599, 601.

584 BGH, NJW 1975, 771 f.; NJW 1985, 1216; NZG 1999, 217, 218=DStR 1999, 331 ff.; OLG Frankfurt, WRP 1983, 35 ff.=WuW/E OLG 2784; AG Frankfurt aM, SpuRt 1999, 36 f.; DEB-Schiedsgericht, SpuRt 1997, 162 ff.; *Soergel-Hadding*, § 38, Rn. 13; *Reichert*, Handbuch des Vereins- und Verbandsrechts, Rn. 655, S. 208. ablehnend noch RGZ 60, 94, 103 f.; *Hohl*, Nominierung, S. 184 f.

ein Aufnahmeanspruch auch direkt aus den Grundrechten[585] bzw. dem Gleichbehandlungsgebot[586] oder aus einer Analogie zu den gesetzlich geregelten Fällen des Kontrahierungszwangs[587] abgeleitet. Anknüpfungspunkt für die Pflicht, potentielle Bewerber aufnehmen zu müssen, ist herrschender Ansicht nach nicht mehr nur eine Monopolstellung[588], sondern auch eine überragende wirtschaftliche bzw. soziale Machtstellung der Vereine/ Verbände[589]. Nicht entscheidend ist dabei, daß die betreffende Vereinigung eine derartige Machtstellung flächendeckend für das gesamte Bundesgebiet besitzt. Selbst Vereine und Verbände, deren Tätigkeitsfeld regional begrenzt ist, können ebenfalls eine überragende Machtstellung innehaben und daher einem Aufnahmezwang unterliegen[590].

Allein die wirtschaftliche bzw. soziale Machtstellung begründet jedoch noch keine Aufnahmepflicht. In Anlehnung an die Rechtsprechung des BGH besteht ein Anspruch auf Aufnahme in einen wirtschafts- bzw. sozialmächtigen Verein/ Verband dann, wenn »*die Ablehnung der Aufnahme, auch wenn das vom Text der Satzung gedeckt wird, zu einer – im Verhältnis zu bereits aufgenommenen Mitgliedern – sachlich nicht gerechtfertigten ungleichen Behandlung und unbilligen Benachteiligung eines die Aufnahme beantragenden Bewerbers führt.*«[591] Die §§ 826 BGB, 20 Abs. 6 GWB bilden dabei nur den dogmatischen Anknüpfungspunkt dieser Formel zur Begründung eines Aufnahmeanspruchs[592], so daß eine detaillierte Prüfung der einzelnen Tatbestandsmerkmale nicht erfolgt.

Letztendlich ist die dogmatische Grundlage für einen Aufnahmeanspruch in materiellrechtlicher Hinsicht[593] auch nur von nachrangiger Be-

---

585 *Nicklisch*, JZ 1976, 105, 107 ff.

586 *Baecker*, Grenzen der Vereinsautonomie, S. 74 ff.; *Larenz/ Wolf*, BGB AT, § 10, Rn. 109, S. 221 f.

587 *Grunewald*, AcP 182 (1982), 181, 202 ff.

588 Noch allein an die Monopolstellung anknüpfend BGH, NJW 1969, 316, 317; NJW 1975, 771 f.

589 BGH, NJW 1985, 1216; NJW 1987, 2503, 2504; NZG 1999, 217, 218=DStR 1999, 331 ff.; AG Frankfurt aM, SpuRt 1999, 36 f.; DEB-Schiedsgericht, SpuRt 1997, 162, 163; *Larenz/Wolf*, BGB AT, § 10, Rn. 109, S. 221 f.; *Nicklisch*, JZ 1976, 105, 109 f.; *Stöber*, Handbuch zum Vereinsrecht, Rn. 157, S. 114 ff.

590 BGH, GRUR 1986, 332, 333 f.; NZG 1999, 217, 218=DStR 1999, 331 ff.

591 BGH, NJW 1975, 771 f.; NJW 1985, 1216; GRUR 1986, 332, 333; NZG 1999, 217, 218=DStR 1999, 331 ff.; OLG Frankfurt, WRP 1983, 35 ff.=WuW/E OLG 2784; AG Frankfurt aM, SpuRt 1999, 36, 37; *Larenz/Wolf*, BGB AT, § 10, Rn. 109, S. 221 f.; *Markert* in *Immenga/Mestmäcker*, § 20, Rn. 372; PHBSportR/*Summerer* 2/113 f.

592 *Nicklisch*, JZ 1976, 105, 106 f.; *Hohl*, Nominierung, S. 184.

deutung. Ob der Aufnahmeanspruch aus dem Gleichbehandlungsgebot bzw. unmittelbar aus § 20 Abs. 6 GWB hergeleitet oder in Anlehnung an die §§ 826 BGB, 20 Abs. 6 GWB begründet wird, ist im Ergebnis unerheblich[594]. So lehnt beispielsweise der BGH in einer Entscheidung einen Aufnahmeanspruch, der sich aus § 826 BGB oder aus § 27 GWB a. F. ergeben könnte, aus ähnlichen Erwägungen heraus ab[595]. Entscheidend ist – unabhängig von der dogmatischen Grundlage – stets eine umfassende Abwägung der Interessen, wobei insbesondere die Grundrechtspositionen der Beteiligten über die Generalklauseln der §§ 826 BGB, 20 Abs. 6 GWB Eingang in die Interessenabwägung finden[596]. Überwiegen im Rahmen der Abwägung die Interessen des Bewerbers an der Aufnahme denjenigen des Verbandes/Vereins an der Ablehnung des Aufnahmegesuchs, führt die Ablehnung der Aufnahme aufgrund dessen zu einer unbilligen Benachteiligung des Bewerbers und stehen keine milderen gleichsam erfolgversprechenden Mittel zur Verfügung[597], hat der Bewerber einen Aufnahmeanspruch gegen den Verein/Verband[598]. Satzungsbestimmungen können der Aufnahme eines

593 Vgl. hierzu *Steinbeck* [WuW 1996, 91, 94], die eine Abgrenzung der Anspruchsgrundlagen unter anderem im Hinblick auf eine »methodische Genauigkeit« sowie die Zuständigkeit des anzurufenden Gerichts für erforderlich hält.

594 BGH, NJW 1969, 316, 317 f.; 1975, 771, 772; *Reichert*, Handbuch des Vereins- und Verbandsrechts, Rn. 656, S. 209; *Baecker*, Grenzen der Vereinsautonomie, S. 81.

595 BGH, NJW 1969, 316, 317 f.

596 BVerfG, NJW-RR 1989, 636; BGH, NZG 1999, 217, 218=DStR 1999, 331 ff.; AG Frankfurt aM, SpuRt 1999, 36, 37; vgl. auch *Nicklisch*, JZ 1976, 105, 109 f. (für unmittelbare Bindungswirkung der Grundrechte); *Hohl*, Nominierung, S. 185 ff.; *Reichert*, Handbuch des Vereins- und Verbandsrechts, Rn. 656, S. 209; vgl. auch *Baecker*, Grenzen der Vereinsautonomie, S. 74 ff.

597 Als ein milderes Mittel könnte beispielsweise in Betracht kommen, den Bewerber – soweit möglich – darauf zu verweisen, die seiner Aufnahme in den Verein/Verband entgegenstehenden Hindernisse zu beseitigen bzw. nicht einen Anspruch auf Aufnahme in den Verein/Verband, sondern lediglich einen Teilhabeanspruch an bestimmten Vereins- bzw. Verbandsleistungen zu gewähren.; vgl. BGH, NJW 1965, 316; OLG Stuttgart, JZ 1972, 49 ff.; *Grunewald*, AcP 182 (1982), 181, 201 f.; *Hohl*, Nominierung, S. 186 f.; *Reichert*, Handbuch des Vereins- und Verbandsrechts, Rn. 657, S. 209; *Steinbeck*, WuW 1996, 91, 98.

598 BGH, NJW 1985, 1216; GRUR 1986, 332, 333; NZG 1999, 217, 218=DStR 1999, 331; OLG Frankfurt, WRP 1983, 35 ff.=WuW/E OLG 2784; WuW/E OLG 2775,

Bewerbers dabei nur insoweit entgegenstehen, wie diese einer inhaltlichen Prüfung auf ihre sachliche Rechtfertigung standhalten[599].

b) Übertragung vereinsrechtlicher Grundsätze

Grundsätzlich kann ein Verein/Verband sowohl dem allgemeinen als auch dem besonderen Kontrahierungszwang, der einen Aufnahmeanspruch begründet, unterliegen[600]. Ziel einer Lizenz- bzw. Athletenvereinbarung ist es, Sportler an die Verbandsbestimmungen zu binden, um die Basis für die organisierte Sportausübung zu schaffen. Im Gegenzug erhalten die Athleten die Möglichkeit, am organisierten Sportgeschehen teilnehmen und Verbandsleistungen und -einrichtungen nutzen zu können. So sind beispielsweise die Spieler der Handballbundesligen mit Abschluß eines Vertrages (Spielausweis) mit dem DHB berechtigt, am Spielbetrieb einer der Bundesligen teilzunehmen[601]. Der DLV macht gem. § 7 1 Nr. 3 Leichtathletikordnung-DLV den Verbleib bzw. die Aufnahme in den Bundeskader vom Abschluß einer Athletenvereinbarung abhängig. Damit haben nur Sportler, die eine entsprechende Vereinbarung abgeschlossen haben, eine Chance, in die Nationalmannschaft berufen zu werden, um an internationalen Wettkämpfen teilnehmen bzw. bestimmte Förderleistungen beanspruchen zu können. Zweck einer Lizenz- bzw. Athletenvereinbarung ist aber gerade nicht, die unmittelbare Verbandsmitgliedschaft zu begründen[602]. Diese dem Abschluß einer Lizenz- bzw. Athletenvereinbarung zugrunde liegende Interessenlage spricht daher auf den ersten Blick gegen die Anwendung der Grundsätze

---

2777; OLG Düsseldorf, NJW-RR 1987, 503 f.; AG Frankfurt aM, 1999, 36, 37; *Larenz/Wolf*, BGB AT, § 10, Rn. 109, S. 222; *Soergel-Hadding*, § 38, Rn. 13; PHB-SportR/*Summerer* 2/120.

599 BGH, NJW 1975, 771 f.; AG Frankfurt aM, SpuRt 1999, 36 f.; *Soergel-Hadding*, § 38, Rn. 13; *Stöber*, Handbuch zum Vereinsrecht, Rn. 157, S. 114 ff.; *Nicklisch*, JZ 1976, 105, 110 f.

600 Zum Verhältnis des allgemeinen zum besonderen Kontrahierungszwang vgl. *Grunewald*, AcP 182 (1982), 181, 198 ff.; *Edenfeld*, Rechtsbeziehungen, S. 132 ff.

601 §§ 66, 67 Spielordnung-DHB; vgl. auch §§ 1 Nr. 4, 11 ff. Lizenzspielerstatut-DTTB; § 4 1 d Satzung-Ligaverband i. V. m. Lizenzordnung Spieler des Ligaverbandes (Teilnahme am Spielbetrieb des Lizenzfußballs).

602 Vgl. § 4 IV 2.

zum Aufnahmezwang und legt es vielmehr nahe, die Regelungen des allgemeinen Kontrahierungszwangs anzuwenden[603].

Eine Lizenz- bzw. Athletenvereinbarung ist jedoch kein Austauschvertrag. Die Unterwerfung der Sportler unter das Regelwerk steht nämlich nicht in einem Gegenseitigkeitsverhältnis zu dem Recht, Verbandseinrichtungen und -leistungen nutzen zu dürfen. Vielmehr sind Sportler und Verband dem Verbandszweck als gemeinsamen Interesse verpflichtet. Ihnen obliegen insoweit auf die gemeinsame Zweckverfolgung hin ausgerichtete gegenseitige Treue- und Förderpflichten. Die Sportler erwerben mit einer Lizenz- bzw. Athletenvereinbarung deshalb eine der Mitgliedschaft ähnliche Rechtsposition[604]. Ein Anspruch auf Aufnahme in einen Verein/ Verband ist freilich gerade auf die Begründung der Mitgliedschaft als ein korporatives Rechtsverhältnis gerichtet. Unterliegt ein Verein/ Verband einem Aufnahmezwang, so ist dieser verpflichtet, mit dem Bewerber einen die Mitgliedschaft begründenden Aufnahmevertrag abzuschließen. Sowohl der allgemeine Kontrahierungszwang als auch der Aufnahmeanspruch statuieren demzufolge jeweils eine Pflicht zum Abschluß eines Vertrages. Im Unterschied zum allgemeinen Kontrahierungszwang wird mit der Aufnahme in einen sozial bzw. wirtschaftlich mächtigen Verein/ Verband jedoch ein korporatives Rechtsverhältnis – die Mitgliedschaft – begründet.

Mit Abschluß einer Lizenz- bzw. Athletenvereinbarung entsteht ebenfalls ein der Mitgliedschaft ähnliches korporatives Rechtsverhältnis. Die Sportler werden in einem sachlich begrenzten Umfang hinsichtlich der Regelbindung den unmittelbaren Mitgliedern gleichgestellt. Dem als gemeinsamen Interesse beider verfolgten Verbandszweck entsprechend, erhalten sie damit die Möglichkeit, am organisierten Sportgeschehen teilnehmen zu können. Obwohl gerade keine unmittelbare Mitgliedschaft begründet werden soll, sind wegen der mitgliedschaftsähnlichen Rechtsnatur dennoch die Grundsätze zum vereinsrechtlichen Aufnahmezwang entsprechend anzuwenden[605]. Ob ein Verband danach verpflichtet ist, mit einem bestimmten Sportler eine Athleten- bzw. Lizenzvereinbarung abzuschließen, ist demzufolge anhand einer umfassenden Interessenabwägung zu ermitteln.

---

603 So speziell für den Abschluß eines Nominierungsvertrages *Hohl*, Nominierung, S. 190 ff.; Im Ergebnis wohl auch *Vollkommer* [NJW 1983, 726, 727], der selbst einen Anspruch auf Abschluß eines Lizenzvertrages zwischen Verband und Verein auf die §§ 35, 26 Abs. 2 GWB a. F. stützt.; vgl. auch LG Frankfurt aM, NJW 1983, 761, 763.

604 Vgl. im einzelnen § 4 IV 2.

605 Offen gelassen *Imping*, Fußballspieler, S. 226; gegen eine Ausdehnung des Anwendungsbereichs der §§ 826 BGB, 20 Abs. 6 GWB *Hohl*, Nominierung, S. 190 f.

3. Interessenabwägung

Im Rahmen der Abwägung sind die Interessen des Verbandes, mit einem Sportler keine Athleten- bzw. Lizenzvereinbarung abzuschließen, den Interessen des betreffenden Sportlers am Abschluß einer solchen Vereinbarung gegenüberzustellen. Unter der Voraussetzung, daß ein sachliches Interesse des Verbandes an der Zurückweisung eines Sportlers nicht besteht, die Zurückweisung damit unbillig ist, ist ein Anspruch auf Abschluß einer Athleten- bzw. Lizenzvereinbarung zu bejahen[606]. In die Interessenabwägung sind – in gleicher Weise wie beim Aufnahmeanspruch in einen wirtschafts- bzw. sozialmächtigen Verein/ Verband – über die zivilrechtlichen Generalklauseln[607] die grundrechtlich geschützten Rechtspositionen von Verband und Sportler einzubeziehen.

a) Tangierte Grundrechtspositionen von Verband und Sportler

Im Rahmen der Abwägung ist auf Seiten des Verbandes vor allem Art. 9 Abs. 1 GG zu berücksichtigen. Art. 9 Abs. 1 GG garantiert nicht nur das Recht, einen Verein frei zu gründen. Die Vereine sind vielmehr auch berechtigt, das Vereinsleben eigenverantwortlich durch die Satzung, Beschlüsse der Mitgliederversammlung bzw. Maßnahmen anderer Vereinsgremien zu gestalten. Zum autonomen Regelungsbereich eines Vereins zählt dabei auch die Befugnis, die Rechtsverhältnisse zu den Mitgliedern und zu Dritten eigenständig zu gestalten[608]. Deshalb ist neben dem Recht des Verbandes, die Mitglieder unbeeinflußt auszuwählen und grundsätzlich keine Mitglieder aufnehmen zu müssen[609], auch die Freiheit eines Verbandes, sich die Vertragspartner für eine Athleten- bzw. Lizenzvereinbarung selbstverantwortlich und unbeeinflußt auswählen zu können, vom Schutzbereich des Art. 9 Abs. 1 GG erfaßt.

Dem stehen die schutzwürdigen Rechtspositionen der um Abschluß einer Athleten- bzw. Lizenzvereinbarung nachsuchenden Sportler gegenüber.

---

606 Vgl. allgemein hierzu BGH, NJW 1985, 1216; AG Frankfurt aM, SpuRt 1999, 36, 37.

607 Vgl. zur mittelbaren Drittwirkung der Grundrechte im Zivilrecht BVerfGE 7, 198, 206; BVerfG, NJW 1990, 1469, 1470; NJW 1994, 36, 38; *Larenz/Wolf*, BGB AT, § 10, Rn. 50 ff., S. 107 f.; *Palandt-Heinrichs*, § 242, Rn. 7 f.

608 Vgl. § 3 I.

609 Vgl. BGH, NJW 1969, 316, 317; NZG 1999, 217, 218=DStR 1999, 331 ff.; AG Frankfurt aM, SpuRt 1999, 36, 37; *Larenz/Wolf*, BGB AT, § 9 Rn. 32, S. 174.

Gerade im Bereich der populären und medienwirksamen Sportarten betreiben Sportler ihre Sportart immer häufiger als Vollzeitberuf. Einer anderweitigen Erwerbstätigkeit können sie aufgrund des Zeitaufwands für Training, Wettkämpfe etc. regelmäßig nicht mehr nachgehen. Daher bestreiten die Sportler mit der Sportausübung nicht selten ihren Lebensunterhalt. Die auf Dauer angelegte und der Schaffung und Aufrechterhaltung der Lebensgrundlage dienenende Tätigkeit genießt gem. Art. 12 Abs. 1 GG grundrechtlichen Schutz. Das Grundrecht der Berufsfreiheit gewährleistet dem Einzelnen dabei das Recht, jede Tätigkeit als Beruf zu ergreifen, und diese damit zur Grundlage seiner Lebensführung zu machen[610]. Der Schutzbereich des Art. 12 Abs. 1 GG umfaßt somit auch die Tätigkeit von Profisportlern[611], wobei der Anwendungsbereich des Art. 12 Abs. 1 GG nicht auf die sportliche Betätigung reiner Profisportler beschränkt ist. Vielmehr ist der Schutzbereich schon eröffnet, wenn die Sportler eine Sportart in ideeller und teilweise auch materieller Hinsicht zur Schaffung und Aufrechterhaltung einer Lebensgrundlage betreiben[612]. So unterfällt beispielsweise die Tätigkeit sogenannter Vertragsamateure im Fußballsport, die für ihre Tätigkeit ein über eine reine Aufwandsentschädigung hinausgehendes Entgelt erhalten, dem Schutzbereich des Art. 12 Abs. 1 GG[613]. Neben Art. 12 Abs. 1 GG genießt die sportliche Betätigung auch durch die in Art. 2 Abs. 1 GG garantierte allgemeine Handlungsfreiheit grundrechtlichen Schutz[614]. Wegen des subsidiären Charakters dieses Grundrechts gegenüber spezielleren Grundrechten[615] erlangt der Schutz der sportlichen Betätigung durch Art. 2 Abs. 1 GG jedoch nur in den Fällen Bedeutung, in denen eine Sportart nicht als Beruf ausgeübt wird. Im Rahmen der Abwägung kann außerdem Art. 3 Abs. 1 GG Bedeutung erlangen, wenn der Verband bereits mit Sportlern, die ähnliche Voraussetzungen wie der Bewerber erfüllen, eine Athleten- bzw. Lizenzvereinbarung abgeschlossen hat[616].

---

610 BVerfG, NJW 1981, 33; NJW 1998, 1627; BGH, NJW 1999, 3552 mwN.

611 BGH, NJW 1999, 3552; NJW 2000, 1028=WM 1999, 2319 ff.; PHBSportR/*Fritzweiler* 1/6; *Krogmann*, Grundrechte im Sport, S. 36 ff.; *Streinz*, SpuRt 2000, 221, 226.

612 PHBSportR/*Fritzweiler* 1/6; ausführlich *Krogmann*, Grundrechte im Sport, S. 38 ff.; *Buchberger*, Überprüfbarkeit sportverbandsrechtlicher Entscheidungen, S. 87 ff.; *Jarass/Pieroth*, Art. 12, Rn. 4.

613 BGH, NJW 1999, 3552.

614 BVerfGE 6, 32, 36 ff.; 8, 274, 328; PHBSportR/*Fritzweiler* 1/4; *Krogmann*, Grundrechte im Sport, S. 47 f.; *Steiner*, DÖV 1983, 173, 174.

615 BVerfGE 6, 32, 37; *Jarass/Pieroth*, Art. 2, Rn. 2; v.*Münch/Kunig*, Art. 2, Rn. 12, 88.

616 Vgl. zur Bedeutung des Art. 3 Abs. 1 GG hinsichtlich des Aufnahmezwangs BVerfG, NJW-RR 1989, 636; *Hohl*, Nominierung, S. 187.

b) Der »Vorbehalt des Möglichen« als Grenze des Kontrahierungszwangs

Die Organisationsstruktur des Sports in Deutschland ist so gestaltet, daß es die Sportverbände sind, die den Zugang zum Leistungs- und Profisport eröffnen. Sie stellen Trainingsmöglichkeiten und eine entsprechende Betreuung zur Verfügung, bestimmen die Spiel- und Wettkampfregelungen, organisieren Wettkämpfe, nominieren Sportler für nationale oder internationale Wettkämpfe, etc. Will jemand als Berufssportler oder Amateur am organisierten Sportgeschehen auf nationaler oder internationaler Ebene teilnehmen, ist er auf die Leistung des für die betreffende Sportart zuständigen Verbandes angewiesen. Aufgrund der pyramidenförmigen Organisationsstruktur und des »Ein-Platz-Prinzips«[617] schafft jedoch jeweils nur ein Verband die für die organisierte Ausübung einer Sportart notwendigen infrastrukturellen Voraussetzungen. Die Sportler sind demnach darauf angewiesen, mit dem betreffenden nationalen (Spitzen)Verband in rechtsgeschäftliche Beziehungen zu treten, um ihre Sportart und damit im Bereich des Profi- und Leistungssports ihren Beruf ausüben zu können. Ein Ausweichen auf andere Verbände ist wegen der monopolartigen Organisationsstruktur des Sports nicht möglich.

Diese besondere Machtposition der Verbände, Zugang und Ausübung des Berufs- und Amateursports nachhaltig zu regeln, beschränkt deren Befugnis zur freien Auswahl der Vertragspartner. Für eine derartige Einschränkung der Abschlußfreiheit spricht zudem bereits der selbstgesetzte Verbandszweck, wonach die Sportverbände sich zum Ziel gesetzt haben, flächendeckend die für die Ausübung einer Sportart notwendige einheitliche Bindung aller Sportler an die Spiel- und Wettkampfregelungen zu schaffen. Dieses Ziel läßt sich mit Abschluß einer Lizenz- bzw. Athletenvereinbarung grundsätzlich erreichen. Außerdem sind die Sportler trotz des mitgliedschaftsähnlichen Charakters einer solchen Vereinbarung an der Willensbildung und -betätigung im Verband generell nicht beteiligt. Insoweit droht durch den Abschluß einer Lizenz- bzw. Athletenvereinbarung mit sämtlichen Bewerbern keine die Verfolgung des Verbandszwecks ge-

617 Vgl. § 3 II, III.

fährdende Beeinträchtigung der Verbandstätigkeit[618], wie sie mit der Aufnahme aller Sportler in den Verband einhergehen könnte[619].

Neben diesen, für eine weitgehende Einschränkung der Wahlfreiheit der Verbände sprechenden Argumenten, gibt es jedoch auch Gründe, die gegen eine Pflicht des Verbandes sprechen, mit jedem Bewerber eine Lizenz- bzw. Athletenvereinbarung abschließen zu müssen. So erhalten die Sportler mit Abschluß einer Athleten- bzw. Lizenzvereinbarung zwar keine mitgliedschaftlichen Gestaltungsrechte. Gleichwohl ist der Verband wegen des mitgliedschaftsähnlichen Charakters verpflichtet, den Athleten dem eigenen Verbandszweck folgend, bestimmte Leistungen und Einrichtungen zur Verfügung zu stellen[620]. Hierzu zählen Teilnahmemöglichkeiten an verbandsseitig organisierten Wettkämpfen, die Nominierung durch den Verband für internationale Wettbewerbe, die Betreuung durch Verbandstrainer, Physiotherapeuten etc. Hierbei handelt es sich jedoch um Verbandsleistungen, die typischerweise nur einer eingeschränkten Zahl von Sportlern zur Verfügung gestellt werden können. Gerade für den auf nationaler bzw. internationaler Ebene betriebenen Sport ist es charakteristisch, daß auf einem derartigen Niveau nur eine begrenzte Anzahl von Sportlern mit besonderen Fähigkeiten Sport treiben können. In manchen Sportarten entfallen jedoch allein in den Zuständigkeitsbereich eines einzigen Verbandes mehrere 100.000, teilweise sogar einige Millionen Sportler[621]. Angesichts einer solchen – die Kapazitäten eines Verbandes übersteigenden – Vielzahl potentieller Vertragspartner kann der Verband nicht zum Abschluß einer Lizenz- bzw. Athletenvereinbarung mit jedem Interessenten verpflichtet sein[622]. Infolge der faktischen Grenzen, Verbandsleistungen und -einrichtungen zur

618 Das Argument möglicher Erschwernisse bei der Willensbildung innerhalb eines Verbandes spricht dafür, daß ein Verband trotz einer überragenden Machtstellung nicht jedem Bewerber die Verbandsmitgliedschaft gewähren muß.; vgl. *Nicklisch*, JZ 1976, 105, 111.

619 Vgl. hierzu § 5 I 1.

620 Vgl. Muster einer Athletenvereinbarung abgedruckt bei *Niese*, in Akademieschrift 49, S. 7 ff.; *Haas/Prokop*, SpuRt 1996, 187, 189 ff.; *Prokop*, in Akademieschrift 49, S. 19 ff.; *Fikentscher/Schmitt/Sonn*, SpuRt 1999, 89 ff.; vgl. auch *Haas/Prokop*, SpuRt 1996, 109, 111 f.

621 Vgl. Bestandserhebung des DSB zu den Mitgliederzahlen der Spitzenverbände Stand 31.12.2000; WWW-Server des DSB (http://www.dsb.de) »Ranking der Spitzenverbände«.

622 Vgl. BGH NJW 1973, 35 f.; NJW 1975, 771; In diesen Entscheidungen erkennt der BGH die Sicherung der Funktionsfähigkeit des Vereins als berücksichtigungswürdigen Aspekt bei der Frage der Verpflichtung zur Aufnahme neuer bzw. im Rahmen eines Ausschlusses von Mitgliedern aus dem Verein an.; vgl. auch *Nicklisch*, JZ 1976, 105, 111.

Verfügung stellen zu können, tritt das Interesse der Sportler, mit Abschluß einer Athleten- bzw. Lizenzvereinbarung Zugang zum organisierten Sport auf nationaler bzw. internationaler Ebene zu erhalten und eine entsprechende Betreuung seitens des Verbandes zu erfahren, hinter das Interesse des Sportverbandes an der Auswahl seiner Vertragspartner zurück. Die Kontrahierungspflicht des Verbandes und damit auch die grundrechtlich geschützte Möglichkeit, Sport auf einem bestimmten Niveau treiben zu können, stehen demzufolge trotz der Monopolstellung der Sportverbände unter dem »Vorbehalt des Möglichen«[623].

Auch wenn ein Sportverband nicht verpflichtet ist, mit jedem Interessenten eine Athleten- bzw. Lizenzvereinbarung abzuschließen, kann dieser dennoch bei der Auswahl der Vertragspartner nicht willkürlich entscheiden. Die Kriterien, anhand derer ein Verband die Vertragspartner einer Lizenz- bzw. Athletenvereinbarung auswählt, müssen ihrerseits sachlich gerechtfertigt sein und nicht nur die Verbandsinteressen, sondern auch diejenigen der um einen Vertragsschluß nachsuchenden Sportler berücksichtigen[624].

c) Kriterien für die Auswahl der Sportler

Die grundrechtlich geschützte Vereinsautonomie gewährt den Verbänden das Recht, sämtliche das Verbandsleben betreffenden Entscheidungen eigenständig zu treffen. Hiervon ist auch das Recht umfaßt, Kriterien für die Auswahl derjenigen Sportler aufzustellen, mit denen eine Athleten- bzw. Lizenzvereinbarung geschlossen werden soll. Denn soweit es dem Satzungszweck von Verbänden entspricht, Nichtmitglieder vertraglich an die Verbandsbestimmungen zu binden und ihnen Verbandsleistungen und -einrichtungen zur Verfügung zu stellen[625], ist es von der Zwecksetzungskompetenz mit umfaßt, Kriterien für die Auswahl der in Frage kommenden Vertragspartner aufzustellen[626]. Der Verband ist aber nicht nur berechtigt, eigenständig Auswahlkriterien aufzustellen. Vielmehr begrenzt der autonom gesetzte Verbandszweck auch die Bandbreite möglicher Kriterien. Da der Verband auf die Verwirklichung seines Verbandszwecks hin ausgerichtet ist, müssen die Auswahlkriterien ihrerseits durch den Verbandszweck legi-

623 Vgl. auch *Hohl*, Nominierung, S. 200 f. unter Verweis auf die »numerus-clausus« Rechtsprechung des BVerfG.

624 Vgl. für die eine Aufnahme in einen Verein regelnden Satzungsbestimmungen *Nicklisch*, JZ 1976, 105, 111.

625 Vgl. § 6 I 2 sowie die folgenden Ausführungen.

626 Speziell für das Lizenzierungsverfahren *Krogmann*, Grundrechte im Sport, S. 97 f.

timiert sein[627]. Darüber hinaus sind bei der Auswahl auch die schutzwürdigen Rechtspositionen der Sportler ausreichend zu berücksichtigen. Im folgenden sollen mögliche, durch den Verbandszweck legitimierte, Auswahlkriterien dargelegt werden, wobei die Ausführungen keinen Anspruch auf Vollständigkeit erheben.

aa) Sportliche Leistungsfähigkeit

Neben der Schaffung und Durchsetzung einheitlicher Regelungen für die Sportausübung zählt zu den satzungsmäßigen Zwecken nationaler Spitzenverbände die Förderung des Leistungssports[628]. Deshalb gehört es zu den Aufgaben der Verbände, Leistungssportlern die intensive Nutzung von Verbandseinrichtungen und -leistungen zu ermöglichen. Hierzu zählen unter anderem Trainingsmöglichkeiten, eine professionelle Betreuung, Teilnahmemöglichkeiten an Verbandswettkämpfen, die Nominierung zu internationalen Wettbewerben etc. Mit Abschluß einer Lizenz- bzw. Athletenvereinbarung sind die Sportler berechtigt, derartige Verbandsleistungen und -einrichtungen zu nutzen. Ist eine Athleten- bzw. Lizenzvereinbarung demnach für Leistungssportler konzipiert[629], ist die sportliche Leistungsfähigkeit eines Athleten ein durch den Verbandszweck legitimiertes Auswahlkriterium.

Wie die vom Sportler zu erfüllenden Leistungskriterien auszugestalten sind, hängt nicht unerheblich davon ab, ob es sich um eine Mannschafts- oder Individualsportart handelt. Bei letzterer kommt es in einem erheblichen Maße auf objektive Leistungskriterien, wie etwa erreichte Plazierungen bei Wettkämpfen oder etwa erzielte Zeiten, Weiten oder Punkte an. Auch im Mannschaftssport ist die sportliche Leistungsfähigkeit des Einzelnen selbstverständlich ebenfalls ein wesentliches Entscheidungskriterium. Bei Mannschaftssportarten entscheidet über Sieg oder Niederlage aber regelmäßig die gesamte Mannschaftsleistung und nicht nur diejenige eines Einzelnen. Im Gegensatz zu den Individualsportarten sind daher neben der sportlichen Leistungsfähigkeit auch individuelle Eigenschaften wie etwa die Fähigkeit, sich in eine Mannschaft integrieren zu können, ausschlaggebend. So kann ein Verband nicht verpflichtet werden, mit einem sportlich

---

627 Im Hinblick auf Satzungsbestimmungen, die Kriterien für den Erwerb der Mitgliedschaft aufstellen, *Grunewald*, AcP 182 (1982), 181, 211; vgl. auch *Hohl*, Nominierung, S. 187; *Nicklisch*, JZ 1976, 105, 111.

628 *Niese*, Sport im Wandel, S. 17; vgl. auch § 2 k DHB-Satzung; § 2 DLV-Satzung.

629 Vgl. *Haas/Prokop*, SpuRt 1996, 109, 110.

an sich qualifizierten der Mannschaft jedoch schadenden Sportler zu kontrahieren.

Ist das Kriterium der sportlichen Leistungsfähigkeit zwar im Hinblick auf die Verfolgung des Verbandszwecks legitimiert, ist es sachlich dennoch nur gerechtfertigt, wenn es die schutzwürdigen Rechtspositionen der Sportler berücksichtigt[630]. Das ist der Fall, soweit eine Auswahl anhand der sportlichen Leistungsfähigkeit die grundrechtlich geschützten Rechtspositionen der Berufs- und Leistungssportler nicht unangemessen einschränkt. Charakteristisch für den Berufs- und Leistungssport ist es, daß diesen nur Sportler mit besonderen Begabungen ausüben können. Der besondere Reiz eines Sportwettkampfs beruht nämlich gerade darauf, daß sich annähernd gleich starke Gegner im Wettkampf gegenüber stehen[631]. Ließe man demgegenüber sämtliche interessierten Sportler bei nationalen oder internationalen Wettkämpfen starten, würde eine Sportart ihren besonderen Reiz für die Teilnehmer, Zuschauer und Sponsoren verlieren[632]. Würde infolgedessen die Basis für eine wettkampfmäßige Sportausübung entfallen, könnte eine Sportart nicht mehr als Beruf ausgeübt werden. Ist eine Auswahl von Sportlern anhand sportlicher Kriterien also notwendige Voraussetzung für den Berufs- und Leistungssport, können solche Kriterien nicht gleichzeitig die grundrechtlich geschützten Interessen der Sportler in unzulässiger Weise einschränken[633].

bb) Persönliches Erscheinungsbild

Zu den Verbandszwecken zählt weiterhin die Repräsentation einer Sportart im In- und Ausland[634]. Dies geschieht zum einen durch die Mitgliedschaft der nationalen Spitzenverbände in Kontinental- bzw. Weltverbänden. Andererseits wird ein Verband aber auch gerade durch die von ihm nominierten Sportler bei nationalen und internationalen Wettkämpfen repräsentiert. Deshalb ist es durch den Verbandszweck legitimiert, wenn Verbände ihre Auswahlentscheidung nicht nur anhand sportlicher Kriterien treffen, sondern auch das persönliche Erscheinungsbild und Auftreten eines Sportlers in der Öffentlichkeit berücksichtigen. Steht das Verhalten eines Sportlers

630 *Streinz*, SpuRt 2000, 221, 226.

631 Vgl. auch EuGH, NJW 2000, 2011, 2014 f. Rn. 64 ff.=SpuRt 2000, 148 ff.

632 Vgl. § 2.

633 Vgl. zur Rechtmäßigkeit von Nominierungsentscheidungen FAZ Nr. 87, Mittwoch 12. 4. 2000, S. 46.; EuGH, NJW 2000, 2011 ff.

634 Vgl. § 4 DFB-Satzung; § 2 DHB-Satzung; § 2 DTB-Satzung; § 2 DLV-Satzung.

im Widerspruch zu den Verbandszwecken, ist ein Sportverband berechtigt, von einem Vertragsschluß Abstand zu nehmen. So ist es aufgrund der politischen[635] und konfessionellen Neutralität der Verbände nicht zu beanstanden, wenn ein sportlich qualifizierter Athlet nicht berücksichtigt wird, weil dieser das breite Interesse in der Öffentlichkeit an einer Sportart zur Werbung für radikal politische Parteien bzw. religiöse Sekten nutzt oder bei Sportwettkämpfen nachdrücklich für die Freigabe von Dopingmitteln eintritt und damit die Glaubwürdigkeit eines Verbandes im Kampf gegen Doping untergräbt. Blieben solche Verhaltensweisen bei der Auswahlentscheidung hingegen unberücksichtigt, bestünde die Gefahr, daß der sportliche Vergleich in den Hintergrund tritt und lediglich als Mittel zur Erreichung anderweitiger Ziele mißbraucht wird. Hierdurch würde der Sport freilich in seiner Gesamtheit seine charakteristischen Merkmale und Reize verlieren. Der Verband ist mithin zwar berechtigt, den Vertragsschluß davon abhängig zu machen, daß sich die Sportler bei der Sportausübung an das Neutralitätsgebot des Verbandes halten. Doch sind gerade dann, wenn der Auswahlentscheidung Moralvorstellungen der Verbände zugrunde gelegt werden, die zudem nicht den ethischen Standards der Durchschnittsgesellschaft entsprechen müssen[636], in besonderer Weise die grundrechtlich geschützten Rechtspositionen der Sportler zu berücksichtigen.

4. Zusammenfassung

Sportverbände können in entsprechender Anwendung der vereinsrechtlichen Grundsätze zum Aufnahmezwang zum Abschluß einer Athleten- bzw. Lizenzvereinbarung verpflichtet sein. Trotz Monopolstellung besteht jedoch keine Pflicht, mit jedem Interessenten eine Lizenz- bzw. Athletenvereinbarung abzuschließen. Dennoch kann der Verband nicht willkürlich darüber entscheiden, mit welchen Sportlern er kontrahieren will. Vielmehr muß die Auswahlentscheidung anhand von Auswahlkriterien getroffen werden, die im Hinblick auf den verfolgten Verbandszweck legitimiert sind und die grundgesetzlich geschützten Rechtspositionen der Athleten berücksichtigen. Beachtet ein Verband bei der Auswahl seiner Vertragspartner nicht

---

635 Vgl. zur Anerkennung des parteipolitischen Neutralitätsgebots als Rechtfertigung für die Ablehnung eines Aufnahmebegehrens BVerfG, NJW-RR 1989, 636; vgl. auch BGH, NJW 1985, 1216 f.; *Nicklisch*, JZ 1976, 105, 106.

636 *Steiner*, DÖV 1983, 173, 175; *ders.*, NJW 1991, 2729, 2733; PHBSportR/*Fritzweiler* 1/9; *Krogmann*, Grundrechte im Sport, S. 57; *Röhricht*, in Akademieschrift 39, S. 12; *Pfister*, in Festgabe Zivilrechtslehrer 1934/1935, S. 457, 465.

die aufgezeigten Grenzen, überwiegen bei sachgerechter Gewichtung der gegenläufigen Interessen von Verband und Sportler vielmehr diejenigen des Sportlers am Abschluß einer Lizenz- bzw. Athletenvereinbarung, so steht dem abgewiesenen Sportler ein Anspruch auf Vertragsschluß zu.

3. Kapitel
Athleten- bzw. Lizenzvereinbarungen und Grenzen der inhaltlichen Gestaltungsfreiheit

Sind der Abschlußfreiheit gewisse Grenzen gesetzt, so stellt sich nachfolgend die Frage, ob auch die inhaltliche Gestaltungsfreiheit von Athleten- bzw. Lizenzvereinbarungen begrenzt ist. Bei der Beantwortung dieser Frage ist zu berücksichtigen, daß das Sportrecht von einer gewissen Zweispurigkeit der Rechtsquellen geprägt ist[637]. Hierbei handelt es sich zum einen um das von den Sportverbänden privatautonom geschaffene Verbandsrecht und zum anderen um das allgemeingültige staatliche Recht. Zwischen beiden Rechtsquellen besteht dabei nicht selten ein gewisses Spannungsverhältnis. Zu klären ist daher, ob und inwieweit staatliche Rechtsnormen die autonome Regelungsbefugnis der Verbände beschränken können, so daß sich Grenzen für die inhaltliche Gestaltungsfreiheit von Athleten- bzw. Lizenzvereinbarungen ergeben.

§ 8 Regelungsbefugnis der Verbände und Vereinsautonomie

Grundsätzlich ist es eine autonome Angelegenheit des Sports, eigene Regelungen zu setzen sowie den Sportbetrieb zu organisieren und durchzuführen. Diese Aufgabe wird typischerweise von den Sportverbänden wahrgenommen. Hierfür schafft die Vereinsautonomie einen Freiraum, innerhalb dessen die Verbände ihre internen Angelegenheit selbständig und eigenverantwortlich durch ein von ihnen selbst geschaffenes Regelwerk ordnen können[638]. Die Vereinsautonomie gewährt dabei nicht nur das Recht, die Rechtsbeziehungen zu den Mitgliedern zu regeln, sondern auch dasjenige zur Regelanwendung, was insbesondere auch die Befugnis umfaßt, Regelverstöße zu sanktionieren[639]. Diese autonome Regelungsbefugnis besteht dabei auch in bezug auf Nichtmitglieder, die sich vertraglich zur Einhaltung

637 *Vieweg*, JuS 1983, 825; PHBSportR/*Pfister* Einleitung/6 ff.

638 *Röhricht*, in Akademieschrift 39, S. 12; PHBSportR/*Pfister* Einleitung/11 f.; *ders.*, in FS für W. Lorenz, S. 171, 180, 191 f.; *Westermann*, in FS für F. Rittner, S. 771, 772; vgl. auch Schlußanträge des Generalanwalts *Lenz* in der Rs. C-415/93 (Bosman), EuGRZ 1995, 459, 496.

639 Vgl. § 3 I.

des Regelwerks für die Zukunft verpflichtet haben. Damit ist dem Verband Mitgliedern und vertraglich gebundenen Nichtmitgliedern gegenüber gleichermaßen die Befugnis verliehen, durch Erlaß von Regelungen das Rechtsverhältnis inhaltlich zu gestalten[640]. Regelsetzung und -anwendung im organisierten Sport sind demnach keine staatlichen Aufgaben, sondern dem Bereich der Privatautonomie zuzurechnen[641].

I. Die sportliche Zweckverfolgung

Regelungsanspruch der Spitzenverbände ist es dabei, die für die organisierte Sportausübung notwendigen infrastrukturellen Voraussetzungen zu schaffen. Hierzu zählt neben der Organisation eines Ligasystems bzw. nationaler oder internationaler Meisterschaften, dem Erlaß von Qualifikations- und Zulassungsregeln zu Wettkämpfen vor allem die Schaffung eines einheitlichen Regelwerks für die Sportausübung. Denn erst einheitliche Spiel- und Wettkampfregelungen ermöglichen die für die organisierte Sportausübung notwendige Vergleichbarkeit sportlicher Leistungen[642]. Hierzu zählen Regelungen, die die Art und Weise der Sportausübung normieren; d. h. die Spiel- bzw. Wettkampfstätte, das Wettkampfziel, die Spielbzw. Wettkampfdauer, die Zahl der Teilnehmer, das Sportgerät, die Ausrüstung der Sportler, die Bewertung der sportlichen Leistung, die Sportkleidung etc. festlegen[643]. Die Verbände können aber nicht nur privatautonom darüber entscheiden, nach welchen Regeln die Sportarten ausgeübt und sportliche Leistungen bewertet werden sollen. Die Vereinsautonomie umfaßt weitergehend auch die Befugnis, eigene sportethische Werte und Maßstäbe – wie insbesondere Chancengleichheit, Fairplay oder politische und konfessionelle Neutralität – zu definieren[644]. Es liegt damit grundsätzlich in der Macht der Sportverbände zu bestimmen, was als unsportliches bzw. un-

640 Vgl. § 4 IV; *Prokop*, Dopingverbote, S. 110.

641 BGH, NJW 1995, 583, 584; *Steiner*, NJW 1991, 2729, 2730; PHBSportR/*Pfister* Einleitung/9; *ders.*, SpuRt 1998, 221, 222.

642 BGH, NJW 1995, 583, 584; PHBSportR/*Pfister* Einleitung/14; *ders.*, in FS für W. Lorenz, S. 171, 180; PHBSportR/*Summerer* 2/3; vgl. auch § 2.

643 Vgl. *Vieweg*, JuS 1983, 825, 828 f.

644 BGH, DStR 1999, 331 f.; *Steiner*, DÖV 1983, 173, 175; *ders.*, NJW 1991, 2729, 2730; *Röhricht*, in Akademieschrift 39, S. 12; PHBSportR/*Pfister* Einleitung/11; *ders.*, in FS für W. Lorenz, S. 171, 181 f.; *ders.*, in Festgabe Zivilrechtslehrer 1934/1935, S. 457, 465; *Prokop*, Dopingverbote, S. 111; allgemein hierzu BVerfGE 50, 290, 354 f.

faires Verhalten zu werten und wie dieses zu sanktionieren ist[645]. Regelwidriges Verhalten kann dabei nicht etwa nur durch wettkampfbezogene Maßnahmen, wie eine Disqualifikation, geahndet werden. Die Verbände sind vielmehr berechtigt, bestimmte von ihnen als unsportlich definierte Verhaltensweisen – beispielsweise die Einnahme verbotener Dopingmittel – mit einer Wettkampfsperre oder einer Geldstrafe zu belegen[646]. Hierzu kann eine verbandsrechtliche Rechts- und Verfahrensordnung ein förmliches Verfahren und möglicherweise Rechtsmittel gegen Entscheidungen der Verbandsorgane vorsehen.

Die privatautonome Regelungsbefugnis ist freilich nicht darauf beschränkt, dem Regelungsanspruch der Sportverbände entsprechend, einheitliche Regelungen und Wertmaßstäbe für die organisierte Sportausübung zu schaffen und deren Einhaltung zu sanktionieren. Zur Verfolgung dieser ideellen Zwecke sind die als Idealvereine i. S. der §§ 21 ff. BGB organisierten Sportverbände nämlich auf finanzielle Mittel angewiesen.

II. Die wirtschaftliche Zweckverfolgung im Rahmen des Nebenzweckprivilegs

Prinzipiell finanziert sich jeder Verein i. S. der §§ 21 ff. BGB aus den Mitgliedsbeiträgen. Die hierbei zu erzielenden Einnahmen reichen freilich bei weitem nicht aus, die Ausgaben zu decken, die zur Verwirklichung der ideellen Verbandszwecke notwendig sind. Zudem sind staatliche Förderleistungen nicht so umfangreich, um hiermit den Haushalt der Sportverbände finanzieren zu können[647]. Zu einer funktionsgerechten Betätigung sind die Sportverbände daher gezwungen, sich wirtschaftlich zu betätigen. Die wirtschaftliche Tätigkeit der Sportverbände ist dabei vielgestaltig. Zu dieser zählt nicht etwa nur der Verkauf von Eintrittskarten oder Programmheften für verbandsseitig organisierte Wettkämpfe, sondern auch die Vermarktung von Verbandslogos, Emblemen, Namen, die Werbung während und im Umfeld einer Sportveranstaltung, die Erteilung der Erlaubnis an ein Unternehmen, sich als »offizieller Ausrüster« o. ä. eines Verbandes bezeichnen zu

---

645 *Steiner*, NJW 1991, 2729, 2730, 2733; *Röhricht*, in Akademieschrift 39, S. 12; PHB-SportR/*Pfister* Einleitung/1 1 f.

646 *Steiner*, NJW 1991, 2729, 2730, 2733; *Röhricht*, in Akademieschrift 39, S. 12 f.

647 *Prokop*, Dopingverbote, S. 47; *ders.*, in Akademieschrift 49, S. 19, 22; *Niese*, in Akademieschrift 49, S. 7, 16; *Krogmann*, Grundrechte im Sport, S. 111.

bedürfen, die Vermarktung von Ton-, Bild-, Fernsehrechten[648] von Sportveranstaltungen sowie einzelner Sportler, die Ausrüstung von Sportlern mit Sportbekleidung und Sportgeräten mit Werbeaufdrucken und vieles mehr.

Auch derartige kommerzielle Tätigkeiten fallen in den Bereich der grundrechtlich geschützten Autonomiegewährleistung[649]. Die Sportverbände können demzufolge privatautonom regeln, auf welche Art und Weise die zur Erfüllung der ideellen Zwecke erforderlichen finanziellen Mittel zu beschaffen sind. Damit sind auch Bestimmungen, die die Befugnisse der Sportler zur Eigenvermarktung zugunsten des Verbandes beschränken, grundsätzlich von der autonomen Regelungsbefugnis gedeckt[650]. So enthalten die Verbandsregelwerke oder aber Athletenvereinbarungen unter anderem Bestimmungen, nach denen sich die Sportler mit der werblichen Verwendung ihrer sportlichen Leistungen bzw. der Verwertung von Bild- und Tonrechten einverstanden zu erklären haben oder zur Teilnahme an Werbe- und Sponsoringmaßnahmen des Verbandes verpflichtet sind.

Die gerade in den letzten Jahren zunehmende wirtschaftliche Tätigkeit steht jedoch in einem gewissen Spannungsverhältnis zu der von den Sportverbänden gewählten Rechtsform des Idealvereins i. S. der §§ 21 ff. BGB. Der Zweck eines Idealvereins darf nämlich nicht auf einen wirtschaftlichen Geschäftsbetrieb gerichtet sein. Anderenfalls handelt es sich um einen wirtschaftlichen Verein, der gem. § 22 BGB die Rechtsfähigkeit nur durch staatliche Verleihung erlangt[651]. Diese Unterscheidung dient überwiegender Ansicht nach dem Schutz des Rechtsverkehrs. So sollen Vereine, die einen wirtschaftlichen Zweck verfolgen, vorrangig die hierfür zur Verfügung ste-

648 Das IOC hat für die Fernsehrechte an den olympischen Spielen in Sydney ca. 1,33 Milliarden Dollar eingenommen.; vgl. FAZ, Nr. 212, Dienstag 12. 9. 2000, S. 18; Die Kirch-Gruppe bezahlt für die Übertragungsrechte an der Fußballbundesliga bis 2004 pro Saison ca. 750 Millionen Mark.; vgl. FAZ, Nr. 184, 10. 8. 2000, S. 44; Der »Verkauf« der Fernsehrechte an den Fußballweltmeisterschaften 2002 und 2006 brachte der FIFA Einnahmen in Höhe von 3,4 Milliarden DM.; vgl. FAZ, Nr. 256, Mittwoch 4. 11. 1998, S. 40.

649 *Krogmann*, Grundrechte im Sport, S. 121; *Reichert*, Handbuch des Vereins- und Verbandsrechts, Rn. 2827, S. 998 f.; *ders.*, in RuS 20, S. 31, 37; *Niese*, in Akademieschrift 49, S. 7, 16.

650 Vgl. hierzu auch *Krogmann* [Grundrechte im Sport, S. 121], der neben dem durch Art. 9 Abs. 1 GG geschützten Selbstverwaltungsrecht auch auf die durch Art. 2 Abs. 1 GG geschützte wirtschaftliche Betätigungsfreiheit abstellt.

651 Vgl. zur Abgrenzung wirtschaftlicher und nichtwirtschaftlicher Vereine *K. Schmidt*, Gesellschaftsrecht, § 23 III 2, S. 671 ff.; *Staudinger-Weick*, § 21, Rn. 6 ff.; *Segna*, ZIP 1997, 1901, 1903; MünchKomm-*Reuter*, §§ 21, 22, Rn. 5 ff.; *Lettl*, DB 2000, 1449, 1450 ff.; *Reichert*, Handbuch des Vereins- und Verbandsrechts, Rn. 104 ff., S. 32 f.; *Eyles*, NJW 1996, 1994, 1995 f.

henden handelsrechtlichen Rechtsformen mit den spezifisch normierten Gläubigerschutzbestimmungen nutzen[652]. Idealvereinen ist jedoch nicht jedwede planmäßige, auf Dauer angelegte, entgeltliche Tätigkeit auf einem äußeren Markt untersagt[653]. Im Rahmen des sogenannten Nebenzweckprivilegs sind wirtschaftliche Tätigkeiten zulässig, die dem ideellen Hauptzweck dienen und diesem nach Art und Umfang funktional untergeordnet sind[654]. Entscheidend ist dabei, ob die wirtschaftliche oder nichtwirtschaftliche Betätigung das Erscheinungsbild des Vereins prägt und dominiert[655].

Die Schaffung der infrastrukturellen Voraussetzungen für die Sportausübung ist zweifelsfrei ein nichtwirtschaftlicher Zweck. Zur Erfüllung dessen sind die Sportverbände auf finanzielle Mittel angewiesen, die nicht durch Mitgliedsbeiträge oder staatliche Förderleistungen zu erzielen sind. Insoweit dient der wirtschaftliche Geschäftsbetrieb typischerweise dem ideellen Verbandszweck[656]. Fraglich ist aber, ob die wirtschaftliche der nichtwirtschaftlichen Betätigung nach Art und Umfang funktional untergeordnet ist. Dies ist nur zu bejahen, wenn trotz des wirtschaftlichen Geschäftsbetriebs die Verfolgung ideeller Zwecke das Erscheinungsbild eines Sportverbandes prägt und dominiert. Vom Nebenzweckprivileg nicht mehr gedeckt ist es etwa, wenn sich die Verbandstätigkeit ausschließlich auf den

652 BGH, NJW 1966, 2007; NJW 1983, 569, 570; NJW 1986, 3201, 3202; *K. Schmidt*, NJW 1983, 543, 544; *ders.*, Gesellschaftsrecht, § 23 III 2 b), S. 671; *Stöber*, Handbuch zum Vereinsrecht, Rn. 49, S. 33; *Staudinger-Weick*, § 21, Rn. 1; *Reichert*, Handbuch des Vereins- und Verbandsrechts, Rn. 97 f., S. 28 f.; *Segna*, ZIP 1997, 1901, 1903; *Habersack*, in RuS 25, S. 45, 49; *Wagner*, NZG 1999, 469, 472; *Balzer*, ZIP 2001, 175, 181.

653 Vgl. zu den Voraussetzungen eines wirtschaftlichen Geschäftsbetriebs durch unternehmerische Tätigkeit des Vereins LG Frankfurt, NJW 1996, 2039, 2040; *K. Schmidt*, Gesellschaftsrecht, § 23 III 3 a), S. 673; *Segna* ZIP 1997, 1901, 1903; *Staudinger-Weick*, § 21, Rn. 8; MünchKomm-*Reuter*, §§ 21, 22, Rn. 26 ff.; *Lettl*, DB 2000, 1449, 1450; PHBSportR/*Summerer* 2/55; *Eyles*, NJW 1996, 1994, 1995 f.

654 BGH, NJW 1983, 569, 570 f.; OLG Düsseldorf, NZG 1998, 273, 274; LG Frankfurt, NJW 1996, 2039, 2040; *K. Schmidt*, Gesellschaftsrecht, § 23 III 2c), S. 672 f.; § 23 III 3 d), S. 676 f.; *Stöber*, Handbuch zum Vereinsrecht, Rn. 49, S. 33; *Reichert*, Handbuch des Vereins- und Verbandsrechts, Rn. 132 ff., S. 41 f.; *Lettl*, DB 2000, 1449, 1451 f.; *Segna* ZIP 1997, 1901, 1903; *Staudinger-Weick*, § 21, Rn. 12 ff.; MünchKomm-*Reuter*, §§ 21, 22, Rn. 19 ff.

655 BGH, NJW 1983, 569, 571 f.; OLG Düsseldorf, NZG 1998, 273, 274; *Reichert/van Look*, Handbuch des Vereins- und Verbandsrechts 6. Aufl., Rn. 132, S. 45; MünchKomm-*Reuter*, §§ 21, 22, Rn. 8; *Segna* ZIP 1997, 1901, 1903; *Balzer*, ZIP 2001, 175, 181.

656 *Prokop*, Dopingverbote, S. 48.

Profisport bezieht[657]. Entscheidend ist demzufolge, daß der Verband neben dem Profi- und Leistungssport auch den Amateur- und Nachwuchssport organisiert und fördert, wobei letzterem keine nur untergeordnete, sondern das Erscheinungsbild des Verbandes prägende und dominierende Bedeutung zukommen muß. Danach ist die wirtschaftliche Betätigung der Sportverbände tendenziell zumindest in denjenigen Fällen mit dem Nebenzweckprivileg zu rechtfertigen, in denen die Zahl der Amateursportler diejenige der Profisportler übersteigt, so daß der Tätigkeitsschwerpunkt der Sportverbände auf den ideellen nichtwirtschaftlichen Bereich entfällt[658].

§ 9 Einbruchstellen in die vereinsautonome Regelungsbefugnis

Die vereinsautonome Regelungsbefugnis der Sportverbände ist freilich nicht unbeschränkt. Als Ausfluß der Privatautonomie unterliegt die Vereinsautonomie den Grenzen, die allen privaten Rechtsgeschäften durch zwingende gesetzliche Bestimmungen sowie allgemeine Rechtsgrundsätze des Gesellschaftsrechts gezogenen sind[659]. Zu letzteren zählen etwa die vereinsrechtlichen Treue- und Förderpflichten[660] bzw. der Grundsatz der Gleichbehandlung[661]. Diese Schranken der vereinsautonomen Regelungsbefugnis betreffen zwar grundsätzlich nur das Verhältnis eines Vereins zu seinen Mitgliedern. Doch werden die Sportler mit Abschluß eines Regelanerkennungsvertrages hinsichtlich der Regelbindung unmittelbaren Mitgliedern gleichgestellt. Ist den Sportverbänden damit den Sportlern gegenüber partiell die gleiche Regelungsbefugnis wie den unmittelbaren Mitgliedern gegenüber verliehen, so unterliegt diese Befugnis unabhängig von der Art

---

657 Überwiegender Ansicht nach prägen – angesichts der Millionenumsätze mit Eintrittskarten, Werbung, Fanartikeln, Fernsehrechten und Spielertransfers – die Profiabteilungen der Vereine der Fußballbundesliga deren Erscheinungsbild, so daß von einer funktionalen Unterordnung der wirtschaftlichen Tätigkeit unter einen nichtwirtschaftlichen Hauptzweck (Amateur- und Nachwuchsabteilung) nicht mehr gesprochen werden kann. Die wirtschaftliche Tätigkeit sei deshalb nicht mehr vom Nebenzweckprivileg gedeckt.; *Segna*, ZIP 1997, 1901, 1903 f. mwN; MünchKomm-*Reuter*, §§ 21, 22, Rn. 43; *Habersack*, in RuS 25, S. 45, 48 f.; *Wagner*, NZG 1999, 469, 472 f.; PHBSportR/*Summerer* 2/55 ff.; *Balzer*, ZIP 2001, 175, 181.

658 *Reichert/van Look*, Handbuch des Vereins- und Verbandsrechts 6. Aufl., Rn. 133, S. 45; *Prokop*, Dopingverbote, S. 48; MünchKomm-*Reuter*, §§ 21, 22, Rn. 43.

659 *Staudinger-Weick*, Vorbem zu §§ 21 ff, Rn. 38; *Soergel-Hadding*, Vor § 21, Rn. 79; § 25, Rn. 25; *Palandt-Heinrichs*, § 25, Rn. 7; PHBSportR/*Summerer* 2/3.

660 Vgl. hierzu unter § 4 IV 3; § 12 I 1.

661 *Soergel-Hadding*, § 25, Rn. 25; *Hannamann/Vieweg*, in Schriftenreihe des Württembergischen Fußballverbandes, Nr. 40, S. 49, 55; PHBSportR/*Summerer* 2/3.

der Unterwerfung unter die Regelungsautonomie zumindest den gleichen Schranken[662]. Unerheblich ist dabei, ob die Verbände von ihrer Regelungsbefugnis gegenüber Nichtmitgliedern in der Weise Gebrauch machen, daß sich die Sportler ausschließlich zur Anerkennung des Verbandsregelwerks verpflichten oder die Verträge zwischen Sportler und Verband über die Regelanerkennung hinaus, weitere Nebenabreden enthalten, die etwa die aus der Regelanerkennung folgenden wechselseitigen Rechte und Pflichten konkretisieren[663]. Damit bestehen die nachfolgend dargestellten Grenzen der vereinsautonomen Regelungsbefugnis auch für die inhaltliche Gestaltungsfreiheit von Athleten- bzw. Lizenzvereinbarungen. Das bedeutet, daß nicht nur den Verbandsregeln, die von Sportlern vertraglich anerkannt werden, sondern auch den übrigen Regelungen einer Athleten- bzw. Lizenzvereinbarung Grenzen durch zwingende gesetzliche Bestimmungen sowie die allgemeinen Rechtsgrundsätze des Gesellschaftsrecht gezogen sind[664].

I. Das Gleichbehandlungsgebot

Die Verpflichtung zur Gleichbehandlung aller Mitglieder ist ein für das gesamte Recht privatrechtlicher Personenzusammenschlüsse gültiger Rechtssatz[665]. Der Gleichbehandlungsgrundsatz gilt mithin auch im Vereinsrecht[666]. Die Vereinsmitglieder haben danach aufgrund der Rechtsbeziehung zum Verein einen Anspruch auf Gleichbehandlung durch die Vereinsorgane[667]. Aus dem Gleichbehandlungsgrundsatz folgt freilich nicht die Pflicht, alle Vereinsmitglieder uneingeschränkt gleich behandeln zu müssen. Der Verein ist nur verpflichtet, wesentlich Gleiches nicht willkürlich ungleich bzw. wesentlich Ungleiches nicht willkürlich gleich zu behandeln. Jedes Vereinsmitglied hat daher einen Anspruch darauf, in seinen Mitglied-

---

662 Ausdrücklich in bezug auf die Inhaltskontrolle BGH, NJW 1995, 583, 585; *Röhricht*, in RuS 22, S. 19, 34; *Vieweg./Hannamann*, in Akademieschrift 49, S. 43, 47 f.; vgl. hierzu auch unter § 9 I, II 3.

663 Vgl. hierzu unter § 4 IV 3.

664 Vgl. auch *Vieweg/Hannamann*, in Akademieschrift 49, S. 43, 47.

665 *Reichert*, Handbuch des Vereins- und Verbandsrechts, Rn. 543, S. 174 mwN.

666 RG, JW 1938, 1329; BGH, NJW 1954, 953; NJW 1960, 2143 (Genossenschaft); BGHZ 47, 381, 386=NJW 1967, 1657, 1659; BGHZ 55, 381, 390=NJW 1971, 879, 881; *Reichert*, Handbuch des Vereins- und Verbandsrechts, Rn. 543 ff., S. 174 f.; *Baecker*, Grenzen der Vereinsautonomie, S. 75; *Stöber*, Handbuch zum Vereinsrecht, Rn. 171 ff., S. 123 f.; *Soergel-Hadding*, § 38, Rn. 19; *Staudinger-Weick*, § 35, Rn. 13; *Larenz/Wolf*, BGB AT, § 10 II 1 b) cc), Rn. 104, S. 219 f.

667 *Soergel-Hadding*, § 38, Rn. 19; *Staudinger-Weick*, § 35, Rn. 13.

schaftsrechten und -pflichten nicht ohne sachlich gerechtfertigten Grund benachteiligt zu werden[668]. Ist die Ungleichbehandlung demgegenüber willkürlich, also sachlich nicht gerechtfertigt, hat das betroffene Mitglied einen Anspruch auf Beseitigung der Benachteiligung[669]. Nichtmitglieder, die mit dem Verein in rechtsgeschäftlichen Kontakt treten, haben zwar grundsätzlich keinen Anspruch auf Gleichbehandlung. Doch gilt dies nicht im Verhältnis des Sportverbandes zu den vertraglich gebundenen Sportlern. Letztere unterwerfen sich – zumindest partiell – in gleicher Weise wie die unmittelbaren Mitglieder der vereinsautonomen Regelungsbefugnis. Für den Bereich der Unterwerfung haben daher auch die Sportler einen vereinsrechtlichen Anspruch auf Gleichbehandlung gegen den Sportverband[670], der nicht nur das Verhältnis der vertraglich gebundenen Sportler untereinander, sondern auch dasjenige zu den unmittelbaren Mitgliedern betrifft[671].

Der Gleichbehandlungsgrundsatz widerspricht damit grundsätzlich der Privatautonomie, die unter anderem die freie inhaltliche Gestaltung[672] von Verträgen und damit auch Abweichungen in jedem Einzelfall erlaubt[673]. Für das Verhältnis eines Sportverbandes zu den einzelnen Sportlern folgt eine solche Einschränkung der inhaltlichen Gestaltungsfreiheit neben dem vereinsrechtlichen Gleichbehandlungsgrundsatz auch daraus, daß die Sportverbände verpflichtet sind, mit Sportlern eine Athleten- bzw. Lizenzvereinbarung abzuschließen, soweit eine Ablehnung des Vertragsschlusses sachlich nicht gerechtfertigt ist. Eine Pflicht zur Gleichbehandlung besteht nämlich grundsätzlich in Fällen des Kontrahierungszwangs, weil sich die daraus folgende Pflicht zum Vertragsschluß nur bei einer gleichmäßigen Behandlung aller Anspruchsberechtigten angemessen erfüllen läßt. Denn anderenfalls könnte die Abschlußpflicht durch nachteilige Bedingungen zu Lasten einzelner Personen relativ leicht unterlaufen werden. Sachgerechte Differenzierungen sind freilich auch hier zulässig[674].

---

668 RG, JW 1938, 1329; BGH, NJW 1954, 953; BGHZ 47, 381 ff.=NJW 1967, 1657, 1659; KG, NJW 1962, 1917; *Stöber*, Handbuch zum Vereinsrecht, Rn. 172, S. 123; *Reichert*, Handbuch des Vereins- und Verbandsrechts, Rn. 545, S. 174; *Baecker*, Grenzen der Vereinsautonomie, S. 75; *Soergel-Hadding*, § 38, Rn. 19; *Staudinger-Weick*, § 25, Rn. 13 f.; *Larenz/Wolf*, BGB AT, § 10 II 1 b) cc), Rn. 104, S. 219 f.

669 *Reichert*, Handbuch des Vereins- und Verbandsrechts, Rn. 550, S. 176.

670 Vgl. LG Darmstadt, SpuRt 2001, 114, 115; *Reichert*, Handbuch des Vereins- und Verbandsrechts, Rn. 544, S. 174.

671 *Reichert*, Handbuch des Vereins- und Verbandsrechts, Rn. 544, S. 174.

672 *Staudinger-Löwisch*, § 305, Rn. 1; MünchKomm-*Thode*, § 305, Rn. 1; *Larenz/Wolf*, BGB AT, § 34 Rn. 38 ff., S. 649 f.; MünchKomm-*Kramer*, Vor § 145, Rn. 8.

673 *Larenz/Wolf*, BGB AT, § 2 II 3 d) cc), Rn. 67, S. 42.

674 *Larenz/Wolf*, BGB AT, § 2 II 3 d) cc), Rn. 70, S. 42 f.; vgl. auch *Medicus*, Schuldrecht I AT, Rn. 79, S. 42 f.

Jeder einzelne Sportler hat demzufolge einen Anspruch gegen den Verband darauf, daß die aus der mit ihm geschlossenen Athleten- bzw. Lizenzvereinbarung folgenden Rechte und Pflichten inhaltlich nur dann von Rechten und Pflichten anderer Sportler abweichen, die ebenfalls dem vereinsautonomen Regelungsbereich unterworfen sind, wenn die unterschiedliche Behandlung sachlich gerechtfertigt ist. Der Verband ist daher verpflichtet, alle Sportler – unabhängig von der Art der Unterwerfung – einheitlich an das sportliche Regelwerk zu binden[675]. Denn nur wenn für alle Wettkampfteilnehmer die gleichen Spiel- und Wettkampfregeln gelten, sind sportliche Leistungen vergleichbar, was Sportwettkämpfe erst ermöglicht. Sachliche Gründe, die es rechtfertigen, hinsichtlich der Normbindung zwischen einzelnen Sportlern zu differenzieren, sind im Hinblick auf den mit der Unterwerfungserklärung gemeinsam verfolgten Zweck – die für die Sportausübung notwendigen infrastrukturellen Voraussetzungen zu schaffen – kaum vorstellbar.

Mit der einheitlichen Normbindung haben alle Sportler einen Anspruch auf Teilnahme am organisierten Sport sowie Nutzung von Verbandseinrichtungen und -leistungen. Der Verband muß daher allen Sportlern in gleicher Weise Trainingsmöglichkeiten bzw. Sportausrüstungsgegenstände zur Verfügung stellen, die Sportler gleichermaßen durch Trainer, Ärzte, Physiotherapeuten oder technisches Personal betreuen oder etwa bei Nominierungsentscheidungen berücksichtigen. Im Unterschied zur Normbindung ist es in diesem Bereich jedoch durchaus möglich, daß eine unterschiedliche Behandlung sachlich gerechtfertigt ist. Ein Grund für eine Ungleichbehandlung ist dabei etwa die sportliche Leistungsfähigkeit eines Athleten. So kann eine intensive und bevorzugte Betreuung eines bestimmten Sportlers gerechtfertigt sein, weil dieser im Unterschied zu anderen Athleten an nationalen oder internationalen Wettbewerben teilnimmt und dort eine Chance auf eine vordere Plazierung hat.

Aber auch hinsichtlich der übrigen vertraglichen Regelungen einer Athleten- bzw. Lizenzvereinbarung kann der Verband die Sportler nicht willkürlich ungleich behandeln. Das betrifft etwa Regelungen, die die Sportler verpflichten, Sportbekleidung des Verbandssponsors zu tragen, an Werbe- bzw. Sponsoringmaßnahmen des Verbandes teilzunehmen, der Vermarktung von Bildnissen zuzustimmen oder die die Höhe von Teilnahme- und Siegprämien bzw. die Beteiligung an Einnahmen aus der Vermarktung von Persönlichkeitsrechten festlegen. Freilich sind auch in diesem Bereich sachlich gerechtfertigte Ungleichbehandlungen zulässig. Eine unterschiedliche Beteiligung an der Ausschüttung von Prämien oder Werbeeinnahmen

675 *Reichert*, Handbuch des Vereins- und Verbandsrechts, Rn. 544, S. 174.

kann beispielsweise dadurch gerechtfertigt sein, daß diese an sportliche Erfolge, die Häufigkeit der Wettkampfteilnahme o. ä. Kriterien anknüpft. So verstößt es nicht gegen den Gleichbehandlungsgrundsatz, wenn Teilnahmeprämien der Höhe nach von der Plazierung bei Wettkämpfen abhängig gemacht werden.

II. Die Rechts- und Inhaltskontrolle von Athleten- bzw. Lizenzvereinbarungen[676]

Zu den Grenzen, die der Vereinsautonomie durch zwingende gesetzliche Bestimmungen gezogen sind, zählt neben der Gesetzes- und Sittenwidrigkeitskontrolle nach den §§ 134, 138 BGB (Rechtskontrolle), nach nunmehr herrschender Auffassung[677] auch die Inhaltskontrolle von Verbandsregelwerken[678]. Bei der Bestimmung der Reichweite der Rechts- und Inhaltskontrolle ist freilich zu berücksichtigen, daß die Vereinsautonomie den Sportverbänden einen Freiraum schafft, indem sie autonom und staatsfern eigene Regelungen sowie sportethische Werte und Maßstäbe festlegen können, ohne an staatliche Wert- und Moralvorstellungen gebunden zu sein[679]. Die Vereinsautonomie garantiert damit einen Kernbereich, in dem die Regelungsbefugnis vom staatlichen Recht weitgehend unbeeinflußt ist[680]. So müssen beispielsweise Regelungen, die die Anzahl der auf dem Spielfeld befindlichen Tore, das Verbot des Handspiels beim Fußball, die Zahl der Mannschaftsmitglieder, die Länge der zu absolvierenden Laufstrecke, die Netzhöhe beim Tennis oder Volleyball etc. festlegen, nicht an staatlichen Wertmaßstäben ausgerichtet werden.

Schwierig ist es jedoch, die Regelungsgegenstände, die einer staatlichen Kontrolle unterliegen, von denjenigen abzugrenzen, die dem Kernbereich der autonomen Regelungsbefugnis zuzurechnen und damit der staatlichen

---

676 Die Arbeit beschränkt sich nachfolgend auf die nationalen Vorschriften.

677 Vgl. hierzu die Nachweise unter § 9 II 3.

678 Die der »Vereinsgesetzgebung« durch das staatliche Recht gezogenen Grenzen gelten für Vereinssatzungen und -ordnungen gleichermaßen [*Kohler*, Mitgliedschaftliche Regelungen, S. 207 f.; *Steinbeck*, Vereinsautonomie und Dritteinfluß, S. 205 mwN]. Die folgenden Ausführungen betreffen demnach Satzungen und Ordnungen in gleicher Weise.

679 *Pfister*, in FS für W. Lorenz, S. 171, 180 ff.; 191 f.; *ders.*, in Festgabe Zivilrechtslehrer 1934/1935, S. 457, 465; *Prokop*, Dopingverbote, S. 112 mwN.

680 *Röhricht*, in Akademieschrift 39, S. 12; *ders.*, in RuS 22, S. 19, 28; *Prokop*, Dopingverbote, S. 111 f.; *Hohl*, Nominierung, S. 91, 94; *Pfister*, SpuRt 1998, 221, 223 f.; *ders.*, in Festgabe Zivilrechtslehrer 1934/1935, S. 457, 467 ff.

Rechts- und Inhaltskontrolle generell entzogen sind. Überwiegender Auffassung[681] nach wird hierzu zwischen Spiel- und Rechtsregeln unterschieden. Spielregeln werden zum Teil als »Nichtrecht«[682] angesehen. In diesem Bereich soll den Sportverbänden ein Handlungsspielraum zukommen, der rechtlich nicht relevant ist[683], so daß Spielregeln und darauf beruhende Verbandsmaßnahmen einer Kontrolle durch staatliche Gerichte nicht zugänglich sind[684]. Strittig ist jedoch, wie Spielregeln von Rechtsregeln abzugrenzen sind, die der staatlichen Rechtsordnung nicht entzogen sind. Hierzu wird überwiegend auf die Wirkung der jeweiligen Verbandsregel abgestellt. So kennzeichnet – dieser Ansicht zufolge – eine Spielregel, daß sich deren Wirkung auf das laufende Spielgeschehen beschränkt und damit über das Ende des Spiels hinaus, Rechte der Sportler nicht tangiert. Entfaltet eine Regelung demgegenüber Rechtswirkungen, die über das konkrete Spiel hinausgehen, soll es sich um eine Rechtsregel handeln[685].

Die Übergänge zwischen Spiel- und Rechtsregeln sind jedoch fließend[686]. Keine über das laufende Spielgeschehen hinausgehende Wirkung haben Spielregeln häufig nur noch im reinen Breiten- und Amateursport. Im Bereich des Profi- und Leistungssports überschreitet der Wirkungsbereich einer Regelung, die an sich nur das laufende Spielgeschehen beeinflussen

---

681 BGH, NJW 1995, 583, 587; *Röhricht*, in RuS 22, S. 19, 23 f. mwN; *Haas/Prokop*, JR 1998, 45, 49; *Prokop*, Dopingverbote, S. 114 f.; für die Schweiz Bern Richteramt III, SJZ 1988, 85, 86; Schiedsgericht im Fall FC Zürich/ Nationalliga des SFV vom 10. 02. 2000, S. 10 ff.; *Kummer*, Spielregel und Rechtsregel, S. 43 ff.

682 Bern Richteramt III, SJZ 1988, 85, 86; *Kummer*, Spielregel und Rechtsregel, S. 44, 77; *Pfister*, in Festgabe Zivilrechtslehrer 1934/1935, S. 457, 467 [Verf. spricht von »rechtsfreiem Raum«]; vgl. auch *Hohl*, Nominierung, S. 91, 94; a. A. PHBSportR/*Summerer* 2/7.

683 *Prokop*, Dopingverbote, S. 114.

684 BGH, NJW 1995, 583, 587; LG Frankfurt, ZIP 1989, 599, 601; *Röhricht*, in RuS 22, S. 19, 23 f. mwN; *Haas/Prokop*, JR 1998, 45, 49; *Prokop*, Dopingverbote, S. 114; einschränkend *Pfister*, in FS für W. Lorenz, S. 171, 174 ff.; für die Schweiz Bern Richteramt III, SJZ 1988, 85, 86; Schiedsgericht im Fall FC Zürich/ Nationalliga des SFV vom 10. 02. 2000, S. 10 ff.; vgl. auch BGH, NJW 1966, 1213=LM Nr. 2 zu § 661 BGB (Disqualifikation bei einem Pferderennen); OLG Frankfurt, SpuRt 1998, 237 (Wertungsstrafe bei einem Kartrennen); In beiden Urteilen wird es unter Bezugnahme auf § 661 Abs. 2 S. 2 BGB abgelehnt, Entscheidungen von Sportverbänden auf ihre sachliche Richtigkeit hin zu überprüfen.

685 Bern Richteramt III, SJZ 1988, 85, 86; BG, SpuRt 1995, 211, 212; grundlegend *Kummer*, Spielregel und Rechtsregel, S. 43 ff.; *Röhricht*, in RuS 22, S. 19, 24; *Haas/Prokop*, JR 1998, 45, 49 f.; *Reichert/van Look*, Handbuch des Vereins- und Verbandsrechts 6. Aufl., Rn. 1594a, S. 566; *Scherrer*, SpuRt 1995, 212 f.

686 *Haas/Prokop*, JR 1998, 45, 49 f.; *Pfister*, in FS für W. Lorenz, S. 171, 179; *Scherrer*, SpuRt 1995, 212 f.

soll, nicht selten zumindest mittelbar den Rahmen des eigentlichen Spielgeschehens. So kann beispielsweise eine Bestimmung, die die Disqualifikation eines Sportlers wegen eines Fehlstarts anordnet und damit unmittelbar das Spielgeschehen betrifft[687], für den betroffenen Sportler über den konkreten Wettkampf hinaus wirken, wenn er damit die Qualifikation für internationale Meisterschaften verpaßt oder ihm Sponsoren- bzw. Preisgelder entgehen[688]. Aber auch andere Regelungen, wie etwa das Verbot bestimmter Techniken bei der Sportausübung oder Vorschriften über Material und Beschaffenheit von Sportgeräten, können Auswirkungen auf den sportlichen Erfolg bzw. auf das Image einer Sportart haben und damit unter anderem die Erwerbsmöglichkeiten der Sportler beeinflussen[689]. Im Einzelfall ist es daher schwierig festzustellen, ob sich die Wirkung einer Regel auf das konkrete Spielgeschehen beschränkt oder darüber hinaus, Rechtspositionen der Sportler beeinträchtigt. Der Bereich, gerichtlicher Kontrolle von vornherein entzogener Spielregeln, ist deshalb zugunsten des Schutzes der Sportler eng auszulegen[690].

Die Mehrzahl der Verbandsbestimmungen sind einer gerichtlichen Kontrolle daher nicht von vornherein entzogen. Bei der Rechts- und Inhaltskontrolle ist jedoch die Bedeutung der jeweiligen Regelung für die betreffende Sportart sowie deren unmittelbare Wirkung auf die Sportausübung zu berücksichtigen. Je sport-typischer[691], d. h. auf das eigentliche Wettkampfgeschehen bezogen sowie für den Reiz und die Attraktivität einer Sportart prägend, eine Regelung ist, desto weiter reicht der autonome Regelungsbereich des Sports. Regelungen, die hingegen weniger das eigentliche Spielgeschehen betreffen und nicht mehr den »Typus« der betreffenden Sportart prägen, sondern über den eigentlichen Bereich der Sportausübung hinaus in die Privatsphäre bzw. die wirtschaftliche Handlungsfreiheit eines Sportlers eingreifen, sind demgegenüber engere Grenzen durch die staatliche Rechtsordnung gezogen[692]. So sind etwa mehrwöchige Sperren eines Sportlers wegen

---

687 Vgl. *Prokop*, Dopingverbote, S. 114.

688 *Haas/Prokop*, JR 1998, 45, 50.

689 Vgl. auch *Pfister*, in FS für W. Lorenz, S. 171, 175 ff.; *Summerer*, Internationales Sportrecht, S. 23 f.; PHBSportR/*Summerer* 2/6 f.

690 *Haas/Prokop*, JR 1998, 45, 50; gegen einen rechtsfreien Raum *Summerer*, Internationales Sportrecht, S. 27; PHBSportR/*Summerer* 2/7.

691 Vgl. zur Einteilung des Regelwerks nach der Sport-Typizität *Pfister*, in FS für W. Lorenz, S. 171, 177 ff.; PHBSportR/*Summerer* 2/6; *Hohl*, Nominierung, S. 92 f.

692 PHBSportR/*Pfister* Einleitung/12; *ders.*, in FS für W. Lorenz, S. 171, 179 f., 191; *ders.*, SpuRt 1998, 221, 226; PHBSportR/*Summerer* 2/6.

unsportlichen Verhaltens[693], Beschränkungen eines Vereinswechsels[694], Nominierungsrichtlinien zu Wettkämpfen umfassender als die das Erscheinungsbild einer Sportart prägenden Normen, einer Rechts- und Inhaltskontrolle zu unterziehen. Zweifellos sind die Übergänge von sportarttypisierenden und prägenden zu den übrigen die Sportausübung regelnden Verbandsnormen fließend. Die Reichweite der staatlichen Kontrolle ist demnach einzelfallbezogen zu ermitteln. Im Rahmen der Rechts- und Inhaltskontrolle ist freilich stets der Kernbereich der verbandsautonomen Regelungsbefugnis zu berücksichtigen, wonach es die Aufgabe der Verbände ist, sportethische Grundwerte zu normieren, denen sich die Sportler mitgliedschaftlich oder kraft vertraglicher Unterwerfung verpflichtet haben. Unzulässig wäre es daher, wenn Gerichte ihre eigenen – u. U. sportfernen – Wertvorstellungen über die im Rahmen ihrer Autonomie von den Verbänden selbst definierten Wertvorstellungen hinwegsetzen würden[695].

1. Schranken der Vereinsautonomie aus § 134 BGB i. V. m. den kartellrechtlichen Verbotsvorschriften

Schranken für die vereinsautonome Regelungsbefugnis ergeben sich unter anderem aus § 134 BGB[696]. Danach darf das Regelwerk der Sportverbände nicht gegen ein gesetzliches Verbot verstoßen. Durch die zunehmende Kommerzialisierung im Sport müssen sich die Verbandsregeln dabei immer häufiger an den kartellrechtlichen Verbotsgesetzen messen lassen. So kann sich eine Grenze für die Gestaltungsfreiheit der Verbände etwa aus dem Kartellverbot des § 1 GWB ergeben. Danach sind Vereinbarungen von miteinander im Wettbewerb stehenden Unternehmen, Beschlüsse von Unternehmensvereinigungen und aufeinander abgestimmte Verhaltensweisen, die eine Verhinderung, Einschränkung oder Verfälschung des Wettbewerbs bezwecken oder bewirken, verboten. Die in § 1 GWB genannten Vereinba-

693 Vgl. hierzu *Pfister*, in Festgabe Zivilrechtslehrer 1934/1935, S. 457, 469; *ders.*, SpuRt 1998, 221, 225.

694 Vgl. hierzu BGH, NJW 1999, 3552 ff.; NJW 2000, 1028 ff.

695 BGH, NJW 1997, 3368, 3370; OLG Frankfurt, SpuRt 2001, 28, 29; hinsichtlich der Kontrolle von Verbandssanktionen *Röhricht*, in RuS 22, S. 19, 32 f., 41; *Heß*, in Aktuelle Rechtsfragen des Sports, S. 31.

696 MünchKomm-*Reuter*, § 25, Rn. 23; *Steinbeck*, Vereinsautonomie und Dritteinfluß, S. 207 f.; *Vieweg*, Normsetzung, S. 227 f.; *Hannamann/Vieweg*, in Schriftenreihe des Württembergischen Fußballverbandes, Nr. 40, S. 49, 55; *Prokop*, Dopingverbote, S. 134.

rungen und Beschlüsse sind, soweit keine Freistellung nach den §§ 2 ff. GWB erfolgt, gem. § 134 BGB nichtig[697].

Neben dem Kartellverbot stellen unter anderem auch die § 19 Abs. 1, 4 und § 20 Abs. 1 GWB Verbotsgesetze i. S. des § 134 BGB dar[698], die die vereinsautonome Regelungsbefugnis der Sportverbände beschränken können. So ist gem. § 19 Abs. 1 GWB die mißbräuchliche Ausnutzung einer marktbeherrschenden Stellung durch ein oder mehrere Unternehmen verboten. Die Generalklausel des § 19 Abs. 1 GWB wird dabei durch die Regeltatbestände des § 19 Abs. 4 GWB konkretisiert. Diese Vorschrift bezweckt zum einen den Schutz der Marktgegenseite gegen Ausbeutung durch ein marktbeherrschendes Unternehmen, indem es die Erzielung mißbräuchlicher Marktergebnisse verhindern will[699]. Hervorgehoben ist dieser Schutzzweck in den Ziffern 2 und 3 des § 19 Abs. 4 GWB[700]. Neben dem Ausbeutungsmißbrauch ist von § 19 Abs. 1 GWB auch der Behinderungsmißbrauch, der durch § 19 Abs. 4 Nr. 1 und 4 GWB präzisiert wird, erfaßt. Dieser schützt andere Unternehmen vor einer grundlosen Beeinträchtigung ihrer Wettbewerbsmöglichkeiten durch marktbeherrschende Unternehmen[701]. Mißbräuchlichen Charakter erlangt die Beeinträchtigung der Wettbewerbsmöglichkeiten dabei durch das Fehlen einer sachlichen Rechtfertigung. Dies ist durch eine Abwägung der Interessen der Beteiligten, d. h. des marktbeherrschenden Unternehmens sowie der beeinträchtigten Unternehmen, unter Berücksichtigung der Zielsetzung des GWB[702], den freien Wettbewerb aufrechtzuerhalten, zu ermitteln[703]. Zur Feststellung des Ausbeutungsmißbrauchs ist – überwiegender Ansicht nach[704] – ebenso wie in den Fällen des § 19 Abs. 4 Nr. 1 und 4 GWB im Rahmen einer Interessenabwägung zu überprüfen, ob das Verhalten des marktbeherrschenden Unternehmens sachlich gerechtfertigt ist.

Das Mißbrauchsverbot des § 19 GWB überschneidet sich teilweise mit den in § 20 GWB normierten Diskriminierungs- und Behinderungsverbo-

---

697 *Bechtold*, GWB, § 1, Rn. 52; Vor §§ 2-8, Rn. 1; *Emmerich*, Kartellrecht, § 4 6 a), S. 59; *Langen/Bunte*, KartR, § 1, Rn. 219.

698 *Bechtold*, GWB, § 19, Rn. 87; § 20, Rn. 50; *Langen/Schultz*, KartR, § 19, Rn. 181; § 20, Rn. 207; *Emmerich*, Kartellrecht, § 18 16, S. 219 f.; § 20 16 b), S. 258.

699 *Langen/Schultz*, KartR, § 19, Rn. 92.

700 *Langen/Schultz*, KartR, § 19, Rn. 92; *Emmerich*, Kartellrecht, § 18 13, S. 207.

701 *Langen/Schultz*, KartR, § 19, Rn. 124 ff.; *Bechtold*, GWB, § 1, Rn. 61 ff.

702 Vgl. hierzu auch § 9 II 1 a).

703 *Bechtold*, GWB, § 19, Rn. 65; *Langen/Schultz*, KartR, § 19, Rn. 138.

704 BGH, NJW 1984, 1116; *Bechtold*, GWB, § 1, Rn. 70; *Langen/Schultz*, KartR, § 19, Rn. 106; *Emmerich*, Kartellrecht, § 18 13 b) aa), S. 209 f.

ten[705]. Nach § 20 Abs. 1 GWB dürfen unter anderem marktbeherrschende Unternehmen und Vereinigungen von Unternehmen ein anderes Unternehmen in einem Geschäftsverkehr, der gleichartigen Unternehmen üblicherweise zugänglich ist, weder unmittelbar noch mittelbar unbillig behindern oder gegenüber gleichartigen Unternehmen ohne sachlich gerechtfertigten Grund unmittelbar oder mittelbar unterschiedlich behandeln. Unter Behinderung i. S. dieser Vorschrift ist jede nachteilige Beeinflussung der wettbewerblichen Betätigungsfreiheit eines anderen Unternehmens zu verstehen[706]. Von diesem weit gefaßten Behinderungsbegriff ist die wettbewerbsrelevante Ungleichbehandlung generell mit erfaßt[707], so daß § 20 Abs. 1 GWB teilweise als ein einheitliches Diskriminierungsverbot angesehen wird[708]. In jedem Fall ist zur Feststellung einer unbilligen Behinderung sowie einer sachlich nicht gerechtfertigten Ungleichbehandlung eine Interessenabwägung notwendig, in die die Interessen der Beteiligten sowie die auf die Freiheit des Wettbewerbs gerichtete Zielsetzung des GWB einzubeziehen sind[709].

a) Der persönliche Anwendungsbereich der kartellrechtlichen Verbotsvorschriften

Adressaten der §§ 1, 19 f. GWB sind Unternehmen und teilweise auch Vereinigungen von Unternehmen. Entsprechend dem Zweck des GWB, den Wettbewerb umfassend zu schützen, wird der Unternehmensbegriff weit ausgelegt[710]. Es gilt der sogenannte funktionale Unternehmensbegriff[711]. Die Unternehmenseigenschaft i. S. des GWB begründet danach jede selbständige, nicht rein private und außerhalb des Erwerbslebens liegende Tä-

---

705 *Emmerich*, Kartellrecht, § 18 12, S. 199 f. (mwN auch zur Gegenansicht); *Langen/Schultz*, KartR, § 19, Rn. 130; *Bechtold*, GWB, § 20, Rn. 2.

706 *Langen/Schultz*, KartR, § 20, Rn. 109; *Bechtold*, GWB, § 20, Rn. 35.

707 *Langen/Schultz*, KartR, § 20, Rn. 109; *Emmerich*, Kartellrecht, § 20 1, S. 225.

708 *Emmerich*, Kartellrecht, § 20 1, S. 225, 236 f.; *Markert* in *Immenga/Mestmäcker*, § 20, Rn. 114.

709 BGH, ZIP 1987, 465, 469; ZIP 1991, 953, 958; OLG Frankfurt, WRP 1985, 500, 503 f.; *Langen/Schultz*, KartR, § 20, Rn. 122; *Bechtold*, GWB, § 20, Rn. 36, 42; *Markert* in *Immenga/Mestmäcker*, § 20, Rn. 128 f.

710 *Langen/Bunte*, KartR, § 1, Rn. 13; *Emmerich*, Kartellrecht, § 2 1, S. 17; *Möschel*, Wettbewerbsbeschränkungen, Rn. 100, S. 68.

711 BGH, GRUR 1977, 739, 741; *Bechtold*, GWB, § 1, Rn. 2; *Langen/Bunte*, KartR, § 1, Rn. 13; *Zimmer* in *Immenga/Mestmäcker*, § 1, Rn. 24; *Möschel*, Wettbewerbsbeschränkungen, Rn. 100, S. 68.

tigkeit einer natürlichen oder juristischen Person, die der Erzeugung oder Verteilung von Waren oder gewerblichen Leistungen dient[712]. Die Rechtsform, in der der unternehmerischen Tätigkeit nachgegangen wird, ist genauso unerheblich, wie das Vorliegen einer Gewinnerzielungsabsicht. Daher sind auch gemeinnützige Unternehmen den Vorschriften des GWB unterworfen[713].

aa) Die Sportverbände als (marktbeherrschende) Unternehmen

Die als Idealvereine organisierten Sportverbände sind demzufolge als Unternehmen zu qualifizieren, wenn sie nicht ausschließlich nur nicht-wirtschaftliche Angelegenheiten ihrer Mitglieder verfolgen, sondern (auch) einer wirtschaftlichen Tätigkeit nachgehen[714]. So wird die Unternehmenseigenschaft beispielsweise bejaht, wenn Sportvereine bzw. -verbände Wettkämpfe veranstalten, für die sie Tickets verkaufen[715], mit Unternehmen Werbe-, Ausstatter- bzw. Sponsoringverträge schließen bzw. Marketingrechte vergeben[716] oder Fernseh- bzw. Bild- und Tonrechte vermarkten[717].

---

712 BGH, NJW 1969, 1716; NJW 1974, 2236; WuW/E BGH 1474, 1477=GRUR 1977, 739 ff.; WuW/E BGH 1661, 1662; BGH, ZIP 1990, 949, 952; JR 1998, 327, 329; ZIP 1999, 1021, 1023; WuW/E OLG 2775, 2776; WuW/E BKartA 357, 359; *Emmerich*, Kartellrecht, § 2 1 a), S. 17; *Langen/Bunte*, KartR, § 1, Rn. 13; *Möschel*, Wettbewerbsbeschränkungen, Rn. 100, S. 68; *Zimmer* in *Immenga/Mestmäcker*, GWB, § 1, Rn. 30 ff.; *Herrmann*, WuW 1979, 149, 151; *Steinbeck*, WuW 1996, 91, 95.

713 BGH, JR 1998, 327, 331; *Emmerich*, Kartellrecht, § 2 1 a), S. 17; *Langen/Bunte*, KartR, § 1, Rn. 13 f., 20; *Hausmann*, BB 1994, 1089, 1092; *Zimmer* in *Immenga/Mestmäcker*, § 1 Rn. 57, 60; *Möschel*, Wettbewerbsbeschränkungen, Rn. 100, S. 68; *Herrmann*, WuW 1979, 149, 151; *Steinbeck*, WuW 1996, 91, 95.

714 LG München I, SpuRt 2000, 155, 156 f.; *Bechtold*, GWB, § 1, Rn. 3; *Langen/Bunte*, KartR, § 1, Rn. 20 f.; *Zimmer* in *Immenga/Mestmäcker*, § 1 Rn. 60; *Nickel*, in Akademieschrift 52, S. 49, 58.

715 BGH, NJW 1987, 3007, 3008; WuW/E OLG 2775, 2776; vgl. auch BGH, JR 1998, 327, 329, wo zur Begründung der Unternehmenseigenschaft von Lizenzligavereinen unter anderem auf den Ticketverkauf abgestellt wird; *Herrmann*, WuW 1979, 149, 151; *Zimmer* in *Immenga/Mestmäcker*, § 1, Rn. 60; *Steinbeck*, WuW 1996, 91, 96.

716 WuW/E OLG 1429, 1431; LG München I, SpuRt 2000, 155, 156 f.; WuW/E BKartA 1433, 1435; *Zimmer* in *Immenga/Mestmäcker*, § 1, Rn. 60.

717 BGH, ZIP 1990, 949, 952; KG, AfP 1989, 466, 467; OLG München, SpuRt 1996, 133, 137; LG München I, SpuRt 2000, 155, 156 f.; vgl. auch BGH, JR 1998, 327, 329; *Langen/Bunte*, KartR, § 1, Rn. 20; *Waldhauser*, Fernsehrechte, S. 242; *Ahrens/Jänich*, in Vermarktungsrechte im Sport, S. 9, 32.

Zudem sollen die Verbände die Unternehmenseigenschaft erfüllen, wenn sie Profiwettbewerbe bzw. Meisterschaften organisieren[718] oder die Sportler zu internationalen Wettkämpfen entsenden[719] sowie die Zulassung zu Wettkämpfen durch Vergabe von Lizenzen regeln[720]. So wurden bereits der Lizenzentzug, sportgerichtliche Entscheidungen[721] oder Richtlinien, die die Werbetätigkeit von Mitgliedern regeln[722] am Maßstab des Kartellrechts gemessen.

Sportverbände sind demnach als Unternehmen i. S. des GWB zu qualifizieren. Fraglich ist dennoch, ob die autonome Regelungsbefugnis der Verbände insgesamt durch das Kartellrecht begrenzt ist. Ein Rechtsträger kann nämlich auch nur für einen bestimmten Teil seiner Tätigkeit Unternehmen i. S. des GWB sein[723]. Die nicht-unternehmerische Betätigung wäre in einem solchen Fall von vornherein einer Kontrolle durch das Kartellrecht entzogen[724]. Die Bejahung einer unternehmerischen Tätigkeit der Sportverbände könnte etwa für den Erlaß des sportlichen Regelwerks zweifelhaft sein, wenn der Verband damit ideelle Zwecke verfolgt, die von der wirtschaftlichen Tätigkeit klar abzugrenzen sind. Vor diesem Hintergrund soll etwa der Erlaß von Dopingverboten nicht zu einer Teilnahme am geschäftlichen Verkehr führen[725].

Jede wettkampfmäßig betriebene Sportart ist unzweifelhaft auf einheitliche für alle Teilnehmer gleichermaßen verbindliche Spiel- und Wettkampfregeln angewiesen, weil erst hierdurch sportliche Leistungen vergleichbar werden. Dies gilt unabhängig davon, ob es sich um reinen Ama-

718 OLG Frankfurt, GRUR 1983, 517, 518=WuW/E OLG 3015, 3016=Handbuch des Sportrechts, 33, 28 1 f.; LG Frankfurt, NJW 1983, 761, 763; LG München I, SpuRt 2000, 155, 156 f.; LG Dortmund, SpuRt 2001, 24, 27; vgl. auch *Herrmann*, WuW 1979, 149, 152 ff.; *Vollkommer*, RdA 1982, 16, 25; vgl. für die ähnliche Rechtslage in Finnland *Rauste*, SpuRt 1996, 76 ff.

719 PHBSportR/*Summerer* 2/133; *Hohl*, Nominierung, S. 192 ff.; *Nickel*, in Akademieschrift 52, S. 49, 58.

720 OLG Frankfurt, GRUR 1983, 517, 518; WuW/E OLG 2775, 2778 [Erteilung der Genehmigung zur Aufnahme des Rennbetriebs durch einen Verband].

721 OLG Frankfurt, GRUR 1983, 517, 518 f.; WuW/E OLG 3562, 3563; OLG München, SpuRt 1996, 133, 137 f.; WuW/E LG/AG 550, 551; LG Stuttgart, SpuRt 1995, 73, 74; LG München I, SpuRt 2000, 155, 157; vgl. auch *Westermann*, JA 1984, 394, 403.

722 OLG Frankfurt, WRP 1985, 500, 503; *Reichert*, Handbuch des Vereins- und Verbandsrechts, Rn. 2830, S. 999 f.

723 WuW/E BGH 647, 650 f.; WuW/E BGH 1474, 1476 f.; *Langen/Bunte*, KartR, § 1, Rn. 16; *Emmerich*, Kartellrecht, § 2 1 a), S. 17 f.; *Möschel*, Wettbewerbsbeschränkungen, Rn. 102, S. 69; *Hohl*, Nominierung, S. 192 f.

724 Vgl. *Prokop*, Dopingverbote, S. 164.

725 *Prokop*, Dopingverbote, S. 163 ff.

teursport oder Profi- und Leistungssport handelt. Der Erlaß eines Regelwerks für die Sportausübung ist demzufolge an sich der ideellen Zweckverfolgung der Sportverbände zuzurechnen. Im Bereich des Profi- und Leistungssports entfalten die von den Sportverbänden erlassenen Regelungen aber Wirkungen, die über den ideellen Bereich der Sportausübung hinausgehen. Sie schaffen nämlich nicht nur die Basis für die chancengleiche Sportausübung, sondern zugleich auch die Möglichkeit, Sport gegen Entgelt zu betreiben sowie sportliche Leistungen zu vermarkten. Einheitliche Spiel- und Wettkampfregeln bilden folglich die Grundlage für die professionelle Ausübung einer Sportart und deren wirtschaftliche Verwertung. Organisiert und vermarktet ein Sportverband etwa einen Wettkampf, an dem Profi- oder Leistungssportler teilnehmen, die an das vom Verband erlassene sportliche Regelwerk gebunden sind, so gehen die Grenzen zwischen ideeller und wirtschaftlicher Verbandstätigkeit fließend ineinander über[726]. So hat beispielsweise das LG Frankfurt[727] die Kartellrechtswidrigkeit einer Satzungsbestimmung, nach der die Durchführung einer Sportveranstaltung der Genehmigung des Sportverbandes bedurfte, nicht bereits deshalb abgelehnt, weil der Erlaß der betreffenden Regelung der nicht-wirtschaftlichen Tätigkeit des Sportverbandes zugerechnet werden könnte. Vielmehr hat es ausdrücklich die Unternehmenseigenschaft des betreffenden Sportverbandes bejaht, weil dieser in seiner Satzung die Vermarktung von Fernsehrechten vorsehe[728]. Der persönliche Anwendungsbereich des Kartellrechts wird demzufolge überwiegender Ansicht[729] nach bei Regelungen und Maßnahmen von Sportverbänden im Rahmen des Profi- und Leistungssports sehr weit gefaßt und damit generell als eröffnet angesehen. Die Sportverbände werden in diesem Bereich also umfassend als Unternehmen i. S. des GWB qualifiziert.

Neben der Unternehmenseigenschaft knüpfen die §§ 19 f. GWB tatbestandlich an die marktbeherrschende Stellung an. Infolge ihrer räumlich-fachlichen Monopolstellung wird eine solche marktbeherrschende Stellung

726 Vgl. hierzu auch *Hannamann*, Kartellverbot, S. 238 f.

727 LG Frankfurt, Handbuch des Sportrechts, 38, 24, 1.

728 LG Frankfurt, Handbuch des Sportrechts, 38, 24, 1; vgl. auch LG Dortmund, SpuRt 2001, 24, 26 f.

729 OLG Frankfurt, Handbuch des Sportrechts, 33, 28, 2=GRUR 1983, 517 ff.; WuW/E LG/AG 550, 551; LG München I, SpuRt 2000, 155, 157; LG Dortmund, SpuRt 2001, 24, 26 f.; *Herrmann*, WuW 1979, 149, 152 ff.; *Emmerich*, in RuS 13, S. 57, 64; *Hohl*, Nominierung, S. 192 ff., 203; PHBSportR/*Summerer* 2/133; einschränkend *Prokop*, Dopingverbote, S. 163 ff.; *Hannamann*, Kartellverbot, S. 300 ff.

der Sportverbände von der herrschenden Auffassung generell bejaht[730]. So ist gem. § 19 Abs. 2 GWB ein Unternehmen marktbeherrschend, wenn es als Anbieter oder Nachfrager einer bestimmten Art von Waren oder gewerblichen Leistungen ohne Wettbewerber oder keinem wesentlichen Wettbewerb ausgesetzt ist (Nr. 1) oder eine im Verhältnis zu seinen Wettbewerbern überragende Marktstellung inne hat (Nr. 2). § 19 Abs. 2 GWB bezieht die Marktbeherrschung mithin auf eine bestimmte Art von Waren und gewerblichen Leistungen. Hieraus folgt, daß sich wirtschaftliche Macht nur auf genau abgegrenzten Märkten bilden kann. Die Bestimmung der Marktmacht vollzieht sich deshalb in zwei Schritten, wobei im ersten Schritt der relevante Markt abzugrenzen[731] und im zweiten der Beherrschungsgrad auf diesem zu ermitteln ist[732]. Für die Anwendung der §§ 19 f. GWB reicht eine allgemeine Größenmacht damit nicht aus. Vielmehr muß die Macht eines Unternehmens marktbezogen sein[733]. Relativ unproblematisch ist die Bestimmung des Beherrschungsgrades dann, wenn ein Verband auf dem relevanten Markt selbst in erheblichem Maße als Anbieter bestimmter Waren oder gewerblicher Leistungen in Erscheinung tritt[734]. Erreicht er dabei einen Marktanteil von mindestens einem Drittel, wird gem. § 19 Abs. 3 GWB eine marktbeherrschende Stellung vermutet.

Ungleich schwieriger ist die Bestimmung des Beherrschungsgrades freilich dann, wenn ein Sportverband selbst nur in geringem Maße Waren oder gewerbliche Leistungen am Markt anbietet. Insofern können Zweifel bestehen, ob die Voraussetzungen des § 19 Abs. 2 oder Abs. 3 GWB vorliegen. Die dort genannten Kriterien dürfen jedoch nicht rein mechanisch angewendet werden. Marktbeherrschung ist vielmehr ein normativer Zweckbegriff, der unter Berücksichtigung der Schutzzwecke der §§ 19 f. GWB auszulegen ist[735]. Der Normzweck der §§ 19 f. GWB ist dabei im Gesamtzusammenhang mit dem Zweck des GWB zu sehen, die Freiheit des Wettbewerbs auf

---

730 WuW/E OLG 1429, 1431 ff.; OLG Frankfurt, GRUR 1983, 517, 518; WRP 1985, 500, 503; LG Frankfurt, NJW 1983, 761, 763; LG Stuttgart, SpuRt 1995, 73, 74; WuW/E BKartA 1433, 1435 ff.; LG München I, SpuRt 2000, 155, 156 f.; LG Dortmund, SpuRt 2001, 24, 27; *Herrmann*, WuW 1979, 149, 156; *Vollkommer*, RdA 1982, 16, 25; *Westermann*, JA 1984, 394, 403; *Prokop*, Dopingverbote, S. 142; vgl. für die ähnliche Rechtslage in Finnland *Rauste*, SpuRt 1996, 76 ff.

731 Vgl. hierzu unter § 10 II 2 b) aa).

732 *Möschel*, Wettbewerbsbeschränkungen, Rn. 505, S. 297; *Emmerich*, Kartellrecht, § 18 3, S. 178 f.; *Bechtold*, GWB, § 19, Rn. 3.

733 *Emmerich*, Kartellrecht, § 18 3, S. 178 f.; *Hannamann/Vieweg*, in Schriftenreihe des Württembergischen Fußballverbandes, Nr. 40, S. 49, 70.

734 Vgl. zur Abgrenzung von Märkten im Sportbereich ausführlich *Hannamann*, Kartellverbot, S. 236 ff.

735 *Möschel*, Wettbewerbsbeschränkungen, Rn. 505, S. 297.

den Märkten zu sichern[736]. Geschützt werden durch die §§ 19 f. GWB daher vor allem die Wettbewerber marktbeherrschender Unternehmen sowie Angehörige vor- oder nachgelagerter Wirtschaftsstufen davor, daß marktbeherrschende Unternehmen ihre Macht zu übermäßigen Eingriffen in die wirtschaftliche Betätigungsfreiheit mißbrauchen. Die §§ 19 f. GWB richten sich allerdings nicht gegen die marktbeherrschende Stellung als solche, sondern schränken nur den aus der Machtposition fließenden Handlungsspielraum marktbeherrschender Unternehmen ein, der einer Kontrolle durch den Wettbewerb nicht hinreichend unterliegt[737]. Insoweit sind die Maßstäbe für die Mißbrauchsaufsicht über marktbeherrschende Unternehmen an den Funktionsbedingungen sowie der Funktionsweise eines freien und fairen Wettbewerbs auszurichten[738]. Bei der Bestimmung der Marktmacht geht es mithin darum, den Punkt herauszufinden, ab dem die »Neutralisierung wirtschaftlicher Macht nicht mehr dem Markt überlassen werden kann, sondern zur Aufgabe des Rechts wird«[739].

Die Frage nach dem Beherrschungsgrad ist daher nicht rein schematisch anhand der gesetzlich normierten Kriterien zu ermitteln. Es kommt vielmehr bei der Bestimmung des Beherrschungsgrades nach § 19 Abs. 2 Nr. 1 und Nr. 2 GWB auf eine Gesamtbetrachtung aller relevanten Umstände an[740]. Als marktbeherrschend ist ein Unternehmen danach zu qualifizieren, wenn es über einen nicht mehr vom Wettbewerb kontrollierten Verhaltensspielraum verfügt, infolgedessen es in der Lage ist, die wirtschaftliche Handlungsfreiheit Dritter spürbar zu bedrohen oder zu beschränken[741]. Charakteristisch für eine überragende Marktstellung ist etwa eine auffällige asymmetrische Machtverteilung auf einem Markt, weil hierdurch vom Wettbewerb nicht hinreichend kontrollierte Verhaltensspielräume entstehen, die es einem Unternehmen erlauben, seine Konkurrenten nachhaltig an dem normalen Einsatz ihrer Aktionsparameter im Wettbewerb zu hindern[742].

---

736 *Emmerich*, Kartellrecht, § 18 2, S. 177; *Langen/Bunte*, KartR, § 19, Rn. 36.

737 *Emmerich*, Kartellrecht, § 18 2, S. 177 f.; *Möschel*, Wettbewerbsbeschränkungen, Rn. 502 f., S. 293 ff.

738 *Emmerich*, Kartellrecht, § 18 2, S. 177 f.

739 *Möschel*, Wettbewerbsbeschränkungen, Rn. 505, S. 297 f.

740 BGH, NJW 1976, 2259, 2261; NJW 1981, 1786, 1789; NJW 1996, 595, 597 f.; *Möschel* in *Immenga/Mestmäcker*, § 19, Rn. 48, 54; *Emmerich*, Kartellrecht, § 18 7 b), S. 186, § 18 8 a), S. 188; *Langen/Ruppelt*, KartR, § 19, Rn. 46.

741 BGH, NJW 1976, 2259, 2261; NJW 1977, 2121; *Möschel* in *Immenga/Mestmäcker*, § 19, Rn. 48, 53; *ders.*, Wettbewerbsbeschränkungen, Rn. 519, S. 310 f.; *Langen/Ruppelt*, KartR, § 19, Rn. 46 ff.

742 BGH, NJW 1980, 2583, 2586; *Emmerich*, Kartellrecht, § 18, 8 a), S. 188.

Letzteres bildet den Ausgangspunkt bei der Bestimmung der Marktmacht von Sportverbänden. Die Verbände haben aufgrund des »Ein-Platz-Prinzips« und der hierarchischen Verbandsstruktur hinsichtlich der Normsetzung und -anwendung einheitlicher Regelungen für den Sport, der Zulassung zu Sportveranstaltungen bzw. der Vergabe von Ausrichtungsrechten an Sportveranstaltungen unzweifelhaft eine fachliche sowie räumliche Monopolstellung inne und sind – soweit die Sportverbände unabhängig von der konkreten Tätigkeit global als Unternehmen eingestuft werden – marktbeherrschend i. S. des GWB[743]. Die Regelungsmacht beschränkt sich jedoch nicht darauf, ein einheitliches Regelwerk für die Sportausübung zu schaffen und sportliche Wettbewerbe zu organisieren. Häufig regeln die Verbände auch die Vermarktungstätigkeit der in ihren Zuständigkeitsbereich fallenden Sportler und Vereine. So bestimmen sie etwa die Zeit und den Umfang der Fernsehübertragung von Sportereignissen oder machen inhaltliche Vorgaben für den Abschluß von Werbe- bzw. Sponsorenverträgen. Nicht unüblich sind etwa Regelungen, die die Werbung im Umfeld und während einer Sportveranstaltung, die Art der umworbenen Produkte (Werbeverbote für alkoholische Getränke, Tabakerzeugnisse etc.) oder des Ortes und der Größe von Werbeaufschriften festlegen. Zweck derartiger Bestimmungen ist es, die wirtschaftliche Betätigung der Normadressaten auf dem Markt für Werbe- und Sponsoringrechte zu beeinflussen.

Die durch das »Ein-Platz-Prinzip« vermittelte Monopolstellung auf sportlicher Ebene, aufgrund derer die Sportverbände unter anderem den Zugang zum organisierten Sportgeschehen steuern können, versetzt sie typischerweise in die Lage, die betreffenden Regelungen auf den relevanten Märkten für Werbe- und Sponsorenrechte unabhängig von ihrem eigenen Marktanteil oder ihrer Finanzkraft tatsächlich durchzusetzen und damit den Zugang zu den Märkten, Art und Umfang der angebotenen Leistungen sowie letztendlich auch den Vertrieb zu beeinflussen[744]. Die Sportverbände haben insofern einen Verhaltensspielraum, der es ihnen ermöglicht, für die am Markt tätigen Unternehmen relevante Wettbewerbsparameter wie etwa Qualität, Quantität oder den Preis der angebotenen Leistungen, ihren Wert- und Moralvorstellungen entsprechend zu steuern. Somit besteht eine allein

---

743 OLG Frankfurt, GRUR 1983, 517, 518 f.; LG München I, SpuRt 2000, 155, 156 f.; LG Dortmund, SpuRt 2001, 24, 27; *Hohl*, Nominierung, S. 195; *Hannamann/Vieweg*, in Schriftenreihe des Württembergischen Fußballverbandes, Nr. 40, S. 49, 69 [Zulassung zu Sportveranstaltungen und Vergabe von Ausrichtungsrechten an Sportveranstaltungen]; *Herrmann*, WuW 1979, 149, 156 [Organisation der Fußballbundesliga].

744 *Hannamann/Vieweg*, in Schriftenreihe des Württembergischen Fußballverbandes, Nr. 40, S. 49, 70.

durch den Wettbewerb auf den Märkten für Sponsoring- und Werberechte nicht zu kontrollierende asymmetrische Machtverteilung zwischen einem Verband und den einzelnen Sportlern. Im Hinblick auf Sinn und Zweck der §§ 19 f. GWB ist deshalb die marktbeherrschende Stellung von Sportverbänden unter den vorgenannten Voraussetzungen selbst dann zu bejahen, wenn sie bezogen auf die Märkte für Werbe- und Sponsoringrechte selber gar nicht oder nur begrenzt als Anbieter von Sponsoring- und Werberechten in Erscheinung treten[745]. Die Sportverbände sind als (marktbeherrschende) Unternehmen demzufolge generell Adressaten der kartellrechtlichen Verbotsvorschriften.

bb) Die Sportverbände als Unternehmensvereinigung

Neben der Unternehmenseigenschaft knüpfen die kartellrechtlichen Verbotsvorschriften teilweise auch an den Begriff der Unternehmensvereinigung an. Dies dient der Erweiterung des persönlichen Anwendungsbereichs des Kartellrechts auf Fälle, in denen die betreffende Vereinigung ohne einen eigenen wirtschaftlichen Geschäftsbetrieb zu unterhalten, fremde unternehmerische Tätigkeiten beeinflußt[746]. Erfüllt die Vereinigung bereits selbst die Unternehmenseigenschaft, so unterliegt sie schon aufgrund dessen dem Anwendungsbereich der kartellrechtlichen Verbotsnormen[747]. Auf Unternehmensvereinigungen ohne eigenen Geschäftsbetrieb ist das Kartellrecht hingegen anzuwenden, wenn ihre Mitglieder Unternehmen i. S. des GWB sind und deren wirtschaftliche Tätigkeit von der Betätigung der Unternehmensvereinigung betroffen wird[748]. So ist beispielsweise der DFB als Unternehmensvereinigung angesehen worden, weil die ihm angeschlossen Lizenzligavereine die Unternehmenseigenschaft erfüllen und Beschlüsse der DFB-Organe Einfluß auf die wirtschaftliche Betätigung der Vereine nehmen kön-

---

745 Vgl. auch *Hannamann/Vieweg*, in Schriftenreihe des Württembergischen Fußballverbandes, Nr. 40, S. 49, 70 f.; allgemein zu der mit der vorliegenden Frage in einem engen Zusammenhang stehenden Drittmarktproblematik *Markert* in *Immenga/Mestmäcker*, § 20, Rn. 28 f.; *Langen/Schultz*, KartR, § 20, Rn. 119 f.; Die zum Teil erhobene Forderung, daß das behinderte Unternehmen auch auf dem beherrschten Markt tätig ist [vgl. *Langen/Schultz*, KartR, § 20, Rn. 119 mwN], ist im Bereich des Sports generell erfüllt, weil Vereine und Sportler typischerweise nicht nur auf den Werbe- und Sponsoringmärkten tätig sind.

746 *Langen/Bunte*, KartR, § 1, Rn. 30.

747 *Langen/Bunte*, KartR, § 1, Rn. 30; *Zimmer* in *Immenga/Mestmäcker*, § 1, Rn. 74.

748 *Bechtold*, GWB, § 1, Rn. 5; *Langen/Bunte*, KartR, § 1, Rn. 30.

nen[749]. Unerheblich ist es dabei, ob der Vereinigung neben Unternehmen auch nicht-unternehmerisch tätige Personen als Mitglieder angehören[750]. Anderenfalls könnten die kartellrechtlichen Vorschriften nämlich relativ leicht dadurch umgangen werden, daß sich Unternehmen unter dem Dach einer juristischen Person mit einer größeren Zahl von nicht unternehmerisch tätigen Mitgliedern umgeben[751]. Gehören den Sportverbänden hingegen nur Mitglieder an, die keine eigenen wirtschaftlichen Tätigkeiten entfalten, handelt es sich lediglich um eine Vereinigung von Nichtunternehmen, auf die das Kartellrecht nicht anzuwenden ist[752]. Dies könnte etwa der Fall sein, wenn einem nationalen Spitzenverband Landes- und Regionalverbände angehören, die in Ermangelung attraktiver Sportangebote nicht am Wettbewerb teilnehmen können[753].

cc) Die Unternehmenseigenschaft der Sportler

Eine Anwendung der kartellrechtlichen Verbotsvorschriften setzt neben der Unternehmenseigenschaft der Sportverbände grundsätzlich voraus, daß auch die einzelnen Sportler Unternehmen i. S. des Kartellrechts sind. So richtet sich etwa das Kartellverbot des § 1 GWB nur gegen Unternehmen. Auch § 20 Abs. 1 GWB knüpft an die Unternehmenseigenschaft an, indem es Unternehmen vor grundlosen Diskriminierungen marktbeherrschender Unternehmen schützt. Einen weiterreichenden Schutz vermittelt demgegenüber § 19 GWB. Dieser schützt davor, daß marktbeherrschende Unternehmen ihre Macht zu ungerechtfertigten Übergriffen in die wirtschaftliche Bewegungsfreiheit Dritter mißbrauchen. Zu den geschützten Dritten zählen dabei neben den Konkurrenten marktbeherrschender Unternehmen, Unternehmen vor- bzw. nachgelagerter Wirtschaftsstufen und im Anwendungsbereich des Ausbeutungsmißbrauchs auch die Marktgegenseite, d. h. alle Marktteilnehmer[754].

---

749 BGH, JR 1998, 327, 329; *Langen/Bunte*, KartR, § 1, Rn. 30; *Stockmann*, ZIP 1996, 411, 413 f.

750 BGH, JR 1998, 327, 329; *Zimmer* in *Immenga/Mestmäcker*, § 1, Rn. 78; *Langen/Bunte*, KartR, § 1, Rn. 30.

751 BGH, JR 1998, 327, 329; *Hausmann*, BB 1994, 1089, 1092 f.

752 Allgemein hierzu *Zimmer* in *Immenga/Mestmäcker*, § 1, Rn. 75.

753 Vgl. hierzu *Prokop*, Dopingverbote, S. 146 f.

754 *Emmerich*, Kartellrecht, § 18, 2, S. 177 f.; *Langen/Schultz*, KartR, § 1, Rn. 92; *Möschel*, Wettbewerbsbeschränkungen, Rn. 502, S. 294 f.; *Prokop*, Dopingverbote, S. 142.

Im Bereich des Profi- und Leistungssports ist die Unternehmenseigenschaft der Sportler häufig zu bejahen. So erbringen die Athleten sportliche Leistungen gegen Entgelt, erzielen Einnahmen aus der Vermarktung von Persönlichkeitsrechten oder schließen mit Unternehmen Werbe- und Sponsorenverträge ab. Nehmen die Sportler auf diese oder eine ähnliche Art und Weise am wirtschaftlichen Verkehr teil, sind sie als Unternehmen i. S. des GWB zu qualifizieren[755]. Nicht entscheidend ist es dabei, ob ein Sportler eine der klassischen Profisportarten wie Tennis oder Motorsport ausübt. So erzielen die Sportler heutzutage nämlich auch in den sogenannten »Amateursportarten« Einnahmen durch die Sportausübung und die Vermarktung ihrer Person bzw. sportlichen Leistungen[756]. Sportler, die ihre Sportart als Arbeitnehmer ausüben, sind jedoch nicht Unternehmer i. S. des GWB. Die Unternehmenseigenschaft ist demzufolge von der abhängigen Tätigkeit natürlicher Personen als Arbeitnehmer abzugrenzen[757]. Personen, die abhängige, weisungsgebundene Arbeit erbringen, beteiligen sich nicht mit »Waren« oder »gewerblichen Leistungen« am wirtschaftlichen Verkehr[758]. Gerade im Bereich der Mannschaftssportarten[759] sind die Sportler häufig arbeitsvertraglich verpflichtet, sportliche Leistungen zu erbringen oder an Werbe- bzw. Sponsoringveranstaltungen ihres Sportvereins mitzuwirken. Ein Fußballprofi erfüllt demnach nicht die Unternehmenseigenschaft, wenn er keine selbständige wirtschaftliche Tätigkeit ausübt, die über dasjenige hinausgeht, wozu er aufgrund seines Arbeitsvertrages verpflichtet ist.

Nehmen die Verbandsregelungen nun Einfluß auf das Arbeitsverhältnis zwischen Verein und Sportler, bestehen Zweifel an der Anwendbarkeit kartellrechtlicher Vorschriften. So sind unter anderem Regelungen, die die von den Arbeitnehmern zu erbringenden Leistungen betreffen, überwiegender Ansicht nach dem Anwendungsbereich des GWB entzogen, da es sich bei der abhängigen Tätigkeit von Arbeitnehmern nicht um eine unternehmerische Tätigkeit handelt[760]. Nicht gegen das GWB sollen demzufolge Abspra-

---

755 OLG Frankfurt, GRUR 1983, 517, 518; OLG Frankfurt, BB 1986, 554; WuW/E BKartA 357, 359; OLG München SpuRt 1996, 133 ff.; LG München I, SpuRt 2000, 155, 157; *Langen/Bunte*, KartR, § 1, Rn. 21; *Zimmer* in *Immenga/Mestmäcker*, § 1, Rn. 60; *Nickel*, in Akademieschrift 52, S. 49, 58; *Waldhauser*, Fernsehrechte, S. 242; *Hohl*, Nominierung, S. 195; PHBSportR/*Summerer* 2/110.

756 *Hohl*, Nominierung, S. 195; PHBSportR/*Summerer* 2/110; *Steinbeck*, WuW 1996, 91, 96.

757 *Langen/Bunte*, KartR, § 1, Rn. 27; *Bechtold*, GWB, § 1, Rn. 2.

758 WuW/E BKartA 502 ff.; *Langen/Bunte*, KartR, § 1, Rn. 27; *Zimmer* in *Immenga/Mestmäcker*, § 1, Rn. 27; *Huber/Baums* in FK, § 1 GWB a. F., Rn. 381.

759 Vgl. hierzu § 4 IV 4 b); § 12 I 3 a).

760 *Bechtold*, GWB, § 1, Rn. 2; *Langen/Bunte*, KartR, § 1, Rn. 27.

chen zwischen Arbeitnehmern[761] bzw. Absprachen zwischen Arbeitgebern über Lohn- und Arbeitsbedingungen[762] verstoßen. Deshalb sind, einer in der Literatur vertretenen Auffassung[763] zufolge, etwa auch Transferabsprachen im Berufsfußball kartellrechtlich irrelevant. Durch derartige Absprachen werde zwar der Nachfragewettbewerb um die einzelnen Spieler beschränkt. Da die Spieler aber weisungsgebundene Angestellte ihres Vereins sind, ist – so diese Ansicht[764] – der Wettbewerb nicht von § 1 GWB geschützt.

Fraglich ist aber, ob hieraus der Schluß gezogen werden kann, daß sämtliche Regeln der Sportverbände, die das Arbeitsverhältnis eines Sportlers beeinflussen, stets dem Anwendungsbereich des GWB entzogen sind. Aus der Tatsache, daß Arbeitnehmer nicht als Unternehmen einzustufen sind, kann nämlich nicht gefolgert werden, daß der Arbeitsmarkt generell nicht dem Anwendungsbereich des GWB unterliegt[765]. So wird der Grund für die Ausnahme vom Anwendungsbereich des GWB zum Teil in der Verschiedenheit der Gestaltungsbedingungen des Arbeitsmarktes und der Produkt- bzw. Dienstleistungsmärkte gesehen. Angesichts der strukturell schwächeren Position sollen die Arbeitnehmer nicht dem Wettbewerb um die Arbeitsbedingungen ausgesetzt werden[766]. An die Stelle des individuell ausgehandelten Vertrages tritt im Bereich des Arbeitsrechts daher das kollektive Aushandeln von Arbeitsbedingungen. Die Gruppenautonomie ersetzt insoweit die Privatautonomie. Auf beiden Seiten wird der Wettbewerb als Ordnungsprinzip ausgeschaltet. Hierin soll der eigentliche Kern für die Nichtanwendbarkeit des GWB auf Arbeitsmärkte zu sehen sein[767]. Deshalb werden etwa auch Abreden in Tarifverträgen, die wettbewerbliche Wirkungen entfalten, nicht vom Kartellverbot erfaßt, soweit die zu regelnde Frage zum Kernbereich der von Art. 9 Abs. 3 GG garantierten Koalitionsfreiheit zählt. Vom Tarifvertrag ausgehende wesensnotwendige Beschränkungen unternehmerischer Tätigkeit verstoßen mithin nicht gegen das GWB[768]. Demgegenüber

761 *Langen/Bunte*, KartR, § 1, Rn. 27.

762 *Huber/Baums* in FK, § 1 GWB a. F., Rn. 381; *Möschel*, Wettbewerbsbeschränkungen, Rn. 209, S. 136.

763 *Huber/Baums* in FK, § 1 GWB a. F., Rn. 381; *Wertenbruch*, EuZW 1996, 91; *Fleischer*, WuW 1996, 473, 484; *Zäch*, in FS für A. Koller, S. 837, 851 f.

764 *Huber/Baums* in FK, § 1 GWB a. F., Rn. 381; *Wertenbruch*, EuZW 1996, 91; *Fleischer*, WuW 1996, 473, 484; *Zäch*, in FS für A. Koller, S. 837, 851 f.

765 *Langen/Bunte*, KartR, § 1, Rn. 28.

766 *Zäch*, in FS für A. Koller, S. 837, 844 f.

767 *Immenga*, in *Immenga/Mestmäcker*, 2. Aufl. § 1, Rn. 322; *Möschel*, Wettbewerbsbeschränkungen, Rn. 209, S. 136.

768 *Langen/Bunte*, KartR, § 1, Rn. 325; *Kulka*, RdA 1988, 336, 343; vgl. auch *Zimmer* in *Immenga/Mestmäcker*, § 1, Rn. 304.

ist das GWB überwiegender Ansicht nach[769] anwendbar, wenn eine wettbewerbsbeschränkende Wirkung von den Tarifvertragsparteien gerade ins Auge gefaßt und in die gemeinsame Zielvorstellung aufgenommen, der Tarifvertrag mithin allein in wettbewerbsbeschränkender Absicht geschlossen wurde.

Die Grenzen des arbeitsrechtlichen Ausnahmebereichs sind letztendlich nur schwer zu bestimmen. Im Hinblick auf Sinn und Zweck des Ausnahmebereichs ist dieser jedoch zumindest dann verlassen, wenn der Regelung eine unmittelbare Beziehung zum vertikalen Arbeitgeber- Arbeitnehmerverhältnis fehlt[770], die wettbewerbsbeschränkende Wirkung vielmehr gerade gemeinsame Zielvorstellung der Parteien ist. So unterliegen dem GWB etwa Absprachen zwischen Unternehmen über den einheitlichen Geschäftsschluß oder einheitliche Betriebsferien[771].

Fraglich ist daher, ob etwa Transferbestimmungen, Vereinbarungen zu Gehaltsobergrenzen (»salary caps«), Teilnahmequoten o. ä. Regelungen dem arbeitsrechtlichen Ausnahmebereich zuzurechnen sind. Unzweifelhaft beeinflussen Bestimmungen zur Höhe des Gehalts bzw. zur freien Wahl des Arbeitsplatzes das Arbeitsverhältnis zwischen Sportler und Verein. Vornehmlicher Zweck derartiger Bestimmungen ist es jedoch, den Wettbewerb zwischen den einzelnen Arbeitgebern (Vereinen) zu beeinflussen. Die Regelung des vertikalen Verhältnisses zwischen Arbeitgeber (Verein) und Arbeitnehmern (Sportlern) steht daher nicht im Vordergrund, sondern ist allenfalls ein mittelbarer Nebenzweck. So sollen durch Wechselbeschränkungen unmittelbare Wettbewerbsverzerrungen zwischen den an einer Liga teilnehmenden Vereinen verhindert werden. Auch Regelungen zu Gehaltsobergrenzen dienen nicht etwa der sozialen Sicherheit der Sportler oder der Gewährleistung gleichmäßiger Einkommen. Vielmehr bezwecken sogenannte »salary caps« die in den letzten Jahren sprunghaft angestiegenen Gehaltsforderungen einzudämmen, um etwa ein den Meisterschaftswettbewerb verzerrendes Ausscheiden einzelner Vereine aufgrund mangelnder wirtschaftlicher Leistungsfähigkeit zu verhindern[772]. Das zeigt sich besonders deutlich daran, daß nicht etwa ein Mindestgehalt für Sportler vereinbart, sondern das Gesamtbudget der Vereine für die Spielergehälter insgesamt gedeckelt wird[773]. Mithin bleibt es den Vereinen selbst überlassen,

769 WuW/E OLG 4531, 4533; *Langen/Bunte*, KartR, § 1, Rn. 325 mwN.

770 *Immenga* in *Immenga/Mestmäcker*, 2. Aufl., § 1, Rn. 323; vgl. auch *Streinz*, SpuRt 1998, 89, 92.

771 *Zimmer* in *Immenga/Mestmäcker*, § 1, Rn. 304; *Langen/Bunte*, KartR, § 1, Rn. 323.

772 Vgl. FAZ Nr. 301, Freitag 28. 12 .2001, S. 39; FAZ Nr. 14, Montag 18. 1. 1999, S. 41; FAZ Nr. 13, Samstag 16. 1. 1999, S. 39.

773 Vgl. FAZ Nr. 20, Montag 25. 1. 1999, S. 40; FAZ Nr. 13, Samstag 16. 1. 1999, S. 39.

die Höhe der Gehälter mit den einzelnen Spielern auszuhandeln. Unmittelbarer Zweck derartiger Regelungen ist folglich eine horizontale Abstimmung zwischen den einzelnen Arbeitgebern[774], wobei nur mittelbar das vertikale Verhältnis zwischen Verein und Sportler beeinflußt wird[775]. Diese Auslegung entspricht auch den satzungsmäßig verankerten Verbandszwekken, zu denen die Schaffung und Durchsetzung einheitlicher Regelungen für den Sport sowie die Organisation und Durchführung von Sportwettkämpfen, aber gerade nicht die Wahrnehmung von Arbeitnehmerinteressen zählt.

Zudem sprechen bereits Sinn und Zweck des arbeitsrechtlichen Ausnahmebereichs gegen eine Freistellung vom Wettbewerbsrecht. Der Grund dafür, daß im arbeitsrechtlichen Bereich der Wettbewerb als Ordnungsprinzip ausgeschaltet ist, besteht nämlich gerade in der Verschiedenheit der Gestaltungsbedingungen auf dem Arbeits- und dem Produktionsmarkt. Die als strukturell schwächer angesehenen Arbeitnehmer sollen nicht dem Wettbewerb um Arbeitsbedingungen ausgesetzt sein. Ihren Grund haben die das Arbeitsverhältnis zwischen Sportler und Verein betreffenden Regelungen häufig aber gerade nicht in dieser arbeitsrechtlichen Besonderheit. Vielmehr beruhen sie auf den Besonderheiten des Sports, weil sie vorrangig der Wahrung der Fairneß und Chancengleichheit dienen. Das zeigt sich unter anderem daran, daß derartige Bestimmungen nicht nur dort gelten, wo Sportler als Arbeitnehmer eines Vereins tätig werden. Vielmehr kommen Transferbeschränkungen selbst in den untersten Spielklassen zur Anwendung, in denen die Sportler Mitglieder und gerade nicht Arbeitnehmer der Sportvereine sind. Zudem finden sich vergleichbare Regelungen nicht nur im Bereich des Mannschaftssports, sondern auch in Regelwerken der Individualsportarten, bei denen die Sportler prinzipiell keine Arbeitnehmer ihrer Vereine sind[776]. Bezweckt wird vorrangig eine horizontale Wirkung. Die vertikale Wirkung derartiger Bestimmungen ist insoweit allenfalls Mittel zum Zweck. Ist unter diesen Voraussetzungen der arbeitsrechtliche Ausnahmebereich nicht eröffnet, können sich Grenzen für die sportliche Rege-

---

774 Vgl. zu horizontalen Absprachen auch Schlußanträge des Generalanwalts *Lenz* in der Rs. C-415/93 (Bosman), EuGRZ 1995, 459, 505; *Streinz*, SpuRt 1998, 89, 92.

775 Vgl. aber *Hannamann*, Kartellverbot, S. 342, die bei einer tarifvertraglichen Vereinbarung von Gehaltsobergrenzen eine Ausnahme vom Kartellverbot befürwortet, das salary-cap Modell vom Kartellverbotstatbestand jedoch nicht ausnehmen will. [*Hannamann*, aaO, S. 426 f.].

776 Vgl. § 12 I 3 a).

lungsbefugnis aus den kartellrechtlichen Verbotsvorschriften ergeben[777]. Auch wenn Sportler als Arbeitnehmer tätig werden, folgt daraus also nicht, daß vom Sportverband erlassene Regelungen, die Einfluß auf das Arbeitsverhältnis nehmen, generell dem Kartellrecht entzogen sind.

b) Die marktöffnende Funktion von Verbandsregelungen

Obwohl der persönliche Anwendungsbereich des Kartellrechts bei Regelungen und Maßnahmen von Sportverbänden überwiegender Ansicht nach sehr weit ausgelegt und damit generell als eröffnet angesehen wird, ist dennoch fraglich, ob das Regelwerk und darauf beruhende Entscheidungen stets einer Interessenabwägung am Maßstab des Kartellrechts zu unterwerfen sind. So ist nämlich unabhängig davon, ob jemand eine Sportart als reiner Amateur- oder Profi- bzw. Leistungssportler betreibt, ein sportliches Regelwerk Grundvoraussetzung für die wettkampfmäßige Sportausübung. Nur wenn einheitliche Spiel- und Wettkampfregelungen existieren, sind sportliche Leistungen vergleichbar und damit für Sportler, Veranstalter bzw. Sponsoren wirtschaftlich verwertbar. Der gesamte Bereich des organisierten Sports ist daher funktionsnotwendig auf einheitliche Regelungen angewiesen, die nicht dem freien Spiel von Angebot und Nachfrage unterliegen[778]. Ermöglichen einheitliche Spiel- und Wettkampfregeln erst die professionelle Sportausübung und deren wirtschaftliche Verwertung, so haben sie diesbezüglich eine marktschaffende bzw. -öffnende Funktion[779]. Betrachtet man sich vor diesem Hintergrund Sinn und Zweck der kartellrechtlichen Verbotsvorschriften, so entstehen tatsächlich Zweifel an einer uneingeschränkten Anwendbarkeit auf den Bereich des Sports.

Normzweck des GWB ist es nämlich, die Freiheit des Wettbewerbs zu sichern und wirtschaftliche Macht dort einzuschränken, wo durch sie die Wirksamkeit des Wettbewerbs beeinträchtigt wird. Die Aufgabe des Kartellrechts besteht also darin, Wettbewerbsbeschränkungen zu verhindern[780].

---

777 Vgl. auch *Fleischer*, WuW 1996, 473, 483 f.; *Lenz*, EuGRZ 1995, 459, 503 ff. [jeweils hinsichtlich Art. 81 EGV]; *Wertenbruch*, EuZW 1996, 91; a. A. *Zäch*, in FS für A. Koller, S. 837, 844 f., 852 f.; *Huber/Baums* in FK, § 1 GWB a. F., Rn. 381; *Hannamann*, Kartellverbot, S. 341 ff.

778 *Schlosser*, in FS für A. Zeuner, S. 467, 470 ff.; *Haas/Prokop*, JR 1998, 45, 47.

779 *Haas/Prokop*, JR 1998, 45, 47; Zur marktöffnenden Funktion von Dopingverboten *Prokop*, Dopingverbote, S. 165.

780 *Langen/Bunte*, KartR, Einführung zum GWB, Rn. 53.

So bezwecken etwa die §§ 19 f. GWB die allseitige Öffnung der Märkte[781], weil marktstarke Unternehmen typischerweise geneigt sind, den Wettbewerb auf bzw. bereits den Zugang zu dem beherrschten Markt einzuschränken, um immer höhere Gewinne zu Lasten der übrigen Marktteilnehmer zu erzielen[782]. Es sollen Verhaltensweisen marktbeherrschender Unternehmen unterbunden werden, die der Funktionsweise eines Systems freien und fairen Wettbewerbs widersprechen. Im Lichte dessen ist zu bestimmen, welche Verhaltensweisen den kartellrechtlichen Mißbrauchsverboten widersprechen und mithin staatliche Eingriffe erfordern[783]. Bezwecken die kartellrechtlichen Verbotsvorschriften die allseitige Öffnung der Märkte, um die Freiheit des Wettbewerbs zu sichern, sind freilich Maßnahmen nicht mißbräuchlich, die erst einen bestimmten Markt schaffen bzw. diesen für Dritte öffnen und damit Wettbewerb zwischen Unternehmen erst ermöglichen oder fördern (Marktöffnungsfunktion)[784]. Dogmatisch können solche marktöffnenden Maßnahmen (marktbeherrschender) Unternehmen mit der Immanenztheorie gerechtfertigt werden[785], wonach Absprachen bzw. Verhaltensweisen nicht kartellrechtswidrig sind, die sich notwendigerweise aus einem Rechtsverhältnis ergeben, was im übrigen kartellrechtsneutral ist und für dessen Bestand, Wirksamkeit und Funktionsfähigkeit erforderlich sind[786].

Aus kartellrechtlicher Sicht nicht zu beanstanden sind unter anderem Satzungsregelungen, die Mitgliedern Beschränkungen ihrer Betätigungsfreiheit auferlegen, die das ordnungsgemäße Funktionieren der Organisation sicherstellen[787]. So ist beispielsweise im Genossenschaftsrecht das mit

---

781 BT-Drucksache IV/617, S. 96; *Möschel*, Wettbewerbsbeschränkungen, Rn. 502, S. 294; *Langen/Schultz*, KartR, § 19, Rn. 139, § 20, Rn. 134.

782 Vgl. *Schlosser*, in FS für A. Zeuner, S. 467, 470 f.

783 *Emmerich*, Kartellrecht, § 18 2, S. 177 f.

784 *Haas/Prokop*, JR 1998, 45, 47; *Schlosser*, in FS für A. Zeuner, S. 467, 470 ff.; hinsichtlich Art. 81 EGV, *Lenz*, EuGRZ 1995, 459, 503.

785 *Haas/Prokop*, JR 1998, 45, 47; vgl. auch *Stockmann*, ZIP 1996, 411, 416 f.; *Langen/Bunte*, KartR, § 1, Rn. 196 ff.

786 BGH, ZIP 1986, 1489, 1491; BB 1993, 1899; NJW 1994, 384; ZIP 1997, 2166, 2169 f.; NJW 1997, 2324, 2325 f.; ZIP 1999, 1021, 1026 mit Anm. *Busche/Keul*; KG, ZIP 1996, 801, 805 f.; BKartA, SpuRt 1995, 118, 123; DEL-Schiedsgericht, SpuRt 1997, 165, 168; *Wellenhofer-Klein*, WuW 1999, 557, 561, 565; *Hannamann/Vieweg*, in Schriftenreihe des Württembergischen Fußballverbandes, Nr. 40, S. 49, 72; *Emmerich*, Kartellrecht, § 3 3 b), S. 34, § 4 4-5, S. 53 ff.; *Bechtold*, NJW 1998, 2769, 2770; *Fuchs*, BB 1993, 1893, 1894 ff.; *Wertenbruch*, ZIP 1996, 1417, 1421; *Stockmann*, ZIP 1996, 411, 416; *Baron*, Kartellgesetz, S. 20; vgl. zur Immanenztheorie auch die Ausführungen unter § 10 II 2 b) aa) (3).

787 EuGH, Slg. 1994, I-5671, 5686 ff.; *Langen/Bunte*, KartR, § 1, Rn. 196.

einem Ausschluß aus der Genossenschaft sanktionierte Verbot einer Doppelmitgliedschaft der Genossen in einer konkurrierenden Genossenschaft für nicht wettbewerbswidrig befunden worden[788], weil eine Doppelmitgliedschaft geeignet ist, eine wirksame Zweckverfolgung zu gefährden. Daher stellt das Verbot der Doppelmitgliedschaft nicht notwendigerweise eine Beschränkung des Wettbewerbs dar, sondern kann sogar positive Auswirkungen auf den Wettbewerb haben. Unter der Voraussetzung, daß das Verbot der Doppelmitgliedschaft für das ordnungsgemäße Funktionieren der Genossenschaft notwendig ist, verstößt dieses deshalb nicht gegen wettbewerbsrechtliche Vorschriften[789]. Obwohl Sportverbände als (marktbeherrschende) Unternehmen Adressaten der kartellrechtlichen Verbotsvorschriften sind, unterliegen Regelungen, die eine marktschaffende bzw. -öffnende Funktion haben, mithin nicht in jedem Einzelfall einer kartellrechtlichen Kontrolle. Eine solche Funktion besitzen dabei vor allem diejenigen Bestandteile des Verbandsregelwerks, die die organisatorische Basis für die chancengleiche Sportausübung sowie die Durchführung von Sportwettkämpfen[790] schaffen.

2. Schranken der Vereinsautonomie aus § 138 BGB

Neben § 134 BGB ergeben sich Schranken für die vereinsautonome Regelungsbefugnis der Sportverbände auch aus § 138 BGB[791]. So ist gem. § 138 Abs. 1 BGB ein sittenwidriges Rechtsgeschäft nichtig. Tatbestandlich bezieht sich § 138 BGB zwar nur auf Rechtsgeschäfte. Doch handelt es sich bei der Vereinsautonomie um eine besondere Ausprägung der Privatautonomie[792], was eine Anwendung des § 138 BGB – der eine allgemeine Schranke der rechtsgeschäftlichen Privatautonomie enthält[793] – auf Verbandssatzun-

788 EuGH, Slg. 1994, I-5671, 5686 ff.; *Tesauro*, Slg. 1994, I-5641, 5659.

789 EuGH, Slg. 1994, I-5671, 5687 ff.; *Tesauro*, Slg. 1994, I-5641, 5659.

790 Vgl. hierzu *Stockmann*, ZIP 1996, 411, 416 f.

791 BGHZ 36, 105, 109; NJW 1999, 3552 ff.; 2000, 1028 [In den letzten beiden Entscheidungen werden § 138 BGB und § 242 BGB gemeinsam für eine Inhaltskontrolle herangezogen.]; *Soergel-Hadding*, § 25, Rn. 25; *Palandt-Heinrichs*, § 25, Rn. 7; MünchKomm-*Reuter*, § 25, Rn. 23; *Haas*, ZGR 2001, 325, 347; *Steinbeck*, Vereinsautonomie und Dritteinfluß, S. 208 f.; *Vieweg*, Normsetzung, S. 227 f.; *Hannamann/Vieweg*, in Schriftenreihe des Württembergischen Fußballverbandes, Nr. 40, S. 49, 55; *Prokop*, Dopingverbote, S. 134.

792 Vgl. hierzu auch § 3 I.

793 *Larenz/Wolf*, BGB AT, § 41 I 1 a), Rn. 6, S. 743.

gen rechtfertigt[794]. Überwiegender Ansicht nach ist ein Rechtsgeschäft sittenwidrig, wenn es gegen das »Anstandsgefühl aller billig und gerecht Denkenden« verstößt[795]. Inhaltlich präzisiert wird der Begriff der guten Sitten durch die herrschende Rechts- und Sozialmoral[796], wobei ein durchschnittlicher Maßstab anzulegen ist[797]. Danach sind Rechtsgeschäfte sittenwidrig, die grundlegende Prinzipien der Rechtsordnung verletzen[798]. Die Sittenwidrigkeit kann sich dabei aus einer Gesamtwürdigung des Rechtsgeschäfts anhand seines Inhalts, Motivs und Zwecks ergeben[799]. Im Rahmen der insofern erforderlichen Abwägung ist über § 138 BGB als zivilrechtliche Generalklausel insbesondere die im Grundgesetz verankerte objektive Wertordnung zu berücksichtigen[800]. Der Begriff der »guten Sitten« statuiert jedoch lediglich einen Mindeststandard sittlicher Handlungsweise im Rechtsverkehr[801], so daß § 138 BGB seiner Art nach Außenschranken für die Gültigkeit des Verbandsregelwerks markiert[802].

3. Schranken der Vereinsautonomie aus § 242 BGB

In Rechtsprechung und Literatur war lange Zeit umstritten, ob die Vereinssatzungen einer über die Rechtskontrolle am Maßstab der §§ 134, 138 BGB

---

794 *Staudinger-Weick*, Vorbem zu §§ 21 ff, Rn. 38 f.; *Vieweg*, Normsetzung, S. 228; *Steinbeck*, Vereinsautonomie und Dritteinfluß, S. 42, 208; *Palandt-Heinrichs*, § 25, Rn. 7;. *Soergel-Hadding*, Vor § 21, Rn. 79; § 25, Rn. 25.

795 RGZ 80, 219, 221; BGHZ 10, 228, 232; 69, 295, 297; NJW 1990, 703, 704; *Palandt-Heinrichs*, § 138, Rn. 2; *Jauernig-Jauernig*, § 138, Rn. 6; MünchKomm-*Mayer-Maly/Armbrüster*, § 138, Rn. 14.

796 *Palandt-Heinrichs*, § 138, Rn. 2; *Larenz/Wolf*, BGB AT, § 41 I 2 d), Rn. 12, S. 746; *Staudinger-Sack*, § 138, Rn. 18.

797 RGZ 80, 219, 221; BGHZ 10, 228, 232; *Palandt-Heinrichs*, § 138, Rn. 2.

798 BGHZ 80, 153, 158; 106, 336, 338; *Palandt-Heinrichs*, § 138, Rn. 3; *Jauernig-Jauernig*, § 138, Rn. 6.

799 RGZ 80, 219, 221; BGHZ 86, 82, 88; 107, 92, 97; NJW 1990, 703, 704; NJW 1998, 2047; *Palandt-Heinrichs*, § 138, Rn. 8; *Jauernig-Jauernig*, § 138, Rn. 8; MünchKomm-*Mayer-Maly/Armbrüster*, § 138, Rn. 30 mwN; *Staudinger-Sack*, § 138, Rn. 37 ff.

800 BVerfGE 7, 198, 205 f.; NJW 1990, 1469, 1470; *Larenz/Wolf*, BGB AT, § 41 I 4, Rn. 18, S. 747 f.; *Palandt-Heinrichs*, § 138, Rn. 4; *Vieweg*, Normsetzung, S. 228; *Jauernig-Jauernig*, § 138, Rn. 6; MünchKomm-*Mayer-Maly/Armbrüster*, § 138, Rn. 20; *Staudinger-Sack*, § 138, Rn. 40.

801 *Jauernig-Jauernig*, § 138, Rn. 6; *Prokop*, Dopingverbote, S. 211; vgl. auch *Larenz/Wolf*, BGB AT, § 41 I 3, Rn. 14, S. 746; *Fastrich*, Inhaltskontrolle, S. 19 f.

802 Allgemein hierzu *Palandt-Heinrichs*, § 242, Rn. 19; *Prokop*, Dopingverbote, S. 211.

hinausgehenden Inhaltskontrolle unterliegen[803]. Im Unterschied zu einer Rechtskontrolle nach §§ 134, 138 BGB, die der vereinsautonomen Regelungsbefugnis erst dort Grenzen setzt, wo Vereinsregelungen gegen gesetzliche Verbote verstoßen bzw. sittenwidrig sind, wird im Rahmen einer Inhaltskontrolle die Vereinssatzung auf ihre inhaltliche Angemessenheit und Billigkeit hin überprüft. Die Inhaltskontrolle soll der vereinsautonomen Regelungsbefugnis demzufolge engere Grenzen als die Rechtskontrolle am Maßstab der §§ 134, 138 BGB ziehen[804].

Ursprünglich wurde eine inhaltliche Überprüfung von Vereinssatzungen unter Hinweis auf die Vereinsautonomie abgelehnt[805]. Diese restriktive Haltung haben Rechtsprechung und Literatur nunmehr aufgegeben. Die überwiegende Ansicht[806] hält – wenn auch mit unterschiedlichen dogmatischen Anknüpfungspunkten[807] – eine Inhaltskontrolle von Vereinssatzungen grundsätzlich für zulässig[808]. Strittig ist zwar, inwieweit Satzungen sämtlicher Vereine stets einer Inhaltskontrolle unterliegen[809]. Doch besteht zumindest weitgehend Einigkeit darüber, daß Vereinssatzungen jedenfalls dann einer Inhaltskontrolle zugänglich sind, wenn der betreffende Verein

---

803 Ausführlich hierzu *Steinbeck*, Vereinsautonomie und Dritteinfluß, S. 211 ff.; vgl. auch BGH, NJW 1989, 1724, 1726=ZIP 1988, 14 ff.

804 *Steinbeck*, Vereinsautonomie und Dritteinfluß, S. 210; *Fastrich*, Inhaltskontrolle, S. 10, 12; MünchKomm-*Reuter*, § 25, Rn. 23.

805 RGZ 49, 150, 152 ff.

806 BGH, NJW 1989, 1724, 1726; NJW 1995, 583, 585; NJW 1999, 3552; NJW 2000, 1028=WM 1999, 2319 ff.; OLG Köln, ZIP 1992, 1617, 1618; OLG Oldenburg, NZG 1999, 39; OLG Frankfurt, NJW-RR 2000, 1117, 1119; OLG München, SpuRt 2001, 64, 66 f.; *Röhricht*, in RuS 22, S. 19, 28; *Vieweg*, in FS für R. Lukes, S. 809, 814 f.; *ders.*, in Akademieschrift 39, S. 36, 39 f.; *Hannamann/Vieweg*, in Schriftenreihe des Württembergischen Fußballverbandes, Nr. 40, S. 49, 55; *Palandt-Heinrichs*, § 25, Rn. 9; *Ulmer* in *Ulmer/Brandner/Hensen*, AGB-Gesetz, § 23, Rn. 29; *Erman-Westermann*, § 25, Rn. 4; *Soergel-Hadding*, § 25, Rn. 25 f.

807 Vgl. hierzu *Steinbeck*, Vereinsautonomie und Dritteinfluß, S. 216 ff.; *Prokop*, Dopingverbote, S. 167 ff.

808 Ablehnend *Baecker*, Grenzen der Vereinsautonomie, S. 34 ff.

809 Vgl. für eine uneingeschränkte Inhaltskontrolle von Vereinssatzungen *Soergel-Hadding*, § 25, Rn. 25 f.; *Palandt-Heinrichs*, § 25, Rn. 9; *Vieweg*, Normsetzung, S. 234 f.; *Reichert/van Look*, Handbuch des Vereins- und Verbandsrechts 6. Aufl., Rn. 300a, S. 106; a. A. MünchKomm-*Reuter*, Vor § 21, Rn. 114, § 25, Rn. 23; *Bunte*, ZGR 1991, 316, 323; *Steinbeck*, Vereinsautonomie und Dritteinfluß, S. 217 ff.; *Fastrich*, Inhaltskontrolle, S. 141 f.

bzw. Verband im wirtschaftlichen oder sozialen Bereich eine überragende Machtstellung innehat[810].

Bei wirtschafts- bzw. sozialmächtigen Vereinen bzw. Verbänden sind die Mitglieder häufig auf die Mitgliedschaft angewiesen, so daß sie auf unangemessene Vereins- bzw. Verbandsnormen nicht mit einem Austritt aus dem Verein bzw. Verband reagieren können[811]. Besteht danach ein faktischer Zwang zur Mitgliedschaft, ist infolgedessen eine Funktionsbedingung für die Verbindlichkeit der Vereinsregelungen, die ihre privatautonome Legitimation in der durch § 39 BGB garantierten Freiwilligkeit der Mitgliedschaft findet, gestört[812]. Nur soweit die Mitglieder, ohne wirtschaftliche oder soziale Nachteile zu erleiden, jederzeit die Mitgliedschaft beenden können, ist der betreffende Verein bzw. Verband – will er keine Mitglieder verlieren – typischerweise gezwungen, auf Regelungen zu verzichten, die die Mitglieder unbillig belasten[813]. Bei einem Angewiesensein auf die Mitgliedschaft in einem wirtschafts- bzw. sozialmächtigen Verein verliert das unentziehbare Austrittsrecht des § 39 BGB jedoch seine Bedeutung für den Individual- bzw. Minderheitenschutz[814]. Das Verbleiben der Mitglieder im Verein ist dann nämlich nicht mehr Beleg dafür, daß die Vereinsregelungen tendenziell die Interessen aller Mitglieder berücksichtigen[815]. Fehlt der Vereinssatzung infolgedessen die »Richtigkeitsgewähr«, muß das staatliche Recht in Form einer Inhaltskontrolle korrigierend eingreifen[816].

---

810 BGH, NJW 1989, 1724, 1726; NJW 1995, 583, 585; NJW 1999, 3552; NJW 2000, 1028; OLG Köln, ZIP 1992, 1617, 1618; *Ulmer* in *Ulmer/Brandner/Hensen*, AGB-Gesetz, § 23, Rn. 29; *Palandt-Heinrichs*, § 25, Rn. 9; *Reichert*, Handbuch des Vereins- und Verbandsrechts, Rn. 1799, S. 600; MünchKomm-*Reuter*, Vor § 21, Rn. 114, § 25, Rn. 23.

811 BGH, NJW 1989, 1724, 1726; *Haas*, ZGR 2001, 325, 344 f.; *Baecker*, Grenzen der Vereinsautonomie, S. 15.

812 Vgl. MünchKomm-*Reuter* Vor § 21, Rn. 114, § 25, Rn. 23, § 40, Rn. 1; *Steinbeck*, Vereinsautonomie und Dritteinfluß, S. 225 f.; *Fastrich*, Inhaltskontrolle, S. 142; *Baecker*, Grenzen der Vereinsautonomie, S. 15 f.

813 BGH, NJW 1989, 1724, 1726; vgl. auch MünchKomm-*Reuter*, Vor § 21, Rn. 88 f., 114; *Reichert*, Handbuch des Vereins- und Verbandsrechts, Rn. 1799, S. 600; *Fastrich*, Inhaltskontrolle, S. 141 f.; *Vieweg*, Normsetzung, S. 154.

814 *Fastrich*, Inhaltskontrolle, S. 142; *Steinbeck*, Vereinsautonomie und Dritteinfluß, S. 225 f.; *Baecker*, Grenzen der Vereinsautonomie, S. 15 f.

815 *Steinbeck*, Vereinsautonomie und Dritteinfluß, S. 226.

816 MünchKomm-*Reuter* Vor § 21, Rn. 114, § 25, Rn. 23; *Steinbeck*, Vereinsautonomie und Dritteinfluß, S. 225 f.; *Fastrich*, Inhaltskontrolle, S. 142.

Den Anknüpfungspunkt für die Inhaltskontrolle im Vereinsrecht bilden überwiegender Ansicht nach die zivilrechtlichen Generalklauseln[817], wobei diese insbesondere auf § 242 BGB gestützt wird[818]. Unter dem Gesichtspunkt von Treu und Glauben werden die Satzungsregeln einer Angemessenheitsprüfung unterzogen[819]. Dies entspricht der Sache nach der Anwendung des Verhältnismäßigkeitsgrundsatzes[820]. Eine Regelung muß daher hinsichtlich des verfolgten Vereinszwecks sowie unter Berücksichtigung der Interessen der Normunterworfenen geeignet, erforderlich und angemessen sein[821]. Dabei halten einer Inhaltskontrolle solche Normen nicht stand, die keinerlei Rücksicht auf die schutzwürdigen Interessen der Mitglieder nehmen, sondern diese einer willkürlichen oder unbilligen, Treu und Glauben widerstreitenden, Satzungsgestaltung unterwerfen[822]. Als zivilrechtliche Generalklausel bietet § 242 BGB dabei die Möglichkeit für eine umfassende Interessenabwägung unter Berücksichtigung der im Grundrechtsabschnitt des Grundgesetzes enthaltenen, alle Bereiche des Rechts betreffenden, verfassungsrechtlichen Grundentscheidungen[823].

---

817 BGH, NJW 1989, 1724, 1726; NJW 1995, 583, 585; NJW 1999, 3552; NJW 2000, 1028; BAG, SpuRt 1997, 94, 96; OLG Köln, ZIP 1992, 1617, 1618; OLG Frankfurt, NJW-RR 2000, 1117, 1119; *Röhricht*, in RuS 22, S. 19, 28; *Vieweg*, in FS für R. Lukes, S. 809, 814 f.; *Palandt-Heinrichs*, § 25, Rn. 9; *Ulmer* in *Ulmer/Brandner/Hensen*, AGB-Gesetz, § 23, Rn. 29; *Erman-Westermann*, § 25, Rn. 4.

818 BGH, NJW 1989, 1724, 1726; NJW 1995, 583, 585; OLG Oldenburg, NZG 1999, 39; OLG Frankfurt, NJW-RR 2000, 1117, 1119; *Vieweg*, Normsetzung, S. 227 ff.; *Hannamann/Vieweg*, in Schriftenreihe des Württembergischen Fußballverbandes, Nr. 40, S. 49, 55; *Soergel-Hadding*, § 25, Rn. 25a.

819 BGH, NJW 1989, 1724, 1726; NJW 1995, 583, 585; OLG Köln, ZIP 1992, 1617, 1618; *Röhricht*, in RuS 22, S. 19, 28; MünchKomm-*Reuter*, Vor § 21, Rn. 114; *Vieweg*, SpuRt 1995, 97, 100; *ders./Hannamann*, in Akademieschrift 49, S. 43, 47 f.; *Erman-Westermann*, § 25, Rn. 4; *Soergel-Hadding*, § 25, Rn. 25b.

820 MünchKomm-*Reuter*, Vor § 21, Rn. 114; *Steinbeck*, Vereinsautonomie und Dritteinfluß, S. 230; *Reichert/van Look*, Handbuch des Vereins- und Verbandsrechts 6. Aufl., Rn. 300b, S. 107; *Bunte*, ZGR 1991, 316, 324; *Vieweg*, SpuRt 1995, 97, 100; *ders./Hannamann*, in Akademieschrift 49, S. 43, 47 f, 52.

821 *Steinbeck*, Vereinsautonomie und Dritteinfluß, S. 230; *Reichert/van Look*, Handbuch des Vereins- und Verbandsrechts 6. Aufl., Rn. 300b, S. 107.

822 BGH, NJW 1989, 1724, 1726; OLG Köln, ZIP 1992, 1617, 1618; OLG Frankfurt, NJW-RR 2000, 1117, 1120; *Röhricht*, in RuS 22, S. 19, 28.

823 BVerfG, NJW 1976, 1677 [allgemein zur Wirkung der Grundrechte im Privatrecht]; BGH, NJW 1999, 3552 ff.; NJW 2000, 1028; *Vieweg*, in FS für R. Lukes, S. 809, 815; *ders.* Normsetzung, S. 235; *ders.*, in Akademieschrift 39, S. 36, 39 f.; einschränkend *Heß*, in Aktuelle Rechtsfragen des Sports, S. 32 ff. der vorrangig eine Inhaltskontrolle des Sportrechts anhand der Sportregelwerke befürwortet.

Die Spitzenverbände im Sport sind grundsätzlich sozialmächtig, weil sie aufgrund des pyramidenförmigen Aufbaus der Sportorganisation sowie des »Ein-Platz-Prinzips« eine Monopolstellung inne haben[824]. Die Normadressaten haben nur die Wahl, das von den Sportverbänden geschaffene Regelwerk zu akzeptieren oder auf eine Teilnahme am organisierten Sportgeschehen zu verzichten. Letztere ist freilich nur eine theoretische Alternative, da ein Sportler – vor allem im Profi- und Leistungssport – aus beruflichen und wirtschaftlichen Gründen auf den Zugang zum organisierten Sport angewiesen ist[825]. Das von den Sportverbänden erlassene Regelwerk unterliegt demnach prinzipiell einer Inhaltskontrolle am Maßstab des § 242 BGB[826]. Die Adressaten des sportlichen Regelwerks sind aber vielfach nicht mitgliedschaftlich, sondern vertraglich dem Regelwerk unterworfen. Mit Abschluß eines Regelanerkennungsvertrages werden die Sportler jedoch hinsichtlich der Normbindung den unmittelbaren Mitgliedern gleichgestellt. Die vertraglich gebundenen Sportler haben daher gleichermaßen ein Interesse an einem sachlich angemessenen Norminhalt[827], so daß die Verbandsregeln, sowohl hinsichtlich der Beziehung zu den Mitgliedern als auch zu Nichtmitgliedern, einer Überprüfung auf ihre inhaltliche Angemessenheit am Maßstab des § 242 BGB unterliegen[828].

Für die Anwendung gleicher Maßstäbe bei einer Inhaltskontrolle spricht außerdem die Tatsache, daß an Wettkämpfen mitunter gleichzeitig vertraglich sowie mitgliedschaftlich an die Verbandsnormen gebundene Sportler teilnehmen. Wollte man insoweit unterschiedliche Maßstäbe an eine Inhaltskontrolle von Verbandsnormen stellen, könnte ein und dieselbe Regelung, je nach Art der Bindung, einer Inhaltskontrolle standhalten bzw. unwirksam sein. Unterschiedliche Kontrollmaßstäbe könnten demnach zu unterschiedlichen Bewertungen im Hinblick auf die inhaltliche Angemessen-

---

824 BGH, NJW 1995, 583, 585; NJW 1999, 3552; NJW 2000, 1028; *Röhricht*, in RuS 22, S. 19, 32; vgl. hierzu auch unter § 3.

825 Vgl. hierzu BGH, NJW 1999, 3552 ff.; OLG Oldenburg, NZG 1999, 39 f.; *Steinbeck*, Vereinsautonomie und Dritteinfluß, S. 225 f.; *Reuter*, DZWir 1996, 1, 8; *Röhricht*, in RuS 22, S. 19, 29 f.

826 BGH, NJW 1995, 583, 585; NJW 1999, 3552 ff.; NJW 2000, 1028; OLG Frankfurt, NJW-RR 2000, 1117, 1119; *Prokop*, Dopingverbote, S. 169.

827 BGH, NJW 1995, 583, 585; OLG München, SpuRt 2001, 64, 67; *Prokop*, Dopingverbote, S. 168.

828 Vgl. BGH, WM 1972, 1249; NJW 1995, 583, 585; OLG Frankfurt, NJW-RR 2000, 1117, 1119; OLG München, SpuRt 2001, 64, 67; *Pfister*, JZ 1995, 464, 466; *Vieweg*, in Vermarktungsrechte im Sport, S. 95, 151; *ders./Hannamann*, in Akademieschrift 49, S. 43, 47 f.; *Prokop*, Dopingverbote, S. 168; *Palandt-Heinrichs*, § 25, Rn. 9; *Reichert*, Handbuch des Vereins- und Verbandsrechts, Rn. 1797, S. 600; *Stöber*, Handbuch zum Vereinsrecht, Rn. 733, S. 412; *Röhricht*, in RuS 22, S. 19, 34 f.

heit des Verbandsregelwerks führen, was die Einheitlichkeit des sportlichen Regelwerks als Basis eines jeden sportlichen Wettkampfs in Frage stellen würde. Die Chancengleichheit aller Wettkampfteilnehmer, die Grundvoraussetzung für jede wettkampfmäßige Sportausübung ist, wäre insoweit nicht mehr zu gewährleisten[829].

4. Schranken der Vereinsautonomie aus den Vorschriften über das Recht der Allgemeinen Geschäftsbedingungen

In der Literatur wird dennoch teilweise die Auffassung vertreten, die sportlichen Regelwerke im Verhältnis zu außenstehenden Dritten als Allgemeine Geschäftsbedingungen i. S. der §§ 305 ff. BGB zu behandeln[830]. Hieraus wird unter anderem der Schluß gezogen, Wettkampf- und Disziplinarregeln nicht am Maßstab des § 242 BGB einer Inhaltskontrolle zu unterziehen, sondern unabhängig von der wirtschaftlichen oder sozialen Mächtigkeit eines Verbandes stets die Vorschriften der §§ 9-11 AGBG a. F. (nunmehr §§ 307-309 BGB n. F.) anzuwenden[831]. Folgt man dieser Ansicht, so hätte eine Inhaltskontrolle der von den Sportlern vertraglich anerkannten Verbandsregelungen anhand der Vorschriften über das Recht der Allgemeinen Geschäftsbedingungen zu erfolgen.

Ziel der §§ 305 ff. BGB ist es, den mit der Verwendung Allgemeiner Geschäftsbedingungen einhergehenden Gefahren einseitiger Inanspruchnahme des Rechts zur inhaltlichen Vertragsgestaltung entgegenzutreten[832]. So ist die Inhaltskontrolle gerade auf Interessenkonflikte zugeschnitten, wie sie sich mangels frei ausgehandelter Vertragsbedingungen typischerweise im Rahmen von Austauschverträgen ergeben, die durch zweiseitige konträr verlaufende Interessen gekennzeichnet sind. Dies belegen insbeson-

---

829 Vgl. hierzu auch *Edenfeld*, Rechtsbeziehungen, S. 218 f.; *Pfister*, JZ 1995, 464, 466; *Röhricht*, in RuS 22, S. 19, 34; *Vieweg*, SpuRt 1995, 97, 99.

830 *Vieweg*, in Akademieschrift 39, S. 36, 37 ff.; *ders.*, NJW 1991, 1511, 1516; *ders.*, in RuS 16, S. 23, 44 f.; *Staudinger-Weick*, § 25, Rn. 11; *Soergel-Hadding*, § 25, Rn. 25b, 35; *Siegfried*, Fernsehberichterstattung, S. 66 ff.; *Heermann*, NZG 1999, 325, 328 f.; PHBSportR/*Summerer* 2/345 ff.; *Fenn*, in Festgabe Zivilrechtslehrer 1934/1935, S. 103, 104 ff.; *Blum/Ebeling*, in Sportler, Arbeit und Statuten, S. 85, 116.

831 So ausdrücklich *Fenn*, in Festgabe Zivilrechtslehrer 1934/1935, S. 113 ff., 120; vgl. auch *Soergel-Hadding*, § 25 Rn. 25b, 35; hinsichtlich § 9 AGBG a. F. (§ 307 Abs. 1, 2 BGB n. F.) auch *Vieweg*, NJW 1991, 1511, 1516.

832 Vgl. hierzu unter § 6 II 1 a).

dere die Klauselverbote der §§ 308, 309 BGB[833]. Sportler und Verband verfolgen mit Abschluß eines Regelanerkennungsvertrages aber gerade keine gegensätzlichen, sondern auf einen gemeinsamen Zweck – Schaffung der infrastrukturellen Voraussetzungen für die Sportausübung – gerichtete Interessen[834]. Jeder einzelne Sportler unterwirft sich dem Regelwerk deshalb nur im Hinblick darauf, daß der Verband mit anderen Sportlern inhaltsgleiche Verträge abschließt. Die Interessenlage der Vertragsparteien ist insoweit mehrseitig ausgerichtet[835]. Auf diese besondere Interessenkonstellation ist die Inhaltskontrolle nach den Vorschriften über das Recht der Allgemeinen Geschäftsbedingungen freilich nicht zugeschnitten[836]. So verwundert es auch nicht, daß überwiegender Ansicht nach die Klauselverbote der §§ 308, 309 BGB für die Überprüfung sportlicher Regelwerke keinen passenden Maßstab bieten[837].

Damit könnte eine Inhaltskontrolle von Athleten- bzw. Lizenzvereinbarungen allenfalls anhand des § 307 BGB erfolgen. Bei dieser Vorschrift handelt es sich freilich nur um eine besondere Ausprägung des Grundsatzes von Treu und Glauben des § 242 BGB[838]. Daher erscheint es gleichgültig, ob eine Inhaltskontrolle auf § 307 BGB oder § 242 BGB gestützt wird[839]. Die weitgehende Kongruenz der Prüfungsmaßstäbe zeigt sich dabei auch an der Rechtsprechung des BGH[840] zur Inhaltskontrolle der Gesellschaftsverträge von Publikums- oder stillen Gesellschaften. So ist es nach Ansicht des Gerichts unerheblich, ob es sich in einem konkreten Fall um Allgemeine Geschäftsbedingungen oder gesellschaftsvertragliche Regelungen handelt, da auch letztere gem. § 242 BGB einer ähnlichen Inhaltskontrolle wie Allgemeine Geschäftsbedingungen unterliegen[841]. Letztendlich ist nur entschei-

---

833 Vgl. BGH, NJW 1995, 583, 585; NJW 1998, 454, 455; *Röhricht*; in RuS 22, S. 19, 35.

834 Vgl. hierzu unter § 4 IV 2.

835 Vgl. hierzu unter § 6 II 1 a).

836 Vgl. BGH, NJW 1995, 583, 585; *Staudinger-Schlosser*, AGBG, § 23, Rn. 11; *Röhricht*, in RuS 22, S. 19, 35.

837 BGH, NJW 1995, 583, 585; *Röhricht*, in RuS 22, S. 19, 35; *Heermann*, NZG 1999, 325, 332; *Lindemann*, SpuRt 1994, 17, 20; Demgegenüber sieht *Fenn* [in Festgabe Zivilrechtslehrer 1934/1935, S. 103, 115 f.] durchaus einen Anwendungsbereich für die §§ 10, 11 AGBG a. F. (nunmehr §§ 308, 309 BGB n. F.).

838 BGH, NJW 1995, 583, 585; NJW 1998, 454, 455; *Röhricht*, in RuS 22, S. 19, 34 f.; *Heermann*, NZG 1999, 325, 332.

839 *Röhricht*, in RuS 22, S. 19, 35; *Heermann*, NZG 1999, 325, 332; so wohl auch *Vieweg*, SpuRt 1995, 97, 100; a. A. *Fenn*, in Festgabe Zivilrechtslehrer 1934/1935, S. 103, 115.

840 BGH, NJW 2001, 1270 ff.=DStR 2001, 266 ff.

841 BGH, NJW 2001, 1270, 1271.

dend, daß die von den Verbänden erlassenen Spiel- und Wettkampfregelungen – unabhängig von der Art der Bindung – materiell anhand gleicher Maßstäbe einer Inhaltskontrolle unterzogen werden. Werden die Sportler mit Abschluß eines Regelanerkennungsvertrages hinsichtlich der Regelbindung unmittelbaren Mitgliedern gleichgestellt, so liegt es freilich nahe, auch formal einheitliche Prüfungsmaßstäbe bei der Inhaltskontrolle anzuwenden, mithin unmittelbar an § 242 BGB anzuknüpfen[842].

III. Bestimmung der Grenzen der vereinsautonomen Regelungsbefugnis mittels einer Interessenabwägung

Die vorstehenden Ausführungen zeigen, daß sich Grenzen der vereinsautonomen Regelungsbefugnis aus allgemeinen Rechtsgrundsätzen des Gesellschaftsrechts sowie zwingenden gesetzlichen Bestimmungen ergeben können. Zu letzteren zählt unter anderem § 138 BGB, der einen Mindeststandard sittlicher Handlungsweise für die Sportverbände markiert. Zudem unterliegen die Verbandsregelwerke über die Rechtskontrolle hinaus einer Inhaltskontrolle, die, überwiegender Ansicht nach, auf den in § 242 BGB verankerten Grundsatz von Treu und Glauben gestützt wird. Der strenge Maßstab der Sittenwidrigkeit stimmt dabei allerdings nicht mit demjenigen der Treuwidrigkeit des § 242 BGB überein[843]. So ist der Standard der guten Sitten enger als der des § 242 BGB[844], der nicht die Sittenwidrigkeit und damit »*Unerträglichkeit*«, sondern nur die »*Unbilligkeit*« bzw. »*Unangemessenheit*« einer Regelung voraussetzt[845]. Alle Fälle der Sittenwidrigkeit begründen demzufolge zugleich einen Verstoß gegen Treu und Glauben. Umgekehrt führt jedoch nicht jede Treuwidrigkeit zugleich zu einem Verstoß gegen die guten Sitten[846]. Deshalb schließt die Billigkeit bzw. Angemessenheit einer Regelung deren Sittenwidrigkeit aus, so daß eine Regelung, die der Inhaltskontrolle nach § 242 BGB standhält, nicht gegen § 138 BGB ver-

---

842 Vgl. BGH, NJW 1995, 583, 585; OLG Frankfurt, NJW-RR 2000, 1117, 1119; *Röhricht*, in RuS 22, S. 19, 35.

843 *Palandt-Heinrichs*, § 242, Rn. 19; *Jauernig-Vollkommer*, § 242, Rn. 13.

844 BAG, NJW 1964, 1542, 1543; MünchKomm-*Roth*, § 242, Rn. 115; *Staudinger-Schmidt*, § 242, Rn. 270; *Palandt-Heinrichs*, § 242, Rn. 19; *Soergel-Teichmann*, § 242, Rn. 128; *Jauernig-Vollkommer*, § 242, Rn. 13.

845 MünchKomm-*Mayer-Maly/Armbrüster*, § 138, Rn. 8.

846 BAG, NJW 1964, 1542, 1543; *Staudinger-Schmidt*, § 242, Rn. 270; *Erman-Werner*, § 242, Rn. 15; *Palandt-Heinrichs*, § 242, Rn. 19; *Jauernig-Vollkommer*, § 242, Rn. 13.

stößt[847]. Für die Befugnis der Sportverbände, durch Erlaß von Regelungen das Rechtsverhältnis zu Mitgliedern und vertraglich gebundenen Nichtmitgliedern inhaltlich gestalten zu können, folgt hieraus, daß die aus § 138 BGB resultierenden Schranken im Bereich des organisierten Sports prinzipiell keine eigenständige Bedeutung erlangen.

Neben § 242 BGB begrenzen auch die §§ 1, 19 f. GWB i. V. m. § 134 BGB die autonome Gestaltungsfreiheit der Sportverbände. Erfüllen Sportler und Sportverband die Unternehmenseigenschaft, dann werden die Verbandsbestimmungen von den Gerichten vielfach auch anhand der kartellrechtlichen Verbotsvorschriften auf ihre Angemessenheit überprüft. So erlangt bei Regelungen, die die wirtschaftliche Betätigungsfreiheit der Sportler begrenzen, der Prüfungsmaßstab der §§ 19 f. GWB zunehmend an Bedeutung. Ob ein Sportverband seine marktbeherrschende Stellung mißbräuchlich ausnutzt (§ 19 GWB), ein anderes Unternehmen unbillig behindert oder ohne sachlich gerechtfertigten Grund unterschiedlich behandelt (§ 20 GWB), ist dabei anhand einer umfassenden Interessenabwägung festzustellen[848]. Sowohl im Rahmen des § 242 BGB als auch im Rahmen der §§ 19 f. GWB ist damit zur Bestimmung der Grenzen der vereinsautonomen Regelungsbefugnis eine Abwägung der Interessen der Beteiligten erforderlich. Die kartellrechtlichen Verbotsvorschriften bezwecken im Unterschied zu § 242 BGB aber nicht nur den Individualschutz, sondern auch den Schutz des Wettbewerbs als Institution[849]. Im Rahmen der Abwägung nach den §§ 19 f. GWB ist daher neben den individuellen Interessen der Beteiligten, auch die Zielsetzung des GWB – der Schutz der Wettbewerbsfreiheit – zu berücksichtigen[850]. Fraglich ist aber, ob eine Interessenabwägung nach den §§ 19 f. GWB damit tatsächlich regelmäßig zu einem anderen Ergebnis als eine Abwägung am Maßstab des § 242 BGB führt. Unabhängig von der dogmatischen Grundlage geht es nämlich jeweils darum, die (wirtschaftliche) Handlungsfreiheit der Sportler beeinträchtigende, unangemessene, unbillige bzw. sachlich nicht gerechtfertigte Verhaltensweisen zu unterbinden, zu denen die Sportverbände wegen ihrer wirtschaftlichen bzw. sozialen Machtstellung in der Lage sind.

So sind dann bei der kartellrechtlichen Angemessenheitsprüfung im wesentlichen die gleichen Aspekte zu berücksichtigen, die auch bei der Inhaltskontrolle nach § 242 BGB bedeutsam sind[851]. Eine Regelung, die gegen

---

847 *Prokop*, Dopingverbote, S. 211 f.
848 Vgl. § 9 II 1.
849 *Langen/Bunte*, KartR, Einführung zum GWB, Rn. 53; *Langen/Schultz*, KartR, § 20, Rn. 8; *Markert* in *Immenga/Mestmäcker*, § 20, Rn. 17.
850 Vgl. § 9 II 1.
851 Im Hinblick auf § 20 GBW *Steinbeck*, Vereinsautonomie und Dritteinfluß, S. 208.

das Mißbrauchsverbot des § 19 GWB verstößt oder einen Sportler unbillig i. S. des § 20 Abs. 1 GWB bei der Sportausübung behindert, ist deshalb in der Regel auch »*unangemessen*« und verstößt damit zugleich gegen Treu und Glauben, so daß sie einer Inhaltskontrolle nach § 242 BGB nicht standhält[852]. So hat etwa die Rechtsprechung in einem Verfahren[853], in dem ein Sportler die Zulassung zu einem Wettbewerb begehrt hat, die Unternehmenseigenschaft des betreffenden Sportlers und des verklagten Sportverbandes mit der Begründung dahinstehen lassen, daß sich aus § 20 Abs. 1 GWB keine anderen Rechtsfolgen als bei der Anwendung allgemein zivilrechtlicher Vorschriften ergeben.

Demgegenüber kann aber dem Kartellverbot des § 1 GWB bei der Ermittlung der Grenzen der inhaltlichen Gestaltungsfreiheit eine gewisse eigenständige Bedeutung zukommen, da bei § 1 GWB nicht der Individualschutz der an einer wettbewerbsbeschränkenden Vereinbarung beteiligten Sportler, sondern neben dem Schutz des Wettbewerbs als Institution der Schutz außenstehender Dritter im Vordergrund steht[854]. Dies betrifft etwa Vereinbarungen zwischen Sportler und Verband, die das wirtschaftliche Verhalten der Sportler untereinander oder zwischen den Sportlern und einem Sportverband koordinieren[855], wodurch letztendlich Interessen Dritter beeinträchtigt werden können.

Abgesehen von den besonderen Tatbestandsvoraussetzungen der kartellrechtlichen Vorschriften[856] und der Beurteilung der Zulässigkeit am Maßstab des § 1 GWB, ist deshalb zur Feststellung der Grenzen der autonomen Gestaltungsfreiheit der Sportverbände stets eine umfassende Abwägung unter Berücksichtigung des verfolgten Verbandszwecks sowie der Interessen der Normunterworfenen erforderlich. In diese Interessenabwägung finden insbesondere auch die grundrechtlich geschützten Rechtspositionen der Beteiligten Eingang. Auf Seiten des Sportverbandes ist dies vor allem Art. 9 Abs. 1 GG, der der Vereinsautonomie grundrechtlichen Schutz verleiht.

---

852 Siehe für eine beispielhafte Inhaltskontrolle von Verbandsregeln die Ausführungen unter § 10.

853 Vgl. OLG München, SpuRt 2001, 64, 66; LG München I, SpuRt 2000, 155, 157 (Vorinstanz).

854 So soll das Kartellverbot des § 1 GWB nämlich grundsätzlich nicht die wirtschaftliche Handlungsfreiheit der am Kartell Beteiligten schützen.; vgl. WuW/E OLG 1903, 1905; *Möschel*, Wettbewerbsbeschränkungen, Rn. 108, S. 74 f.; *Emmerich* in *Immenga/Mestmäcker*, § 33, Rn. 17; *K. Schmidt*, in FS für Benisch, S. 293, 301 ff.

855 Beispielhaft werden unter § 10 II 2 Beschränkungen der Vermarktungstätigkeit der Sportler zur Finanzierung der Verbandstätigkeit u. a. am Maßstab des § 1 GWB überprüft.

856 Vgl. hierzu unter § 9 II 1.

Die Vereinigungsfreiheit gewährleistet dabei unter anderem das Recht, dem Verbandszweck folgend, eigene sportethische Maßstäbe zu definieren, ein einheitliches Sportregelwerk zu schaffen und dessen Einhaltung zu sanktionieren oder etwa nationale Meisterschaften und Ligen zu organisieren[857]. Den grundrechtlich geschützten Interessen des Verbandes steht im Bereich des Profi- und Leistungssports vielfach das durch Art. 12 Abs. 1 GG geschützte Grundrecht der Sportler auf freie Berufsausübung gegenüber. Wird der Sport hingegen nicht als Beruf ausgeübt, so ist das Interesse der Sportler an der Sportausübung zumindest von der durch Art. 2 Abs. 1 GG geschützten allgemeinen Handlungsfreiheit erfaßt[858]. Zu Interessenkollisionen mit dem Recht auf freie Berufsausübung bzw. der allgemeinen Handlungsfreiheit kommt es etwa dann, wenn das Regelwerk die Art und Weise der Sportausübung beschränkt, indem es bestimmte Praktiken bei der Sportausübung untersagt, die Einnahme von Dopingmitteln verbietet oder sportwidriges Verhalten mit einer Wettkampfsperre sanktioniert. Die kollidierenden grundrechtlich geschützten Interessen müssen dann im Rahmen der Abwägung zu einem Ausgleich gebracht werden, der die beiderseitigen Rechtspositionen angemessen berücksichtigt. Hierbei ist auf den Verhältnismäßigkeitsgrundsatz zurückzugreifen, so daß die betreffende Verbandsregel der Inhaltskontrolle nur standhält, wenn sie zur Erreichung des verfolgten Zwecks geeignet, im Hinblick auf den geringstmöglichen Eingriff in die Rechtspositionen der Sportler erforderlich und unter Berücksichtigung der Interessen der Beteiligten (Sportverband und Sportler) angemessen ist[859].

IV. Zusammenfassung

Zusammenfassend kann mithin festgehalten werden, daß gesellschaftsrechtliche Grundsätze sowie die staatliche Rechtsordnung der vereinsautonomen Gestaltungsfreiheit der Sportverbände Grenzen setzen. Dabei kommt vor allem der Rechts- und Inhaltskontrolle die Aufgabe zu, zum Schutz der normunterworfenen Sportler dort korrigierend einzugreifen, wo die Funktionsbedingungen der Vereinsautonomie durch die sozial bzw. wirtschaftliche Machtstellung der Sportverbände gestört sind. Das Regelwerk der Sportverbände wird dabei unter Berücksichtigung des Verbands-

---

857 Vgl. zur grundrechtlich geschützten Regelungsbefugnis der Sportverbände § 8.

858 Vgl. hierzu unter § 7 II 3 a).

859 *Steinbeck*, Vereinsautonomie und Dritteinfluß, S. 230 f.; *Prokop*, Dopingverbote, S. 186 ff.; *Vieweg/Hannamann*, in Akademieschrift 49, S. 43, 47 f., 52; Vgl. § 9 II 3.

zwecks und der Interessen der Normunterworfenen daraufhin überprüft, ob es geeignet, erforderlich und angemessen ist.

§ 10 Beispiele für die Grenzen der vereinsautonomen Regelungsbefugnis

Die Regelwerke der Sportverbände, denen sich die Sportler vertraglich unterwerfen sowie Bestimmungen einer Athleten- bzw. Lizenzvereinbarung enthalten vielfältige Beschränkungen der sportlichen und wirtschaftlichen Betätigungsfreiheit zu Lasten einzelner Sportler. Nachfolgend sollen daher anhand einiger Beispiele die Grenzen aufgezeigt werden, die der vereinsautonomen Regelungsbefugnis durch die staatliche Rechtsordnung gezogen sind.

I. Grenzen für die dem Konkurrenzschutz dienenden Regelungen

In Satzungen und Ordnungen von Sportverbänden finden sich häufig Regelungen, die Sportlern die Teilnahme an nicht vom Verband autorisierten Sportveranstaltungen untersagen, den Vereinswechsel beschränken, ein besonderes sportliches Leistungspotential als Teilnahmevoraussetzung für einen Wettkampf festlegen oder die Teilnehmerzahlen für Wettkämpfe begrenzen[860]. Solche Regelungen können zwei unterschiedliche Zielrichtungen verfolgen. Einerseits kann der Zweck darin bestehen, den Bereich des Sports vor konkurrierenden, nicht in die Verbandshierarchie eingegliederten bzw. nicht an die weltweit gültigen Standards im Sport gebundenen Sportveranstaltern abzuschirmen. Auf diese Weise soll zur Durchsetzung weltweit gültiger Spiel- und Wettkampfbestimmungen, ohne die sportliche Leistungen nicht vergleichbar sind, verhindert werden, daß neben den bereits etablierten Verbänden neue Strukturen im Bereich des organisierten Sports entstehen. Neben diesem nach außen gerichteten Konkurrenzschutz zielen andere Regelungen darauf ab, innerhalb des von einem Sportverband organisierten Bereichs, durch Beschränkungen der sportlichen Betätigungsfreiheit für ein gewisses einheitliches sportliches Leistungsniveau zwischen den Wettkampfteilnehmern zu sorgen, welches Grundvoraussetzung eines jeden sportlichen Vergleichs ist. Dieser gewissermaßen nach innen gerichtete Konkurrenzschutz bezweckt damit, die Attraktivität bzw. den Reiz ei-

860 Vgl. auch EuGH, NJW 2000, 2011, 2014 f.=SpuRt 2000, 148 ff.

ner Sportveranstaltung zu sichern. Zu derartigen Regelungen zählen etwa die Begrenzung der Zahl der Wettkampfteilnehmer, Nominierungsrichtlinien[861] oder Transferbestimmungen, die den Vereinswechsels beschränken[862].

1. Beschränkungen zur Wahrung der bestehenden Strukturen im Sport

Beschränkungen, die einem Sportler die Teilnahme an nicht vom Verband autorisierten Sportveranstaltungen untersagen[863], sollen den durch das »Ein-Platz-Prinzip« bedingten pyramidenförmigen Aufbau des Sportsystems verfestigen. Wegen der grundgesetzlich garantierten Vereinigungsfreiheit wäre eine Gründung konkurrierender Sportverbände möglich. Besteht daher keine rechtlich garantierte Exklusivität für die bereits bestehenden Verbände, wird das Teilnahmerecht der Sportler beschränkt, um zu verhindern, daß sich neben dem bereits etablierten Verbandssystem neue Strukturen entwickeln können[864].

Bislang fehlen zwar höchstrichterliche Entscheidungen, die sich ausdrücklich mit der Zulässigkeit einer Exklusivbindung an einen Verband befassen. Doch lassen sich einigen gerichtlichen Entscheidungen Ausführungen entnehmen, die für die Zulässigkeit von Regelungen sprechen, die zur Durchsetzung einheitlicher Standards für die Sportausübung die etablierte Verbandsstruktur sichern wollen[865]. So hatte der BGH die Zulässigkeit einer Aufnahmeverweigerung durch einen Monopolverband zu beurteilen, der in seiner Satzung eine Bestimmung verankert hat, nach der für jede Sportart jeweils nur ein, die betreffende Sportart repräsentierender, Verband die Mitgliedschaft erwerben kann und die betreffende Sportart bereits durch einen anderen Verband vertreten wird[866]. In dieser Entscheidung weist der erkennende Senat ausdrücklich darauf hin, daß Maßnahmen zur Sicherung des »Ein-Platz-Prinzips« nicht nur der Stabilisierung des Bestehenden und der etablierten Verbände dienen und »pluralistische Initiativen und Alternativen ausschließen«, sondern aus sportlichen Gründen gerechtfertigt sein

861 Vgl. EuGH, NJW 2000, 2011, 2014 f.=SpuRt 2000, 148, 150 f.
862 Vgl. EuGH SpuRt 2000, 151, 153=NJW 2000, 2015.
863 § 6 Spielordnung-DHB; § 12 Nr. 3 Lizenzspielerstatut-DTTB; § 11 4 c Spielordnung des Ligaverbandes II. Spieltechnische Vorschriften
864 Vgl. hierzu *Krogmann*, SpuRt 1998, 51 ff.
865 Vgl. hierzu auch *Hannamann*, Kartellverbot, S. 268 ff.
866 BGH, NJW 1975, 771 ff.

können. Als berechtigte Interessen werden die Organisation eines einheitlichen Wettkampf- und Meisterschaftsbetriebes für jede Sportart, die Repräsentation in internationalen Gremien, die einheitliche Sportförderung sowie die Feststellung und Bewertung der Leistungen von Spitzensportlern genannt[867].

In einem anderen Verfahren hat das LG Frankfurt entschieden, daß eine Regelung, nach der die Genehmigung zur Durchführung einer Sportveranstaltung nur an die einem Verband angeschlossenen Verbände oder Vereine erteilt werden kann, zulässig ist. Derartige Beschränkungen seien sachdienlich, weil nur so die vom Verband verfolgten sportlichen Interessen durchgesetzt werden könnten[868]. Gemeint haben dürfte das Gericht das Interesse an der Durchsetzung einheitlicher Standards für eine Sportart als Voraussetzung für die Anerkennung der von den Wettkampfteilnehmern erzielten Leistungen[869].

Die vorgenannten Entscheidungen zeigen, daß das Interesse an der Durchsetzung einheitlicher Regelungen im Sport, die Organisation und Durchführung einheitlicher Sportwettkämpfe und Meisterschaften oder etwa die Repräsentation einer Sportart sachlich gerechtfertigte Gründe für Regelungen sozialmächtiger Verbände darstellen können, die die Betätigungsfreiheit Dritter beschränken. Die einzelnen Sportler sind freilich daran interessiert, eigenständig darüber zu entscheiden, wann, wo und wie sie ihre Sportart ausüben. Infolgedessen beschränken Teilnahmeverbote prinzipiell das durch Art. 12 Abs. 1 GG bzw. Art. 2 Abs. 1 GG geschützte Recht der Sportler an einer freien (Berufs)Sportausübung. Dem steht auf Seiten des Verbandes Art. 9 Abs. 1 GG gegenüber, der den Vereinen das Recht garantiert, die Verbandsziele durch autonom erlassene Regelungen zu erreichen. Beschränkungen der Teilnahme an nicht vom Verband autorisierten Wettkämpfen könnten dabei gerechtfertigt sein, wenn sie zur Durchsetzung weltweit einheitlicher Standards sowie zur Repräsentation einer Sportart geeignet, erforderlich und angemessen sind.

Würden sich neben den bereits bestehenden Verbänden neue Sportorganisationen etablieren, könnte es zu einem Wettbewerb um die Spiel- und Wettkampfregelungen oder die »attraktivsten« Meisterschaftswettbewerbe kommen. Konkurrierende Spiel- und Wettkampfbestimmungen hätten zur Folge, daß sportliche Leistungen nur noch eingeschränkt miteinander vergleichbar sind[870]. Denn Sportler, die verschiedenen Verbänden mit unter-

---

867 BGH, NJW 1975, 771, 774.

868 LG Frankfurt aM, SpuRt 1996, 63 f.

869 *Bothor*, SpuRt 1996, 64.

870 Vgl. hierzu auch *Hannamann*, Kartellverbot, S. 380 f.

schiedlichen Regelwerken angegliedert sind, können nicht mehr in ein und demselben Wettkampf gegeneinander antreten. Infolgedessen ist es nicht ausgeschlossen, daß es innerhalb einer Sportart konkurrierende nationale oder internationale Meisterschaftswettbewerbe gibt, was letztendlich zur Intransparenz der betreffenden Sportart führen kann. Die Situation wäre vergleichbar mit den derzeitigen Verhältnissen im Boxsport, wo fünf verschiedene Weltverbände miteinander konkurrieren[871]. Gäbe es bei einer pluralistisch organisierten Verbandsstruktur möglicherweise mehrere deutsche Meister oder etwa Welt- bzw. Europameister, könnte die Attraktivität der betreffenden Sportart insgesamt leiden. Ein anschauliches Beispiel für diese Problematik ist die Gründung einer zweiten Profi-League im australischen Rugby Sport[872]. Nach nur einem Jahr konkurrierender Rugby-Wettbewerbe kam es aufgrund eines Imageverlustes sowie wirtschaftlicher Einbußen aller Rugbyvereine – etwa im Merchandisingbereich – zu einem Zusammenschluß beider konkurrierenden Ligen, um zukünftig nur noch eine einheitliche Meisterschaft zu veranstalten[873]. Das kommerzielle Interesse daran, wirtschaftliche Einbußen der Beteiligten zu verhindern, vermag eine Exklusivbindung an den Verband sicherlich nicht zu rechtfertigen, da es sich hierbei um einen typischen Vorteil wettbewerbsbeschränkender Vereinbarungen handelt. Sind Teilnahmeverbote aber geeignet, die Einheitlichkeit und Attraktivität der gesamten Sportart und damit die Transparenz und das Image sportlicher Wettbewerbe zu sichern, so kann dies allerdings Grundlage dafür sein, im Wettbewerb zwischen den einzelnen Sportarten um die Gunst der Zuschauer, Sponsoren, Rechteverwerter etc. zu bestehen.

Die Sportverbände haben somit ein berechtigtes Interesse daran, konkurrierende Regelwerke und Sportveranstaltungen durch eine »Exklusivbindung« der Sportler an einen Sportverband zu verhindern, um die bestehenden Monopolstrukturen im Sport aufrecht erhalten zu können. Teilnahmeverbote für vom Verband nicht autorisierte Veranstaltungen sind deshalb unzweifelhaft geeignet, den Verbandszweck zu fördern. Ein milderes Mittel als dasjenige, die Sportler zu verpflichten, ausschließlich an Sportveranstaltungen teilzunehmen, die verbandsseitig organisiert bzw. nach dessen Regelwerk ausgetragen werden, sind nicht ersichtlich. Unklar ist jedoch, ob die Teilnahmeverbote angemessen sind. Bei der zur Feststellung der Angemessenheit erforderlichen Interessenabwägung ist zu berücksichtigen, daß

---

871 Vgl. § 3 III; Zu den Problemen im Snowboardsport, die sich aufgrund zweier miteinander konkurrierender Weltverbände (FIS und IFS) ergeben, vgl. FAZ, Nr. 24, Montag 29. 1. 2001, S. 41.

872 Vgl. ausführlich *Krogmann*, SpuRt 1998, 51 ff.

873 *Krogmann*, SpuRt 1998, 51, 53.

auch die Sportler selbst vertraglich an den Verbandszweck gebunden sind. Sie sind deshalb verpflichtet, der gemeinsamen Zweckverfolgung zuwiderlaufende Maßnahmen zu unterlassen.

So ist für das Genossenschaftsrecht beispielsweise anerkannt, daß die Doppelmitgliedschaft der Genossen in einer konkurrierenden Vereinigung geeignet ist, die Funktion, zu deren Erfüllung die Genossenschaft gegründet ist, zu beeinträchtigen. Das Verbot einer Doppelmitgliedschaft ist daher nicht unzulässig, wenn eine solche Beschränkung notwendig ist, um das ordnungsgemäße Funktionieren der Genossenschaft sicherzustellen[874]. Übertragen auf den Sportbereich folgt hieraus, daß das Verbot der Teilnahme an nicht vom Verband autorisierten Wettkämpfen die Betätigungsfreiheit der Sportler dann nicht unangemessen beschränkt, wenn es zur Erreichung des gemeinsamen Zwecks notwendig ist. Gefährdet die Teilnahme an nicht vom Verband autorisierten Veranstaltungen die Durchsetzung einheitlicher Standards und Wettbewerbe im Bereich des organisierten Sports, sind die Sportler zur Unterlassung verpflichtet. Das Teilnahmeverbot konkretisiert insoweit nur eine den Sportlern aufgrund der gemeinsamen Zweckverfolgung obliegende Treuepflicht[875]. Die sportliche Betätigungsfreiheit ist daher nicht unangemessen beeinträchtigt, wenn sich die Exklusivbindung an den Verband auf die Laufzeit einer Athleten- bzw. Lizenzvereinbarung beschränkt und diese nicht unverhältnismäßig lang bemessen ist[876]. Athletenvereinbarungen werden in der Regel für jeweils 1-2 Jahre abgeschlossen[877], was in bezug auf die Teilnahmeverbote keine unverhältnismäßig lange Frist darstellt. Exklusivbindungen an einen Sportverband halten unter den genannten Voraussetzungen demzufolge einer Rechts- und Inhaltskontrolle stand.

2. Beschränkungen zur Wahrung der Chancengleichheit der Wettkampfteilnehmer

Die sportlichen Regelwerke enthalten häufig auch Regelungen, die die Anzahl der zur Teilnahme an einem Wettkampf berechtigten Sportler oder

874 § 9 II 1 b).

875 Differenzierend hinsichtlich der Zulässigkeit von Teilnahmeverboten *Hannamann*, Kartellverbot, S. 272 ff., 382 f.

876 Vgl. allgemein zum zeitlichen Umfang einer Athletenvereinbarung *Haas/Prokop*, SpuRt 1996, 109, 111.

877 Vgl. *Prokop*, in Akademieschrift 49, S. 19, 34, 38; § 7 Athletenvereinbarung 1999 des DRV.

Mannschaften begrenzen, die Wettkampfteilnahme von der Erfüllung sportlicher Qualifikationsnormen abhängig machen (Nominierungsrichtlinien) oder etwa den Wechsel von Sportlern von einem Verein zu einem anderen beschränken. Betreibt ein Sportler seine Sportart aus kommerziellen Gründen, können Teilnahme- und Transferbeschränkungen diesen freilich mitunter erheblich bei der berufsmäßigen Ausübung der Sportart behindern. Nachfolgend soll daher anhand einiger Beispiele erörtert werden, wo die Grenzen derartiger, die sportliche Chancengleichheit sichernder, Regelungen liegen.

a) Nominierungsrichtlinien

Nominierungsrichtlinien führen zwangsläufig dazu, daß an einem Wettkampf nur eine begrenzte Zahl von Sportlern mit einem annähernd gleichen sportlichen Leistungsvermögen teilnehmen können. Da dies zur Wahrung der Chancengleichheit erforderlich ist[878], sind solche Beschränkungen der sportlichen Betätigungsfreiheit, die auf bestimmten Auswahlkriterien beruhen, jedoch notwendigerweise mit der Durchführung von Sportwettkämpfen verbunden. Zählt es zu den Aufgaben der Sportverbände, Wettkämpfe selbst zu organisieren bzw. einzelne Sportler oder Mannschaften für internationale Wettbewerbe zu nominieren, so ist der Erlaß von Auswahlkriterien bzw. Teilnahmebeschränkungen geeignet und erforderlich den Verbandszweck zu fördern. Bei der konkreten Ausgestaltung derartiger Regelungen ist den Sportverbänden ein gewisser Gestaltungsspielraum zuzubilligen[879]. So können die Verbände bei der Auswahlentscheidung vielfältige Gründe, wie etwa die Art und Organisation oder die Finanzierung einer Sportart berücksichtigen und gegeneinander abwägen[880]. Auswahl- und Nominierungsentscheidungen der Sportverbände, die Teilnahmemöglichkeiten von Sportlern an Wettkämpfen beschränken, greifen daher nicht unzulässig in geschützte Rechtspositionen der Sportler ein, soweit sie zur Organisation eines Wettkampfs erforderlich sind[881].

---

878 Vgl. hierzu unter § 2.
879 *Hohl*, Nominierung, S. 164 f.
880 EuGH, NJW 2000, 2011, 2015=SpuRt 2000, 148 ff.
881 EuGH, NJW 2000, 2011, 2014 f.

b) Beschränkungen des Transfers

Sowohl im Bereich der Mannschafts- als auch der Individualsportarten enthalten die Regelwerke mitunter zeitliche und inhaltliche Grenzen für den Wechsel eines Sportlers von einem Verein zu einem anderen. Derartige Transferbeschränkungen beeinträchtigen insoweit grundsätzlich die Berufsausübungs- bzw. allgemeine Handlungsfreiheit der Sportler, so daß im Rahmen einer Interessenabwägung zu ermitteln ist, ob die Regelungen zu einem unverhältnismäßigen Eingriff in die geschützten Rechtspositionen der Sportler führen.

aa) Zeitliche Beschränkungen

Zeitliche Fristen für einen Spielertransfers dienen dem Zweck, einen geordneten Ablauf sportlicher Wettkämpfe sicherzustellen. So setzt ein geordneter Spiel- und Wettkampfbetrieb nämlich voraus, daß der »sportliche Wert« einer Mannschaft durch Spielerwechsel während der Saison nicht beliebig oft geändert wird. Zeitlich unbefristete Transfers könnten das Leistungsniveau einer Mannschaft im Verlauf der Meisterschaft jedoch erheblich verändern und damit die Vergleichbarkeit der Ergebnisse der an der Meisterschaft beteiligten Mannschaften beeinträchtigen. Dies hätte negative Auswirkungen auf den Ablauf der Meisterschaft, worunter deren Attraktivität insgesamt leiden würde. Besonders groß ist diese Gefahr bei Wettbewerben, bei denen im Rahmen sogenannter »Play-Off-Spiele« der Sieger ermittelt wird. Ohne entsprechende Transferbeschränkungen könnten sich Mannschaften mittels später Transfers für die Endphase der Meisterschaft oder sogar nur für ein einziges, die Meisterschaft entscheidendes, Spiel verstärken[882]. Maßnahmen, die von Sportverbänden zur Sicherung eines geordneten Wettkampfablaufs erlassen werden, sind daher geeignet und erforderlich, den Verbandszweck zu fördern. Ein unangemessener Eingriff in die geschützte Freiheitssphäre der Sportler ist demzufolge zu verneinen, wenn zeitliche Begrenzungen der Transfermöglichkeiten nicht über dasjenige hinausgehen, was zur Erreichung des verfolgten Zwecks notwendig ist[883].

---

882 EuGH, SpuRt 2000, 151, 153=NJW 2000, 2015.

883 EuGH, SpuRt 2000, 151, 153; vgl. auch AG Langenfeld, SpuRt 2001, 253, 254; *Bekker*, RIW 2000, 554 f.; *Hannamann*, Kartellverbot, S. 421 f.

bb) Inhaltliche Beschränkungen

Neben zeitlichen beinhalten die Regelwerke von Sportverbänden mitunter auch inhaltliche Grenzen für den Vereinswechsel von Sportlern. Hierzu zählen etwa Transferregeln, die einen Vereinswechsel mit der Verpflichtung zur Zahlung einer Ablösesumme an den abgebenden Sportverein verknüpfen. Ist der (Arbeits)Vertrag eines Sportlers mit dem bisherigen Verein beendet, so wird der Wechsel zu einem neuen Verein – zumindest faktisch – davon abhängig gemacht, daß sich neuer und bisheriger Verein über die Zahlung einer Ablösesumme einigen. Kommt keine Einigung zustande, wird dem Sportler entweder die Spielerlaubnis für den aufnehmenden Verein nicht erteilt oder die Weigerung des aufnehmenden Vereins, eine Ablösesumme zu zahlen, als unsportliches Verhalten gewertet[884]. Die Zahlungspflicht kann Vereine infolgedessen davon abhalten, Sportler zu verpflichten. Zumindest im Bereich des professionell betriebenen Sports beschränken Transferregeln daher die Berufsfreiheit der einzelnen Sportler[885].

Ein derartiges Transfersystem ist mithin nur zulässig, wenn die Beschränkungen der Berufsfreiheit durch überwiegende Gründe gerechtfertigt sind. Eine solche Rechtfertigung wurde von der höchstrichterlichen Rechtsprechung in verschiedenen Entscheidungen verneint[886]. Die Transferregelungen wirken für den einzelnen Sportler nämlich wie eine objektive Zulassungsschranke für die Ausübung des Berufssports. Derartige Einschränkungen der Berufsfreiheit sind jedoch nur zur Abwehr nachweisbarer oder höchstwahrscheinlicher schwerer Gefahren für ein überragend wichtiges Gemeinschaftsgut gerechtfertigt[887]. Auch wenn zumindest Sportarten – wie die Massensportarten Fußball, Handball oder Eishockey – aufgrund ihrer beträchtlichen Popularität und sozialen Bedeutung in der heutigen Zeit als ein wichtiges Gemeinschaftsgut angesehen werden können[888], rechtfertigt die mit den Transferregelungen bezweckte Aufrechterhaltung der Funktionsfähigkeit der organisierten Sportausübung nicht die damit einhergehenden Eingriffe in die Berufsfreiheit der Sportler. Zwar lebt die Attraktivität

---

884 Vgl. die Verweise bei EuGH, NJW 1996, 505 f.; BAG, SpuRt 1997, 94; BGH, NJW 1999, 3352.

885 EuGH, NJW 1996, 505, 508 ff.; BAG, SpuRt 1997, 94, 96 ff.; BGH, NJW 1999, 3552 ff.; NJW 2000, 1028 ff.

886 EuGH, NJW 1996, 505, 508 ff.; BAG, SpuRt 1997, 94, 96 ff.; BGH, NJW 1999, 3552 ff.; NJW 2000, 1028 ff.

887 BVerfG, NJW 1958, 1035, 1037 f.; NJW 1991, 1667, 1668.

888 BGH, NJW 1999, 3552, 3553; NJW 2000, 1028, 1029.

eines Sportwettkampfs von der Ungewißheit des Wettkampfausgangs[889]. Ein gewisses Maß an finanziellem Gleichgewicht zwischen den Sportvereinen ist daher auch erforderlich, um die für attraktive Sportwettkämpfe notwendige sportliche Ausgeglichenheit zu gewährleisten[890]. Allerdings bestehen bereits erhebliche Zweifel, ob ein solches Transfersystem überhaupt geeignet ist, einen Finanzausgleich zwischen den Vereinen zu bewirken. Denn die Transferregeln vermögen nicht zu verhindern, daß überwiegend die wohlhabenden Vereine die besten Sportler verpflichten[891]. Nach Ansicht der Rechtsprechung dienen derartige Regelungen eher wirtschaftlichen Zielen einzelner Vereine als ideellen Zwecken der Gemeinschaft und vermögen daher, Eingriffe in die Berufsfreiheit betroffener Sportler durch objektive Zulassungsschranken nicht zu rechtfertigen[892].

II. Beschränkungen der Vermarktungstätigkeit der Sportler

Vielfach beinhalten die sportlichen Regelwerke oder Athleten- bzw. Lizenzvereinbarungen Bestimmungen, die die Vermarktungstätigkeit der Sportler beschränken. Hierzu zählen etwa Vorschriften, die Art und Umfang der Werbung auf Sportgeräten bzw. der Sportkleidung regeln, die Sportler verpflichten, Ausrüstungsgegenstände oder Kleidung mit Aufdrucken des Verbandssponsors zu benutzen, an Sponsoring- und Werbemaßnahmen des Verbandes teilzunehmen oder etwa die Vermarktung von Bild- und Tonrechten durch den Verband zu dulden. Die hiermit verfolgten Regelungsziele sind vielgestaltig. So dienen derartige Verbandsregeln einerseits der Verfolgung der ideellen Verbandszwecke. Andererseits beschränken die Verbände die Vermarktungstätigkeit der Sportler aber auch mit dem Ziel, ihre eigene wirtschaftliche Tätigkeit zu fördern, um auf diese Weise finanzielle Mittel erwirtschaften zu können, die zur Erreichung der ideellen Verbandszwecke benötigt werden[893]. Derartige Regelungen sind zwar grundsätzlich von der autonomen Gestaltungsbefugnis gedeckt[894]. Da sie jedoch

---

889 EuGH, NJW 1996, 505, 510; Schlußanträge des Generalanwalts *Lenz* in der Rs. C-415/93 (Bosman), EuGRZ 1995, 459, 496 f.

890 *Schellhaass/Enderle,* Sportwissenschaft 1998, 297, 302; *Stopper,* Ligasport und Kartellrecht, S. 149 ff.; *Parlasca,* in Trosien/Dinkel, S. 83, 100 f.; Schlußanträge des Generalanwalts *Lenz* in der Rs. C-415/93 (Bosman), EuGRZ 1995, 459, 496 f.

891 EuGH, NJW 1996, 505, 510; Schlußanträge des Generalanwalts *Lenz* in der Rs. C-415/93 (Bosman), EuGRZ 1995, 459, 496; *Arens,* SpuRt 1997, 126, 127.

892 BGH, NJW 1999, 3552, 3553; NJW 2000, 1028, 1029; BAG, SpuRt 1997, 94, 97 f.

893 Vgl. hierzu § 4 IV 3 b); § 8 II.

894 Vgl. § 8.

die wirtschaftliche Betätigungsfreiheit der Sportler beschränken, sind die Regelungen nur zulässig, wenn sie verhältnismäßig sind.

1. Vermarktungsbeschränkungen zum Schutz der ideellen Grundlagen der Sportausübung

Das Interesse der Sportler ist grundsätzlich darauf gerichtet, eigenständig über das »*Ob*« und »*Wie*« der Vermarktung entscheiden zu können. Andererseits haben die Sportverbände ein Interesse, die Vermarktungstätigkeit der Sportler zu begrenzen, soweit dies erforderlich ist, um die ideellen Grundlagen der Sportausübung zu schützen. Hierzu beschränken Verbandsregeln etwa die Werbung auf der Sportbekleidung[895]. Ist dies erforderlich, um die der Identifikation der Sportler dienenden Spiel- bzw. Startnummern für Schieds- oder Wettkampfrichter erkennbar zu gestalten[896], überwiegt das Verbandsinteresse an der Verfolgung des ideellen Verbandszwecks dem Interesse der Sportler an einer unbeschränkten Vermarktungstätigkeit. Derartige Verbandsregeln, die einen geordneten Spiel- bzw. Wettkampfablauf sicherstellen wollen, sind demzufolge grundsätzlich zulässig[897]. Ebenso können Regelungen gerechtfertigt sein, die Umfang und Inhalt der Trikotwerbung verbieten, um den sportlichen Wettkampf nicht zu einer reinen Werbeveranstaltung zu degradieren. So verfolgen die Sportverbände nämlich auch den Zweck, die betreffende Sportart in der Öffentlichkeit zu repräsentieren. In einem engen Zusammenhang hiermit steht die häufig in den Verbandssatzungen[898] verankerte Pflicht zu politischer[899] und weltanschaulicher Neutralität. Zulässig sind daher beispielsweise Werbeverbote für politische Parteien, Sekten, Tabakerzeugnisse oder alkoholische Getränke[900],

---

895 Vgl. § 2 DFB-Sonderregelungen zu den Durchführungsbestimmungen für die Bundesspiele; § 10 Anhang IV zur Lizenzierungsordnung des Ligaverbandes: Richtlinien für die Spielkleidung und die Ausrüstung; Ziffer 1. 5. der Werberichtlinie des DHB.

896 Vgl. Ziffer 1. 5. der Werberichtlinie des DHB.

897 Vgl. hierzu auch *Hannamann/Vieweg*, in Schriftenreihe des Württembergischen Fußballverbandes, Nr. 40, S. 49, 75; *Krogmann*, Grundrechte im Sport, S. 124; *Steinbeck*, Vereinsautonomie und Dritteinfluß, S. 245.

898 § 2 Abs. 5 BDR-Satzung; § 2 DFB-Satzung; § 3 Abs. 1 DFechtB-Satzung.

899 So hat etwa der DFB die Trikotwerbung des Frauenfußball-Bundesligisten FSV Frankfurt untersagt, da es sich bei der Aufschrift »*Ja zum Flughafenausbau*« (betrifft die Erweiterung des Frankfurter Flughafens; Anm. d. Verf.) um eine politische Aussage handele.; vgl. Frankfurter Rundschau v. 22. 09. 2000.

die dazu dienen, das Ansehen einer Sportart in der Öffentlichkeit zu schützen[901]. Beschränkungen der Vermarktungstätigkeit sind mithin prinzipiell verhältnismäßig, wenn sie nicht weitergehen, als es zum Schutz der ideellen Grundlagen der Sportausübung erforderlich ist.

2. Vermarktungsbeschränkungen zur Finanzierung der Verbandstätigkeit

Problematisch sind hingegen Beschränkungen der wirtschaftlichen Betätigungsfreiheit zu Lasten der Sportler, die nicht unmittelbar den ideellen Verbandszwecken dienen, sondern deren eigentliches Motiv wirtschaftlicher Natur ist. Zu nennen sind hier beispielsweise Regelungen, die die Vermarktung von Werbeflächen auf der Sportbekleidung dem Verband vorbehalten oder den Verband berechtigen, Bildnisse von Sportlern exklusiv zu vermarkten.

a) Berücksichtigung der Individualinteressen der Sportler

Das Interesse des Verbandes, die Vermarktungsmöglichkeiten der Sportler mit derartigen Regelungen einzuschränken, besteht darin, die zur Finanzierung der Verbandsaufgaben notwendigen Einnahmen zu erzielen[902]. Allein durch Mitgliedsbeiträge bzw. staatliche Mittel sind die Sportverbände nämlich regelmäßig nicht mehr in der Lage, ihren Haushalt zu finanzieren[903]. Sie sind daher gezwungen, sich durch Abschluß von Sponsoren- bzw. Werbeverträgen wirtschaftlich zu betätigen[904]. Derartige Einkünfte lassen sich jedoch regelmäßig nur unter Einbeziehung einzelner Sportler in die Sponsoring- bzw. Werbemaßnahmen des Verbandes erzielen[905]. Das Interesse der

---

900 Vgl. hierzu § 2 DFB-Sonderregelungen zu den Durchführungsbestimmungen für die Bundesspiele; § 10 Anhang IV zur Lizenzierungsordnung des Ligaverbandes: Richtlinien für die Spielkleidung und die Ausrüstung; Ziffer 1. 5. der Werberichtlinie des DHB.

901 Vgl. auch OLG Frankfurt, WRP 1985, 500, 504; *Rauste*, SpuRt 1998, 7, 10; *Krogmann*, Grundrechte im Sport, S. 124; *Steinbeck*, Vereinsautonomie und Dritteinfluß, S. 245; *Reichert*, Handbuch des Vereins- und Verbandsrechts, Rn. 2828, S. 999.

902 *Vieweg/Hannamann*, in Akademieschrift 49, S. 43, 51.

903 Vgl. hierzu § 4 IV 3 b); § 8 II.

904 Vgl. *Prokop*, in Akademieschrift 49, S. 19, 22; *ders.*, Dopingverbote, S. 47; *Niese*, in Akademieschrift 49, S. 7, 16.

905 Vgl. *Niese*, in Akademieschrift 49, S. 7, 15 f.

Sportler ist hingegen grundsätzlich darauf gerichtet, über Art und Umfang ihrer Vermarktungstätigkeit selbst zu bestimmen. Zumindest erfolgreiche Sportler, deren Vermarktungsrechte[906] einen hohen Marktwert besitzen, sind daher an einer Eigenvermarktung interessiert. Sportler, die demgegenüber zu einer Eigenvermarktung nicht in der Lage sind, haben durchaus ein Interesse an einer zentralen Rechtevermarktung. Außerdem läßt sich mit einer zentralen Vermarktung durch den Verband mitunter der Marktwert der Rechte steigern, so daß insgesamt höhere Einkünfte als bei einer dezentralen Vermarktung durch die einzelnen Sportler erzielt werden können. Ein gewisser Gleichlauf der Verbands- und Sportlerinteressen hinsichtlich einer zentralen Vermarktung besteht auch vor dem Hintergrund, daß die mit den Einnahmen finanzierte Verbandstätigkeit letztendlich auch den einzelnen Sportlern zugute kommt[907], indem die Sportverbände im Interesse der Sportler, Trainer, Ärzte, Betreuer beschäftigen oder Sportstätten und Trainingszentren zur Verfügung stellen. Der partielle Interessengleichlauf überlagert freilich nicht die gegensätzlichen Interessen dergestalt, daß auf eine Interessenabwägung verzichtet werden könnte[908].

Unter Berücksichtigung von Art und Intensität des Eingriffs in die geschützten Rechtspositionen der Sportler müssen die widerstreitenden Interessen im Rahmen der Abwägung zu einem angemessenen Ausgleich gebracht werden[909]. Je intensiver Rechtspositionen der Sportler durch Vermarktungsmaßnahmen der Verbände betroffen sind, desto mehr überwiegen die Athleteninteressen den wirtschaftlichen Interessen des Verbandes. Sind Vermarktungsmaßnahmen demgegenüber weniger auf konkrete Personen, sondern mehr auf eine Sportveranstaltung bzw. eine bestimmte Gruppe von Sportlern bezogen, fallen die Interessen der einzelnen Sportler gegenüber denjenigen des Verbandes weit weniger ins Gewicht. Vermarktet der Verband etwa nur Bildnisse, auf denen eine gesamte Mannschaft (Nationalmannschaft) oder mindestens drei Sportler abgebildet sind, tritt der einzelne Sportler als Träger der Werbebotschaft zugunsten der Gruppe von Sportlern in den Hintergrund. Ist die Werbebotschaft daher anstelle einer bestimmten Person, der gesamten Mannschaft bzw. einer Gruppe von Sportlern zuzuordnen und verbleibt dem einzelnen Sportler damit die Möglichkeit zu einer

---

906 Vermarktungsrechte der Sportler folgen insbesondere aus den Vorschriften zum Schutz von Persönlichkeitsrechten.; vgl. hierzu *Haas/Reimann*, in Akademieschrift 52, S. 31, 36 ff.; *dies.*, SpuRt 1999, 182, 183 f.; *Niese*, in Akademieschrift 49, S. 7, 15; *Hannamann*, Kartellverbot, S. 157 ff.

907 *Vieweg*, in RuS 20, S. 53, 83; *ders./Hannamann*, in Akademieschrift 49, S. 43, 51.

908 *Vieweg*, in RuS 20, S. 53, 83; *Hannamann*, Kartellverbot, S. 216.

909 Vgl. hierzu auch *Vieweg/Hannamann*, in Akademieschrift 49, S. 43, 51 f.; *Hannamann*, Kartellverbot, S. 216 ff.

Eigenvermarktung, so spricht das für die Zulässigkeit der Vermarktung von Gruppenbildnissen durch den Verband. Neben der Art und Weise der Ausgestaltung der Werbung ist auch zu berücksichtigen, ob der Verband Rücksicht auf anderweitige Verpflichtungen des Sportlers gegenüber eigenen Sponsoren und Werbepartnern nimmt oder den Sportler im Einzelfall an den erzielten Einnahmen beteiligt[910]. Die finanzielle Beteiligung der Sportler an den Einnahmen hat dabei um so größere Bedeutung, je weitreichender die Vermarktungsmaßnahmen des Verbandes die Eigenvermarktung der Sportler beschränken[911].

Zu berücksichtigen ist freilich, daß den vertraglich gebundenen Sportlern eine der mitgliedschaftlichen Beitragspflicht vergleichbare Pflicht zur Förderung des wirtschaftlichen Nebenzwecks des Verbandes obliegt[912]. Danach sind die Sportler verpflichtet, den Verband bei der Beschaffung finanzieller Mittel zur Erreichung des ideellen Verbandszwecks zu unterstützen[913]. Die aus dem mitgliedschaftsähnlichen Rechtsverhältnis resultierende Pflicht der Sportler zur aktiven Förderung des wirtschaftlichen Nebenzwecks spricht daher grundsätzlich für die Zulässigkeit von Bestimmungen, die einen Sportler zur Mitwirkung an Vermarktungsmaßnahmen des Verbandes verpflichten. Bei der Konkretisierung der den Sportlern obliegenden Förderpflicht haben die Sportverbände infolge ihrer grundrechtlich geschützten autonomen Regelungsbefugnis zwar einen gewissen Ermessens- und Beurteilungsspielraum[914]. Doch verliert die Verbandsautonomie dabei um so mehr an Gewicht, je geringer der Bezug der konkreten Regelung zur ideellen Zweckverfolgung ist bzw. je intensiver in rechtlich geschützte Interessen der Sportler eingegriffen wird[915]. Infolgedessen sind etwa Vermarktungsmaßnahmen, die den Privatbereich der Sportler tangie-

---

910 *Vieweg*, in RuS 20, S. 53, 84; *Niese*, in Akademieschrift 49, S. 7, 16; *Hannamann*, Kartellverbot, S. 217 f.

911 Zu berücksichtigen ist freilich, daß eine finanzielle Beteiligung der Sportler nur dann nötig ist, wenn die Einwilligung in die Vermarktung von Rechten nach Art und Umfang über die Pflicht der Sportler hinausgeht, den wirtschaftlichen Nebenzweck des Verbandes zu fördern. In derartigen Fällen kann der Vertrag zwischen Verband und Sportler seine ausschließlich mitgliedschaftsähnliche Rechtsnatur verlieren und zumindest partiell einen Austauschcharakter aufweisen.; vgl. § 4 IV 3 b); *Haas/Prokop*, SpuRt 1996, 109, 112.

912 Vgl. § 4 IV 3 b).

913 *Haas/Prokop*, SpuRt 1996, 109, 111; *Prokop*, in Akademieschrift 49, S. 19, 23; a. A. wohl *Fikentscher/Schmitt/Sonn* [SpuRt 1999, 89, 92], die sich grundsätzlich gegen eine Werbepflicht der Athleten aussprechen.

914 Vgl. BGH, ZIP 1987, 1536, 1540; *Haas/Prokop*, SpuRt 1996, 109, 111.

915 Vgl. auch *Haas/Prokop*, SpuRt 1996, 109, 111.

ren, trotz der mitgliedschaftsähnlichen Förderpflicht weitgehend unzulässig[916].

Andererseits dürfen die Sportler bei Abschluß eigener Sponsoren- und Werbeverträge die wirtschaftlichen Interessen des Verbandes nicht völlig außer acht lassen. Eigene vertragliche Pflichten der Sportler Dritten gegenüber gehen deshalb auch nicht generell den aus einer Athleten- bzw. Lizenzvereinbarung folgenden Pflichten zur Mitwirkung an Vermarktungsmaßnahmen eines Verbandes vor. Inhalt und Reichweite der auf die Förderung des wirtschaftlichen Nebenzwecks gerichteten Pflicht hängen dabei entscheidend vom Umfang der Inanspruchnahme der Verbandsleistungen seitens des jeweiligen Sportlers ab. Je intensiver ein Sportler Leistungen und Einrichtungen des Verbandes in Anspruch nimmt, desto weitreichender ist seine auf Förderung des wirtschaftlichen Nebenzwecks gerichtete Pflicht[917]. Mithin ist es möglich, diejenigen Sportler, die Verbandsleistungen und -einrichtungen intensiv nutzen, verstärkt in die wirtschaftliche Tätigkeit eines Verbandes zu integrieren.

Daher können die Mitglieder der Kader- bzw. Nationalmannschaft, die umfangreicher als andere Sportler an Verbandsleistungen partizipieren, intensiver in die Vermarktungsmaßnahmen des Verbandes einbezogen werden[918]. So berücksichtigt etwa die Verpflichtung der Nationalmannschaftsmitglieder bei Welt- bzw. Europameisterschaften o. ä. Veranstaltungen, Trikots mit Aufdrucken des Verbandssponsors zu tragen, grundsätzlich die gegenseitigen Interessen in ausreichendem Maße[919]. Die Verpflichtung, einheitliche Wettkampfkleidung bei Auftritten der Nationalmannschaft zu tragen, ist deshalb nicht allein mit einem einheitlichen äußeren Erscheinungsbild der Mannschaftsmitglieder zu rechtfertigen. Unzulässig wäre freilich die Sportler zu verpflichten, bei derartigen Wettkämpfen gänzlich auf eigene Sponsoringmaßnahmen zugunsten des Verbandes zu verzichten. Einer Inhaltskontrolle hält eine Bestimmung folglich nur stand, soweit den einzelnen Sportlern die Möglichkeit zur Eigenvermarktung eingeräumt wird. In welchem Umfang dies zu geschehen hat, hängt von der jeweiligen Sportart bzw. den einzelnen Wettbewerben ab. Ist die Teilnahme an Wettkämpfen der Nationalmannschaft beispielsweise die einzige Möglichkeit, für einen Sportler sich einem größeren Publikum zu präsentieren, ist den Sportlern vergleichsweise mehr Raum für eine Eigenvermarktung zu gewähren, als in

---

916 Vgl. hierzu auch *Krogmann*, Grundrechte im Sport, S. 122 f.

917 *Haas/Prokop*, SpuRt 1996, 109, 110 f.; *Prokop*, in Akademieschrift 49, S. 19, 23 f.

918 Grundsätzlich gegen eine Werbepflicht der Athleten *Fikentscher/Schmitt/Sonn*, SpuRt 1999, 89, 92.

919 Vgl. hierzu *Prokop*, in Akademieschrift 49, S. 19, 30 f.

Fällen, in denen die Teilnahme an derartigen Wettbewerben nicht die einzige nennenswerte Möglichkeit für die Vermarktung bietet[920].

Grenzen für derartige Regelungen, die die wirtschaftlichen Gestaltungsspielräume der Sportler beschränken, um die entsprechende Tätigkeit dem Sportverband vorzubehalten, ergeben sich aber häufig nicht nur aus der Abwägung der Athleten- und Verbandsinteressen. Neben dem mit der Interessenabwägung bezweckten Individualschutz zugunsten der Sportler sind Regelungen, die zu einer Zentralisierung von Vermarktungsrechten beim Verband führen, auch unter dem Blickwinkel des Kartellverbots zu beurteilen.

b) Berücksichtigung des Institutionsschutzes des Wettbewerbs und des Individualschutzes Dritter nach § 1 GWB

So sind gem. § 1 GWB Vereinbarungen zwischen miteinander im Wettbewerb stehenden Unternehmen, Beschlüsse von Unternehmensvereinigungen und aufeinander abgestimmte Verhaltensweisen, die eine Verhinderung, Einschränkung oder Verfälschung des Wettbewerbs bezwecken oder bewirken, verboten. Streitig ist allerdings, ob das GWB überhaupt auf die Vermarktung von persönlichkeitsrechtlich geschützten Rechtsgütern anwendbar ist. So verneint das OLG Hamm[921] die Anwendbarkeit auf den Vermarktungsvorgang mit der Begründung, daß es nicht vorstellbar sei, daß die Kartellbehörde aus Wettbewerbsgründen dem Einzelnen Auflagen bei der Vermarktung seines Namens oder seines Bildes machen könne. Nach Ansicht des Gerichts handele es sich etwa bei dem Recht am eigenen Bild trotz der Kommerzialisierung derartiger Persönlichkeitsrechte von Prominenten, Künstlern oder Sportlern weder um eine Ware noch um eine gewerbliche Leistung i. S. des GWB[922]. Derjenige, der Persönlichkeitsrechte vermarktet, wäre insoweit nicht als Unternehmer i. S. des GWB anzusehen, da die Unternehmenseigenschaft an die Erzeugung oder Verteilung von Waren oder gewerblichen Leistungen anknüpft[923]. Um einen weitreichenden Schutz gegen wettbewerbsbeschränkende Verhaltensweisen von Unternehmen zu gewährleisten, werden die Begriffe Waren und gewerbliche Leistungen jedoch

---

920 Vgl. hierzu auch *Prokop*, in Akademieschrift 49, S. 19, 30 f.; demgegenüber einschränkend hinsichtlich der Vermarktungsrechte des Verbandes *Vieweg/Hannamann*, in Akademieschrift 49, S. 43, 52 f.

921 OLG Hamm, NJW-RR 1987, 232 f.

922 OLG Hamm, NJW-RR 1987, 232.

923 Vgl. zum kartellrechtlichen Unternehmensbegriff § 9 II 1 a).

weit ausgelegt[924]. Das Begriffspaar umfaßt den gesamten wirtschaftlichen und geschäftlichen Verkehr, unter Ausklammerung des privaten Konsums sowie des Arbeitsmarktes[925].

Zutreffend ist sicherlich, daß die Verfügung über persönlichkeitsrechtlich geschützte Rechtsgüter nur dem Rechtsträger selbst zusteht. Nur er soll bestimmen können, ob, wann und wie er sich Dritten oder der Öffentlichkeit gegenüber darstellen bzw. Persönlichkeitsrechte anderen für Werbezwecke zur Verfügung stellen will[926]. Entscheidet sich der Träger persönlichkeitsrechtlich geschützter Rechtsgüter aber dafür, diese gegen Entgelt zu vermarkten, indem er Dritten eine Einwilligung zu Eingriffen in die geschützten Rechtspositionen erteilt[927], werden die betreffenden Rechte Teil des wirtschaftlichen Verkehrs und sind demzufolge als gewerbliche Leistungen i. S. des GWB anzusehen[928]. Zudem sind keine nachvollziehbaren Gründe ersichtlich, warum die Vermarktung persönlichkeitsrechtlich geschützter Rechtsgüter anders zu behandeln sein könnte, als etwa künstlerische oder geistige Leistungen, bei denen es sich allgemeiner Ansicht nach um gewerbliche Leistungen handelt[929]. Liegt es in der Macht des Rechtsträgers selbst darüber zu entscheiden, Persönlichkeitsrechte wirtschaftlich zu verwerten und damit als Anbieter gewerblicher Leistungen am marktwirtschaftlichen Leistungsaustausch teilzunehmen, bestehen hinsichtlich des Persönlichkeitsschutzes keine Bedenken gegen die Anwendung kartellrechtlicher Vorschriften.

---

924 *Emmerich* in *Immenga/Mestmäcker*, § 16, Rn. 25 f.; *Langen/Klosterfelde/Metzlaff*, KartR, § 14, Rn. 27.

925 *Langen/Klosterfelde/Metzlaff*, KartR, § 14, Rn. 27.

926 BGH, NJW 1956, 1554 f.; NJW 1981, 2402, 2403; NJW-RR 1987, 231 mwN.

927 Vgl. allgemein hierzu BGH, NJW-RR 1987, 231; GRUR 1990, 702, 705=ZIP 1990, 949, 953=NJW 1990, 2815 ff.; KG, ZIP 1996, 801, 803; OLG Hamm, NJW-RR 1987, 232; LG Frankfurt a.M., SpuRt 1997, 129, 130; *Hausmann*, BB 1994, 1089, 1091; *Reichert*, in RuS 20, S. 31, 48; *Netzle*, Der Sportler – Subjekt oder Objekt?, Rn. 89, S. 45; *Vieweg*, in RuS 20, S. 53, 81; vgl. ausführlich hierzu *Hoeren*, [Anm. zu BGH, JR 1998, 327], JR 1998, 332 ff.; *Waldhauser*, Fernsehrechte, S. 184 ff.

928 *Emmerich* in *Immenga/Mestmäcker*, § 16, Rn. 26; *ders.*, Kartellrecht, § 15 4 a), S. 136.

929 WuW/E BKartA 502, 504; *Fikentscher/Straub* in GK, § 18, Rn. 59.

aa) Tatbestand des § 1 GWB

(1) Unternehmenseigenschaft von Verband und Sportlern

Adressaten des in § 1 GWB normierten Kartellverbots sind Unternehmen und Vereinigungen von Unternehmen. Entscheidendes Kriterium für die Begründung der Unternehmenseigenschaft ist dabei die Teilnahme am wirtschaftlichen Verkehr. Zumindest im Bereich des Profi- und Leistungssports ist die Unternehmenseigenschaft der Sportler in der Regel zu bejahen, weil die Sportler in diesem Bereich sportliche Leistungen vielfach gegen Entgelt erbringen, Einnahmen aus der Vermarktung von Persönlichkeitsrechten erzielen oder mit Unternehmen Werbe- bzw. Sponsorenverträge abschließen[930]. Auch die Sportverbände nehmen häufig am marktwirtschaftlichen Leistungsaustausch teil, indem sie Tickets für Sportveranstaltungen verkaufen, Fernsehrechte vermarkten oder eigene Werbe- und Sponsorenverträge abschließen. Gehen die Sportverbände hingegen nur nicht-wirtschaftlichen Tätigkeiten nach, fehlt es ihnen zwar an der Unternehmenseigenschaft. Doch ist das Kartellverbot auch auf Unternehmensvereinigungen anwendbar, wenn die Mitglieder der Vereinigung Unternehmen i. S. des GWB sind und deren wirtschaftliche Tätigkeit von der Betätigung der Unternehmensvereinigung betroffen wird. Sportverbände sind demzufolge Adressaten des Kartellverbots, wenn sie die Unternehmenseigenschaft erfüllen[931] oder zumindest als Unternehmensvereinigung[932] zu qualifizieren sind.

(2) Vereinbarungen von miteinander im Wettbewerb stehenden Unternehmen

Neben der Unternehmenseigenschaft setzt § 1 GWB tatbestandlich Vereinbarungen von miteinander im Wettbewerb stehenden Unternehmen voraus. Der Begriff der Vereinbarungen ist weit auszulegen. Erfaßt wird neben Verträgen jede Verständigung zwischen Unternehmen über eine wettbewerbsbeschränkende Praxis, d. h. jede Willensübereinstimmung über ihr gemeinsames Auftreten am Markt[933]. Die in sportlichen Regelwerken oder Lizenz- bzw. Athletenvereinbarungen anzutreffenden Regelungen, wonach Sportler

---

930 § 9 II 1 a) cc).
931 § 9 II 1 a) aa).
932 § 9 II 1 a) bb).
933 *Emmerich*, Kartellrecht, § 3 5 b), S. 36; *Bechtold*, GWB, § 1, Rn. 6; *Langen/Bunte*, KartR, § 1, Rn. 34 ff.

verpflichtet sind, Trikots des Verbandssponsors zu tragen oder etwa die Verwertung von Bildrechten durch den Verband zu dulden, haben typischerweise Einfluß auf die Möglichkeiten eines Sportlers zur Eigenvermarktung. Denn werden Sportler verpflichtet, Trikots des Verbandssponsors zu tragen, schränkt dies deren Möglichkeit ein, eigene Ausstatterverträge abzuschließen. Eine Verständigung zwischen Verband und Sportler über ihr gemeinsames Auftreten am Markt kann durchaus auch hinsichtlich der Verwertung von Bildrechten bestehen. So beeinflußt es etwa die Möglichkeiten der Sportler zur Eigenvermarktung, wenn sich der Verband das Recht zur Verwertung von Bildnissen unter gleichzeitiger Beschränkung der Vermarktungsbefugnisse der Sportler einräumen läßt. Folglich sind derartige o. ä. Regelungen Vereinbarungen i. S. des § 1 GWB.

Im deutschen Kartellrecht wird nach wie vor zwischen sogenannten horizontalen und vertikalen Wettbewerbsbeschränkungen unterschieden. Die Abgrenzung der unter § 1 GWB fallenden horizontalen von den vertikalen Wettbewerbsbeschränkungen erfolgt dabei anhand des Tatbestandsmerkmals der »miteinander im Wettbewerb stehenden Unternehmen«[934]. Tatbestandlich wird sowohl der aktuelle als auch der potentielle Wettbewerb zwischen den Unternehmen erfaßt[935]. Die Regelungen, wonach Sportler verpflichtet sind, Trikots mit Aufdrucken des Verbandssponsors zu tragen oder die Verwertung von Bildnissen durch den Verband zu dulden, können demzufolge allenfalls dann gegen § 1 GWB verstoßen, wenn die Beteiligten miteinander in aktuellem oder zumindest potentiellem Wettbewerb stehen. Unternehmen stehen miteinander im Wettbewerb, wenn sie auf demselben Markt tätig sind (aktueller Wettbewerb) oder ihre Tätigkeit auf dem betreffenden Markt kaufmännisch sinnvoll möglich wäre (potentieller Wettbewerb). Ausreichend ist es, wenn beide Unternehmen potentielle Wettbewerber sind oder das eine Unternehmen auf dem Markt aktuell, das andere demgegenüber nur potentiell tätig ist[936]. Fraglich ist, ob Sportler und Verband hinsichtlich der Trikotwerbung bzw. der Vermarktung von Bildrechten auf demselben Markt tätig sind. Die zur Beantwortung der Frage erforderliche Abgrenzung des relevanten Marktes ist anhand des sogenannten Bedarfsmarktkonzepts vorzunehmen. Danach erfolgt die Abgrenzung aus Sicht der Marktgegenseite. Entscheidend ist, ob Güter oder Leistungen aus Sicht der

---

934 BT-Drucksache 13/9720, S. 31; *Emmerich*, Kartellrecht, § 3, 3, S. 29 ff.; *Wellenhofer-Klein*, WuW 1999, 557, 563 f.; *Bechtold*, GWB, § 1, Rn. 18; *Langen/Bunte*, KartR, § 1, Rn. 86.

935 BT-Drucksache 13/9720, S. 31; BGH, ZIP 1999, 1021, 1025 f.; *Emmerich*, Kartellrecht, § 3 3 b), S. 33; *Langen/Bunte*, KartR, § 1, Rn. 96.

936 *Bechtold*, GWB, § 1, Rn. 21; *Langen/Bunte*, KartR, § 1, Rn. 96.

Marktgegenseite funktionell austauschbar sind[937]. Mithin ist zwischen Anbieter- und Nachfragermärkten zu unterscheiden. Auf der Angebotsseite gehören dabei zu einem einheitlichen Markt all diejenigen Güter und Leistungen, die nach Eigenschaften, Verwendungszweck und Preislage einander so nahestehen, daß ein verständiger Abnehmer sie zur Verwendung zu einem bestimmten Zweck als gleichsam geeignet erachtet[938].

Fraglich ist demnach, was Sportler und Verband am Markt anbieten. Als Inhaber verschiedener persönlichkeitsrechtlich geschützter Rechtsgüter[939] sind die Sportler in der Lage, Dritten die Vermarktung der betreffenden Rechtsgüter zu gestatten. So liegt es in der Macht der Sportler, frei darüber zu entscheiden, durch wen und auf welche Art und Weise ihre Bildnisse kommerziell genutzt werden[940]. Will ein Unternehmen Bildnisse von Sportlern wirtschaftlich verwerten, tritt es als Nachfrager einer *»Einwilligung in die Verletzung persönlichkeitsrechtlich geschützter Rechtspositionen«* auf. Derartige Einwilligungen können nur die Sportler als Inhaber der geschützten Rechtsposition erteilen. Allerdings ist es nicht unüblich und auch durchaus kaufmännisch sinnvoll, daß sich die Verbände das Recht einräumen lassen, ebenfalls Bildnisse der Sportler zu vermarkten. Sie sind insoweit berechtigt, Dritten im eigenen Namen Eingriffe in persönlichkeitsrechtlich geschützte Rechtspositionen der Sportler zu gestatten. Im Unterschied zu den Sportlern vermarkten die Verbände insoweit freilich keine ihnen originär zustehenden, sondern derivativ *»erworbene«* Rechtspositionen. Kommt es der Nachfragerseite jedoch allein auf die Befugnis zur kommerziellen Verwertung von Bildrechten an, ist der Umstand, ob es sich um originär oder derivativ erworbene Rechtspositionen handelt, für die Verwendungszwecke des nachfragenden Unternehmens unerheblich. Die von einem Verband sowie den Sportlern angebotenen Leistungen sind daher aus Sicht der nachfragenden Unternehmen austauschbar und gehören folglich dem selben Markt an.

Zweifelhaft wird die Zuordnung der von den Sportlern und dem Verband angebotenen Leistungen zu einem einheitlichen Markt freilich dann, wenn sich der Verband verpflichtet, Dritten nur die Verwertung von solchen Bildnissen zu gestatten, auf denen eine ganze Mannschaft oder zumindest eine

---

937 BGH, NJW 1977, 675, 676; NJW 1980, 2583, 2585; *Bechtold*, GWB, § 19, Rn. 5 f; *Langen/Bunte*, KartR, § 1, Rn. 101.

938 *Bechtold*, GWB, § 19, Rn. 6; *Langen/Ruppelt*, KartR, § 19, Rn. 10 f.; *Emmerich*, Kartellrecht, § 18 4 a), S. 179 f.

939 Hierzu zählen u. a. das Recht am eigenen Bild, am gesprochenen Wort bzw. das Namensrecht.; vgl. *Haas/Reimann*, in Akademieschrift 52, S. 31, 36 ff.; *dies.*, SpuRt 1999, 182, 183 f.

940 *Haas/Reimann*, in Akademieschrift 52, S. 31, 37 ff.; *dies.*, SpuRt 1999, 182, 183 f.

Gruppe von drei oder mehreren Sportlern abgebildet ist. Einzelne Sportler können eine Einwilligung zur Verwertung von Gruppenbildnissen nicht erteilen. Müßten derartige Genehmigungen zur Vermarktung von Gruppenbildnissen einem eigenständigen Teilmarkt zugeordnet werden, wären die Sportler auf dem entsprechenden Teilmarkt folglich weder aktuelle noch potentielle Wettbewerber des Verbandes. Aus § 1 GWB würden sich insoweit keine Grenzen für die Vermarktung ergeben. Allerdings werden Einzelbildnisse bzw. Bildnisse einer Gruppe von Sportlern von den Nachfragern nicht selten für vergleichbare Produkte und Leistungen, wie etwa für Fan-Artikel, Bücher, Kalender, Werbespots etc. verwendet. Daher erscheint es naheliegend, die Erteilung einer Einwilligung zur Vermarktung von Einzelbildnissen und diejenige zur Vermarktung von Gruppenbildnissen aus der Sicht der Nachfrager als funktionell austauschbar anzusehen und insoweit ein und dem selben Markt zuzuordnen. Verband und Sportler sind daher aktuelle oder zumindest potentielle Wettbewerber hinsichtlich des Rechts zur Vermarktung von Bildnissen. Letztendlich sind allein wettbewerbsbeschränkende Vereinbarungen zwischen Sportler und Verband bereits ein Indiz dafür, daß zumindest ein potentielles Wettbewerbsverhältnis besteht. Denn anderenfalls bestünde für die Vertragspartner gar kein Bedürfnis, wettbewerbsbeschränkende Vereinbarungen zu treffen[941].

Nicht unproblematisch ist hingegen, ob Verband und Sportler hinsichtlich der Werbung auf Sportbekleidung miteinander im Wettbewerb stehen. Grundsätzlich bedarf die Werbung auf der Sportbekleidung der Zustimmung jedes einzelnen Sportlers[942]. Die Sportler können daher als originäre Inhaber des entsprechenden »Vermarktungsrechtes«, als Anbieter am Markt auftreten. Gestatten sie einem Verband vertraglich das Recht, eine Gruppe von Sportlern bzw. eine gesamte Mannschaft mit Sportbekleidung mit Aufdrucken des Verbandssponsors auszustatten, sind auch die Verbände neben den Sportlern Anbieter des Rechts zur Werbung auf Sportbekleidung. Fraglich ist jedoch, ob aus Sicht der nachfragenden Unternehmen die Leistungen des Verbandes und diejenigen der Sportler funktionell austauschbar sind.

Der mit der Trikotwerbung beabsichtigte Werbeeffekt für ein Produkt läßt sich in der Regel nur erzielen, wenn alle zu einer Mannschaft gehörenden Sportler auch einheitlich als Werbeträger für das entsprechende Produkt in Erscheinung treten. Würde innerhalb einer Mannschaft jeder Sportler ausschließlich Sportbekleidung mit Aufdrucken seines Individualsponsors tragen, würde der mit der Werbung beabsichtigte Imagetransfer für das von jedem Sportler individuell umworbene Produkt häufig in der Masse der

941 Vgl. allgemein hierzu *Fritzsche*, ZHR 160 (1996), 31, 36.
942 *Niese*, in Akademieschrift 49, S. 7, 15 f.

von den einzelnen Sportlern vermittelten Werbebotschaften untergehen. Besonders deutlich wird das für den Fall, daß Sportler ein und derselben Mannschaft für Konkurrenzprodukte Werbung treiben. Deshalb haben Unternehmen in der Regel ein besonderes Interesse daran, Werbe- bzw. Ausstatterverträge dergestalt abzuschließen, daß eine Mannschaft bzw. eine bestimmte Gruppe von Sportlern einheitlich für ein und dasselbe Produkt auf der Sportbekleidung Werbung treibt[943]. Ausnahmen bestehen allenfalls bei einzelnen Sportlern, die aufgrund ihrer herausragenden sportlichen Leistungen sowie ihres Bekanntheitsgrades als individuelle Werbeträger in Frage kommen. So gesehen trifft nur in Ausnahmefällen das Angebot einzelner Sportler auf eine vergleichbare Nachfrage seitens der Unternehmen, wie das Angebot eines Sportverbandes, eine gesamte Mannschaft einheitlich auszurüsten. In der Mehrzahl der Fälle kommt es den Unternehmen bzgl. der Werbung auf Sportbekleidung also darauf an, daß die den Sportlern originär zustehenden Rechte gebündelt und einheitlich vom Verband vermarktet werden. Von einigen Ausnahmen abgesehen, sind die Leistungen des Verbandes und diejenigen der Sportler aus Sicht der nachfragenden Unternehmen nicht funktionell austauschbar und daher nicht einem einheitlichen Markt zuzuordnen. Insoweit stehen Sportler und Verband hinsichtlich der Vermarktung von Werbeflächen auf Sportbekleidung weder in aktuellem noch in potentiellem Wettbewerb miteinander.

Miteinander im Wettbewerb stehen allenfalls die einzelnen Sportler. Zwischen diesen wird freilich nicht unmittelbar eine Vereinbarung i. S. des § 1 GWB geschlossen. Schließen jedoch sämtliche Sportler einheitlich mit dem Verband einen Vertrag, worin sie sich verpflichten, Sportbekleidung mit Aufdrucken des Verbandssponsors zu tragen, hat dies letztendlich die gleiche Wirkung, als wenn die Sportler untereinander vereinbart hätten, sich nur einheitlich einem Unternehmen gegenüber zu verpflichten, Sportbekleidung mit Werbeaufdrucken zu tragen. Es kann für die Anwendbarkeit des § 1 GWB freilich keinen Unterschied machen, ob die Unternehmen auf horizontaler Ebene ihr Wettbewerbsverhalten abstimmen oder sich hierzu einer Vielzahl gleichlautender vertikaler Verträge mit einer gemeinsamen Vertriebsstelle bedienen (sogenannte Sternverträge)[944]. Wettbewerbsbe-

943 Vgl. hierzu auch *Prokop*, in Akademieschrift 49, S. 19, 30 f.

944 Vor dem Hintergrund, daß der Gesetzgeber mit der Neuregelung des § 1 GWB keine materielle Rechtsänderung bezweckt hat [vgl. BT-Drucksache, 13/9720, S. 31; *Emmerich*, Kartellrecht, § 3 b), S. 33 f.], ist der Anwendungsbereich des § 1 GWB auch weiterhin über die Rechtsfigur der sogenannten Sternverträge eröffnet.; vgl. hierzu *Emmerich*, Kartellrecht, § 3 a), S. 32; *Hootz*, in GK, § 1, Rn. 67; *Wiedemann/Stockmann*, Hdb. KartellR § 7, Rn. 54; *Langen/Bunte*, KartR, § 1, Rn. 47 f., *Zimmer* in *Immenga/Mestmäcker*, § 1, Rn. 186 ff.

schränkende Wirkung entfalten derartige Vertragssysteme, wenn im Ergebnis das Wettbewerbsverhalten der Beteiligten untereinander geregelt wird[945]. Zur Annahme von Sternverträgen genügt es dabei, wenn die Vertikalverträge so gestaltet sind, daß man das vertikale Vertragsverhältnis nicht eingehen kann, ohne einer horizontal wirkenden Abstimmung zuzustimmen[946]. Die dem Verband vertraglich eingeräumte Befugnis, die Sportler einheitlich mit Sportbekleidung auszurüsten, bedingt, daß sämtliche Sportler zumindest teilweise auf eine eigene Vermarktung der entsprechenden Werbeflächen verzichten müssen. Die vertikal verlaufenden Vereinbarungen zwischen Sportler und Verband bewirken also eine horizontale Willensübereinstimmung der Sportler hinsichtlich ihres gemeinsamen Auftretens am Markt dahingehend, daß sie in dem vereinbarten Umfang nicht individuell als Anbieter des Rechts zur Werbung auf Sportbekleidung auftreten[947]. Obwohl Verband und Sportler weder aktuelle noch potentielle Wettbewerber sind, sind derartige Bestimmungen aufgrund ihrer horizontalen Wirkung nicht an den §§ 14 ff. GWB, sondern ebenfalls am Maßstab des § 1 GWB zu messen.

(3) Wettbewerbsbeschränkung

Die vertraglichen Vereinbarungen zwischen einem Verband und den Sportlern hinsichtlich des Rechts zur Vermarktung von Bildnissen bzw. zur Werbung auf Sportbekleidung verstoßen nur dann gegen § 1 GWB, wenn sie eine Verhinderung, Einschränkung oder Verfälschung des Wettbewerbs bezwecken oder bewirken. Die Merkmale Verhinderung, Einschränkung oder Verfälschung des Wettbewerbs können nicht streng voneinander getrennt werden[948]. Zumindest die Begriffe der Verhinderung und Einschränkung des Wettbewerbs gehen daher in dem umfassenden Begriff der Wettbewerbsbeschränkung auf[949]. Eine Beschränkung des Wettbewerbs ist zu bejahen, wenn die wettbewerbliche Handlungsfreiheit von Anbietern oder Nachfragern beeinträchtigt wird. Es müssen wettbewerbsrelevante Handlungen, wie beispielsweise die Bestimmung des Preises, der Absatzmengen bzw. der Umsatzgrößen, die Werbung, das Absatzgebiet bzw. die Teilnahme

---

945 *Zimmer* in *Immenga/Mestmäcker*, § 1, Rn. 186.
946 *Langen/Bunte*, KartR, § 1, Rn. 48 mwN.
947 Vgl. auch DEL-Schiedsgericht, SpuRt 1997, 165, 168.
948 *Bechtold*, GWB, § 1 Rn. 26; *Langen/Bunte*, KartR, § 1, Rn. 134.
949 Vgl. *Emmerich*, Kartellrecht, § 3 8 a), S. 40 f.; hinsichtlich des Merkmals Verfälschung weitergehend *Bechtold*, GWB § 1, Rn. 26.

am Wettbewerb überhaupt, betroffen sein, so daß die Selbständigkeit bei der Bestimmung mindestens eines der vorgenannten Wettbewerbsparameter aufgehoben oder gemindert ist[950].

Erwerben die Verbände das originär den Sportlern zugewiesene Recht zur Vermarktung von Bildnissen bzw. das Recht zur Trikotwerbung, so ist es ihnen möglich, neben den einzelnen Sportlern als Anbieter am Markt aufzutreten. Der schlichte »Erwerb« der Vermarktungsrechte führt deshalb vielfach nicht zu einer Beschränkung, sondern vielmehr zu einer Erweiterung des Wettbewerbs unter den Anbietern. Aus § 1 GWB ergeben sich insoweit keine Beschränkungen für die Vermarktung der persönlichkeitsrechtlich geschützten Rechtsgüter durch den Verband. Freilich lassen sich die Verbände die Vermarktungsrechte häufig unter der Maßgabe einräumen, daß die Sportler ihrerseits zu Gunsten des Verbandes auf eine Eigenvermarktung ganz oder zumindest teilweise verzichten. Als Beispiel hierfür kann der Fall angeführt werden, daß einem Verband das Recht übertragen wird, bei einem Wettkampf aufgenommene Bildnisse einzelner Sportler exklusiv zu vermarkten. Wird das Recht der Sportler zur Eigenvermarktung auf diese Weise aufgehoben oder zumindest begrenzt, beschränkt das die Möglichkeit der Sportler, am Markt als Anbieter der betreffenden Leistung aufzutreten. Unerheblich ist dabei, daß sich die Beschränkung nur einseitig auf die wettbewerbsrechtliche Handlungsfreiheit der Sportler bezieht, weil § 1 GWB nicht nur bei gegenseitigen, sondern auch bei einseitigen Wettbewerbsbeschränkungen Anwendung findet[951]. Zu einer Einschränkung der wettbewerblichen Handlungsfreiheit einzelner Sportler führt daher in der Regel auch die einheitliche Ausrüstung einer gesamten Mannschaft mit Sportbekleidung. Denn läßt sich der Verband das Recht einräumen, die Sportbekleidung exklusiv mit Werbung des Verbandssponsors zu bedrukken, geht damit gleichzeitig eine Einschränkung der Werbemöglichkeiten jedes einzelnen Sportlers einher.

Ein Verstoß gegen § 1 GWB liegt allerdings dann nicht vor, wenn keines der an den Vereinbarungen beteiligten Unternehmen allein in der Lage ist, die von der Marktgegenseite nachgefragte Leistung zu erbringen. Denn kann ein Unternehmen nicht allein am Markt als Anbieter einer bestimmten Leistung auftreten, liegt in der Zusammenarbeit mit anderen Unternehmen (Arbeitsgemeinschaft) keine Wettbewerbsbeschränkung. Die Arbeitsgemeinschaft wirkt insoweit nicht wettbewerbsbeschränkend, sondern führt

---

950 *Bechtold*, GWB, § 1, Rn. 27; *Langen/Bunte*, KartR, § 1, Rn. 127 ff.

951 BGH, NJW 1977, 804; ZIP 1986, 1489, 1491; *Wellenhofer-Klein*, WuW 1999, 557, 560 mwN; *Emmerich*, Kartellrecht, § 3 8 b), S. 42; *Langen/Bunte*, KartR, § 1, Rn. 136.

vielmehr zu zusätzlichem Wettbewerb[952]. So kann etwa die von Unternehmen nachfragte Leistung, Sportbekleidung für eine gesamte Mannschaft bzw. eine Gruppe von Sportlern einheitlich mit Werbeaufdrucken zu versehen, von einzelnen Sportlern nicht erbracht werden. Erst durch die Bündelung der Einzelrechte und die einheitliche Vermarktung durch den Verband entsteht eine neue eigenständige sinnvolle und marktfähige Leistung, die auf eine besondere Nachfrage[953] der Marktgegenseite stößt[954].

Vereinbarungen können freilich dann nicht mit dem Arbeitsgemeinschaftsgedanken gerechtfertigt werden, wenn bereits ein alleiniges Auftreten der Mitglieder der Arbeitsgemeinschaft kaufmännisch sinnvoll ist[955]. Das trifft etwa auf das Angebot einzelner Spitzensportler zu, deren Leistungen aus Sicht der nachfragenden Unternehmen mit den Leistungen des Verbandes funktionell austauschbar sind und die demgemäß eigenständig auf dem selben Markt für Trikotwerbung wie der Verband in Erscheinung treten können[956]. Allein die Möglichkeit, in derartigen Fällen mittels einer zentralen Rechtevermarktung insgesamt gesehen höhere Erlöse als bei einer Einzelvermarktung erzielen zu können, ist lediglich ein kartellbedingter Vorteil, der nicht geeignet ist, die Anwendung des Arbeitsgemeinschaftsgedankens zu rechtfertigen[957]. Ist es den Sportlern hinsichtlich der Trikotwerbung aber in der Regel nicht möglich, eigenständig ein kaufmännisch sinnvolles Angebot zu unterbreiten, beschränken Regelungen in Athleten- bzw. Lizenzvereinbarungen, die die Sportler dazu verpflichten, Sportbekleidung mit einheitlichen Werbeaufdrucken zu tragen, nicht den Wettbewerb, sondern schaffen vielmehr ein neues marktfähigeres Angebot[958].

Zudem verstoßen Wettbewerbsbeschränkungen dann nicht gegen das Kartellverbot, wenn sie dem jeweiligen Rechtsverhältnis immanent sind. Nach den Grundsätzen der Immanenztheorie sind wettbewerbsbeschrän-

---

952 BGH, BB 1984, 364; WuW/E OLG 3108, 3110; KG, ZIP 1996, 801, 804; *Zimmer* in *Immenga/Mestmäcker*, § 1, Rn. 369; *Langen/Bunte*, KartR, § 1, Rn. 309 f.; *Baron*, Kartellgesetz, S. 20.

953 Vgl. § 10 II 2 b) aa) (2).

954 Anders hinsichtlich der Zentralvermarktung von Fernsehübertragungsrechten an Fußballspielen KG, ZIP 1996, 801, 804 f.; *Langen/Bunte*, KartR, § 1, Rn. 311.

955 *Hannamann/Vieweg*, in Schriftenreihe des Württembergischen Fußballverbandes, Nr. 40, S. 49, 69; *Hannamann*, Kartellverbot, S. 414, 470, 472 f.; *Langen/Bunte*, KartR, § 1, Rn. 309.

956 Vgl. § 10 II 2 b) aa) (2).

957 KG, ZIP 1996, 801, 805; *Langen/Bunte*, KartR, § 1, Rn. 311; *Hannamann/Vieweg*, in Schriftenreihe des Württembergischen Fußballverbandes, Nr. 40, S. 49, 69.

958 Vgl. zum Arbeitsgemeinschaftsgedanken im Sport allgemein *Hannamann/Vieweg*, in Schriftenreihe des Württembergischen Fußballverbandes, Nr. 40, S. 49, 66 ff.; *Hannamann*, Kartellverbot, S. 414, 469 ff.

kende Vereinbarungen nämlich nicht gem. § 1 GWB verboten, die aus einem im übrigen kartellrechtsneutralen Rechtsverhältnis notwendigerweise folgen und für dessen Bestand, Wirksamkeit und Funktionsfähigkeit erforderlich sind[959]. So sind etwa Wettbewerbsverbote in Gesellschaftsverträgen nicht kartellrechtswidrig, wenn sie dem Bestand und der Erhaltung des Unternehmens einer der gesetzlichen Regelform entsprechenden Gesellschaft dienen und nicht über das Maß hinausgehen, was zum Schutz des Unternehmens notwendig ist und von der Treuepflicht gefordert wird[960]. Die Grundsätze gelten u. a. auch für Genossenschaften. So sind nach wohl überwiegender Ansicht wettbewerbsbeschränkende Klauseln in Genossenschaftssatzungen ebenfalls nur als zulässig anzusehen, wenn und soweit sie »genossenschafts-immanent« sind. Eine Beschränkung verstößt demzufolge dann nicht gegen § 1 GWB, wenn sie zur Sicherung des Zwecks oder der Funktionsfähigkeit der konkreten Genossenschaft erforderlich ist[961].

Überträgt man die vorgenannten Grundsätze auf das mitgliedschaftsähnliche Rechtsverhältnis zwischen Verband und Sportler[962], so gilt folgendes: Wettbewerbsbeschränkende Abreden in Lizenz- bzw. Athletenvereinbarungen verstoßen dann nicht gegen das Kartellverbot, wenn sie zur Sicherung des Zwecks oder der Funktionsfähigkeit des im übrigen kartellrechtsneutralen Rechtsverhältnisses erforderlich sind. Regelungszweck einer Lizenz- bzw. Athletenvereinbarung ist es, die infrastrukturellen Voraussetzungen für die organisierte Ausübung einer Sportart zu schaffen. Der ideelle Verbandszweck wird kraft vertraglicher Vereinbarung zum von Sportler und Verband gemeinsam verfolgten Zweck. Infolge des daraus resultierenden mitgliedschaftsähnlichen Charakters dieses Rechtsverhältnisses obliegen

959 BGH, ZIP 1986, 1489, 1491; BB 1993, 1899; NJW 1994, 384; ZIP 1997, 2166, 2169 f.; NJW 1997, 2324, 2325 f.; ZIP 1999, 1021, 1026 mit Anm. *Busche/Keul*; KG, ZIP 1996, 801, 805 f.; BKartA, SpuRt 1995, 118, 123; DEL-Schiedsgericht, SpuRt 1997, 165, 168; *Wellenhofer-Klein*, WuW 1999, 557, 561, 565; *Hannamann/Vieweg*, in Schriftenreihe des Württembergischen Fußballverbandes, Nr. 40, S. 49, 72; *Hannamann*, Kartellverbot, S. 482 ff.; *Emmerich*, Kartellrecht, § 3 3 b), S. 34, § 4 4-5, S. 53 ff.; *Bechtold*, NJW 1998, 2769, 2770; *Fuchs*, BB 1993, 1893, 1894 ff.; *Wertenbruch*, ZIP 1996, 1417, 1421; *Stockmann*, ZIP 1996, 411, 416.; *Baron*, Kartellgesetz, S. 20.

960 Vgl. BGH, NJW 1978, 1001; NJW 1984, 1351, 1353; *Zimmer* in *Immenga/Mestmäcker*, § 1, Rn. 282 ff.; *Emmerich*, Kartellrecht, § 4 4 b), S. 55 f. mwN; *Hannamann/Vieweg*, in Schriftenreihe des Württembergischen Fußballverbandes, Nr. 40, S. 49, 72 f.; *Hannamann*, Kartellverbot, S. 485.

961 BGH, BB 1993, 1899; *Fuchs*, BB 1993, 1893, 1895 ff.; *Emmerich*, Kartellrecht, § 4 b), S. 55 f. mwN auch zu abweichenden Ansichten.

962 Allgemein zur Übertragbarkeit der Immanenztheorie auf den Bereich des Sports *Hannamann*, Kartellverbot, S. 487 ff.

den einzelnen Sportlern sowie dem Verband Förderpflichten, die auf den gemeinsam verfolgten ideellen Zweck gerichtet sind. Die den Sportlern sowie dem Verband obliegenden gegenseitigen Förderpflichten zu konkretisieren, ist neben der einheitlichen vertraglichen Bindung der Sportler an das sportliche Regelwerk Ziel einer Athleten- bzw. Lizenzvereinbarung[963]. Trotz der immer weiter fortschreitenden Kommerzialisierung des Sports wird mit einer Athleten- bzw. Lizenzvereinbarung ein kartellrechtsneutralen ideeller Hauptzweck verfolgt.

Die Verbände sind heutzutage jedoch nicht in der Lage, die zur Verfolgung der kartellrechtsneutralen ideellen Verbandszwecke notwendigen finanziellen Mittel allein durch Mitgliedsbeiträge oder staatliche Zuschüsse zu bestreiten. Um die im gesamtsportlichen Interesse liegende Verbandstätigkeit finanzieren zu können, sind sie auf Einnahmen aus Sponsoren- und Werbeverträgen angewiesen, was freilich in der Regel die Mitwirkung der Sportler an den entsprechenden Vermarktungsmaßnahmen des Verbandes erfordert. Die den Sportlern hinsichtlich der gemeinsamen Zweckverfolgung obliegenden Förderpflichten sind daher nicht nur auf den ideellen Haupt-, sondern auch auf den wirtschaftlichen Nebenzweck des Verbandes gerichtet[964]. Könnte der Verband ohne eine Mitwirkung der Sportler mangels ausreichender finanzieller Mittel seine Verbandszwecke nicht mehr erreichen, ließe sich der von Verband und Sportler mit einer Athleten- bzw. Lizenzvereinbarung partiell zum gemeinsam verfolgten Zweck erhobene Verbandszweck freilich ebenfalls nicht verwirklichen. Insoweit ist selbst für die Funktionsfähigkeit einer Athleten- bzw. Lizenzvereinbarung die Mitwirkung der Sportler bei der Finanzierung der Verbandsaufgaben erforderlich.

Die Regelung der Art und Weise, wie die Sportler ihrer Pflicht zur Förderung des wirtschaftlichen Nebenzwecks nachzukommen haben, ist der grundrechtlich geschützten autonomen Regelungsbefugnis[965] eines jeden Verbandes zuzurechnen. Führt die konkrete Ausgestaltung derartiger Mitwirkungspflichten allerdings zu Beschränkungen der wettbewerblichen Handlungsfreiheit der Sportler, so entsteht ein Spannungsverhältnis zwischen der grundrechtlich geschützten Verbandsautonomie und den Vorschriften des GWB. Dieses Spannungsverhältnis kann nicht einseitig zu Lasten der Verbandsautonomie bzw. der kartellrechtlichen Bestimmungen gelöst werden. Erforderlich ist vielmehr eine wertende Betrachtung unter Berücksichtigung der jeweiligen gesetzlichen Regelungszwecke. Insoweit ist

963 Vgl. § 2 und § 4 IV 3.

964 Vgl. § 4 IV 3 b).

965 Vgl. § 8 II; *Niese*, in Akademieschrift 49, S. 7, 16.

dem Verband hinsichtlich der Ausgestaltung der den Sportlern aufgrund der Förderpflicht obliegenden Mitwirkungspflichten ein gewisser Gestaltungsspielraum einzuräumen[966]. Unter Bezugnahme auf die grundrechtlich geschützte Gestaltungsfreiheit der Verbände können freilich nicht sämtliche wettbewerbsbeschränkenden Vereinbarungen zwischen einem Verband und den vertraglich gebundenen Sportlern gerechtfertigt werden. Die Grenze ist zumindest dort erreicht, wo die konkrete wettbewerbsbeschränkende Regelung zur Erhaltung der Funktionsfähigkeit des Rechtsverhältnisses nicht objektiv erforderlich ist. Das ist etwa der Fall, wenn dem Verband gleichwertige, die wettbewerbliche Handlungsfreiheit weniger beschränkende Möglichkeiten zur Verfügung stehen, die Sportler im Rahmen der ihnen obliegenden Förderpflicht zur Finanzierung der Verbandstätigkeit zu verpflichten[967].

Läßt sich der Verband beispielsweise das Recht einräumen, Bildnisse von Sportlern[968], die im Zusammenhang mit Auftritten der National- bzw. Kadermannschaft aufgenommen wurden, exklusiv zentral zu vermarkten, so beschränkt das die Möglichkeit der Sportler zur Eigenvermarktung. Derartige o. ä. Beschränkungen verstoßen nur dann nicht gegen § 1 GWB, wenn dem Verband keine zur Erreichung des kartellrechtsneutralen Ziels gleichsam objektiv geeigneten, jedoch wettbewerbskonformeren Mittel zur Verfügung stehen. Ein die wettbewerbliche Handlungsfreiheit weniger beschränkendes Mittel wäre etwa, die Sportler zu verpflichten, mit Abschluß oder Verlängerung einer Athleten- bzw. Lizenzvereinbarung, einen bestimmten Geldbetrag – in Form einer Lizenzgebühr – an den Verband zu entrichten. Hiergegen ist allerdings einzuwenden, daß die Zahlungspflicht keine Rücksicht auf die individuellen Verhältnisse der einzelnen Sportler nimmt, sondern pauschal allein daran anknüpft, daß die Sportler zur Förderung des wirtschaftlichen Nebenzwecks verpflichtet sind. Gerade vor dem Hintergrund, daß Art und Umfang der Förderpflicht nicht einheitlich für sämtliche Sportler bestimmbar sind, ist ein Finanzierungsmodell vorzugswürdig, das auf die individuellen Verhältnisse eines jeden Sportlers Rücksicht nimmt. Unabhängig hiervon widerspräche es den ideellen Verbandszwecken, Sportler, die in sportlicher und persönlicher Hinsicht die Kriterien

---

966 Vgl. auch *Fleischer*, WuW 1996, 473, 482 f. (hinsichtlich der Festlegung von Sportausrüstung); *Hannamann/Vieweg*, in Schriftenreihe des Württembergischen Fußballverbandes, Nr. 40, S. 49, 74.

967 Vgl. auch *Hannamann/Vieweg*, in Schriftenreihe des Württembergischen Fußballverbandes, Nr. 40, S. 49, 73 f.

968 Vgl. hierzu *Nickel*, in Akademieschrift 52, S. 49, 53 ff.

für den Abschluß einer Lizenz- bzw. Athletenvereinbarung erfüllen, allein aufgrund mangelnder Finanzkraft den Vertragsschluß zu verwehren[969].

In Betracht käme demgegenüber die Möglichkeit, die Sportler zu verpflichten, einen prozentualen Anteil ihrer Einnahmen aus der Eigenvermarktung an den Verband abzuführen (Fondslösung)[970]. Der Vorteil der Fondslösung gegenüber der Verpflichtung zur Zahlung eines Geldbetrages besteht darin, daß die finanzielle Leistungsfähigkeit jedes einzelnen Sportlers berücksichtigt werden kann. Zudem vermarkten die Sportler bei der Fondslösung die ihnen originär zustehenden Rechte eigenständig, so daß die wettbewerbliche Handlungsfreiheit weniger als etwa bei einer exklusiven Rechtevermarktung durch den Verband beschränkt wird. Sollten dem Verband daher mehrere Regelungsmöglichkeiten zur Verfügung stehen, ist die den Wettbewerb weniger beschränkende Maßnahme zu wählen[971]. Fraglich ist jedoch, ob die Fondslösung objektiv in gleicher Weise wie die Zentralvermarktung durch den Verband unter Beschränkung der Einzelvermarktung durch die Sportler geeignet ist, die mitgliedschaftsähnliche Förderpflicht auszugestalten.

Nicht unproblematisch ist etwa, auf welche Art und Weise die Einhaltung der dem einzelnen Sportler obliegenden Verpflichtung zur prozentualen Beteiligung des Verbandes an den Erlösen aus der Eigenvermarktung kontrolliert werden kann. So erfolgt die Beteiligung der einzelnen Sportler zwar nicht auf freiwilliger Basis, sondern aufgrund der mitgliedschaftsähnlichen Förderpflicht[972]. Um eine Umgehung der Abgabepflicht zu verhindern, müßte den Sportlern insoweit eine Nebenpflicht obliegen, den Inhalt von Sponsoren- und Werbeverträgen dem Verband gegenüber offenzulegen[973]. Selbst dann, wenn man eine solche Nebenpflicht bejahen wollte, bestehen Zweifel an der Eignung der Fondslösung. Denn auch wenn ein Sportler verpflichtet ist, die Werbe- und Sponsoreneinnahmen zu offenbaren, lassen sich Umgehungsversuche letztendlich nicht ausschließen. Gerade weil die Sportler zu konkreten Geldleistungen herangezogen werden, wird eine prozentuale Abgabepflicht im Gegensatz zu einer Rechtevermarktung durch den Verband häufig auf eine geringe Akzeptanz bei den Sportlern stoßen, was potentiell zur Verschleierung bestimmter Einnahmen animiert. Sollen im Rahmen der Fondslösung jedoch alle Sportler entsprechend ihrer wirtschaftlichen Leistungsfähigkeit an der Finanzierung der Verbandsauf-

969 Vgl. zum Anspruch auf Abschluß einer Athleten- bzw. Lizenzvereinbarung § 7 II 3.

970 Vgl. § 4 Nr. 6 Athletenvereinbarung (1999) des DRV.

971 BGH, ZIP 1986, 1008, 1010; *Fuchs*, BB 1993, 1893, 1898.

972 Ähnlich für die Beteiligungspflicht einzelner Vereine an einem Fonds *Möschel/ Weihs*, in RuS 28, S. 23, 32.

973 Vgl. hierzu auch *Hannamann*, Kartellverbot, S. 399.

gaben mitwirken, bedarf es einer verbandsseitigen Kontrolle. Daher ist die Fondslösung durchaus auch mit einem höheren Verwaltungs- und Kostenaufwand für den einzelnen Verband verbunden. Zudem ist nicht stets gewährleistet, daß alle Sportler rein tatsächlich in der Lage sind, eigene Werbe- und Sponsorenverträge abzuschließen. Insoweit kann es für den Verband mitunter zu nicht kalkulierbaren Einnahmedefiziten kommen. Zu alledem ist den Sportverbänden bei der Frage, ob die Fondslösung zur Umsetzung der den Sportlern obliegenden Förderpflicht geeignet ist, hinsichtlich der grundrechtlich geschützten autonomen Regelungsbefugnis, ein gewisser Ermessensspielraum einzuräumen.

Angesichts der gegen eine Fondslösung geäußerten Bedenken kann die zentrale Rechtevermarktung durch den Verband durchaus ein wettbewerbskonformes Mittel zur Ausgestaltung der den Sportlern obliegenden Förderpflicht darstellen. In einem gewissen Umfang sind die Eigenvermarktung der Sportler beschränkende Abreden einer Athleten- bzw. Lizenzvereinbarung daher immanent, wenn sie zur Sicherung der Funktionsfähigkeit derartiger Vereinbarungen erforderlich und damit aus gesamtsportlichen Erwägungen heraus gerechtfertigt sind[974].

(4) Spürbarkeit der Wettbewerbsbeschränkung

Für den Fall, daß wettbewerbsbeschränkende Vereinbarungen in Athleten- bzw. Lizenzvereinbarungen nach Art und Umfang nicht als dem Rechtsverhältnis immanent anzusehen sind, liegt ein Verstoß gegen § 1 GWB freilich nur dann vor, wenn die Wettbewerbsbeschränkung spürbar ist[975]. § 1 GWB verlangt tatbestandlich zwar nicht ausdrücklich die »*Spürbarkeit der Wettbewerbsbeschränkung*«, doch entspricht es der ganz h. M.[976], daß § 1 GWB

974 Einschränkend *Hannamann*, Kartellverbot, S. 413.

975 BGH, ZIP 1999, 1021, 1026 mit Anm. *Busche/Keul*; *Bechtold*, GWB, § 1, Rn. 37 f.; *Emmerich*, Kartellrecht, § 3 9, S. 44 f.; *Baron*, Kartellgesetz, S. 19; *Langen/Bunte*, KartR, § 1, Rn. 153.

976 Vgl. statt vieler *Bechtold*, NJW 1998, 2769, 2770; *Emmerich*, Kartellrecht, § 3 9, S. 44 f.; *Langen/Bunte*, KartR, § 1, Rn. 175, 188; *Zimmer* in *Immenga/Mestmäcker*, § 1, Rn. 256 ff.; a. A. LG Mannheim, WRP 1999, 695, 698; Da der Gesetzgeber mit der 6. GWB-Novelle den Wortlaut des § 1 GWB an Art. 85 Abs. 1 EGV a. F. (Art. 81 Abs. 1 EGV n. F.) angleichen wollte (BT-Drucksache 13/9720, S. 31; *Zimmer* in *Immenga/Mestmäcker*, § 1, Rn. 256), erscheint es fraglich, ob die Rechtsprechung zukünftig tatsächlich vollständig auf das Merkmal der »Spürbarkeit« verzichten wird. vgl. *Hannamann*, Kartellverbot, S. 325 f.; Nachfolgend wird daher auf das »Spürbarkeitserfordernis« eingegangen.

– in gleicher Weise wie Art. 81 EGV[977] – als ungeschriebenes Tatbestandsmerkmal die »*Spürbarkeit der Wettbewerbsbeschränkung*« voraussetzt. Spürbar ist eine Wettbewerbsbeschränkung dann, wenn von dieser konkret feststellbare Änderungen der relevanten Produktions- oder Marktfaktoren zum Nachteil Dritter ausgehen. In der Regel müssen sich die Wahlmöglichkeiten der Marktgegenseite verringern[978]. Um feststellen zu können, inwieweit die konkrete wettbewerbsbeschränkende Vereinbarung die Marktverhältnisse im vorgenannten Sinne spürbar beeinflußt, ist der relevante Markt in sachlicher und räumlicher Hinsicht zu bestimmen[979]. Zur Bestimmung des relevanten Marktes ist wiederum vom Bedarfsmarktkonzept auszugehen. Es kommt mithin auf die Sicht der Marktgegenseite, vorliegend also auf diejenige der Nachfrager des Rechts zur Vermarktung von Bildnissen, an. All diejenigen Leistungen, die aus Sicht der Nachfrager ohne wesentliche Anpassungsschwierigkeiten für denselben Verwendungszweck funktionell austauschbar sind, gehören dabei einem einheitlichen Markt an[980].

Konkret läßt sich der relevante Markt jeweils nur unter Berücksichtigung der Umstände des Einzelfalls ermitteln. So bestehen gerade im Bereich des Sports eine Vielzahl von Möglichkeiten, eine Sportveranstaltung bzw. einzelne sportliche Leistungen zu vermarkten. Dementsprechend gibt es eine ganze Reihe verschiedener Nachfrager, die zudem häufig unterschiedliche Zwecke mit dem Erwerb von Verwertungsrechten verfolgen[981]. Vorliegend können daher nur einige Kriterien genannt werden, die für die Ermittlung des relevanten Marktes beachtlich sind. Auszugehen ist davon, daß für die einzelnen Verwertungsmöglichkeiten einer Sportveranstaltung bzw. einzelner sportlicher Leistungen prinzipiell unterschiedliche Märkte bestehen. So sind etwa Fernsehübertragungsrechte, Eintrittskarten, Werbe- und Sponsoringrechte bzw. Bildverwertungsrechte aus Sicht der Nachfrager nicht funktionell austauschbar und insoweit nicht einem einheitlichen Markt zuzuordnen[982]. Neben der Art der Verwertungsrechte kommt es re-

---

977 EuGH, Slg. 1966, 281, 303 f.; 1984, 883, 902 f.; 1985, 3812, 3824 f.; *Emmerich*, Kartellrecht, § 37 5 c), S. 417 f.; *ders.*, in *Immenga/Mestmäcker*, EG-WbR, S. 175; *Langen/Bunte*, KartR, Art. 81, Rn. 101.

978 BGH, NJW 1977, 804, 805; *Emmerich*, Kartellrecht, § 3 9, S. 45; *Bechtold*, GWB, § 1, Rn. 38.

979 *Emmerich*, Kartellrecht, § 3 9, S. 45; *ders.*, in *Immenga/Mestmäcker*, EG-WbR, S. 179; *Zimmer* in *Immenga/Mestmäcker*, § 1, Rn. 262.

980 Vgl. § 10 II 2 b) aa) (2).

981 *Hannamann/Vieweg*, in Schriftenreihe des Württembergischen Fußballverbandes, Nr. 40, S. 49, 64 f.

982 Vgl. *Hannamann/Vieweg*, in Schriftenreihe des Württembergischen Fußballverbandes, Nr. 40, S. 49, 64 f.

gelmäßig entscheidend auf die Popularität der Sportler bzw. der jeweiligen Sportart in der Bevölkerung an. So sind aus Sicht der Nachfrager Bildnisse eines Profifußballspielers nicht mit denjenigen eines Gewichthebers funktionell austauschbar. Daher gehören die Bildverwertungsrechte von Sportlern unterschiedlicher Sportarten regelmäßig nicht einem einheitlichen Markt an[983]. Etwas anderes könnte allenfalls bei vergleichsweise unpopulären Sportarten gelten. Demgegenüber ist der Markt nicht so eng zu fassen, daß diesem nur Bildnisse einer bestimmten Person zugerechnet werden können. Vielmehr sind aus Sicht der Nachfrager Bildverwertungsrechte von Sportlern, die eine bestimmte Sportart betreiben prinzipiell als funktionell austauschbar anzusehen, wobei das freilich nur für Sportler mit einer in etwa vergleichbaren sportlichen Leistungsfähigkeit gilt. So sind etwa Bildverwertungsrechte von Mitgliedern einer National- bzw. Bundesligamannschaft und solche von Sportlern in unterklassigen Ligen nicht einem einheitlichen Markt zuzuordnen.

Würden hingegen die Bildverwertungsrechte eines einzigen Sportlers einem separaten Markt zugerechnet werden müssen, wäre die Spürbarkeit der Wettbewerbsbeschränkung regelmäßig zu bejahen. Denn insoweit würde jede Beschränkung der Vermarktungsmöglichkeiten des Sportlers die Wahlmöglichkeiten der Marktgegenseite spürbar verringern. Fraglich ist jedoch, ob wettbewerbsbeschränkende Abreden in Lizenz- und Athletenvereinbarungen spürbar die Wahlmöglichkeiten der Marktgegenseite verringern, wenn ein und demselben Markt die Bildverwertungsrechte der Sportler einer bestimmten Sportart zuzurechnen sind. Obwohl die Spürbarkeit schon bei einem Marktanteil der Beteiligten in Höhe von 2-5% bejaht wird[984], könnten Zweifel an der Spürbarkeit wettbewerbsbeschränkender Vereinbarungen in Athleten- bzw. Lizenzvereinbarungen bestehen.

Zu bejahen ist die Spürbarkeit einer einzelnen, bezogen auf das gesamte Marktvolumen nur geringen Wettbewerbsbeschränkung freilich auch dann, wenn sie Teil einer Vielzahl vergleichbarer Wettbewerbsbeschränkungen innerhalb einer bestimmten Branche ist. Bei der Bestimmung der Spürbarkeit ist nämlich auf ein Bündel gleichartiger wettbewerbsbeschränkender Vereinbarungen abzustellen[985]. Inwieweit die einem Sportler hinsichtlich

983 Vgl. für Fernsehübertragungsrechte LG Frankfurt aM, SpuRt 1997, 129, 131 (Markt für Film- und Fernsehrechte an Motorsportveranstaltungen); a. A. BGH, ZIP 1990, 949, 954; KG, AfP 1989, 466, 469 f.

984 BGH, ZIP 1999, 1021, 1026; KG, WRP 1983, 25, 28; *Emmerich*, Kartellrecht, § 3 9, S. 46.

985 WuW/E BGH 1780, 1782; BGH, wistra 1983, 199, 201=WuW/E BGH 2000 ff.; *Bechtold*, GWB, § 1, Rn. 38; einschränkend hinsichtlich der Berücksichtigung gleichartiger Verträge mit Dritten *Langen/Bunte*, KartR, § 1, Rn. 156 ff, 192.

der Eigenvermarktung auferlegte Beschränkung spürbar ist, kann mithin nur unter Berücksichtigung aller vergleichbaren, von einem Verband mit sämtlichen Sportlern in Athleten- bzw. Lizenzvereinbarungen getroffenen, wettbewerbsbeschränkenden Vereinbarungen ermittelt werden. Ob danach eine spürbare Beeinträchtigung des Wettbewerbs vorliegt, kann letztendlich nur im Einzelfall unter Berücksichtigung und Abwägung aller in Betracht kommenden Umstände entschieden werden[986]. Je weitgehender allerdings die Möglichkeit der Sportler zur Eigenvermarktung begrenzt wird, desto eher wird sich die betreffende wettbewerbsbeschränkende Vereinbarung auf dem relevanten Markt spürbar auswirken. Wird dem Verband etwa das Recht eingeräumt, sämtliche Bildnisse eines Sportlers, die bei Sportveranstaltungen aufgenommen worden sind, exklusiv zu vermarkten, ist die Spürbarkeit im Regelfall zu bejahen. Zu einer anderen Beurteilung könnte man freilich gelangen, wenn sich das Recht zur exklusiven Vermarktung auf eine konkrete bzw. einige wenige Sportveranstaltungen bezieht, so daß dem einzelnen Sportler rein tatsächlich die Möglichkeit zur Eigenvermarktung verbleibt.

bb) Ausnahmen vom Kartellverbot

Sind die einzelnen Voraussetzungen des § 1 GWB erfüllt, so ist die wettbewerbsbeschränkende Vereinbarung allerdings nur dann gem. § 134 BGB nichtig, wenn keiner der gesetzlich normierten Freistellungstatbestände greift.

(1) § 31 GWB

Mit der Neufassung des GWB im Jahr 1998 wurde als Reaktion auf das Urteil des BGH vom 11. 12. 1997 in Sachen Zentralvermarktung von Fernsehübertragungsrechten an Europapokalheimspielen[987] in § 31 GWB für Sportverbände ein Ausnahmebereich von § 1 GWB statuiert[988]. Danach findet § 1 GWB keine Anwendung auf die zentrale Vermarktung von Rechten an der Fernsehübertragung satzungsgemäß durchgeführter sportlicher Wettbewerbe durch Sportverbände, die in Erfüllung ihrer gesellschaftspolitischen

986 BGH, NJW 1977, 804, 805; *Langen/Bunte*, KartR, § 1, Rn. 174.

987 BGH, JR 1998, 327 ff.

988 BT-Drucksache 13/9720, S. 75; *Emmerich*, Kartellrecht, § 29 3, S. 348; *Bechtold*, GWB, § 31, Rn. 1.

Verantwortung auch der Förderung des Jugend- und Amateursports verpflichtet sind und dieser Verpflichtung durch eine angemessene Teilhabe an den Einnahmen aus der zentralen Vermarktung dieser Fernsehrechte Rechnung tragen.

Von seinem Wortlaut her erfaßt § 31 GWB nur die zentrale Vermarktung von Fernsehübertragungsrechten. Eine gegen § 1 GWB verstoßende Vermarktung derivativ erworbener Bildverwertungsrechte wäre gem. § 31 GWB mithin nicht gerechtfertigt. Fraglich ist daher, ob § 31 GWB über seinen Wortlaut hinaus, auch auf andere § 1 GWB tangierende Vermarktungsmaßnahmen von Sportverbänden Anwendung finden kann. Bei einer analogen Anwendung auf die Vermarktung anderer Rechte wären bei Vorliegen der weiteren Voraussetzungen des § 31 GWB etwa auch wettbewerbsbeschränkende Abreden in Athleten- bzw. Lizenzvereinbarungen gerechtfertigt. Insoweit unterfiele beispielsweise die zentrale Vermarktung von Bildnissen, die bei einer vom Verband satzungsgemäß durchgeführten Meisterschaft aufgenommen wurden, nicht dem Kartellverbot.

Für die Analogiefähigkeit des Tatbestandsmerkmals »Fernsehübertragungsrechte« spricht, daß die mit der zentralen Vermarktung beabsichtigte Förderung sozial erwünschter Zwecke nicht nur mittels der Vermarktung von Fernsehübertragungsrechten, sondern auch auf andere Art und Weise möglich ist. So wurde u. a. als Grund für die Schaffung eines Ausnahmebereichs für Sportverbände die als positiv bewertete Förderung des Jugend-, Amateur- und Breitensports mit Mitteln, die die Verbände bei der Vermarktung ihrer Sportart erzielen, angeführt[989]. Vor diesem Hintergrund erscheint es freilich gleichgültig, welche Art von derivativ erworbenen Rechten ein Verband zur Einnahmeerzielung vermarktet. Zudem könnte für eine extensive Auslegung des § 31 GWB sprechen, daß die Bundesregierung eine Vermarktung durch die Verbände insgesamt positiv bewertet[990] und die Vermarktung zum Teil sogar Voraussetzung für die staatliche Förderung ist[991].

Gerade der zuletzt angesprochene Aspekt kann freilich nicht ausschlaggebend für die Rechtfertigung einer wettbewerbsbeschränkenden Vereinbarung sein. Allein die im Hinblick auf eine angespannte Haushaltslage als positiv empfundene wirtschaftliche Tätigkeit der Sportverbände ist nicht geeignet, eine extensive Anwendung einzelner Ausnahmetatbestände vom Kartellverbot zu rechtfertigen. Ferner spricht die Gesetzgebungsgeschichte insgesamt betrachtet gegen eine analoge Anwendung des § 31 GWB. Zum einen wurde § 31 GWB als Reaktion auf den Beschluß des BGH in Sachen

---

989 BT-Drucksache 13/9720, S. 81; BT-Drucksache 13/10633, S. 61.
990 BT-Drucksache 13/9720, S. 81; *Niese*, in Akademieschrift 49, S. 7, 16.
991 *Prokop*, in Akademieschrift 49, S. 19, 22.

Zentralvermarktung[992] vor dem Hintergrund in das Gesetzgebungsverfahren eingebracht, einer Untersagung der durch den DFB praktizierten Zentralvermarktung der Fernsehrechte an Spielen der Fußballbundesliga zuvor zukommen, um auch zukünftig einen Finanzausgleich zwischen finanzstarken und -schwachen Vereinen über den Weg der Zentralvermarktung von Fernsehrechten zu ermöglichen[993]. Der Gesetzgeber hatte mithin eine konkrete Fallkonstellation vor Augen, was dafür spricht, § 31 GWB eng auszulegen. Zum anderen enthielt der ursprünglich vom Bundesrat eingebrachte Formulierungsvorschlag noch keine Beschränkung des Ausnahmebereichs auf die Vermarktung von Fernsehübertragungsrechten. Dieser insoweit tatbestandlich weiter gefaßte Vorschlag ist allerdings gerade nicht in das GWB aufgenommen worden[994]. Zudem ist mit der 6. GWB-Novelle eine Stärkung des Wettbewerbsprinzips sowie die Einschränkung der Ausnahmetatbestände vom Kartellverbot bezweckt[995], was gegen eine extensive, über den Bereich der Vermarktung von Fernsehrechten hinausgehende Anwendung des Ausnahmetatbestands spricht[996].

Unabhängig hiervon konnte es dem Gesetzgeber nicht verborgen geblieben sein, daß sich die wirtschaftliche Tätigkeit von Sportverbänden nicht allein auf die Vermarktung von Fernsehübertragungsrechten beschränkt. Wäre es beabsichtigt gewesen, die zur Finanzierung der ideellen Verbandszwecke erforderliche wirtschaftliche Tätigkeit der Verbände umfassend vom Kartellverbot freizustellen, hätte der Tatbestand des § 31 GWB dementsprechend ausgestaltet werden können. Hat der Gesetzgeber sich dennoch entschieden, allein auf die Vermarktung von Fernsehübertragungsrechten abzustellen, spricht das gegen die analoge Anwendung des § 31 GWB auf die Vermarktung anderer Rechte durch einen Sportverband.

Für sich allein betrachtet, kann keines der vorgebrachten Argumente eindeutig für oder gegen eine, über den Bereich der Vermarktung von Fernsehrechten hinausgehende, analoge Anwendung des § 31 GWB angeführt werden. Insgesamt gesehen sprechen jedoch die Entstehungsgeschichte, die mit der Novellierung des GWB bezweckte Stärkung des Wettbewerbsprinzips sowie die Tatsache, daß dem Gesetzgeber die Möglichkeit der zentralen Vermarktung anderer Rechte durch den Verband nicht unbekannt sein

992 BGH, JR 1998, 327 ff.

993 BT-Drucksache 13/9720, S. 75, 81; BT-Drucksache 13/10633, S. 61; *Mestmäcker*, in FS für O. Sandrock, S. 689, 691.

994 Vgl. BT-Drucksache 13/9720, S. 75.

995 BT-Drucksache 13/9720, S. 1, 30 ff.; *Möschel/Weihs*, in RuS 28, S. 23, 34; vgl. auch FAZ Nr. 103, Dienstag 5. 5. 1998, S. 40; *Kruse*, in FAZ Nr. 82, Dienstag 7. 4. 1998, S. 39.

996 Vgl. auch *Langen/Bunte*, KartR, § 31, Rn. 17.

konnte, gegen eine extensive Anwendung des § 31 GWB[997]. Mithin sind wettbewerbsbeschränkende Vereinbarungen in Athleten- bzw. Lizenzvereinbarungen nicht nach § 31 GWB analog zu rechtfertigen.

(2) Rationalisierungskartell gem. § 5 Abs. 1 i. V. m. Abs. 2 GWB

Eine Freistellung wettbewerbsbeschränkender Vereinbarungen vom Kartellverbot des § 1 GWB könnte gem. § 5 Abs. 1 i. V. m. Abs. 2 GWB in Betracht kommen. Danach können Vereinbarungen und Beschlüsse, die der Rationalisierung wirtschaftlicher Vorgänge dienen, vom Verbot des § 1 GWB freigestellt werden, wenn sie geeignet sind, die Leistungsfähigkeit oder Wirtschaftlichkeit der beteiligten Unternehmen in technischer, betriebswirtschaftlicher oder organisatorischer Beziehung wesentlich zu heben und dadurch die Befriedigung des Bedarfs zu verbessern. Dabei soll der Rationalisierungserfolg in einem angemessenen Verhältnis zu der damit verbundenen Wettbewerbsbeschränkung stehen. Zudem darf die Wettbewerbsbeschränkung nicht zur Entstehung oder Verstärkung einer marktbeherrschenden Stellung führen.

Wichtigste Zulässigkeitsvoraussetzung einer Freistellung ist dabei, daß die fragliche Vereinbarung der Rationalisierung wirtschaftlicher Vorgänge dient. Unter einer Rationalisierung wirtschaftlicher Vorgänge wird allgemein die Erhöhung wirtschaftlicher Effizienz durch eine Verbesserung des Verhältnisses von Aufwand und Ertrag verstanden[998]. Die Rationalisierung muß sich dabei in einer relativen Kostensenkung ausdrücken lassen. Erforderlich ist eine Senkung der Kosten pro Produktionseinheit. Allein eine Verbesserung der Ertragssituation des Unternehmens, etwa durch eine Erhöhung der Preise oder eine Verknappung des Angebots, genügt nicht. Anderenfalls könnte jedes Preiskartell zugleich als Rationalisierungskartell vom Kartellverbot gem. § 5 GWB freigestellt werden[999]. Zudem muß die Rationalisierung bei jedem der beteiligten Unternehmen auch tatsächlich eintreten[1000].

Fraglich ist, ob wettbewerbsbeschränkende Vereinbarungen in Lizenz- bzw. Athletenvereinbarungen zu einer Rationalisierung wirtschaftlicher

997 Im Ergebnis so auch *Hannamann*, Kartellverbot, S. 466.

998 WuW/E BKartA 2696, 2697; *Bechtold*, GWB, § 5, Rn. 3; *Möschel*, Wettbewerbsbeschränkungen, Rn. 281, S. 169; *Immenga* in *Immenga/Mestmäcker*, § 5, Rn. 24.

999 *Emmerich*, Kartellrecht § 10 2 b), S. 87.

1000 BGH, NJW 1983, 2383, 2384; *Möschel*, Wettbewerbsbeschränkungen, Rn. 282, S. 169; *Emmerich*, Kartellrecht § 10 2 b), S. 87; *Langen/Kiecker*, KartR, § 5, Rn. 19.

Vorgänge führen. Ein wesentlicher Grund für die Regelung wirtschaftlicher Fragen in Athleten- bzw. Lizenzvereinbarungen ist die Ausgestaltung der Art und Weise, wie die Sportler die ihnen obliegende Pflicht zur Förderung des wirtschaftlichen Nebenzwecks zu erfüllen haben. Die Einräumung der Befugnis, zur Vermarktung der den Sportlern zustehenden Rechte, unter gleichzeitiger Beschränkung der Möglichkeiten zur Eigenvermarktung, dient mithin vorrangig der Finanzierung der Verbandsaufgaben. Die Sportler sollen aufgrund der Verpflichtung zur Mitwirkung an der Finanzierung insoweit gerade nicht an den Erlösen aus der Vermarktung durch den Verband beteiligt werden. Bezweckt ist mithin nicht etwa eine Senkung der Vertriebskosten der einzelnen Sportler, die das Verhältnis von Aufwand und Ertrag im Vergleich zu einer Eigenvermarktung der betreffenden Rechte durch die Sportler verbessern könnte. So gesehen soll die Vermarktung durch den Verband das Verhältnis von Aufwand und Ertrag hinsichtlich der Eigenvermarktung durch die Sportler überhaupt nicht beeinflussen. Mithin ist eine Rationalisierung wirtschaftlicher Vorgänge zu verneinen.

Denkbar ist es freilich, daß der Verband über den Bereich der den Sportlern obliegenden Förderpflicht hinaus die den Sportlern zustehenden Rechte insgesamt vermarktet und die Erlöse an die Sportler ausschüttet. Allein eine aufgrund einer derartigen Zentralvermarktung ermöglichte Steigerung des Ertrags führt freilich nicht zu einer Anwendung des § 5 GWB[1001]. Denn insoweit handelt es sich nur um einen typischen Vorteil eines Preiskartells. Sollte demgegenüber tatsächlich einmal die Zentralvermarktung durch einen Verband zu einer Verbesserung des Verhältnisses von Aufwand und Ertrag – etwa durch eine Senkung der bei den einzelnen Sportlern anfallenden Kosten für Werbung, Verhandlungen, Vertragserfüllung etc. – führen, scheitert eine Freistellung dennoch regelmäßig an § 5 Abs. 1 S. 3 GWB. Gem. § 5 Abs. 1 S. 3 GWB darf die Wettbewerbsbeschränkung nicht zur Entstehung oder Verstärkung einer marktbeherrschenden Stellung führen. Die Bildverwertungsrechte von Sportlern einer bestimmten Sportart sind jedoch grundsätzlich einem einheitlichen Markt zuzurechnen[1002]. Übernimmt der Verband für die originären Inhaber die Vermarktung der Bildverwertungsrechte, so führt die Wettbewerbsbeschränkung auf dem betreffenden Markt für Bildverwertungsrechte häufig zur Entstehung einer marktbeherrschenden Stellung. Daher können wettbewerbsbeschränkende

1001 Bzgl. Zentralvermarktung von Fernsehübertragungsrechten an Europapokalheimspielen WuW/E BKartA 2696, 2698; KG, ZIP 1996, 801, 807; *Springer*, WRP 1998, 477, 484 f.; *Emmerich*, Kartellrecht § 10 2 b), S. 88; *Schmittmann/Lehmann*, AfP 1996, 255, 258.

1002 Vgl. § 10 II 2 b) aa) (2).

Vereinbarungen in Athleten- bzw. Lizenzvereinbarungen regelmäßig nicht gem. § 5 Abs. 1 i. V. m. Abs. 2 GWB vom Kartellverbot des § 1 GWB freigestellt werden[1003].

(3) Sonstige Kartelle gem. § 7 GWB

Letztendlich könnte eine Freistellung vom Kartellverbot des § 1 GWB gem. § 7 Abs. 1 GWB in Betracht kommen. Zu berücksichtigen ist jedoch, daß der Freistellungstatbestand des § 7 Abs. 1 GWB gem. § 7 Abs. 2 GWB gegenüber den spezielleren Freistellungstatbeständen der § 2 Abs. 2, §§ 3 bis 5 GWB subsidiär ist. Dient eine wettbewerbsbeschränkende Vereinbarung in Athleten- bzw. Lizenzvereinbarungen etwa einmal der Rationalisierung wirtschaftlicher Vorgänge i. S. des § 5 GWB, so greift die Ausschlußklausel des § 7 Abs. 2 GWB. Eine Freistellung gem. § 7 Abs. 1 GWB vom Verbot des § 1 GWB scheidet dann, unabhängig vom Vorliegen der tatbestandlichen Voraussetzungen, von vornherein aus.

Sollte die Anwendung des § 7 Abs. 1 GWB demgegenüber nicht schon an § 7 Abs. 2 GWB scheitern, kommt eine Freistellung in Betracht, wenn die Vereinbarung zu einer Verbesserung der Entwicklung, Erzeugung, Verteilung, Beschaffung, Rücknahme oder Entsorgung von Waren oder Dienstleistungen beiträgt. In Betracht kommt bei einer Vermarktung derivativ erworbener Rechte durch den Verband regelmäßig nur die Verbesserung der Verteilung von Dienstleistungen. Das Merkmal der Verteilung bezieht sich dabei auf den Vertrieb[1004]. So könnte dieses Tatbestandsmerkmal etwa erfüllt sein, wenn der Verband besser als einzelne Sportler in der Lage ist, die Bildverwertungsrechte zu vermarkten. Insoweit ist freilich zu berücksichtigen, daß die Verbesserung des Vertriebs zu einer Senkung der Vertriebskosten führen kann. Folgt daraus eine Verbesserung des Verhältnisses von Aufwand und Ertrag, so daß eine Rationalisierung wirtschaftlicher Vorgänge i. S. des § 5 GWB zu bejahen ist, scheitert eine Freistellung an § 7 Abs. 2 GWB[1005].

Trägt eine nicht unter § 5 GWB fallende Vereinbarung zur Verbesserung der Verteilung bei, müssen die Verbraucher angemessen an dem entstehen-

---

1003 Eine Anwendung des § 5 GWB käme bei Vorliegen der weiteren Voraussetzungen allenfalls dann in Betracht, wenn ein Verband nicht die Rechte sämtlicher Sportler vermarktet oder dem relevanten Markt Bildverwertungsrechte von Sportlern mehrerer Sportarten zuzurechnen sind.

1004 *Bechtold*, GWB, § 7, Rn. 7; *Langen/Kiecker*, KartR, § 7, Rn. 30.

1005 Vgl. auch *Bechtold*, GWB, § 7, Rn. 7; *Langen/Kiecker*, KartR, § 7, Rn. 23 ff, 30.

den Gewinn beteiligt werden. Unter Verbraucher versteht das Gesetz dabei nicht nur private Endverbraucher, sondern generell die Marktgegenseite[1006]. Eine Beteiligung am Gewinn kann u. a. durch Preissenkungen, regelmäßige Versorgung, gleichbleibende Qualität, Verbreiterung des Angebots etc. erfolgen[1007]. Das Merkmal der Beteiligung am Gewinn bezieht sich mithin nicht nur auf finanzielle Vorteile, sondern allgemein auf alle Vorteile, die die Verbesserung bringt[1008]. Daher könnten wettbewerbsbeschränkende Vereinbarungen in Athleten- bzw. Lizenzvereinbarungen dann nicht nach § 7 Abs. 1 GWB freigestellt werden, wenn deren Vorteile ausschließlich dem Verband bzw. den Sportlern zugute kommen würden. Vielmehr müssen die Nachfrager der Bildverwertungsrechte angemessen an den Vorteilen der Verbesserung der Verteilung beteiligt werden.

Darüber hinaus darf die Verbesserung von den beteiligten Unternehmen auf andere Weise nicht erreicht werden können. Eine Freistellung kommt mithin nur in Betracht, wenn die Wettbewerbsbeschränkung unerläßlich ist. Das ist der Fall, wenn die Parteien bezogen auf das Ausmaß der Verbesserung der Verteilung das den Wettbewerb am wenigsten beschränkende Mittel wählen[1009]. Mithin ist im Einzelfall zu prüfen, ob nicht den Wettbewerb weniger beschränkende Mittel zur Verfügung stehen, die ebenfalls geeignet sind, eine von Verband und Sportler beabsichtigte Verbesserung der Vermarktung der Bildverwertungsrechte zu erreichen.

Zudem muß die Verbesserung der Verteilung in einem angemessenen Verhältnis zu der damit verbundenen Wettbewerbsbeschränkung stehen. Nicht freistellungsfähig sind danach Kartelle, die zwar in einem geringen Umfang zu Verbesserungen i. S. des Abs. 1 beitragen, aber mit unverhältnismäßig großen Wettbewerbsbeschränkungen verbunden sind[1010]. Letztendlich darf die Wettbewerbsbeschränkung nicht zur Entstehung oder Verstärkung einer marktbeherrschenden Stellung führen. Übernimmt der Verband etwa die exklusive Vermarktung für sämtliche in seinen Zuständigkeitsbereich fallende Profi- oder Leistungssportler, wird er insoweit regelmäßig eine marktbeherrschende Stellung inne haben[1011]. Eine Freistellung gem. § 7 Abs. 1 GWB vom Kartellverbot des § 1 GWB kommt für derartige Vereinbarungen mithin nicht in Betracht.

1006 *Bechtold*, GWB, § 7, Rn. 8; *Emmerich*, Kartellrecht, § 10 5 b), S. 93; *Langen/Kiekker*, KartR, § 7, Rn. 32.

1007 *Emmerich*, Kartellrecht, § 10 5 b), S. 93 f.; *Langen/Kiecker*, KartR, § 7, Rn. 33.

1008 *Bechtold*, GWB, § 7, Rn. 8; *Langen/Kiecker*, KartR, § 7, Rn. 33.

1009 *Bechtold*, GWB, § 7, Rn. 9; *Emmerich*, Kartellrecht § 10 5 b), S. 94; *Langen/Kiekker*, KartR, § 7, Rn. 41.

1010 *Bechtold*, GWB, § 7, Rn. 11; *Langen/Kiecker*, KartR, § 7, Rn. 43 ff.

1011 Vgl. hierzu auch § 10 II 2 b) bb) (2).

3. Zusammenfassung

Zusammenfassend bleibt festzuhalten, daß Regelungen, die die Vermarktungstätigkeit der Sportler beschränken, nicht nur zum Schutz der ideellen Grundlagen der Sportausübung, sondern auch dann gerechtfertigt sein können, wenn ihr eigentliches Motiv wirtschaftlicher Natur ist. Regelungen, deren Zweck darin besteht, die wirtschaftliche Betätigungsfreiheit der Sportler zu beschränken, um die betreffende wirtschaftliche Tätigkeit dem Sportverband zur Finanzierung der Verbandstätigkeit vorzubehalten, müssen jedoch nicht nur aus Gründen des Individualschutzes zugunsten der Sportler einer Interessenabwägung standhalten, sondern sind vielfach auch unter dem Blickwinkel des Kartellverbots zu beurteilen. Selbst dann, wenn Regelungen unter beiden Gesichtspunkten an sich einer Rechts- bzw. Inhaltskontrolle standhalten, stellt sich aber die Frage, ob die Sportler möglicherweise einen Anspruch darauf haben, eine Athleten- bzw. Lizenzvereinbarung abzuschließen, aus der Regelungen, die wirtschaftliche Interessen der Sportler tangieren – wie etwa Bestimmungen, die die Vermarktungstätigkeit beschränken – ausgeklammert sind, oder der Verband nicht vielmehr berechtigt ist, sportliche und wirtschaftliche Belange im Rahmen einer Athleten- bzw. Lizenzvereinbarung aneinander zu koppeln.

III. Die Kopplung sportlicher und wirtschaftlicher Belange

Die Rechtfertigung für eine derartige Kopplung hängt dabei maßgeblich davon ab, ob zwischen den mit einer Athleten- bzw. Lizenzvereinbarung verfolgten rein sportlichen Belangen und den Beschränkungen der wirtschaftlichen Betätigungsfreiheit zu Lasten der Sportler ein Zusammenhang besteht, wonach beide Regelungskomplexe funktionsnotwendige Bestandteile einer solchen Vereinbarung sind. Ob dem so ist, richtet sich entscheidend danach, welche Rechte und Pflichten die Vertragspartner mit Abschluß einer Athleten- bzw. Lizenzvereinbarung eingehen. So obliegen den Sportlern, den unmittelbaren Mitgliedern vergleichbare, aktive und passive Treuepflichten[1012]. Die Sportler sind infolgedessen verpflichtet, den ideellen Verbandszweck zu fördern sowie die gemeinsame Zweckverfolgung hindernde oder schädigende Maßnahmen zu unterlassen[1013]. Als Folge der Verletzung einer mitgliedschaftlichen Treuepflicht ist ein Verein unter an-

---

1012 Vgl. hierzu § 4 IV 3 b).

1013 *Haas/Prokop*, SpuRt 1996, 109, 111; *Prokop*, in Akademieschrift 49, S. 19, 23; *Nikkel*, in Akademieschrift 52, S. 49, 55.

derem berechtigt, das betreffende Mitglied aus dem Verein auszuschließen[1014].

Für die vorliegende Fragestellung bedeutet dies, daß der Verband als ultima ratio zur Aufhebung einer Athleten- bzw. Lizenzvereinbarung befugt ist, sollten die Sportler die ihnen obliegenden Treuepflichten nicht erfüllen. Im Umkehrschluß folgt hieraus, daß der Verband nicht verpflichtet ist, mit Sportlern zu kontrahieren, die sich von vornherein weigern, den mit Abschluß einer Athleten- bzw. Lizenzvereinbarung bestehenden Treuepflichten nachzukommen. Konkretisieren Regelungen in einer Athleten- bzw. Lizenzvereinbarung, die die wirtschaftliche Betätigungsfreiheit beschränken, nur die den Sportlern obliegenden Treuepflichten, so ist es legitim, wenn der Verband sportliche und wirtschaftliche Belange miteinander verknüpft, die Sportler also vor die Wahl stellt, die Athletenvereinbarung in ihrer Gesamtheit anzunehmen oder abzulehnen[1015].

So bezwecken etwa Regelungen, die Art und Umfang der Trikotwerbung beschränken, um einen ungestörten Ablauf des sportlichen Wettkampfs zu garantieren oder dem Neutralitätsgebot des Verbandes Rechnung zu tragen, den Schutz der ideellen Grundlagen der Sportausübung[1016]. Zählt es zu den Regelungszwecken einer Athleten- bzw. Lizenzvereinbarung, die infrastrukturellen Grundlagen für die Sportausübung zu schaffen, so haben die Sportler keinen Anspruch darauf, daß solche Regelungen aus der Vereinbarung ausgeklammert werden, die die wirtschaftliche Betätigungsfreiheit zu diesem Zweck einschränken[1017].

Die mitgliedschaftsähnlichen Treuepflichten sind freilich nicht nur auf den ideellen Verbandszweck gerichtet. Zudem sind die Sportler auch verpflichtet, den wirtschaftlichen Nebenzweck des Verbandes aktiv zu fördern[1018]. Demzufolge können die Sportler vor die Wahl gestellt werden, mit Abschluß einer Athleten- bzw. Lizenzvereinbarung entweder auch Regelungen zuzustimmen, die die ihnen obliegende Pflicht zur Förderung des wirtschaftlichen Nebenzwecks konkretisieren oder auf den Abschluß der Vereinbarung insgesamt zu verzichten. Erfolgt eine solche Konkretisierung der Förderpflicht dergestalt, daß die wirtschaftliche Betätigungsfreiheit der Sportler etwa dadurch beschränkt wird, daß sie verpflichtet werden, Sportbekleidung mit Werbeaufdrucken des Verbandssponsors zu tragen[1019], so

1014 *Lutter*, AcP 180 (1980), 84, 118 f.; MünchKomm-*Reuter*, § 38, Rn. 43.

1015 Vgl auch *Haas/Prokop*, SpuRt 1996, 109, 111.

1016 Vgl. hierzu § 10 II 1.

1017 Allgemein hierzu auch *Rauste*, SpuRt 1998, 7, 10.

1018 Vgl. hierzu § 4 IV 3 b).

1019 Vgl. hierzu *Niese*, in Akademieschrift 49, S. 7, 15 f.; *Prokop*, in Akademieschrift 49, S. 19, 23 f., 30 f.

steht eine solche Ausgestaltung der Förderpflicht, die den Persönlichkeitsrechtsschutz tangiert, zwar in einem Spannungsverhältnis zu den rechtlich geschützten Interessen der Sportler. Der Verband ist dennoch berechtigt[1020], den Abschluß einer Athleten- bzw. Lizenzvereinbarung an die Zustimmung der Sportler zu derartigen werblichen Maßnahmen zu koppeln, wenn die betreffende Regelung einer Rechts- bzw. Inhaltskontrolle[1021] standhält. Festzuhalten bleibt damit, daß die Sportler keinen Anspruch auf Abschluß einer um solche Regelungen kupierten Athleten- bzw. Lizenzvereinbarung haben, die die wirtschaftliche Betätigungsfreiheit der Sportler beschränken, soweit derartige Regelungen lediglich Treuepflichten konkretisieren, die den Sportlern infolge der gemeinsamen Zweckverfolgung obliegen und die insoweit aus gesamtsportlichen Erwägung heraus zu rechtfertigen sind.

1020 Einschränkend hinsichtlich der Zulässigkeit einer Verknüpfung des Teilnahmerechts an Wettkämpfen mit der »Übertragung« von Persönlichkeitsrechten *Vieweg*, SpuRt 1994, 73, 76; *Krogmann*, Grundrechte im Sport, S. 123 f.; vgl. hierzu auch *Rauste*, SpuRt 1998, 7, 8 ff.

1021 Vgl. hierzu § 10 II 2.

4. Kapitel

Rechtsfolgen bei Überschreitung der Grenzen der Abschluß- und inhaltlichen Gestaltungsfreiheit

Die vorangehenden Ausführungen belegen, daß der Verband sowohl hinsichtlich der Abschluß- als auch der inhaltlichen Gestaltungsfreiheit von Athleten- bzw. Lizenzvereinbarungen gewissen Einschränkungen unterliegt. Daher bleibt abschließend zu untersuchen, welche Konsequenzen es hat, wenn der Verband die Grenzen der Abschluß- oder inhaltlichen Gestaltungsfreiheit nicht beachtet bzw. den Verpflichtungen nicht nachkommt, die ihm aufgrund einer Athleten- bzw. Lizenzvereinbarung obliegen. Dabei ist nachfolgend zwischen zwei unterschiedlichen Fragestellungen zu differenzieren. Einerseits gilt es zu klären, welche Auswirkungen eine Überschreitung der Grenzen der vereinsautonomen Regelungsbefugnis auf die Bindungswirkung der betreffenden Verbandsregelung für die Sportler hat. Andererseits stellt sich die Frage, inwieweit sich die Sportler zur Wehr setzen können, wenn der Verband auf einem unzulässigen Regelungsanspruch beharrt, sich den Sportlern gegenüber also rechtswidrig verhält. Diese Situation ist nicht untypisch. So ist ein Sportverband aufgrund seiner überragenden Machtstellung – anders als ein normaler Vertragspartner – nämlich rein tatsächlich in der Lage, seinen vermeintlichen Regelungsanspruch durchzusetzen. Dies geschieht etwa in der Weise, daß der Verband mit Sportlern keine Athleten- bzw. Lizenzvereinbarung abschließt, eine bestehende Vereinbarung kündigt, einen Sportler von der weiteren Teilnahme am organisierten Sportgeschehen suspendiert oder dem betroffenen Sportler bestimmte Verbandsleistungen bzw. -einrichtungen vorenthält.

§ 11 Bindungswirkung einer Regelung bei Überschreitung der Grenzen der Verbandsautonomie

I. Unwirksamkeit einer Regelung

Überschreitet der Verband die Grenzen der vereinsautonomen Regelungsbefugnis, die ihm durch die Rechts- und Inhaltskontrolle gezogen sind, so ist die betreffende Regelung grundsätzlich unwirksam[1022]. Die Unwirksamkeit betrifft freilich nicht nur die Rechtsbeziehung des Verbandes zu den Mitgliedern, sondern auch diejenige zu den Nichtmitgliedern, da letztere mittels eines Regelanerkennungsvertrages hinsichtlich der Normbindung den unmittelbaren Mitgliedern gleichgestellt werden[1023].

Wäre die Regelung in modifizierter Form jedoch wirksam, so stellt sich die Frage nach der Zulässigkeit einer geltungserhaltenden Reduktion. Zu klären ist daher, ob eine in unzulässiger Weise die Rechte der Normunterworfenen beeinträchtigende Regelung durch das Gericht auf ein zulässiges Maß reduziert werden kann, um einen »Normmangel« im Bereich des Sports zu vermeiden. Bei Allgemeinen Geschäftsbedingungen, die in ähnlicher Form wie das Verbandsregelwerk einseitig vorgegeben werden[1024], verneint die h. M. jedoch die Zulässigkeit einer geltungserhaltenden Reduktion[1025]. Zur Begründung wird dabei auf den Schutzzweck der Vorschriften über das Recht der Allgemeinen Geschäftsbedingungen verwiesen[1026]. Dieser verbiete es dem Verwender eindeutig unzulässige Klauseln in der Erwartung in den Vertrag aufzunehmen, das Gericht werde diese allenfalls auf das gerade noch zulässige Maß zurückführen[1027]. Die durch das Verbot geltungserhaltender Reduktion entstehenden Regelungslücken sind dann gem. § 306 Abs. 2 BGB durch das dispositive Gesetzesrecht zu schließen.

Für den von den Verbandsnormen geregelten Bereich stehen allerdings häufig nur unzureichend gesetzliche Vorschriften zur Verfügung, welche an die Stelle der unwirksamen Regelung treten könnten. Dies liegt darin begründet, daß die Normsetzung im Sport eine in den autonomen Regelungsbereich der Sportverbände fallende Aufgabe ist. Sind damit bei Unwirksamkeit einzelner Verbandsnormen Lücken im sportlichen Regelwerk vorprogrammiert, könnte insgesamt die Basis für die organisierte Sportausübung

---

1022 BGH, ZIP 1988, 22, 24 f.; NJW 1989, 1724, 1726; OLG Oldenburg, NZG 1999, 39 f.; *Palandt-Heinrichs*, § 25, Rn. 9; *Prokop*, Dopingverbote, S. 211; *Vieweg*, Normsetzung, S. 237 f.; allgemein hierzu *Fastrich*, Inhaltskontrolle, S. 13; hinsichtlich der kartellrechtlichen Verbotsvorschriften vgl. § 9 II 1.

1023 Vgl. hierzu oben unter § 9.

1024 Vgl. hierzu § 6 II 1.

1025 BGH, NJW 1982, 2309, 2310; NJW 1984, 2404, 2406; NJW 1985, 319, 320; *H. Schmidt* in *Ulmer/Brandner/Hensen*, AGB-Gesetz, § 6, Rn. 14; *Soergel-Hefermehl*, § 139, Rn. 61; *Larenz/Wolf*, BGB AT, § 43 Rn. 117, S. 816; a. A. MünchKomm-*Basedow*, § 6 AGBG, Rn. 13 f.

1026 BGH, NJW 1982, 2309, 2310; *H. Schmidt* in *Ulmer/Brandner/Hensen*, AGB-Gesetz, § 6, Rn. 14; *Larenz/Wolf*, BGB AT, § 43, Rn. 117, S. 816; *Palandt-Heinrichs*, Vorbem v AGBG § 8, Rn. 9.

1027 *H. Schmidt* in *Ulmer/Brandner/Hensen*, AGB-Gesetz, § 6, Rn. 14; *Larenz/Wolf*, BGB AT, § 43, Rn. 117, S. 816.

entfallen, was letztendlich den gemeinsamen Interessen von Verband und Sportlern widersprechen würde. Diese besondere Interessenkonstellation spricht auf den ersten Blick für die Zulässigkeit einer geltungserhaltenden Reduktion von Verbandsnormen[1028]. Bei der Lösung dieses Problems muß jedoch beachtet werden, daß die geltungserhaltende Reduktion in einem Spannungsverhältnis mit dem Grundsatz der Vereinsautonomie steht, wonach nicht der Staat, sondern die Sportverbände selbst über den Inhalt ihrer Normen zu bestimmen haben[1029]. Könnten die Gerichte Verbandsnormen auf das gerade noch zulässige Maß »zurückstufen«, so würde dies die grundrechtlich geschützte Befugnis des Verbandes[1030] beschneiden, seine Angelegenheiten den eigenen Wertmaßstäben entsprechend zu regeln. Demzufolge ist eine geltungserhaltende Reduktion im Bereich des Vereinsrechts generell unzulässig[1031]. Eine Verbandsregel, die einer Inhaltskontrolle nicht standhält, ist daher trotz der möglicherweise entstehenden Regelungslücken stets unwirksam.

Für den übrigen Teil einer Athleten- bzw. Lizenzvereinbarung hat das gem. § 139 BGB zur Folge, daß die Vereinbarung nur wirksam bleibt, wenn anzunehmen ist, daß Sportler und Verband diese auch ohne die nichtige Regelung abgeschlossen hätten. Im Zweifel ist davon auszugehen, daß der Wille der Beteiligten dahin geht, die Vereinbarung aufrecht zu erhalten, wenn sie auch ohne den nichtigen Teil noch eine sinnvolle Regelung im Hinblick auf den gemeinsam verfolgten Zweck darstellt. Eine Athleten- bzw. Lizenzvereinbarung bleibt demzufolge dann wirksam, wenn auch ohne die nichtige Regelung die verfolgten Ziele, Wahrung der Chancengleichheit, Pflichtenkonkretisierung zur gemeinsamen Zweckverfolgung sowie Schaffung von Rechtsklarheit und Rechtssicherheit[1032] zu erreichen sind.

1028 Vgl. auch *Vieweg*, in Akademieschrift 39, S. 36, 41 f.; *ders.*, Normsetzung, S. 254; *ders.*, in FS für R. Lukes, S. 809, 821 f.

1029 *Prokop*, Dopingverbote, S. 128 f.; vgl. auch *Vieweg*, in FS für R. Lukes, S. 809, 821 f.; *ders.*, Normsetzung, S. 254 f.; vgl. auch OLG München, SpuRt 1996, 133, 138 (Unzulässigkeit der geltungserhaltenden Reduktion einer rechtswidrigen Sperre).

1030 Vgl. hierzu § 8.

1031 *Prokop*, Dopingverbote, S. 128 f.; differenzierend *Vieweg*, in FS für R. Lukes, S. 809, 821 f.; *ders.*, Normsetzung, S. 254 f.; vgl. auch *Westermann*, in Schriftenreihe des Württembergischen Fußballverbandes, Nr. 24, S. 41, 54; OLG München, SpuRt 1996, 133, 138.

1032 Vgl. zu den Zielvorgaben für eine Athletenvereinbarung *Haas/Prokop*, SpuRt 1996, 109, 110; siehe auch § 2.

II. Geltendmachung der Unwirksamkeit einer Regelung

Eine Regelung, mit der ein Sportverband die Grenzen der vereinsautonomen Regelungsbefugnis überschreitet, ist demnach zwar grundsätzlich unwirksam. Dennoch kann die betreffende Regelung zumindest faktisch Wirkungen gegenüber den Sportlern entfalten, wenn diese vom Sportverband angewendet wird. Diese Situation ist nicht abwegig, läßt sich die Wirksamkeit bzw. Unwirksamkeit einer Verbandsregel häufig doch gerade erst im Rahmen einer umfassenden Interessenabwägung ermitteln. Ist einer Regelung damit nicht ohne weiteres »anzusehen«, ob diese die Rechte der normunterworfenen Sportler unangemessen beeinträchtigt, so besteht durchaus ein berechtigtes Interesse, die Zulässigkeit einer Verbandsregelung gerichtlich feststellen zu lassen. Hinsichtlich des mitgliedschaftsähnlichen Charakters einer Athleten- bzw. Lizenzvereinbarung stellt sich in diesem Zusammenhang dann aber die Frage, inwieweit bei der Geltendmachung der Unwirksamkeit diejenigen vereinsrechtlichen Grundsätze zumindest entsprechend anzuwenden sind, die im Verhältnis des Verbandes zu den unmittelbaren Mitgliedern gelten, wenn eine Regelung auf einem fehlerhaften Beschluß der Mitgliederversammlung beruht.

1. Vereinsrechtliche Grundsätze

Anders als beispielsweise im Aktien- (§§ 241 ff. AktG) oder Genossenschaftsrecht (§ 51 GenG) fehlt im Vereinsrecht eine Regelung zur Behandlung fehlerhafter Beschlüsse. Für das Aktienrecht sowie in Anlehnung an die §§ 241 ff. AktG für das Recht der GmbH wird zwischen nichtigen und anfechtbaren Beschlüssen unterschieden[1033]. Ist ein fehlerhafter Beschluß nach diesen Vorschriften nicht nichtig, sondern nur anfechtbar, bleibt dieser wirksam, wenn nicht innerhalb einer bestimmten Frist die Anfechtungsklage erhoben wird[1034]. Eine analoge Anwendung der §§ 241 ff. AktG für das Vereinsrecht wird von der überwiegenden Ansicht in Literatur und

---

1033 BGHZ 11, 231, 235; 51, 209, 210; *Zöllner* in *Baumbach/Hueck*, GmbHG, Anh § 47, Rn. 1 ff.; *Reichert*, Handbuch des Vereins- und Verbandsrechts, Rn. 1133, S. 359; *Sauter/Schweyer*, Der eingetragene Verein, Rn. 212, S. 162.

1034 Allgemein hierzu *K. Schmidt*, Gesellschaftsrecht, § 15 II 1 b), S. 448 f.

Rechtsprechung bislang abgelehnt[1035]. Fehlerhafte Beschlüsse der Mitgliederversammlung eines Vereins sind grundsätzlich nichtig[1036]. Insoweit müßte jeder Verstoß gegen gesetzliche Vorschriften oder die Satzung unweigerlich zur Nichtigkeit des Beschlusses führen. Dieses strikte Nichtigkeitsurteil wird jedoch auf unterschiedliche Art und Weise abgemildert. So unterscheidet die wohl überwiegende Auffassung zwischen absolut nichtigen Beschlüssen, die ohne weiteres von Anfang an keine Wirksamkeit haben, und solchen, deren Nichtigkeit von den Vereinsmitgliedern gerügt werden muß[1037].

Problematisch ist jedoch die Abgrenzung zwischen Beschlüssen, deren Nichtigkeit gerügt werden muß und denjenigen, die ohne weiteres nichtig sind[1038]. Absolut nichtig sind etwa Beschlüsse, die gegen ein gesetzliches Verbot verstoßen, die sittenwidrig sind oder in Widerspruch zu unabdingbaren vereinsrechtlichen Vorschriften stehen[1039]. Demgegenüber ist die Nichtigkeit von Beschlüssen, die unter Verletzung von Bestimmungen zustande gekommen sind, die dem Schutz der Mitglieder dienen und kein übergeordnetes Interesse, wie etwa dasjenige an einer einwandfreien Willensbildung der Mitgliederversammlung betreffen, nur bei entsprechender Rüge durch ein Vereinsmitglied zu beachten. Denn fühlt sich kein Vereinsmitglied durch den fehlerhaften Beschluß in seinen Rechten verletzt, ist kein Grund dafür ersichtlich, den betreffenden Beschluß als nichtig zu behandeln[1040]. Hierbei handelt es sich etwa um Verstöße gegen Vorschriften,

---

1035 BGH, NJW 1971, 879, 880; NJW 1973, 235; NJW 1975, 2101; *Reichert*, Handbuch des Vereins- und Verbandsrechts, Rn. 1135 ff., S. 360 ff.; *Sauter/Schweyer*, Der eingetragene Verein, Rn. 212 ff., S. 161 ff.; *Stöber*, Handbuch zum Vereinsrecht, Rn. 582, S. 336; *Soergel-Hadding*, § 32, Rn. 14.

1036 BGHZ 59, 369, 372=NJW 1973, 235; BGH, NJW 1975, 2101; OLG Schleswig, NJW 1960, 1862; *Reichert*, Handbuch des Vereins- und Verbandsrechts, Rn. 1135, S. 360; *Soergel-Hadding*, § 32, Rn. 37 f.; *Stöber*, Handbuch zum Vereinsrecht, Rn. 580 ff., S. 335 ff.

1037 LG Bremen, Rpfleger 1990, 466; *Soergel-Hadding*, § 32, Rn. 14; *Reichert*, Handbuch des Vereins- und Verbandsrechts, Rn. 1136 ff., S. 360 ff.; *Sauter/Schweyer*, Der eingetragene Verein, Rn. 213, S. 163; *Staudinger-Weick*, § 32, Rn. 27; *Stöber*, Handbuch zum Vereinsrecht, Rn. 585, S. 338.

1038 Ausführlich hierzu *Reichert*, Handbuch des Vereins- und Verbandsrechts, Rn. 1135 ff., S. 360 ff.

1039 *Reichert*, Handbuch des Vereins- und Verbandsrechts, Rn. 1139 ff., S. 362 ff.; *Sauter/Schweyer*, Der eingetragene Verein, Rn. 213, S. 163.

1040 *Sauter/Schweyer*, Der eingetragene Verein, Rn. 214, S. 164; *Reichert*, Handbuch des Vereins- und Verbandsrechts, Rn. 1155 ff., S. 367 ff.

die Ort und Zeit der Mitgliederversammlung bzw. die für die Einberufung einzuhaltende Frist normieren[1041].

Rein tatsächlich führt die Unterscheidung zwischen nichtigen Beschlüssen und solchen, bei denen die Nichtigkeit gerügt werden muß, zu einer vagen Annäherung an eine dem Aktienrecht vergleichbare Unterscheidung zwischen nichtigen und anfechtbaren Beschlüssen[1042]. Andererseits wird von Teilen der Literatur bereits offen eine analoge Anwendung der §§ 241 ff. AktG für das Vereinsrecht befürwortet[1043]. Nach dieser Ansicht ist danach zu differenzieren, ob ein Beschluß an einem so schwerwiegenden Mangel leidet, der zur Nichtigkeit führt oder trotz Fehlerhaftigkeit der Beschluß wirksam ist und lediglich der Anfechtung unterliegt[1044]. Unabhängig davon, welcher Ansicht man folgt, fragt sich, welche Personen die Fehlerhaftigkeit eines Beschlusses rügen bzw. diesen anfechten können.

2. Befugnis zur Geltendmachung der Unwirksamkeit

Zur Anfechtung bzw. Rüge sind grundsätzlich die Mitglieder des Vereins berechtigt[1045]. Jedes Mitglied ist als Ausfluß der mitgliedschaftlichen Beteiligung Träger der gemeinschaftlichen Willensbildung im Verein. Eine rechtswidrige Willensbildung verletzt daher zumindest abstrakt die mitgliedschaftlichen Rechte[1046]. Das Rüge- bzw. Anfechtungsrecht beruht mithin auf der mitgliedschaftlichen Stellung. Es ist insoweit ein Instrument zur Kontrolle der Recht- und Gesetzmäßigkeit des Organhandelns[1047]. Mitgliedschaftsrechte sowie das Anfechtungs- bzw. Rügerecht sind insoweit zwei Seiten der selben Medaille.

1041 LG Bremen, Rpfleger 1990, 466; *Sauter/Schweyer*, Der eingetragene Verein, Rn. 214, S. 164; ausführlich *Reichert*, Handbuch des Vereins- und Verbandsrechts, Rn. 1157 ff., S. 368 ff.; *Staudinger-Weick*, § 32, Rn. 27.

1042 Vgl. *Reichert*, Handbuch des Vereins- und Verbandsrechts, Rn. 1171, S. 370; *K. Schmidt*, Gesellschaftsrecht, § 15 II 3 a), S. 454.

1043 *K. Schmidt*, Gesellschaftsrecht, § 15 II 3, S. 453 ff.; *ders.*, FS für W. Stimpel, S. 217, 220 ff.; MünchKomm-*Reuter*, § 32, Rn. 55 ff.

1044 *K. Schmidt*, Gesellschaftsrecht, § 15 II 1, 3 b), S. 448 f., 454.

1045 *Reichert*, Handbuch des Vereins- und Verbandsrechts, Rn. 1176, S. 371; *Sauter/Schweyer*, Der eingetragene Verein, Rn. 214a, S. 164; MünchKomm-*Reuter*, § 32, Rn. 66; *Scholz/K. Schmidt*, GmbHG, § 45, Rn. 128 (hinsichtlich GmbH Gesellschafter).

1046 *Reichert*, Handbuch des Vereins- und Verbandsrechts, Rn. 1176, S. 371 f.; *Scholz/K. Schmidt*, GmbHG, § 45, Rn. 128.

1047 BGH, NJW 1993, 57, 59; für das Anfechtungsrecht des Aktionärs *Hüffer*, AktG, § 245, Rn. 3.

Sinn und Zweck einer Athleten- bzw. Lizenzvereinbarung ist es aber, Sportler an die Verbandsnormen zu binden, ohne ihnen gleichzeitig mitgliedschaftliche Rechte an der Willensbildung im Verband zu gewähren. Korrelat der Bindung an das sportliche Regelwerk sind vielmehr Ansprüche der Sportler auf Nutzung bestimmter Verbandsleistungen und -einrichtungen. Sind die Sportler jedoch mangels entsprechender mitgliedschaftlicher Befugnisse nicht zur Mitwirkung an der internen Willensbildung im Verband berechtigt, können fehlerhafte Beschlüsse des Verbandes sie nicht in mitgliedschaftlichen Rechten beeinträchtigen. Mithin haben die vertraglich an die Verbandsnormen gebundenen Sportler in Ermangelung mitgliedschaftlicher Rechte prinzipiell keine, in die Willensbildung des Verbandes eingreifenden Befugnisse zur Rüge bzw. Anfechtung fehlerhafter Beschlüsse[1048].

Entscheidend für die Befugnis zur Rüge bzw. Anfechtung fehlerhafter Beschlüsse ist also die durch die Fehlerhaftigkeit zumindest abstrakt bedingte Verletzung von Mitwirkungsrechten. Demzufolge könnten die mittels einer Athleten- bzw. Lizenzvereinbarung vertraglich gebundenen Sportler ausnahmsweise dann zur Anfechtung bzw. Rüge fehlerhafter Verbandsbeschlüsse berechtigt sein, wenn ihnen bei bestimmten Verbandsbeschlüssen ein Mitspracherecht zusteht. Trotz des generellen Ausschlusses der Sportler von der Willensbildung im Verband könnten aufgrund der mitgliedschaftsähnlichen Rechtsnatur von Athleten- bzw. Lizenzvereinbarungen bestimmte Beteiligungsrechte bestehen. Denn charakteristisch für das mitgliedschaftsähnliche Rechtsverhältnis zwischen Sportler und Verband ist, daß der Verbandszweck partiell zum von Sportler und Verband gemeinsam verfolgten Zweck erhoben wird. Kennzeichnet das mitgliedschaftsähnliche Rechtsverhältnis die gemeinsame Zweckverfolgung, kann im Innenverhältnis zwischen Sportler und Verband eine einfache Innengesellschaft bestehen[1049]. Ist das Innenverhältnis zwischen Sportler und Verband infolgedessen gesellschaftsrechtlich geprägt, stehen den Sportlern zwingend bestimmte Kontroll- und Mitwirkungsrechte zu[1050]. Hierbei handelt es sich ne-

---

1048 Ähnlich verhält es sich für das – mit dem mitgliedschaftsähnlichen Verhältnis zwischen Sportler und Verband vergleichbaren [vgl. § 4 IV 2 c) bb)] – Verhältnis der Inhaber von Genußrechten zu der die Genußrechte emittierenden Gesellschaft. Mangels mitgliedschaftlicher Rechte der Genußrechtsinhaber, stehen diesen h. M. nach grundsätzlich ebenfalls keine Anfechtungsrechte gegen Beschlüsse der Gesellschafter zu (vgl. BGH, NJW 1993, 57, 59; *Hueck/Fastrich* in *Baumbach/Hueck*, GmbHG, § 29, Rn. 88a; *Hüffer*, AktG, § 221, Rn. 26).

1049 Vgl. § 4 IV 2.

1050 Vgl. für das Verhältnis der Genußrechtsinhaber zu der emittierenden Gesellschaft *Schön*, JZ 1993, 925, 929; *Habersack*, ZHR 155 (1991), 378, 395.

ben Informationsrechten insbesondere auch um ungeschriebene gesellschaftsrechtliche Zustimmungsvorbehalte zu Änderungen der gesellschaftlichen Grundlagen. So ist hinsichtlich der stillen Gesellschaft anerkannt, daß etwa die Zweckänderung, die Veräußerung oder die Einstellung des Unternehmens der Zustimmung des stillen Gesellschafters bedarf[1051]. Besteht zwischen Sportler und Verband eine Innengesellschaft, bedürfen Grundlagenänderungen mithin der Zustimmung der Sportler.

Beschließt die Mitgliederversammlung eines Sportverbandes etwa eine Änderung des Verbandszwecks, so kann der betreffende Beschluß aufgrund der dynamischen Bindung der Sportler an die jeweils aktuellen Verbandsbestimmungen unmittelbar den von Verband und Sportler mittels einer Athleten- bzw. Lizenzvereinbarung gemeinsam verfolgten Zweck tangieren. Daher bedürfen Beschlüsse der Mitgliederversammlung des Verbandes, die zu einer Änderung des Verbandszwecks führen, der Zustimmung der vertraglich gebundenen Sportler. Das in bezug auf Grundlagenentscheidungen bestehende Zustimmungsrecht beruht freilich nicht auf einer partiellen Übertragung (verbands)mitgliedschaftlicher Mitwirkungs- bzw. Teilhaberechte auf die vertraglich gebundenen Nichtmitglieder, sondern ist auf die im Verhältnis zwischen vertraglich gebundenem Sportler und Verband bestehende Innengesellschaft zurückzuführen[1052]. Mißachtet der Verband bei der Beschlußfassung die Zustimmungsrechte der Sportler, ist der aufgrund dessen fehlerhafte Beschluß in der Regel zugleich nichtig[1053]. Die Beschlüsse entfalten daher bereits ohne entsprechende Rüge bzw. Anfechtung seitens der Sportler für diese keinerlei Wirkungen. Sollten Beschlüsse, an denen die vertraglich gebundenen Sportler zu beteiligen sind, jedoch einmal nicht an einem ohne weiteres zur Nichtigkeit führenden Fehler leiden, so steht den Sportlern als Kehrseite ihres Mitwirkungsrechts an der Beschlußfassung ein Rüge- bzw. Anfechtungsrecht zu. Die Sportler haben freilich in der Regel nur bei Beschlüssen, die zu Änderungen der Grundlagen des mitgliedschaftsähnlichen Rechtsverhältnisses führen, ein Mitspracherecht. Demzufolge sind die vertraglich gebundenen Sportler in der weit überwiegenden Zahl der Fälle nicht zur Anfechtung bzw. Rüge von Verbandsregeln

---

1051 BGH, WM 1963, 1209, 1210; Münch.Hdb. StG/*Kühn*, § 12, Rn. 8; *Koller/Roth/Morck*, HGB, § 230, Rn. 20; *von Gerkan* in *Röhricht/Graf von Westphalen* (Hrsg.), HGB, § 230, Rn. 78; *Schön*, JZ 1993, 925, 929.

1052 Vgl. für das Verhältnis der Genußrechtsinhaber zur emittierenden Gesellschaft *Schön*, JZ 1993, 925, 928 ff.; *Habersack*, ZHR 155 (1991), 378, 394 f.

1053 Vgl. zur Fehlerhaftigkeit von Beschlüssen infolge fehlender Einladung stimmberechtigter Mitglieder BGH, NJW 1973, 235 f.; *Stöber*, Handbuch zum Vereinsrecht, Rn. 587, S. 338 f.; *Reichert*, Handbuch des Vereins- und Verbandsrechts, Rn. 1149, S. 364 f.; *Sauter/Schweyer*, Der eingetragene Verein, Rn. 213, S. 163.

berechtigt, die auf fehlerhaften Verbandsbeschlüssen beruhen, die an einem Mangel leiden, der nicht unmittelbar zur Nichtigkeit führt.

Die vereinsrechtlichen Grundsätze zur Bindungswirkung von Verbandsregeln, die auf einem fehlerhaften Beschluß der Hauptversammlung beruhen, können daher – von den beschriebenen Ausnahmen abgesehen – grundsätzlich nicht auf das mitgliedschaftsähnliche Rechtsverhältnis übertragen werden. Ein Schutzdefizit zu Lasten der Sportler entsteht hierdurch rein tatsächlich aber nicht. So sind nämlich Verbandsbestimmungen, die auf Beschlüssen der Hauptversammlung beruhen, die einer Rechts- bzw. Inhaltskontrolle nicht standhalten, weil sie individualrechtliche Positionen der Normunterworfenen unzulässig beschränken oder gegen gesetzliche Verbote verstoßen, stets ipso iure nichtig[1054]. Die Unwirksamkeit einer Regelung, die gerade ohne eine entsprechende Rüge bzw. Anfechtung eintritt, kann dabei nicht nur durch die Vereinsmitglieder geltend gemacht werden. So ist – unabhängig davon, ob man im Vereinsrecht eine analoge Anwendung der §§ 241 ff. AktG bejaht oder nicht – jeder Dritte durch Erhebung der Feststellungsklage i. S. des § 256 Abs. 1 ZPO berechtigt, die Unwirksamkeit geltend zu machen, sofern ein entsprechendes Feststellungsinteresse gegeben ist[1055]. Demzufolge sind auch vertraglich gebundene Sportler berechtigt, die Nichtigkeit einer Regelung gerichtlich klären zu lassen, soweit sie ein Feststellungsinteresse i. S. des § 256 Abs. 1 ZPO haben[1056]. Ein solches rechtliches Interesse der Sportler ist grundsätzlich bei Verbandsregelungen zu bejahen, die im Rahmen einer Athleten- bzw. Lizenzvereinbarung vertraglich auf die Sportler erstreckt worden sind.

§ 12 Abwehr- und Schadensersatzansprüche bei Durchsetzung eines vermeintlichen Regelungsanspruchs

Allein das Recht der Sportler, die Unwirksamkeit einer Verbandsregelung gerichtlich feststellen zu lassen, schützt diese jedoch nicht hinreichend vor den Auswirkungen einer Überschreitung der Gestaltungsbefugnisse durch

---

1054 *Sauter/Schweyer*, Der eingetragene Verein, Rn. 212, S. 161 f.; *Stöber*, Handbuch zum Vereinsrecht, Rn. 580, S. 355; *Reichert*, Handbuch des Vereins- und Verbandsrechts, Rn. 1141 ff., S. 362 f.

1055 BGH, NJW 1989, 2059 (für nichtigen Wohnungseigentümerbeschluß); *Sauter/Schweyer*, Der eingetragene Verein, Rn. 215a, S. 165; *Reichert*, Handbuch des Vereins- und Verbandsrechts, Rn. 1154a, S. 367, Rn. 1175, S. 371; *K. Schmidt*, Gesellschaftsrecht, § 15 II 1 b) bb), S. 448; für das Aktienrecht *Hüffer*, AktG, § 249, Rn. 12.

1056 Vgl. hierzu *Prokop*, Dopingverbote, S. 280 ff.

einen Sportverband. So ist es nämlich nicht ausgeschlossen, daß ein Verband auf einem unzulässigen Regelungsanspruch beharrt und diesen den Sportlern gegenüber auch tatsächlich durchsetzt, indem er keine Athleten- bzw. Lizenzvereinbarung abschließt, eine bestehende Vereinbarung kündigt oder aber Verpflichtungen nicht nachkommt, die ihm aufgrund einer Athleten- bzw. Lizenzvereinbarung obliegen. Die typische Konsequenz derartiger Verhaltensweisen eines Sportverbandes ist, daß der betroffene Sportler von einer weiteren Teilnahme am organisierten Sportgeschehen suspendiert ist. Insoweit ist nachfolgend die Frage zu beantworten, woraus sich Abwehr- bzw. Schadensersatzansprüche der Sportler gegen solcherlei rechtswidrige Verbandsmaßnahmen ergeben.

I. Anspruchsgrundlagen

1. Ansprüche wegen Verletzung der Treuepflicht

Ansprüche eines Sportlers gegen einen Sportverband könnten aus der Verletzung von Pflichten hergeleitet werden, die einem Sportverband aufgrund einer Athleten- bzw. Lizenzvereinbarung obliegen. So unterwerfen sich die Sportler im Rahmen solcher Vereinbarungen vergleichbar den unmittelbaren Verbandsmitgliedern dem Verbandsregelwerk sowie den darauf beruhenden Entscheidungen der Verbandsorgane in der Erwartung, auf diese Weise entsprechend den verbandsrechtlichen Bestimmungen national und international am organisierten Sport teilnehmen und Verbandsleistungen bzw. -einrichtungen nutzen zu können. Die auf Teilnahme am organisierten Sportgeschehen gerichteten Interessen der Sportler werden insoweit dem autonomen Regelungsbereich des Verbandes unterstellt. Infolgedessen ist der Verband in der Lage, die Interessen der Sportler nachhaltig zu beeinträchtigen. Anders als den unmittelbaren Mitgliedern stehen den vertraglich gebundenen Sportlern zudem grundsätzlich keine mitgliedschaftlichen Rechte gegen ihre Interessen beeinträchtigende unbillige Verbandsnormen bzw. treuwidriges Handeln der Verbandsorgane zu[1057].

Als Kehrseite der dem Verband mit der vertraglichen Bindung an das Regelwerk tatsächlich eröffneten Einwirkungsmöglichkeit auf die Interessen der Sportler sowie der Schutzlosigkeit der Sportler gegenüber treuwidrigen Verbandsmaßnahmen, obliegen dem Verband den vertraglich gebundenen Sportlern gegenüber Treuepflichten[1058]. Danach ist der Verband verpflich-

---

1057 Zu den Ausnahmen vgl. § 11 II.

1058 Vgl. § 4 IV 3 b); *Haas/Prokop*, JR 1998, 45, 46 f.; *Prokop*, Dopingverbote, S. 201 ff.

tet, die Rechte der einzelnen Sportler zu wahren und Rücksicht auf deren Interessen zu nehmen. Vor allem muß der Verband den Sportlern, seinem in der Satzung normierten Zweck entsprechend, die Teilnahme am nationalen und internationalen Sport ermöglichen[1059]. Der Handlungsrahmen des Verbandes den Sportlern gegenüber richtet sich mithin entscheidend nach dem in der Verbandssatzung normierten Verbandszweck. Bei einer Verletzung der dem Verband obliegenden Treuepflicht stehen den Sportlern Abwehr- und Schadensersatzansprüche zu, die den Ansprüchen der unmittelbaren Verbandsmitglieder gegen treuwidriges Handeln des Verbandes[1060] vergleichbar sind[1061]. Für durch das Handeln seiner Organe verursachte Treuepflichtverletzungen haftet der Verband dabei herrschender Ansicht nach gem. § 31 BGB[1062].

Dafür, daß eine derartige Treuepflicht des Verbandes den vertraglich gebundenen Nichtmitgliedern (Sportlern) gegenüber besteht, spricht zudem ein Vergleich des mitgliedschaftsähnlichen Rechtsverhältnisses mit dem Verhältnis des Inhabers von Genußrechten zu der genußrechtsemittierenden Gesellschaft[1063]. Die den Vertragspartnern aufgrund des Genußrechtsvertrages obliegenden Verpflichtungen erschöpfen sich ebenfalls nicht in den gegenseitigen Hauptleistungspflichten, die im wesentlichen in der Erbringung der versprochenen Geldleistung durch den Genußrechtsinhaber und der Leistung der vereinbarten Gewinnbeteiligung durch die Gesellschaft bestehen[1064]. Aus dem Genußrechtsvertrag ergeben sich darüber hinaus Schutz- und Verhaltenspflichten, die auf Wahrung der Rechte und Interessen des anderen Vertragsteils gerichtet sind[1065]. Danach ist die Gesellschaft den Genußrechtsinhabern gegenüber verpflichtet, vertragswidrige Beeinträchtigungen des Genußkapitals zu unterlassen[1066]. Derartige Schutz- und Rücksichtnahmepflichten sind erforderlich, weil den Genußrechtsinhabern

---

1059 *Haas/Prokop*, JR 1998, 45, 46 f.

1060 Vgl. hierzu BGHZ 110, 323, 327; LG Nürnberg-Fürth, SpuRt 1998, 39, 40; *K. Schmidt*, Gesellschaftsrecht, § 19 III 1, S. 552 f.; *ders.*, JZ 1991, 157, 160; *Linnenbrink/Hofmeister*, SpuRt 1996, 127, 128; *Götz/Götz*, JuS 1995, 106, 107 f.; *Steding*, BuW 1999, 664, 666; Nach h. M. stehen dem Mitglied bei Verletzung der Treuepflicht Ansprüche aus pVV bzw. einer der pVV ähnlichen Anspruchsgrundlage zu.

1061 *Haas/Prokop*, JR 1998, 45, 46 f.

1062 BGH, NJW 1984, 1884, 1885; NJW 1990, 2877, 2878; *K. Schmidt*, JZ 1991, 157, 161; *Linnenbrink/Hofmeister*, SpuRt 1996, 127, 128.

1063 Vgl. hierzu auch, § 4 IV 2 c) bb).

1064 BGH, NJW 1993, 57, 63; *Habersack*, ZHR 155 (1991), 378, 392.

1065 BGH, NJW 1993, 57, 63; *Habersack*, ZHR 155 (1991), 378, 392 ff.; *Schön*, JZ 1993, 925, 927 f.; *Hachenburg/Goerdeler/Müller*, GmbHG, 8. Aufl., Anh § 29, Rn. 3.

1066 BGH, NJW 1993, 57, 63.

grundsätzlich keine Mitsprache- bzw. Mitverwaltungsrechte[1067] zustehen und sie infolgedessen treuwidrigem Verhalten der Gesellschaft schutzlos ausgesetzt wären[1068]. Die genußrechtsemittierende Gesellschaft ist daher verpflichtet, den durch die Satzung/ Gesellschaftsvertrag bestimmten Unternehmensgegenstand und die an einen seriösen Kaufmann gestellten Verhaltensmaßstäbe nicht zu Ungunsten der Genußrechtsinhaber zu überschreiten[1069]. Der Handlungsrahmen der Gesellschaft den Genußrechtsinhabern gegenüber richtet sich folglich nach dem Zweck der unternehmenstragenden Gesellschaft. Wie auch im Rahmen des mitgliedschaftsähnlichen Rechtsverhältnisses wird mithin der Zweck der genußrechtsemittierenden Gesellschaft zum gemeinschaftlichen Zweck von Gesellschaft und Nichtmitgliedern (Genußrechtsinhabern) erhoben[1070] und bildet den Anknüpfungspunkt für Schutz- und Rücksichtnahmepflichten, bei deren Verletzung Schadensersatzansprüche bestehen[1071].

Der Vergleich der Rechtsbeziehung zwischen den Genußrechtsinhabern und der emittierenden Gesellschaft mit derjenigen zwischen den vertraglich gebundenen Sportlern und dem Verband belegt, daß bei mitgliedschaftsähnlichen Rechtsverhältnissen aufgrund fehlender Mitwirkungs- und Teilhaberechte typischerweise Schutzdefizite auf Seiten einer Vertragspartei auftreten. Derartige strukturell bedingte Schutzdefizite sind durch erhöhte Schutz- und Rücksichtnahmepflichten des anderen Vertragsteils zu kompensieren, deren Verletzung zu Schadensersatzansprüchen führt.

2. Ansprüche wegen Verletzung des Kontrahierungszwangs

Schließt ein Verband pflichtwidrig überhaupt keine Athleten- bzw. Lizenzvereinbarung, könnten sich neben dem Anspruch der Sportler auf Abschluß einer solchen Vereinbarung auch Schadensersatzansprüche aus den zum Kontrahierungszwang entwickelten Grundsätzen ergeben. Unabhängig von

---

1067 BGH, NJW 1993, 57, 62 f.; *Hüffer*, AktG, § 221, Rn. 26; *Lutter*, in Kölner Kommentar zum AktG, 2. Auflage, § 221, Rn. 197, 219 f.; *Hueck/Fastrich* in *Baumbach/ Hueck*, GmbHG, § 29, Rn. 88a; Zu Ausnahmen bei der Bejahung einer stillen Gesellschaft im Innenverhältnis zwischen Gesellschaft und Genußrechtsinhabern vgl. *Schön*, JZ 1993, 925, 928 ff.; *Habersack*, ZHR 155 (1991), 378, 395.

1068 BGH, NJW 1993, 57, 63; *Habersack*, ZHR 155 (1991), 378, 393 ff.; vgl. für das Verhältnis einer Gesellschaft zu stillen Gesellschaftern BGH, ZIP 1995, 738, 741.

1069 *Schön*, JZ 1993, 925, 928.

1070 *Schön*, JZ 1993, 925, 928.

1071 BGH, NJW 1993, 57, 63; *Habersack*, ZHR 155, (1991), 378, 393 ff.; *Hüffer*, AktG, § 221, Rn. 27.

der dogmatischen Anknüpfung sind Verbände zum Abschluß einer Athleten- bzw. Lizenzvereinbarung mit einem Sportler verpflichtet, wenn im Rahmen einer umfassenden Abwägung die Interessen des Sportlers am Abschluß einer Athleten- bzw. Lizenzvereinbarung den Interessen des Verbandes an der Ablehnung des Vertragsschlusses überwiegen[1072]. Für diesen Fall hat der betroffene Sportler in entsprechender Anwendung der zum vereinsrechtlichen Aufnahmezwang entwickelten Grundsätze einen zivilrechtlich einklagbaren Anspruch auf Abschluß des Vertrages mit dem Verband[1073].

Bei dem Anspruch auf Abschluß eines Vertrages handelt es sich überwiegender Ansicht nach[1074] um einen Schadensersatzanspruch, dessen Erfüllung sich nach den §§ 249 ff. BGB richtet. Gem. § 249 BGB ist der Schädiger verpflichtet, den Zustand herzustellen, der bestehen würde, wenn der zum Ersatz verpflichtende Umstand nicht eingetreten wäre (Prinzip der Naturalrestitution). Besteht das schädigende Ereignis in der Weigerung des Verbandes, mit einem bestimmten Sportler eine Athleten- bzw. Lizenzvereinbarung zu schließen, führt der Grundsatz der Naturalrestitution dazu, den Schaden durch Abschluß des vom Sportler begehrten Vertrages zu kompensieren[1075]. Sind dem Sportler infolge einer unzulässigen Weigerung des Verbandes, eine solche Vereinbarung abzuschließen, jedoch bereits Schäden entstanden, die mit einem späteren Vertragsschluß nicht mehr kompensiert werden können, besteht gem. § 251 Abs. 1 BGB ein Anspruch auf Entschädigung in Geld. Gerade in Fällen, in denen der Sportler wegen Zeitablaufs am Abschluß einer Athleten- bzw. Lizenzvereinbarung kein Interesse mehr hat, können sich aus den Grundsätzen zum Kontrahierungszwang demnach Schadensersatzansprüche ergeben, die auf eine Geldentschädigung gerichtet sind. Dies gilt etwa dann, wenn ein Sportler infolge der verbandsseitigen Weigerung eine Athleten- bzw. Lizenzvereinbarung zu schließen, nicht an Wettkämpfen teilnehmen konnte und ihm nachweislich Start- bzw. Siegprämien oder aber Einnahmen aus Werbe- bzw. Sponsorenverträgen entgangen sind[1076]. Der Sportler ist dabei so zu stellen, wie er

---

1072 Vgl. § 7 II 2.

1073 Vgl. zum Aufnahmezwang BGH, NJW 1969, 316, 317 [für §§ 826, 249 BGB]; *Emmerich*, Kartellrecht, § 21 5, S. 263; *Bechtold*, § 20, Rn. 81. [jeweils für die Anwendung der §§ 20 Abs. 6, 33 GWB i. V. m. § 249 BGB].

1074 Vgl. allgemein RGZ 148, 326, 334; BGHZ 21, 1, 8; 44, 279, 283; NJW 1969, 316, 317; MünchKomm-*Oetker*, § 249, Rn. 337; *Larenz/Wolf*, BGB AT, § 34, Rn. 35, S. 649; kritisch hierzu MünchKomm-*Kramer*, Vor § 145, Rn. 13 mwN.

1075 Allgemein hierzu BGH, NJW 1969, 316, 317; MünchKomm-*Oetker*, § 249, Rn. 337; *Larenz/Wolf*, BGB AT, § 34, Rn. 35, S. 649.

1076 Vgl. auch *Pfister*, in FS für W. Gitter, S. 731, 742.

stünde, wenn der Verband seiner Pflicht zum Vertragsschluß rechtzeitig nachgekommen wäre[1077].

3. Ansprüche wegen Verletzung des Rechts am eingerichteten und ausgeübten Gewerbebetrieb

Abwehr- bzw. Schadensersatzansprüche der Sportler gegen eine ungerechtfertigte Suspendierung vom organisierten Sportgeschehen könnten sich zudem aus einem Recht der Athleten am eingerichteten und ausgeübten Gewerbebetrieb ergeben. Vom Schutzbereich des eingerichteten und ausgeübten Gewerbebetriebs erfaßt ist nicht nur der Bestand, sondern alles das, was in seiner Gesamtheit den wirtschaftlichen Wert eines Unternehmens ausmacht. Geschützt ist daher der gesamte Bereich wirtschaftlicher Betätigung und Entfaltung in seinen einzelnen Erscheinungsformen. Hierzu zählen neben dem Bestand, die Organisationsstruktur des Unternehmens, die Möglichkeit gewerblicher Tätigkeit, die Produktionsmittel und Warenbestände, soweit sie nicht ohnehin Eigentumsschutz genießen, Betriebsgeheimnisse, Geschäftsverbindungen sowie Erwerbsaussichten[1078]. Unklar ist jedoch, ob Sportler überhaupt Inhaber eines eingerichteten und ausgeübten Gewerbebetriebs sind. Zur Beantwortung dieser Frage ist nachfolgend zwischen Mannschafts- und Individualsportlern zu differenzieren[1079].

a) Sportler als Inhaber eines eingerichteten und ausgeübten Gewerbebetriebs

Der Gewerbe- bzw. Unternehmensbegriff ist im Rahmen der §§ 823 Abs. 1, 1004 BGB weit zu verstehen. Umfaßt wird jegliche Art unternehmerischer Tätigkeit. Unternehmerisch tätig wird eine Person freilich nur, wenn sie die betreffende Tätigkeit selbständig ausübt. Die selbständige Tätigkeit ist dabei von der Arbeitnehmereigenschaft abzugrenzen, die sich von einer selbständigen Tätigkeit dadurch unterscheidet, daß jemand eine Leistung fremdbestimmt in persönlicher Abhängigkeit aufgrund eines Vertrages er-

---

1077 Vgl. zum Umfang des zu ersetzenden Schadens § 12 II.

1078 BGH, NJW 1952, 660 f.; NJW 1953, 297; NJW 1983, 2195, 2196; JZ 1998, 1120, 1121; MünchKomm-*Mertens*, § 823, Rn. 481 ff.; *Haas/Prokop*, JR 1998, 45, 47; *Palandt-Thomas*, § 823, Rn. 20.

1079 Zur Begründung der Unterscheidung zwischen Mannschafts- und Individualsportlern vgl. die nachfolgenden Ausführungen.

bringt[1080]. Übt jemand eine Tätigkeit als Arbeitnehmer aus, so wird die betreffende Person folglich nicht unternehmerisch tätig. Arbeitnehmer können daher nicht Inhaber eines deliktisch geschützten eingerichteten und ausgeübten Gewerbebetriebs sein. So wird beispielsweise für Berufsfußballspieler die Arbeitnehmereigenschaft grundsätzlich bejaht[1081]. Infolge vertraglicher Vereinbarungen haben freilich nicht nur im Bereich des Fußballsports, sondern auch bei anderen Mannschaftssportarten die Vereine typischerweise das Recht, den Spielern Weisungen hinsichtlich Zeit, Ort bzw. Art und Weise des täglichen Trainings, der Teilnahme an Pflicht- und Freundschaftsspielen des Vereins[1082] oder der Ernährung bzw. der privaten Lebensführung zu erteilen[1083]. Unter diesen Voraussetzungen werden die einzelnen Sportler aufgrund eines Vertrages fremdbestimmt und in persönlicher Abhängigkeit von einem Verein tätig[1084]. Mannschaftssportler sind demzufolge häufig Arbeitnehmer ihrer Vereine, die insoweit keine selbständige Tätigkeit ausüben und daher nicht Inhaber eines eingerichteten und ausgeübten Gewerbebetriebs sind.

Anders als im Mannschaftssport werden Individualsportler regelmäßig selbständig und nicht als Arbeitnehmer tätig, da sie relativ frei über Ort, Zeit, Art und Umfang ihres Trainings bzw. die Teilnahme an Wettkämpfen befinden können[1085]. Überwiegender Ansicht nach genießt jedoch die wirtschaftlich selbständige Tätigkeit für sich betrachtet keinen deliktischen

---

1080 Statt vieler ArbG Bielefeld, NZA 1989, 966 f.; *Löwisch*, Arbeitsrecht, Rn. 3 ff., S. 2 f.; *Schaub*, Arbeitsrechts-Handbuch, § 29 Rn. 1, S. 199.

1081 *Imping*, Fußballspieler, S. 51 ff.; *Haas*, in Akademieschrift 49, S. 57, 64; *Meyer-Cording*, RdA 1982, 13; *Gitter/Schwarz*, RdA 1982, 37; *Gitter*, in Münchener Handbuch zum Arbeitsrecht Bd.2, § 202, Rn. 15 ff., S. 1764 f.; *Buchner*, NJW 1976, 2242; *Rybak*, Lizenzfußballspieler, S. 56 ff.; Vgl. für das Arbeitsverhältnis einer Tennisspielerin, die in der Damenmannschaft eines Tennisvereins spielt, ArbG Bielefeld, NZA 1989, 966 f.

1082 Zu berücksichtigen ist jedoch, daß sich eine Teilnahmepflicht an Sportveranstaltungen auch aus der vereinsrechtlichen Treuepflicht ergeben kann.; vgl. § 4 IV 3 a); *Haas*, in Akademieschrift 49, S. 57, 64 Fn. 45; *Prokop*, Dopingverbote, S. 151.

1083 *Haas*, in Akademieschrift 49, S. 57, 64; *Imping*, Fußballspieler, S. 51; *Rybak*, Lizenzfußballspieler, S. 57 ff.; *Meyer-Cording*, RdA 1982, 13; *Prokop*, Dopingverbote, S. 152 ff. mwN; *Bepler*, in Sportler, Arbeit und Statuten, S. 43, 49 (für Fußballspieler).

1084 Vgl. ausführlich für den Bereich des Fußballsports *Imping*, Fußballspieler, S. 53 ff.; *Haas*, in Akademieschrift 49, S. 57, 64; *Meyer-Cording*, RdA 1982, 13; *Gitter/Schwarz*, RdA 1982, 37; vgl. auch *Haas/Reimann*, in Akademieschrift 52, S. 31, 35; *dies.*, SpuRt 1999, 182, 183.

1085 *Hilpert*, RdA 1997, 92, 95; *Haas*, in Akademieschrift 49, S. 57, 64; *Gitter*, in Münchener Handbuch zum Arbeitsrecht Bd.2, § 202, Rn. 18, 23 f., S. 1765 f.; *Prokop*, Dopingverbote, S. 154.

Schutz[1086]. Voraussetzung für einen Unternehmensschutz in Form des eingerichteten und ausgeübten Gewerbebetriebs ist nach h. M. eine verdinglichte Einheit materieller und immaterieller Produktionsmittel sowie eine entsprechende Organisationsstruktur[1087]. Schutz gewährt das Recht am eingerichteten und ausgeübten Gewerbebetrieb daher nur gegen Eingriffe in einen dem Unternehmer zugewiesenen Herrschaftsbereich, der gekennzeichnet ist durch den Funktionszusammenhang der Betriebsmittel sowie die vorhandene Organisationsstruktur[1088]. Zunehmend wird freilich die Anknüpfung des deliktischen Unternehmensschutzes an den klassischen Gewerbebegriff als zu eng erachtet. So wird der deliktische Schutz insbesondere auch auf die Angehörigen sogenannter freier Berufe erstreckt. Da auch die Ausübung eines freien Berufes eine ähnliche verdinglichte sachliche und organisatorische Einheit materieller und immaterieller Betriebsmittel, wie die Ausübung eines Gewerbes im klassischen Sinn erfordert, sind freiberufliche Unternehmen nicht weniger schutzwürdig[1089].

Im Hinblick darauf, daß die freiberufliche Tätigkeit mit derjenigen von Individualsportlern in gewisser Weise vergleichbar ist, könnte ein deliktischer Schutz für Sportler in Betracht gezogen werden[1090]. Zu berücksichtigen ist jedoch, daß überwiegender Ansicht nach auch der Schutz freiberuflicher Tätigkeit nicht an der Tätigkeit als solcher, sondern an der für die Ausübung eines freien Berufs erforderlichen verdinglichten Einheit materieller bzw. immaterieller Betriebsmittel und damit an einem nach außen offenkundigen Herrschaftsbereich anknüpft[1091]. Allein der Umstand, daß insbesondere Individualsportler selbständig tätig werden, genügt daher nicht, um bei einer Beeinträchtigung der Handlungs- bzw. Betätigungsfreiheit Unterlassungsansprüche wegen einer Verletzung des Rechts am eingerichteten und ausgeübten Gewerbebetrieb zu begründen[1092].

1086 *Haas/Prokop*, JR 1998, 45, 47 f.; *Heß*, ZZPInt 1996, 371, 387, Fn. 98 mwN.

1087 *Erman-Schiemann*, § 823, Rn. 60 f.; *K. Schmidt*, JuS 1993, 985, 987; *Haas/Prokop*, JR 1998, 45, 47 f.; *Heß*, ZZPInt 1996, 371, 387, Fn. 98.

1088 BGH, NJW 1983, 812, 813; NJW 1992, 41, 42; *Haas/Prokop*, JR 1998, 45, 48; *K. Schmidt*, JuS 1993, 985, 987.

1089 OLG München, NJW 1977, 1106; OLG Köln, VersR 1996, 234 f.; LG Köln, VersR 1971, 215; MünchKomm-*Mertens*, § 823, Rn. 488; *Staudinger-Hager*, § 823, Rn. D 6; *Baumbach/Hefermehl*, UWG, Allg., Rn. 116; *Schnug*, JA 1985, 440, 445; *Esser/Weyers*, Schuldrecht Bd II BT, § 55 I 2 c), S. 551 ff.

1090 Vgl. *Pfister*, SpuRt 1995, 250, 251.

1091 *Staudinger-Hager*, § 823, Rn. D 6; MünchKomm-*Mertens*, § 823, Rn. 488; *Baumbach/Hefermehl*, UWG, Allg., Rn. 116 f.; a. A. *Jauernig-Teichmann*, § 823, Rn. 97.

1092 A. A. *Pfister*, SpuRt 1995, 250, 251; wohl auch *Schröder/Bedau*, NJW 1999, 3361, 3365.

Erforderlich ist mithin nicht nur eine Vergleichbarkeit sportlicher und freiberuflicher Tätigkeit, sondern vielmehr, daß Individualsportler selbst Inhaber einer verdinglichten Einheit materieller und immaterieller Betriebsmittel sind. Es ist jedoch zweifelhaft, ob diese Voraussetzung tatsächlich erfüllt ist. So beruht die sportliche Tätigkeit nämlich auf Regelungen, die nicht der Dispositionsbefugnis der Wettkampfteilnehmer unterliegen, sondern von dritter Seite verbindlich vorgegeben werden. Autonome Entscheidungsbefugnisse der Sportler, die darauf gerichtet sind, bei der Ausübung einer Sportart eigenen Regelungen bzw. Wert- und Moralvorstellungen zu folgen, bestehen grundsätzlich nicht. Ursächlich dafür, daß die Sportler auf fremde Regelungen angewiesen sind, die für alle »Wettbewerber« einheitlich von einer übergeordneten Instanz zur Verfügung gestellt werden, ist die für die organisierte Sportausübung notwendige Chancengleichheit. Eigenes »Know-how« kann bei der Ausübung einer Sportart wenn überhaupt, so doch nur in einem – im Vergleich zu den von dritter Seite (Verband) vorgegebenen Spiel- und Wettkampfregelungen – relativ geringen Umfang eingesetzt werden. So begrenzen die Regelwerke eines Verbandes nicht selten die Möglichkeiten der Sportler, bestimmte Techniken bzw. das für die Sportausübung verwendete Material eigenständig weiterzuentwickeln. Insoweit unterscheidet sich der sportliche entscheidend von einem auf Verdrängung des Konkurrenten gerichteten rein wirtschaftlichen Wettbewerb[1093], wo der Einsatz eigenen unternehmerischen »Knowhows« eine wichtige Rolle für das Bestehen am Markt spielt.

Außerdem unterstehen selbst die für die Ausübung einer Sportart erforderlichen Betriebsmittel regelmäßig nicht der autonomen Dispositionsbefugnis eines Sportlers. So finden Sportwettkämpfe in Stadien bzw. Sporthallen statt, an denen ein Sportler weder Eigentum noch Besitz hat. Selbst der Einsatz sowie die Handhabung der Sportgeräte steht häufig nicht zur freien Disposition der Sportler. Ist ein Sportler daher regelmäßig nicht »wirtschaftlicher« Eigentümer der für die Sportausübung erforderlichen Betriebsmittel, können diese nicht dessen Betriebsvermögen zugeordnet werden. Vielmehr nutzen Sportler bei der Ausübung ihrer Sportart in Training und Wettkampf fremdes »Know-how« und eine fremde Infrastruktur. Die sportliche Tätigkeit sowie die daraus resultierenden Vermarktungsmöglichkeiten hinsichtlich der Person bzw. sportlichen Leistung beruhen mithin nicht auf einer dem einzelnen Sportler zuzuordnenden sachlichen und organisatorischen Einheit materieller und immaterieller Betriebsmittel. Auch Individualsportler sind daher typischerweise nicht Inhaber eines »einge-

1093 *Lehmann/Weigand*, ifo studien (43) 1997, 381, 384; *Parlasca*, in Trosien/Dinkel, S. 83, 100 f.

richteten« Gewerbebetriebs, so daß deliktischer Unternehmensschutz einzelnen Sportlern nicht zugute kommt[1094].

b) Erwerbs- bzw. Nutzungschance

Selbst dann, wenn man entgegen der hier vertretenen Ansicht Sportler als Inhaber eines eingerichteten und ausgeübten Gewerbebetriebs i. S. des § 823 Abs. 1 BGB ansehen wollte, ist fraglich, ob ihnen Unterlassungs- bzw. Schadensersatzansprüche gegen eine ungerechtfertigte Suspendierung vom organisierten Sportgeschehen zustehen. Der Zweck der Anknüpfung des deliktischen Unternehmensschutzes an eine verdinglichte Einheit materieller und immaterieller Betriebsmittel besteht nämlich darin, dem Unternehmer einen geschützten Herrschaftsbereich zuzuweisen. Der deliktische Unternehmensschutz erfaßt insoweit gerade die in dem Herrschaftsbereich liegende Erwerbs- und Nutzungschance. Zwar kann ein Sportler gegen einen Verband bzw. einen Veranstalter einen schuldrechtlichen Anspruch auf Teilnahme am organisierten Sportgeschehen haben. Dennoch zählen die für die Sportausübung erforderlichen organisatorischen und sachlichen Betriebsmittel nicht zum Betriebsvermögen des Sportlers, so daß diese dem deliktisch geschützten Herrschaftsbereich gerade nicht zugeordnet werden[1095].

So werden insbesondere die Wettkampfstätte bzw. die Spiel- und Wettkampfregelungen nicht in einen dem einzelnen Sportler zugewiesenen Herrschaftsbereich einbezogen und zählen daher nicht zum Schutzbereich des *»eingerichteten Unternehmens«*. Denn dem geschützten Herrschaftsbereich kann nur dasjenige zugeordnet werden, über das der Unternehmer in rechtlicher und tatsächlicher Hinsicht eigenständig disponieren kann[1096]. Eine derartige Zuordnung käme im Bereich des Sports nur für den eher untypischen Fall in Betracht, daß Sportler über Einsatz und Handhabung der für die Ausübung einer Sportart sowie deren Vermarktung notwendigen, materiellen und immateriellen Betriebsmittel autonom entscheiden können. Fehlt es jedoch mangels entsprechender Dispositionsbefugnisse der Sportler grundsätzlich an einer Zuordnung der Betriebsmittel zum Herrschaftsbereich der Sportler, sind die Betriebsmittel sowie die hierin liegende Nutzungs- und Erwerbschance vom deliktischen Unternehmensschutz grund-

---

1094 Vgl. *Haas/Prokop*, JR 1998, 45, 48; *Haas/Reimann*, in Akademieschrift 52, S. 31, 35 f.; *dies.*, SpuRt 1999, 182, 183.
1095 Vgl. hierzu auch BGH, JZ 1998, 1120, 1121.
1096 Vgl. auch BGH, JZ 1998, 1120, 1121.

sätzlich nicht erfaßt. Abwehr- bzw. Schadensersatzansprüche eines Sportlers gestützt auf die §§ 1004, 823 Abs. 1 BGB i. V. m. dem Recht am eingerichteten und ausgeübten Gewerbebetrieb scheiden daher grundsätzlich aus[1097].

4. Ansprüche wegen Verletzung des allgemeinen Persönlichkeitsrechts

Ist die Möglichkeit, am organisierten Sport teilzunehmen, aber als Ausdruck der individuellen Persönlichkeit des Sportlers durch das allgemeine Persönlichkeitsrecht geschützt, könnten gem. § 823 Abs. 1 BGB i. V. m. § 1004 BGB Schadensersatz- bzw. Unterlassungsansprüche[1098] des Sportlers gegen den Verband bestehen. Das allgemeine Persönlichkeitsrecht ist ein aus den Art. 1, 2 GG abgeleitetes Rahmenrecht, welches als sonstiges Recht i. S. des § 823 Abs. 1 BGB Schutz genießt[1099]. Schutzgut des allgemeinen Persönlichkeitsrechts ist das Recht des Einzelnen auf Persönlichkeitsentfaltung und Achtung seiner Würde[1100]. Unklar ist, ob auch die Teilnahme am organisierten Sport als Ausprägung des Rechts auf freie Persönlichkeitsentfaltung vom Schutzbereich des allgemeinen Persönlichkeitsrechts erfaßt ist. Ein Anhaltspunkt zur Beantwortung dieser Frage könnte dabei einem Vergleich mit dem Schweizer Recht zu entnehmen sein.

a) Vergleich mit dem Schweizer Recht

Im Schweizer Recht ist in Art. 28 Abs. 1 ZGB der Schutz des Persönlichkeitsrechts gesetzlich normiert. Danach kann, wer in seiner Persönlichkeit widerrechtlich verletzt wird, zu seinem Schutz gegen jeden, der an der Verletzung mitwirkt, den Richter anrufen. Gem. Art. 28 Abs. 1 ZGB, Art. 28a Abs. 1, 3 i. V. m. Art. 41 OR kann der Betroffene Unterlassung der Verlet-

---

1097 Vgl. auch *Haas/Reimann*, in Akademieschrift 52, S. 31, 36.

1098 § 1004 BGB gewährt Unterlassungsansprüche nicht nur bei einer Beeinträchtigung des Eigentums, sondern auch bei einer Beeinträchtigung der übrigen durch § 823 Abs. 1 BGB geschützten Rechtsgüter.; vgl. *Staudinger-Gursky*, § 1004, Rn. 15 f.; *Palandt-Bassenge*, § 1004, Rn. 4.

1099 BGHZ, 26, 349 ff.; BGH, WRP 2000, 746, 749; *Erman-Ehmann*, Anhang zu § 12, Rn. 5; *Palandt-Thomas*, § 823, Rn. 176; *Vieweg*, in Vermarktungsrechte im Sport, S. 95, 143 f.

1100 BVerfGE 34, 269, 281; BGHZ 13, 334 ff.; 24, 72, 76, 78; BGH, WRP 2000, 746, 749; *Palandt-Thomas*, § 823, Rn. 175 ff.; *Jauernig-Teichmann*, § 823, Rn. 65 ff.

zung bzw. Ersatz für die ihm aufgrund der Verletzung entstandenen Schäden verlangen[1101]. Der schweizerische Gesetzgeber hat dabei bewußt davon abgesehen, den Begriff der Persönlichkeit in Art. 28 Abs. 1 ZGB in all seinen möglichen Facetten gesetzlich zu definieren[1102]. Vergleichbar mit der Rechtslage in Deutschland bleibt es daher dem Schrifttum sowie der Rechtsprechung überlassen, Art und Umfang des Persönlichkeitsschutzes zu konkretisieren[1103]. Der Persönlichkeitsschutz umfaßt dabei die »wesentlichen Werte der Person«. Hierzu zählen unter anderem Leib und Leben, psychische Unversehrtheit, die Ehre, die Privat- und Geheimsphäre sowie die Entfaltungsfreiheit auf privater und beruflicher Ebene[1104].

Da dem Persönlichkeitsschutz auch die private und berufliche Entfaltungsfreiheit unterfällt, ist die Möglichkeit, sich sportlich zu betätigen und an Wettkämpfen teilnehmen zu können, durch Art. 28 ZGB geschützt[1105]. Unberechtigte Sperren, die Nichtzulassung zu Wettkämpfen o. ä. Maßnahmen, die Sportler rechtswidrig bei der Ausübung ihrer Sportart behindern, verstoßen mithin gegen das durch Art. 28 ZGB geschützte Persönlichkeitsrecht und können zu Unterlassungs- bzw. Schadensersatzansprüchen führen[1106]. Bei einem so weit gefaßten Persönlichkeitsschutz könnte auch die unberechtigte Weigerung des Verbandes, mit einem Sportler eine Athleten- bzw. Lizenzvereinbarung zu schließen bzw. die Vorenthaltung von Verbandsleistungen und -einrichtungen, wenn der betroffene Sportler hierdurch an der Teilnahme am organisierten Sport gehindert wird, das Persönlichkeitsrecht verletzen und damit Schadensersatz- bzw. Unterlassungsansprüche begründen.

1101 *Honsell/Vogt/Geiser-Meili*, Schweizerisches Zivilgesetzbuch I, Art. 28a, Rn. 2, 16.

1102 *Honsell/Vogt/Geiser-Meili*, Schweizerisches Zivilgesetzbuch I, Art. 28, Rn. 17; *Baddeley*, in Doping: Realität und Recht, S. 307, 314.

1103 *Baddeley*, in Doping: Realität und Recht, S. 307, 314 f.; vgl. auch *Haas/Prokop*, JR 1998, 45, 48.

1104 *Honsell/Vogt/Geiser-Meili*, Schweizerisches Zivilgesetzbuch I, Art. 28, Rn. 17 ff.; *Baddeley*, in Doping: Realität und Recht, S. 307, 314 f.

1105 Bern Richteramt III, SJZ 1988, 85, 87; St. Gallen Kantonsgericht, SJZ 1991, 284, 285; *Baddeley*, in Doping: Realität und Recht, S. 307, 314 ff. mwN; *Honsell/Vogt/Geiser-Meili*, Schweizerisches Zivilgesetzbuch I, Art. 28, Rn. 16 ff., 31.

1106 Bern Richteramt III, SJZ 1988, 85, 87 f.; St. Gallen Kantonsgericht, SJZ 1991, 284, 285 f.; BG, SpuRt 1995, 211 f.; *Baddeley*, in Doping: Realität und Recht, S. 307, 318 ff.

b) Rechtslage in Deutschland

Fraglich ist aber, ob nach dem Vorbild des schweizerischen Rechts auch im deutschen Recht der Schutzbereich des allgemeinen Persönlichkeitsrechts so weit reicht, daß von diesem auch das Recht auf freie (wirtschaftliche) Selbstentfaltung bzw. die allgemeine Handlungsfreiheit erfaßt sind. Ist dies der Fall, so wäre auch die aktive Beteiligung eines Sportlers am organisierten Sport durch das allgemeine Persönlichkeitsrecht geschützt.

Für eine weite, auch die Handlungsfreiheit bzw. das Recht auf freie (wirtschaftliche) Selbstentfaltung umfassende Ausdehnung des Schutzbereichs des allgemeinen Persönlichkeitsrechts finden sich in Rechtsprechung und Schrifttum verschiedene Ansätze[1107]. So wird teilweise sogar die Forderung erhoben, neben dem allgemeinen Persönlichkeitsrecht ein wirtschaftliches Persönlichkeitsrecht zu etablieren. Um einen umfassenden Schutz der wirtschaftlichen Betätigung zu garantieren, soll dabei die Unternehmensbezogenheit des »Rechts am Unternehmen« aufgegeben werden[1108]. Danach wäre nicht nur die wirtschaftliche Tätigkeit des Unternehmers, sondern etwa auch diejenige der Verbraucher[1109] bzw. jeder wirtschaftlich tätigen Person unabhängig von der Inhaberschaft einer verdinglichten Einheit materieller und immaterieller Betriebsmittel[1110] geschützt. Der durch das allgemeine und das wirtschaftliche Persönlichkeitsrecht als sonstige Rechte i. S. des § 823 Abs. 1 BGB gewährte Schutz wäre dem durch Art. 28 Abs. 1 ZGB im schweizerischen Recht garantierten Persönlichkeitsschutz insoweit gleichwertig.

Die Aufspaltung des Persönlichkeitsrechts, in ein, allein die nichtwirtschaftlichen Interessen schützendes, allgemeines und die wirtschaftlichen Interessen schützendes wirtschaftliches Persönlichkeitsrecht, ist allerdings überwiegend auf Kritik gestoßen[1111]. Denn bereits das allgemeine Persönlichkeitsrecht sichert nicht nur ideelle, sondern auch kommerzielle Interes-

---

1107 BGHZ 81, 75, 79; 98, 94, 98; *Fikentscher*, Wirtschaftsrecht II, § 21 III 3, S. 112 f., § 22 I, S. 130 ff.; *Götting*, Persönlichkeitsrechte, S. 134 ff.; *Forkel*, in FS für K.H. Neumayer, S. 229, 242, 246; *Palandt-Thomas*, § 823, Rn. 177; *Hubmann*, Das Persönlichkeitsrecht, S. 175 ff.

1108 *Fikentscher*, Wirtschaftsrecht II, § 21 III 3, S. 112 f., § 22 I, S. 130 ff.

1109 *Fikentscher*, Wirtschaftsrecht II, § 21 III 3, S. 112, § 22 I, S. 133.

1110 Vgl. hierzu § 12 I 3.

1111 *Larenz/Canaris*, Schuldrecht Bd II/2 BT, § 80 II 6 a), S. 513, § 81 IV 2 a), S. 562; *Forkel*, in FS für K.H. Neumayer, S. 229, 243 f.; *Götting*, Persönlichkeitsrechte, S. 138 f.

sen[1112]. Zudem ist eine Aufspaltung des Persönlichkeitsschutzes rein tatsächlich nicht möglich, weil kommerzielle und ideelle Interessen häufig derart miteinander verwoben sind, daß sie nicht voneinander getrennt werden können[1113]. Trotz der gegen die Aufspaltung des Persönlichkeitsschutzes geäußerten Kritik, stößt das mit einem »wirtschaftlichen Persönlichkeitsrecht« verfolgte Anliegen, den Schutz der wirtschaftlichen Betätigung zu erweitern, teilweise auf Zustimmung. So soll etwa die wirtschaftliche Betätigung unabhängig von der Inhaberschaft eines Unternehmens als Bestandteil des allgemeinen Persönlichkeitsrechts geschützt sein[1114].

Für die Erfassung der (wirtschaftlichen) Handlungsfreiheit bzw. des Rechts auf freie (wirtschaftliche) Selbstentfaltung vom Schutzbereich des allgemeinen Persönlichkeitsrechts könnte dabei die Tatsache sprechen, daß das zivilrechtlich geschützte allgemeine Persönlichkeitsrecht aus Art. 1 GG und Art. 2 GG abgeleitet wird. Gerade die durch Art. 2 Abs. 1 GG garantierte freie Entfaltung der Persönlichkeit wird überwiegender Ansicht nach als Schutz der allgemeinen menschlichen Handlungsfreiheit verstanden. Daher genießt prinzipiell jede Form menschlichen Handelns grundrechtlichen Schutz vor staatlichen Beschränkungen[1115]. Ist die allgemeine Handlungsfreiheit mithin als Teil eines umfassenden verfassungsrechtlichen Persönlichkeitsschutzes geschützt[1116], ist fraglich, ob sich aufgrund der Anlehnung an die Art. 1, 2 GG der Umfang des zivilrechtlichen Persönlichkeitsschutzes unmittelbar aus den verfassungsrechtlich garantierten Standards ableiten läßt.

Mit dem allgemeinen Persönlichkeitsrecht als sonstiges Recht i. S. des § 823 Abs. 1 BGB besteht zwar ein Schutzinstrument mit dem Wertungen des verfassungsrechtlich garantierten Persönlichkeitsschutzes in das Privatrecht transferiert werden können[1117]. Denn nicht nur im Verhältnis der Bürger zum Staat, sondern auch im Umgang miteinander soll das Recht des Einzelnen auf Persönlichkeitsentfaltung und Achtung seiner Würde garantiert werden. Bei der Übertragung grundrechtlicher Wertungen in das Zivil-

---

1112 Vgl. hierzu BGH, WRP 2000, 746, 749 f.; WRP 2000, 754, 756; *Helle*, RabelsZ 60 (1996), 448, 454 ff.

1113 *Helle*, RabelsZ 60 (1996), 448, 454 ff.; *Forkel*, in FS für K.H. Neumayer, S. 229, 243 f.; *Götting*, Persönlichkeitsrechte, S. 138 f.

1114 *Forkel*, in FS für K.H. Neumayer, S. 229, 245 ff.; *Götting*, Persönlichkeitsrechte, S. 134 ff.

1115 BVerfGE, 6, 32, 36; 74, 129, 151 f.; 78, 232, 244; 80, 137, 152 f.; 90, 145, 171; *Baston-Vogt*, Persönlichkeitsrecht, S. 117 f.; v.*Münch/Kunig*, Art. 2, Rn. 12 ff.

1116 Vgl. ausführlich *Baston-Vogt*, Persönlichkeitsrecht, S. 117 ff.

1117 *Larenz/Canaris*, Schuldrecht Bd II/2 BT, § 80 II 6 a), S. 513; *Baston-Vogt*, Persönlichkeitsrecht, S. 127.

recht ist jedoch zu berücksichtigen, daß die Pflicht, Persönlichkeitsrechte Dritter zu schützen, nicht den Staat, sondern Personen trifft, die ihrerseits Träger der Grundrechte sind[1118]. Werden infolge der Übertragung grundrechtlicher Wertungen in das Zivilrecht bestimmte inhaltliche Maßstäbe des Persönlichkeitsschutzes und damit Ge- bzw. Verbote für den Umgang der Bürger miteinander statuiert, führt der auf diese Weise vermittelte Schutz zugleich zu einer Beschränkung der Freiheit jedes einzelnen Bürgers. Gerade bei einem Schutz der Handlungsfreiheit durch das allgemeine Persönlichkeitsrecht bedürfte jede Handlung eines Dritten, die die Handlungsfreiheit einer anderen Person als Träger des allgemeinen Persönlichkeitsrechts beschränkt, einer besonderen Rechtfertigung. Erforderlich wäre jeweils eine umfassende Abwägung der gegenseitigen Interessen, was im Ergebnis zu einer weitgehenden Verrechtlichung der Beziehungen der Privatpersonen untereinander führen könnte.

Da jede Person sowohl Träger als auch Adressat des zivilrechtlichen Persönlichkeitsschutzes ist, beschränkt also jede Erweiterung des Schutzbereichs des allgemeinen Persönlichkeitsrechts tendenziell zugleich das Recht des Einzelnen auf Persönlichkeitsentfaltung. Wollte man die Handlungsfreiheit als solche durch das allgemeine Persönlichkeitsrecht schützen, führte das letztendlich zu einer weitgehenden Beschränkung der allgemeinen Handlungsfreiheit. Ein Schutz der allgemeinen Handlungsfreiheit würde sich folglich unmittelbar gegen die allgemeine Handlungsfreiheit selbst richten[1119]. Anders als im Verhältnis der Bürger zum Staat ist der Schutz der allgemeinen Handlungsfreiheit im Zivilrecht daher nicht geeignet, das Recht auf freie Persönlichkeitsentfaltung effektiv zu gewährleisten. Die Funktion des zivilrechtlichen Persönlichkeitsschutzes spricht mithin gegen einen den verfassungsrechtlich garantierten Standards vergleichbaren zivilrechtlichen Schutz der allgemeinen Handlungsfreiheit.

Zudem ist fraglich, ob der Schutz der allgemeinen Handlungsfreiheit mit dem auf den drei Grundtatbeständen der §§ 823 Abs. 1, 823 Abs. 2, 826 BGB beruhenden Deliktsrecht[1120] vereinbar ist. Bei einem deliktischen Schutz der allgemeinen Handlungsfreiheit wäre jede Form menschlichen Handelns gegen rechtswidrige und schuldhafte Beeinträchtigungen geschützt. Ließe sich auf diesem Weg prinzipiell jede Interessenverletzung erfassen, würde über das allgemeine Persönlichkeitsrecht eine umfassende

1118 *Baston-Vogt*, Persönlichkeitsrecht, S. 127.

1119 *Baston-Vogt*, Persönlichkeitsrecht, S. 127 ff.; vgl. auch *Baumbach/Hefermehl*, UWG, Allg., Rn. 143.

1120 *Larenz/Canaris*, Schuldrecht Bd II/2 BT, § 75 I 3 a), S. 354.

deliktische Generalklausel statuiert werden[1121]. Der Gesetzgeber des BGB hat sich allerdings bewußt gegen die Schaffung einer »großen« Generalklausel entschieden, wonach jeder, der einem anderen rechtswidrig und schuldhaft einen Schaden zufügt, zum Schadensersatz verpflichtet ist[1122]. Statt dessen beruht das Deliktsrecht auf verschiedenen tatbestandlich präzisierten Einzeltatbeständen. So schützt § 823 Abs. 1 BGB nur ganz bestimmte Rechtsgüter und subjektive Rechte, wie etwa Leben, Gesundheit und Eigentum[1123]. Sie nehmen in der geltenden Rechtsordnung nicht nur einen besonders hohen Rang ein, sondern zeichnen sich durch Zuweisungsgehalt und Ausschlußfunktion aus[1124]. Da diese Rechtsgüter eine gegenständliche Verkörperung oder zumindest eine sozialtypische Offenkundigkeit[1125] aufweisen, haben sie relativ klare tatbestandliche Konturen. Einem potentiellen Schädiger ist es dadurch möglich, die Gefahr einer Verletzung fremder Rechtsgüter zu erkennen und sein Verhalten zur Vermeidung von Schädigungen entsprechend zu steuern[1126]. Die Begrenzung des deliktischen Schutzes in § 823 Abs. 1 BGB auf verkörperte bzw. sozialtypisch offenkundige Rechtsgüter trägt daher erheblich zum Schutz der allgemeinen Handlungsfreiheit bei[1127].

Infolge der Beschränkung des deliktischen Schutzes in § 823 Abs. 1 BGB auf die Verletzung tatbestandlich präzisierter Rechtsgüter steht der zivilrechtliche Schutz des allgemeinen Persönlichkeitsrechts in einem Spannungsverhältnis. Einerseits bedarf es aufgrund der verfassungsrechtlichen Wertentscheidungen auch im Zivilrecht eines Persönlichkeitsschutzes. Andererseits fehlt dem Persönlichkeitsrecht als solchem die sozialtypische Offenkundigkeit nach außen, die für die in § 823 Abs. 1 BGB geschützten Rechtsgüter typisch und daher zugleich Anknüpfungspunkt für den Schutz

---

1121 *Larenz/Canaris*, Schuldrecht Bd II/2 BT, § 76 II 2 a), S. 385; *Baston-Vogt*, Persönlichkeitsrecht, S. 129.

1122 Hierin ist ein wesentlicher Unterschied zwischen dem schweizerischen und dem deutschen Haftungsrecht zu sehen. So ist nach Art. 41 OR zum Ersatz verpflichtet, wer einem anderen widerrechtlich Schaden zufügt, sei es mit Absicht, sei es aus Fahrlässigkeit.

1123 MünchKomm-*Mertens*, Vor §§ 823-853, Rn. 2; *Medicus*, Schuldrecht II BT, Rn. 739 ff., S. 364 ff.; *Larenz/ Canaris*, Schuldrecht Bd II/2 BT, § 75 I 3 a), S. 354 f.; *Canaris*, in FS für K. Larenz, S. 27, 35 ff.

1124 *Larenz/Canaris*, Schuldrecht Bd II/2 BT, § 75 I 3 a), S. 354 f.; § 76 I 1, S. 373 ff.; *Canaris*, in FS für K. Larenz, S. 27, 31.

1125 Vgl. zum Begriff »sozialtypische Offenkundigkeit« *Fabricius*, AcP 160 (1961), 273, 290 f.

1126 *Larenz/Canaris*, Schuldrecht Bd II/2 BT, § 75 I 3 a), S. 355, § 76 I 1, S. 373 ff.; *Canaris*, in FS für K. Larenz, S. 27, 31.

1127 *Canaris*, in FS für K. Larenz, S. 27, 36 ff.

eines Rechtsguts als »sonstiges Recht« i. S. des § 823 Abs. 1 BGB ist[1128]. Um das System der §§ 823 ff. BGB nicht konturlos auszuweiten, bedarf es einer tatbestandlichen Präzisierung des Persönlichkeitsrechts[1129]. Neben einer im Einzelfall vorzunehmenden Interessenabwägung[1130] ist der Schutz des allgemeinen Persönlichkeitsrechts daher auf Beeinträchtigungen zu beschränken, die in einen dem Inhaber ausschließlich zugewiesenen Herrschaftsbereich eingreifen[1131]. Dieser dem Einzelnen zugewiesene und nach außen erkennbare Herrschaftsbereich kann einerseits aus einer gesetzlichen Regelung folgen, andererseits aber auch aus einer räumlich-gegenständlichen Verkörperung oder einer sozialtypischen Offenkundigkeit abzuleiten sein[1132]. Nur Ausprägungen der Persönlichkeit, die eine solche »Verdinglichung« aufweisen, sind mit den übrigen von § 823 Abs. 1 BGB geschützten Rechtsgütern vergleichbar und genießen insoweit deliktischen Schutz[1133]. Dies wird von der überwiegenden Ansicht etwa für das Recht am eigenen Bild, das Recht am gesprochenen Wort[1134], das Recht auf informationelle Selbstbestimmung, den Schutz der Privat-, Geheim- und Intimsphäre[1135] oder etwa den Schutz der persönlichen Ehre angenommen[1136].

Die allgemeine Handlungsfreiheit bzw. das Recht auf (wirtschaftliche) Selbstentfaltung sind freilich weder räumlich-gegenständlich verkörpert noch sozialtypisch offenkundig. Als geschütztes Rechtsgut wäre die allgemeine Handlungsfreiheit bzw. das Recht auf freie (wirtschaftliche) Selbstentfaltung für potentielle Schädiger nicht wahrnehmbar. Diese könnten daher ihr Verhalten zur Vermeidung von schädigenden Handlungen nicht entsprechend steuern, was letztendlich zu einer erheblichen Einschränkung der

---

1128 *Larenz/Canaris*, Schuldrecht Bd II/2 BT, § 80 I 1, S. 491; *Haas/Prokop*, JR 1998, 45, 48.

1129 *Canaris*, in FS für K. Larenz, S. 27, 38.

1130 BGHZ 24, 72, 80; NJW 1994, 124, 126; *Wenzel*, Wort- und Bildberichterstattung, 5.14, S. 128; *Jauernig-Teichmann*, § 823, Rn. 67; *Palandt-Thomas*, § 823, Rn. 184; *Helle*, RabelsZ 1996, 448, 451 f.; *Medicus*, Bürgerliches Recht, Rn. 615, S. 450.

1131 *Haas/Prokop*, JR 1998, 45, 48.

1132 *Larenz/Canaris*, Schuldrecht Bd II/2 BT, § 75 I 3 a), S. 354 f.; *Canaris*, in FS für K. Larenz, S. 27, 31; MünchKomm-*Mertens*, § 823, Rn. 123; *Haas/Reimann*, SpuRt 1999, 182, 184.

1133 Vgl. hierzu auch *Haas/Reimann*, SpuRt 1999, 182, 184.

1134 BVerfG, NJW 2000, 1021 f.; OLG Hamburg, GRUR 1989, 666.

1135 BVerfGE 27, 1, 6; 47, 46, 73; NJW 2000, 1021, 1022.

1136 Vgl. hierzu auch Saarl. OLG, SpuRt 1998, 243, 244; OLG Celle, SpuRt 1998, 245, 246; *Haas/Prokop*, JR 1998, 45, 48; *Haas/Reimann*, in Akademieschrift 52, S. 31, 40; *Wenzel*, Wort- und Bildberichterstattung, 5.15, S. 128 f.; *Palandt-Thomas*, § 823, Rn. 177 ff.; MünchKomm-*Schwerdtner*, § 12 Anh, Rn. 30 ff.; *Vieweg*, in RuS 20, S. 53, 77 f.

Handlungsfreiheit führen würde. Deshalb ist der Schutz der allgemeinen Handlungsfreiheit bzw. des Rechts auf freie (wirtschaftliche) Selbstentfaltung, trotz der Anerkennung eines zivilrechtlich geschützten allgemeinen Persönlichkeitsrechts als sonstiges Recht i. S. des § 823 Abs. 1 BGB, mit der Dogmatik des § 823 Abs. 1 BGB nicht zu vereinbaren[1137].

Ist die allgemeine Handlungsfreiheit bzw. das Recht auf freie (wirtschaftliche) Selbstentfaltung nicht als Ausprägung des allgemeinen Persönlichkeitsrechts geschützt, genießt die aktive Beteiligung eines Sportlers am organisierten Sport insoweit keinen deliktischen Schutz. Weder die Weigerung eines Verbandes, mit einem Sportler eine Athleten- bzw. Lizenzvereinbarung zu schließen, noch andere unzulässige Verbandsmaßnahmen, die den betroffenen Sportler »lediglich« bei der Sportausübung behindern, verletzen daher das allgemeine Persönlichkeitsrecht. Ansprüche eines Sportlers gegen den Verband wegen der Verletzung des allgemeinen Persönlichkeitsrechts bestehen daher nur bei Verbandsmaßnahmen, die eine tatbestandlich präzisierte Ausprägung des allgemeinen Persönlichkeitsrechts widerrechtlich beeinträchtigen.

5. Ansprüche wegen Verletzung des mitgliedschaftsähnlichen Verhältnisses

Die Vorenthaltung von Verbandsleistungen und -einrichtungen oder die Nichtzulassung zum organisierten Sport könnte hingegen unter einem anderen Gesichtspunkt zu Schadensersatzansprüchen der Sportler gegen den Verband aus § 823 Abs. 1 BGB führen. So genießt h. M. nach die Mitgliedschaft als sonstiges Recht i. S. des § 823 Abs. 1 BGB deliktischen Schutz[1138]. Im Lichte des Grundsatzes, daß der Schutz im mitgliedschafts-

1137 *Larenz/Canaris*, Schuldrecht Bd II/2 BT, § 75 I 3 b), S. 356, 80 II 6 a), S. 513; *Haas/Prokop*, JR 1998, 45, 48; vgl. auch *Baston-Vogt*, Persönlichkeitsrecht, S. 129 f.

1138 RGZ 100, 274, 278 f.; 158, 248, 255; BGHZ 110, 323, 334; OLG München, ZIP 1990, 1552, 1553; *K. Schmidt*, Gesellschaftsrecht § 21 V 4, S. 653 f.; *ders.*, JZ 1991, 157, 158 f.; MünchKomm-*Mertens*, § 823, Rn. 152; MünchKomm-*Reuter*, § 38, Rn. 16; *ders.*, in FS für Lange, S. 707, 710 ff.; *Habersack*, Mitgliedschaft, S. 139 ff.; *Reichert*, Handbuch des Vereins- und Verbandsrechts, Rn. 473, S. 152; *Haas/Prokop*, JR 1998, 45, 48 f.; *Linnenbrink/Hofmeister*, SpuRt 1996, 127, 129; *Götz/Götz*, JuS 1995, 106, 108 f.; *Larenz/Canaris*, Schuldrecht Bd II/2 BT, § 76 II 4 e), S. 394 f.; *Deutsch*, VersR 1991, 837, 839 ff.; *Hachenburg/Raiser*, GmbHG, 8. Aufl., § 14, Rn. 14.; a. A. *Hadding*, in FS für Kellermann, S. 91, 102 ff.; *Helms*, Vereinsmitgliedschaft, S. 76 ff., 120 f.; *Klink*, Mitgliedschaft, S. 135 ff.

ähnlichen Rechtsverhältnis nicht hinter dem Schutz zurückbleiben darf, den unmittelbare Verbands- bzw. Vereinsmitglieder genießen[1139], ist zu untersuchen, ob die aus dem mitgliedschaftsähnlichen Verhältnis fließende Rechtsposition in gleicher Weise wie die Mitgliedschaft als sonstiges Recht i. S. des § 823 Abs. 1 BGB geschützt ist[1140]. Hierfür spricht auf den ersten Blick sicherlich die Tatsache, daß die mitgliedschaftsähnliche Rechtsposition einer stillen Mitgliedschaft inhaltlich stark angenähert ist.

Zu berücksichtigen ist jedoch, daß das mitgliedschaftsähnliche Rechtsverhältnis dennoch rechtlich nicht als Mitgliedschaft i. S. der §§ 21 ff. BGB qualifiziert werden kann[1141]. Allein die Tatsache, daß zwei Rechtsverhältnisse einander ähnlich sind, zwingt freilich nicht ohne weiteres dazu, beide stets auch gleich zu behandeln. Vielmehr kommt ein deliktischer Schutz der mitgliedschaftsähnlichen Rechtsposition als sonstiges Recht i. S. des § 823 Abs. 1 BGB nur in Betracht, wenn sie diejenigen Merkmale aufweist, die den deliktischen Schutz der Mitgliedschaft begründen. Nachfolgend ist daher die Rechtsnatur der Mitgliedschaft näher zu beleuchten. Darüber, wie die Mitgliedschaft rechtlich zu qualifizieren ist, besteht bislang jedoch keine Einigkeit. So begreift die h. M. die Mitgliedschaft nicht nur als Rechtsverhältnis zwischen Mitglied und Verein, sondern zugleich auch als ein eigenständiges subjektives Recht[1142]. Die Qualifizierung der Mitgliedschaft als subjektives Recht ist freilich Bedingung für einen deliktischen Schutz der Mitgliedschaft. So setzt die Annahme eines sonstigen Rechts i. S. des § 823 Abs. 1 BGB nämlich voraus, daß es sich bei der in Frage stehenden Rechtsposition um ein subjektives Recht handelt[1143]. Zur Beantwortung der Frage, ob die mitgliedschaftsähnliche Rechtsbeziehung nicht nur ein Rechtsverhältnis, sondern die sich daraus ergebende Rechtsposition zugleich auch ein eigenständiges subjektives Recht ist, sind die Kriterien zu

---

1139 BGH, NJW 1995, 583, 586; *Haas/Prokop*, SpuRt 1998, 15, 17; *ders./Adolphsen*, NJW 1995, 2146, 2148.

1140 In diese Richtung weisen wohl die Ausführungen des LG Darmstadt, SpuRt 2001, 114, 115.

1141 Vgl. hierzu § 4 IV 2.

1142 *K. Schmidt*, Gesellschaftsrecht, § 19 I 3, S. 549 f.; *ders.*, JZ 1991, 157, 158 mwN; *Lutter*, AcP 180 (1980), 84, 101 f.; MünchKomm-*Reuter*, § 38, Rn. 10; *Habersack*, Mitgliedschaft, S. 98; *Erman-Westermann*, § 38, Rn. 1; *Hachenburg/Raiser*, GmbHG, 8. Aufl., § 14, Rn. 13.; *Röttger*, Kernbereichslehre, S. 58 ff.; a. A. *Soergel-Hadding*, § 38, Rn. 3 ff.; *ders.*, in FS für A. Kellermann, S. 91, 103 f.; *ders.*, in FS für E. Steindorff, S. 31, 36 ff.; *Helms*, Vereinsmitgliedschaft, S. 64 ff.; *Klink*, Mitgliedschaft, S. 126.

1143 RGZ 51, 369, 373 f.; *Habersack*, Mitgliedschaft, S. 2 f., 21; *Hadding*, in FS für Kellermann, S. 91, 103 f.

bestimmen, nach denen ein komplexes Rechtsverhältnis wie die »Mitgliedschaft« die Qualität eines subjektiven Rechts erlangt.

a) Die Mitgliedschaft als subjektives Recht

Im Schrifttum ist der Frage nach den Wesensmerkmalen eines subjektiven Rechts nur vereinzelt nachgegangen worden. Als maßgeblich wurde dabei angesehen, daß man die mit der aus einem komplexen Rechtsverhältnis fließenden Rechtsstellung verbundenen Pflichten, Obliegenheiten oder Zuständigkeiten als gegenüber dem Kern dieser Rechtsstellung nur von untergeordneter Bedeutung betrachten kann[1144]. Legt man diesen Ansatzpunkt der Bestimmung der Rechtsnatur der Mitgliedschaft zugrunde, fragt sich, ob den einzelnen mitgliedschaftlichen Rechten und Pflichten eine gegenüber dem Kern der Mitgliedschaft als Stellung innerhalb des Vereins untergeordnete, dienende Funktion zukommt.

Einen entscheidenden Gesichtspunkt bildet in diesem Zusammenhang die Funktion der organisationsrechtlichen Elemente der Mitgliedschaft. Hierzu zählen unter anderem das Stimmrecht sowie das Teilnahmerecht an der Mitgliederversammlung. So gehört die Teilhabe an der Willensbildung im Verein zu den wesentlichen Befugnissen eines Mitglieds. Im Unterschied zu einem gewöhnlichen Schuldvertrag sind die aus der Mitgliedschaft fließenden Rechte und Pflichten daher nicht statisch, sondern unterliegen einer dynamischen Fortentwicklung. Es liegt mithin in der Hand der Mitglieder, dem Vereinszweck entsprechend an der zukünftigen Entwicklung des Vereins gestaltend mitzuwirken. Diese den mitgliedschaftlichen Teilhaberechten innewohnende dynamische Komponente bildet einen grundlegenden Unterschied zwischen der aus dem mitgliedschaftlichen Rechtsverhältnis fließenden Stellung und derjenigen als Partei eines gewöhnlichen Schuldvertrages[1145].

Für die Qualifizierung der Mitgliedschaft als subjektives Recht spricht des weiteren das sogenannte Abspaltungsverbot[1146], wonach Mitgliedschaftsrechte von der Mitgliedschaft nicht trennbar sind[1147]. So ist es für gewöhnliche Schuldverhältnisse nämlich charakteristisch, daß aus diesen einzelne, von ihrem Entstehungstatbestand lösbare, subjektive Rechte – wie

---

1144 *Larenz*, BGB AT, 7. Aufl., § 12 III, S. 207; *Habersack*, Mitgliedschaft, S. 75; *Röttger*, Kernbereichslehre, S. 58 f.

1145 *Habersack*, Mitgliedschaft, S. 76 ff.; vgl. auch *Röttger*, Kernbereichslehre, S. 59 f.

1146 *Habersack*, Mitgliedschaft, S. 78 ff.; *Reuter*, AcP 197 (1997), 322, 324 f.

1147 BGHZ 3, 354, 357; *K. Schmidt*, Gesellschaftsrecht, § 19 I 4 a), S. 560.

etwa der gem. § 398 BGB übertragbare Anspruch auf Zahlung des Kaufpreises gem. § 433 Abs. 2 BGB – folgen. Demgegenüber sind die mitgliedschaftlichen Schutz- und Teilhaberechte ausschließlich auf die Mitgliedschaft selbst bezogen. Losgelöst von dem mitgliedschaftlichen Rechtsverhältnis käme diesen Befugnissen – im Unterschied etwa zu dem Anspruch aus § 433 Abs. 2 BGB – keine eigenständige Bedeutung zu. Die Schutz- und Teilhaberechte haben daher hinsichtlich der Mitgliedschaft lediglich eine dieser untergeordnete dienende Funktion. Neben den Schutz- und Teilhaberechten sind die mitgliedschaftlichen Treuepflichten ebenfalls untrennbar mit dem mitgliedschaftlichen Rechtsverhältnis verknüpft, indem sie ein notwendiges, dem Schutz der übrigen Mitglieder bzw. der gemeinsamen Zweckverfolgung dienendes Korrektiv der mit den Schutz- und Teilhaberechten einhergehenden mitgliedschaftlichen Gestaltungsmacht bilden[1148].

Charakteristisch für die Mitgliedschaft in einem Verband ist mithin die funktionale Einheit der mitgliedschaftlichen Rechte und Pflichten, die untrennbar mit dem mitgliedschaftlichen Rechtsverhältnis verbunden sind und eine der Stellung im mitgliedschaftlichen Rechtsverhältnis untergeordnete dienende Funktion haben[1149]. Gerade diese Bündelung mitgliedschaftlicher Rechte und Pflichten, die zu einer gegenständlichen Verselbständigung der Mitgliedschaft führt[1150], unterscheidet die Mitgliedschaft von gewöhnlichen Schuldverhältnissen aus denen unterschiedliche Rechte und Pflichten folgen, ohne daß die aus dem Vertrag fließende Rechtsstellung ein eigenständiges subjektives Recht bildet[1151]. Die Einheitlichkeit der Mitgliedschaft insgesamt sowie die organisationsrechtlichen Elemente, die dem einzelnen Mitglied Einflußmöglichkeiten auf die zukünftige Entwicklung des Verbandes gewähren, sprechen dafür, die Mitgliedschaft nicht nur als Rechtsverhältnis, sondern zugleich als subjektives Recht zu qualifizieren[1152]. Zudem wird auch der deliktische Schutz[1153] sowie die Übertragbarkeit[1154] der Mitgliedschaft als Ganzes als ein wesentliches Argument für die

---

1148 BGH, NJW 1995, 1739, 1742; *Habersack*, Mitgliedschaft, S. 93 ff. mwN.

1149 *Habersack*, Mitgliedschaft, S. 98; *Reuter*, AcP 197 (1997), 322, 324 f.; *Lutter*, AcP 180 (1980), 84, 101 f.; *Röttger*, Kernbereichslehre, S. 59 f.; *Flume*, AT Bd I/1, § 9, S. 125 ff., § 17, S. 349 ff.; *K. Schmidt*, JZ 1991, 157, 158.

1150 *Röttger*, Kernbereichslehre, S. 60; *Lutter*, AcP 180 (1980), 84, 100 f.

1151 Kritisch *Helms*, Vereinsmitgliedschaft, S. 72 ff.

1152 *Habersack*, Mitgliedschaft, S. 98; *Reuter*, AcP 197 (1997), 322, 324 f.; *Lutter*, AcP 180 (1980), 84, 101 f.; *Röttger*, Kernbereichslehre, S. 59 f.; *Flume*, AT Bd I/1, § 9, S. 125 ff., § 17, S. 349 ff.; *K. Schmidt*, JZ 1991, 157, 158.

1153 MünchKomm-*Reuter*, § 38, Rn. 10.

1154 *Röttger*, Kernbereichslehre, S. 60; MünchKomm-*Reuter*, § 38, Rn. 10; *ders.*, AcP 197 (1997), 322, 324 f.

Anerkennung der Mitgliedschaft als subjektives Recht vorgebracht[1155]. Dem widerspricht prinzipiell nicht der Umstand, daß gerade die Vereinsmitgliedschaft weder übertragbar noch vererblich ist[1156], da dies auf Besonderheiten der Vereinsverfassung beruht und nicht darauf zurückgeführt werden kann, daß die Vereinsmitgliedschaft kein subjektives Recht ist[1157]. Im Lichte dessen ist nachfolgend zu untersuchen, ob die mitgliedschaftsähnliche Rechtsposition in gleicher Weise wie die Mitgliedschaft als ein subjektives Recht qualifiziert werden kann.

b) Die mitgliedschaftsähnliche Rechtsposition als subjektives Recht

Sinn und Zweck der mit Abschluß einer Athleten- bzw. Lizenzvereinbarung begründeten mitgliedschaftsähnlichen Rechtsbeziehung ist es, die Sportler hinsichtlich der Regelgebundenheit den unmittelbaren Mitgliedern gleichzustellen. Mit der Unterwerfung sind die einzelnen Sportler nicht nur an das sportliche Regelwerk gebunden, sondern auch dem Verbandszweck als gemeinsamen Interesse verpflichtet. Infolgedessen obliegen den Sportlern sowohl auf den ideellen Haupt- als auch den wirtschaftlichen Nebenzweck gerichtete Treuepflichten, die mit denjenigen vergleichbar sind, die unmittelbaren Mitgliedern obliegen[1158]. Ebenso wie die Treuepflichten eines Mitglieds nicht vom mitgliedschaftlichen Rechtsverhältnis getrennt werden können, sind auch die einem Sportler aufgrund der vertraglichen Bindung an den Verbandszweck obliegenden Treuepflichten mit dem mitgliedschaftsähnlichen Rechtsverhältnis untrennbar verbunden. Auf den ersten Blick mag dies für eine der Mitgliedschaft vergleichbare funktionale Einheit der aus dem mitgliedschaftsähnlichen Rechtsverhältnis fließenden Rechte und Pflichten sprechen. Allein die Verfolgung des gemeinsamen Zwecks sowie die funktional auf die Zweckverfolgung gerichteten Pflichten genügen freilich nicht, das mitgliedschaftsähnliche Rechtsverhältnis als subjektives Recht zu qualifizieren. Denn ein wesentliches Argument für die Anerkennung der Mitgliedschaft als subjektives Recht sind die mit der mitgliedschaftlichen Rechtsstellung verbundenen organisationsrechtlichen

---

1155 Kritisch hierzu *Habersack*, Mitgliedschaft, S. 63 ff.; *Helms*, Vereinsmitgliedschaft, S. 71 f.

1156 *Sauter/Schweyer*, Der eingetragene Verein, Rn. 333, S. 249 f.; *Stöber*, Handbuch zum Vereinsrecht, Rn. 167 ff., S. 122.

1157 *K. Schmidt*, JZ 1991, 157, 158.

1158 Vgl. § 4 IV 3 b); § 12 I 1.

Elemente, die es jedem Mitglied grundsätzlich ermöglichen, entsprechend dem Satzungszweck, gestaltend an der zukünftigen Entwicklung des Verbandes mitzuwirken.

Ziel der vertraglichen Unterwerfung ist es zwar, die Nichtmitglieder partiell in die körperschaftlich geprägte Verbandsorganisation einzugliedern, um die Sportausübung, dem Verbandszweck folgend, der autonomen Regelungsbefugnis zu unterstellen[1159]. Die mit der Eingliederung begründete Rechtsstellung unterscheidet sich von der Mitgliedschaft allerdings dadurch, daß ihr organisationsrechtliche Elemente, wie sie typischerweise aus der mitgliedschaftlichen Rechtsbeziehung resultieren, grundsätzlich fremd sind[1160]. Besteht wegen der gemeinsamen Zweckverfolgung im Verhältnis zwischen Sportler und Verband jedoch eine Innengesellschaft, haben die Sportler dennoch zumindest bei Änderungen des Verbandszwecks, die auch das mitgliedschaftsähnliche Rechtsverhältnis betreffen, Informations-, Kontroll- bzw. Mitwirkungsbefugnisse[1161].

Im Unterschied zu den organisationsrechtlichen Elementen der Mitgliedschaft dienen diese Rechte allerdings weniger einer Teilhabe an der Willensbildung, um an der zukünftigen Entwicklung des Verbandes gestaltend mitwirken zu können, als vielmehr dem Schutz vor einer einseitigen Änderung wesentlicher Grundlagen der mitgliedschaftsähnlichen Rechtsbeziehung. Die Informations-, Kontroll- bzw. Mitwirkungsrechte der Sportler sind daher für die mitgliedschaftsähnliche Rechtsposition nicht wesensbestimmend, sondern nur ein Annex zu den, aus dem mitgliedschaftsähnlichen Rechtsverhältnis folgenden, wechselseitigen Rechten und Pflichten[1162]. Die vertraglich gebundenen Nichtmitglieder haben demzufolge keine den mitgliedschaftlichen Gestaltungsbefugnissen vergleichbaren Einflußmöglichkeiten auf die Willensbildung im Verband, so daß sie – im Unterschied zu den Mitgliedern – an der zukünftigen inhaltlichen Gestaltung ihrer Rechtsbeziehung zum Verband nicht mitwirken können. Unterscheidet aber gerade die Mitwirkung an der Willensbildung im Verband die Mitgliedschaft von der gewöhnlichen Stellung als Partei eines Schuldvertrages, so spricht das Fehlen von organisationsrechtlichen Elementen, die denen der Mitgliedschaft vergleichbar sind, gegen die Anerkennung der mitgliedschaftsähnlichen Rechtsposition als eigenständiges subjektives Recht.

1159 *Haas/Prokop*, JR 1998, 45, 46.

1160 Vgl. § 4 IV 2.

1161 Vgl. § 11 II.

1162 Vgl. allgemein zur Frage der Rechtsnatur der Stellung als Partei des Gesellschaftsvertrages einer Innengesellschaft *Habersack*, Mitgliedschaft, S. 101 ff.

Das Wesensmerkmal einer mitgliedschaftsähnlichen Rechtsbeziehung besteht vielmehr darin, daß die Sportler das sportliche Regelwerk anerkennen, um dem Verbandszweck folgend, einen Anspruch auf Teilnahme am organisierten Sportgeschehen zu erhalten. Allein die Tatsache, daß die Sportler mit der Unterwerfungserklärung dem Verbandszweck als gemeinsamen Interesse verpflichtet sind und ihnen infolgedessen Treuepflichten obliegen, unterscheidet das mitgliedschaftsähnliche Rechtsverhältnis dabei strukturell nicht wesentlich von anderen komplexen Schuldverhältnissen. So ist die mitgliedschaftsähnliche Rechtsbeziehung nämlich mit dem Rechtsverhältnis zwischen den Inhabern von Genußrechten und der genußrechtsemittierenden Gesellschaft vergleichbar, weil die Genußrechtsinhaber der Gesellschaft ebenfalls als Nichtmitglieder gegenüber stehen, denen Rechte eingeräumt werden, die den Mitgliedschaftsrechten ähnlich sind[1163]. Die Stellung als Partei des Genußrechtsvertrages verkörpert dabei selbst dann, wenn man das Genußrechtsverhältnis als stille Gesellschaft qualifiziert und der Zweck der emittierenden Gesellschaft insoweit zum gemeinschaftlichen Zweck erhoben wird[1164], kein eigenständiges subjektives Recht[1165].

Festzuhalten bleibt damit, daß ähnlich wie bei einem Genußrechtsverhältnis bei einem mitgliedschaftsähnlichen Rechtsverhältnis wechselseitige Leistungsansprüche von Sportler und Verband im Vordergrund stehen, so daß mögliche Beteiligungsrechte an bestimmten Verbandsentscheidungen, die infolge des gesellschaftsrechtlich geprägten Innenverhältnisses bestehen können, dahinter völlig zurücktreten. Selbst dann, wenn die aus einer Athleten- bzw. Lizenzvereinbarung resultierenden Rechte und Pflichten eine untrennbare Einheit bilden, fehlt es demzufolge an einem wesentlichen Aspekt, der die Mitgliedschaft von der Stellung als Partei eines gewöhnlichen Schuldverhältnisses abhebt. Trotz der Tatsache, daß die mitgliedschaftsähnliche Rechtsbeziehung inhaltlich einer stillen Mitgliedschaft angenähert ist, sind die aus diesem Rechtsverhältnis resultierenden Rechte und Pflichten somit nicht in einer Rechtsposition gegenständlich verselbständigt. Im Unterschied zur Mitgliedschaft kann die mitgliedschaftsähnliche Rechtsstellung demzufolge nicht als ein eigenständiges subjektives Recht qualifiziert werden. Die Rechtsstellung der Sportler als Partei einer

1163 Vgl. § 4 IV 2 c) bb).

1164 Vgl. hierzu die Nachweise unter § 4 IV 2 c) bb).

1165 So wohl *Habersack*, Mitgliedschaft, S. 78, 102 Fn. 186; vgl. auch BGH, NJW 1993, 57, 58, 59, 62; Der BGH sieht darin, daß Inhabern von Genußrechten keine mitgliedschaftlichen Mitwirkungsrechte zustehen, einen entscheidenden Unterschied der schuldrechtlichen Gläubigerstellung eines Genußrechtsinhabers zu der mitgliedschaftlichen Stellung eines Aktionärs.

Athleten- bzw. Lizenzvereinbarung genießt mithin keinen Schutz als sonstiges Recht i. S. des § 823 Abs.1 BGB.

6. Ansprüche wegen Verletzung des kartellrechtlichen Mißbrauchs- bzw. Diskriminierungsverbots

Vermarktungsbeschränkungen, Nominierungsentscheidungen oder sportgerichtliche Maßnahmen, die auf einer vom Sportler vertraglich anerkannten Regelung beruhen, die Nichtzulassung zu Wettkämpfen oder ähnliche Maßnahmen oder Unterlassungen, die einen Sportler bei der Sportausübung oder wirtschaftlichen Verwertung seiner sportlichen Leistung behindern, könnten aber aus kartellrechtlicher Sicht zu Schadensersatzansprüchen führen. Sind die Sportverbände als marktbeherrschende Unternehmen sowie die Sportler als Unternehmen i. S. des GWB zu qualifizieren[1166], so kommen als Anspruchsgrundlagen die §§ 19 f. GWB i. V. m. § 33 GWB in Betracht. Nicht jede Entscheidung eines Sportverbandes, die die Betätigungsfreiheit eines Sportlers beschränkt, ist jedoch einzelfallbezogen einer umfassenden Interessenabwägung i. S. der §§ 19 f. GWB[1167] zugänglich.

So sind aus kartellrechtlicher Sicht Beschränkungen der wettbewerblichen Betätigungsfreiheit nicht zu beanstanden, die eine marktschaffende bzw. -öffnende Funktion aufweisen[1168]. Daher sind Beschränkungen, die der Organisation und Durchführung eines geordneten Wettkampfs, der Gewährleistung der Chancengleichheit oder der Finanzierung der ideellen Verbandstätigkeit dienen, nicht zu beanstanden, wenn sie für das ordnungsgemäße Funktionieren des organisierten Sportgeschehens erforderlich sind. Nicht kartellrechtswidrig sind etwa Nominierungsentscheidungen, die an die sportliche Leistungsfähigkeit anknüpfen oder Vermarktungsbeschränkungen, die zum Schutz gesamtsportlicher Belange erforderlich sind. Haben Regelungen einer Athleten- bzw. Lizenzvereinbarung und darauf beruhende Entscheidungen hingegen keine marktöffnende Funktion und halten sie einer Interessenabwägung[1169] unter Berücksichtigung der Zielsetzung des GWB nicht stand, so können sich aus den §§ 19 f. GWB i. V. m. § 33 GWB Schadensersatz- bzw. Unterlassungsansprüche der Sportler gegen den Verband ergeben. Dies ist etwa der Fall, wenn der Sportverband die

1166 Vgl. § 9 II 1 a).
1167 Vgl. zu den tatbestandlichen Voraussetzungen der §§ 19 f. GWB die Ausführungen unter § 9 II 1.
1168 Vgl. hierzu § 9 II 1 b).
1169 Vgl. zur Inhaltskontrolle die Ausführungen unter § 9 II.

Sportler vertraglich zur Mitwirkung an Vermarktungsmaßnahmen des Verbandes verpflichtet und hierdurch die wirtschaftliche Betätigungsfreiheit der Sportler unverhältnismäßig beschränkt wird.

7. Zusammenfassung

In Fällen, in denen der Verband auf einem unzulässigen Regelungsanspruch beharrt und diesen den Sportlern gegenüber auch tatsächlich durchsetzt, können dem Grunde nach Abwehr- bzw. Schadensersatzansprüche der Sportler bestehen. Anknüpfungspunkt für derartige Ansprüche ist etwa die Verletzung von Treuepflichten, die dem Verband aufgrund einer Athleten- bzw. Lizenzvereinbarung obliegen. Zudem kann auch die Mißachtung der Pflicht zum Vertragsschluß oder ein Verstoß gegen das kartellrechtliche Mißbrauchs- bzw. Diskriminierungsverbot Abwehr- bzw. Schadensersatzansprüche der Sportler begründen. Ist ein Sportverband dem Grunde nach zum Schadensersatz verpflichtet, so stellt sich abschließend die Frage, in welchem Umfang der Verband dem geschädigten Sportler Schadensersatz zu leisten hat.

II. Umfang des zu ersetzenden Schadens

Mit der zunehmenden Professionalisierung und Kommerzialisierung des Sports bildet zumindest für Berufs- und Spitzensportler die Teilnahme am organisierten Sportgeschehen immer häufiger die Lebensgrundlage. Wird ein Sportler zu Unrecht an der Wettkampfteilnahme gehindert, weil ihn der Verband bei der Nominierung zu einem Wettkampf ungerechtfertigter Weise nicht berücksichtigt, einen Dopingverstoß unverhältnismäßig sanktioniert, keine Athleten- bzw. Lizenzvereinbarung abschließt oder andere Verbandsleistungen unberechtigterweise vorenthält, so kann das zu erheblichen finanziellen Einbußen zu Lasten des betroffenen Sportlers führen. Die Berechnung des dem Sportler durch das schädigende Verhalten entstandenen Erwerbsschadens bereitet jedoch nicht selten beträchtliche Schwierigkeiten. So lassen sich entgangene Einnahmen insbesondere dann, wenn sie – wie etwa Siegprämien – erfolgsabhängig sind, oftmals kaum beziffern[1170].

1170 Vgl. hierzu LG München I, SpuRt 2001, 238 ff.

1. Gesetzliche Ausgangslage

Nach § 249 BGB hat der Schädiger grundsätzlich den Zustand herzustellen, der bestehen würde, wenn das zum Schadensersatz verpflichtende Ereignis nicht eingetreten wäre. Gem. § 252 S. 1 BGB[1171] ist von der Ersatzpflicht auch der entgangene Gewinn erfaßt. Zu ersetzen sind daher nicht nur durch das schädigende Ereignis eingetretene Vermögenseinbußen, sondern auch ausgebliebene Vermögensmehrungen. Dabei sind alle Einnahmequellen unabhängig davon zu berücksichtigen, ob zum Zeitpunkt des schädigenden Ereignisses bereits ein rechtlich gesicherter Anspruch auf die Einnahmen bestand oder nicht. Ersatzfähig sind daher auch entgangene Einnahmen aus solchen Verträgen, die der Geschädigte ohne das schädigende Ereignis geschlossen hätte[1172]. Begehrt der Geschädigte Ersatz für eine ausgebliebene Vermögensmehrung, kommt ihm im Hinblick auf die Frage des »Ob« sowie hinsichtlich der »Höhe« des eingetretenen Schadens die Darlegungs- und Beweiserleichterung des § 252 S. 2 BGB zugute[1173]. Hiernach muß der Geschädigte nur darlegen, daß die Vermögensmehrung nach dem »gewöhnlichen Lauf der Dinge« bzw. »nach den besonderen Umständen« mit Wahrscheinlichkeit eingetreten wäre. Nicht erforderlich ist hingegen die volle Gewißheit, daß ein Gewinn gezogen worden wäre. Ausreichend ist vielmehr der Nachweis einer gewissen Wahrscheinlichkeit, die sowohl für den Eintritt als auch für die Höhe des entgangenen Gewinns spricht[1174].

Neben § 252 S. 2 BGB gewährt § 287 Abs. 1 S. 1 ZPO ebenfalls eine Darlegungs- und Beweiserleichterung. Hiernach kann das Gericht nach freier Überzeugung entscheiden, ob ein Schaden entstanden und wie hoch dieser zu beziffern ist. In ihrer praktischen Auswirkung bestehen indes regelmäßig keine nennenswerten Unterschiede zwischen beiden Vorschriften[1175]; denn soweit das Gericht nach »freier Überzeugung« gem. § 287 Abs. 1 S. 1 ZPO über das Entstehen und die Höhe des Schadens entscheidet, wird es kaum einmal zu einem anderen Ergebnis gelangen, als wenn auf das gem. § 252

1171 § 252 S. 1 BGB hat jedoch nur klarstellenden Charakter, da sich die Ersatzfähigkeit des entgangenen Gewinns bereits aus § 249 BGB selbst ergibt.; vgl. MünchKomm-*Oetker*, § 252, Rn. 1; *Medicus*, DAR 1994, 442.

1172 LG München I, SpuRt 2001, 238, 241 f.; *Grunsky*, DAR 1988, 400, 401; *Erman-Schiemann*, § 842, Rn. 3.

1173 BGHZ 74, 221, 224; *v.Hoyningen-Huene/Boemke*, NJW 1994, 1757.

1174 BGHZ 29, 393, 397 f.; *v.Hoyningen-Huene/Boemke*, NJW 1994, 1757 f.

1175 Auf die Unterschiede zwischen den beiden Vorschriften kann an dieser Stelle jedoch nicht näher eingegangen werden.; vgl. hierzu *v.Hoyingen-Huene/Boemke*, NJW 1994, 1757, 1760 ff.

S. 2 BGB erforderliche Wahrscheinlichkeitsurteil abgestellt wird[1176]. Nach beiden Vorschriften ist für die Bestimmung des wahrscheinlich zu erwartenden Gewinns nämlich die Darlegung und der Nachweis konkreter Ausgangs- und Anknüpfungstatsachen erforderlich, an deren Darlegung jedoch keine zu hohen Anforderungen gestellt werden dürfen[1177]. Eigenständige Bedeutung kommt § 287 Abs. 1 S. 1 ZPO dann zu, wenn sich die Höhe des entgangenen Gewinns nicht mit hinreichender Wahrscheinlichkeit ermitteln läßt. In dieser Situation gestattet es § 287 Abs. 1 S. 1 ZPO dem Gericht, auf Grundlage unstreitiger oder nachgewiesener Ausgangs- und Anknüpfungstatsachen, die Höhe des entgangenen Gewinns nach freier Überzeugung zu schätzen[1178]. Im Umkehrschluß folgt hieraus, daß für eine Schätzung nach § 287 Abs. 1 S. 1 ZPO dann kein Raum ist, wenn der entgangene Gewinn mit hinreichender Wahrscheinlichkeit nach § 252 S. 2 BGB ermittelt werden kann. § 287 Abs. 1 S. 1 ZPO ist insoweit gegenüber § 252 S. 2 BGB subsidiär[1179].

Trotz der Darlegungs- und Beweiserleichterungen ist der Nachweis des konkreten Schadensumfangs in der Regel nicht unproblematisch. Das beruht letztlich darauf, daß die Attraktivität und der besondere Reiz jeder Sportart von der Ungewißheit lebt, welcher Sportler bzw. welche Mannschaft den Wettkampf gewinnen wird. Hängen die Einnahmen der Sportler aber vielfach vom sportlichen Erfolg unmittelbar (Siegprämien) bzw. zumindest mittelbar (Werbe- und Sponsoreneinnahmen) ab, führt genau die dem Sport immanente Ungewißheit dazu, daß entgangene Einnahmen von Sportlern kaum zu prognostizieren sind. Die Berechnung des Umfangs des zu ersetzenden Schadens unselbständig tätiger Sportler ist daher vor allem dann problematisch, wenn Ersatz für entgangene Zusatzleistungen beansprucht wird, die von der Teilnahme am Wettkampf bzw. vom Erfolg abhängig sind. Geht es hingegen um den Ersatz von Lohn- und Gehaltsansprüchen, dient als Berechnungsgrundlage die aktuelle Höhe des Entgelts, wo-

---

1176 MünchKomm-*Oetker*, § 252, Rn. 30 mwN; *Staudinger-Schiemann*, § 252, Rn. 18; *Soergel-Mertens*, § 252, Rn. 12.

1177 BGH, WM 1990, 281, 282; NJW 1993, 2673; NJW 1995, 1023 f.; NJW 1998, 1633, 1634; NJW 1998, 1634, 1635; *Soergel-Mertens*, § 252, Rn. 12; *Erman-Kuckuk*, § 252, Rn. 10; *Palandt-Heinrichs*, § 252, Rn. 5 mwN.

1178 BGH, NJW 1995, 1023 f.; *Medicus*, DAR 1994, 442, 445; *v.Hoyningen-Huene/Boemke*, NJW 1994, 1757, 1760 f.

1179 *v.Hoyningen-Huene/Boemke*, NJW 1994, 1757, 1760 f.; *Baumbach/Hartmann*, ZPO, § 287, Rn. 2.

bei übliche Gehaltssteigerungen zu berücksichtigen sind[1180]. Insoweit bestehen regelmäßig keine nennenswerten Schwierigkeiten. Wesentlich problematischer ist hingegen die konkrete Schadensberechnung selbständig tätiger Athleten, deren Einnahmen - beispielsweise in Form von Antritts- oder Siegprämien - in einem viel größeren Maße vom sportlichen Erfolg abhängig sind, als diejenigen unselbständig tätiger Sportler. Zu untersuchen ist daher, ob der Schaden nicht zumindest für einzelne Schadenspositionen abstrakt bestimmt werden kann oder trotz der Schwierigkeiten eine konkrete Schadensberechnung zu erfolgen hat.

2. Abstrakte Schadensberechnung

a) Die Arbeitskraft als ersatzfähiger Vermögenswert

Ein Ansatzpunkt für eine abstrakte Schadensberechnung besteht darin, das sportliche Leistungspotential eines Athleten als Vermögenswert anzusehen, für den Geldersatz zu leisten ist. Voraussetzung hierfür ist jedoch, daß die Arbeitskraft einer verletzten Person einen in Geld ersatzfähigen Vermögenswert darstellt. Hierüber besteht in Literatur und Rechtsprechung bislang keine Einigkeit[1181]. Soweit die Arbeitskraft als vermögenswertes Gut angesehen wird, soll dem Geschädigten als Mindestschaden der fiktive Verdienst, den dieser bei unselbständiger Tätigkeit erzielt hätte, unabhängig davon zu ersetzen sein, ob er seine Arbeitskraft erwerbswirtschaftlich eingesetzt hätte oder nicht. Der Nachweis eines höheren Schadens soll dem Geschädigten darüber hinaus weiterhin möglich bleiben[1182]. Für die Anerkennung des sportlichen Leistungspotentials als ein vermögenswertes Gut könnte auf den ersten Blick die stetig zunehmende Kommerzialisierung im Sport sprechen. Freilich rechtfertigt dieses Argument keine Sonderbehandlung des sportlichen Leistungspotentials gegenüber der Arbeitskraft anderer Personen; denn es ist keine Besonderheit des Sports, sondern vielmehr allgemein üblich, daß Personen auf besondere Fähigkeiten bzw. Kenntnisse

---

1180 Vgl. allgemein zur Berechnung *Staudinger-Schiemann*, § 252, Rn. 27 ff.; MünchKomm-*Oetker*, § 252, Rn. 18 f.; *Erman-Schiemann*, § 842, Rn. 5; *Stürner*, JZ 1984, 461.

1181 Bejahend MünchKomm-*Oetker*, § 249, Rn. 77 ff. mwN; *Grunsky*, DAR, 1988, 400, 403 f.; *Hagen*, JuS 1969, 61, 66 ff.; *Esser/Schmidt*, Schuldrecht I AT Tb 2, § 31 II 2 d, S. 187 ff.; ablehnend BGH, NJW 1970, 1411 f.; NJW-RR 1992, 852; *Erman-Kuckuk*, § 249 Rn. 53; *Knobbe-Keuk*, VersR 1976, 401, 406; *Staudinger-Medicus*, 12 .Aufl. 1983, § 252, Rn. 29 ff., 48; *Palandt-Heinrichs*, Vorbem v § 249, Rn. 37.

1182 *Grunsky*, DAR 1988, 400, 403 f.

in ihrem Berufsleben bauen und diese für erwerbswirtschaftliche Zwecke nutzen. Insoweit unterscheidet sich die berufsmäßige Ausübung einer Sportart nicht von anderen Berufszweigen.

Gegen eine Qualifizierung der Arbeitsleistung als Vermögenswert wird allgemein vorgetragen, daß der zu ersetzende Schaden nicht schon im Wegfall bzw. in der Verminderung der Arbeitskraft liegt, sondern ein Schaden erst dann entsteht, wenn sich der Ausfall der Arbeitskraft im Erwerbsergebnis niederschlägt[1183]. So werde der Gewinn bei selbständiger Tätigkeit nämlich nicht nur vom Einsatz der Arbeitskraft, sondern vielmehr auch von anderen Faktoren beeinflußt. Hierzu zählen die wirtschaftlichen Rahmenbedingungen sowie die Bereitschaft, unternehmerische Wagnisse und Risiken einzugehen und Chancen zu nutzen. Daher lasse sich der Geldwert des unternehmerischen Erfolges nach der Verkehrsauffassung nicht objektiv nach dem Maß der Arbeitskraft festsetzen[1184], so daß der entgangene Gewinn nicht in verlorener oder geminderter Arbeitskraft gemessen werden kann.

Letztendlich verfolgen die Befürworter einer Kommerzialisierung der menschlichen Arbeitskraft damit den Zweck, der Arbeitskraft einen Vermögenswert zuzuweisen, um feststellen zu können, was bei Einsatz der Arbeitskraft fiktiv als Gegenleistung von der Marktgegenseite erbracht worden wäre. Daraus folgt, daß der Kommerzialisierungsgedanke nur dann eine Erleichterung bei der Schadensberechnung bietet, wenn es einen Vergleichsmaßstab gibt, an dem gemessen werden kann, welcher »Marktwert« der Arbeitskraft zukommt. Bei einem verletzten, selbständig tätigen Klempnermeister kann als Vergleichsmaßstab der durchschnittliche Lohn, den ein unselbständig tätiger Klempner mit vergleichbarer Qualifikation erzielt, ohne weiteres herangezogen werden. Aus rein tatsächlichen Gründen läßt sich diese Art der Schadensbemessung jedoch nur schwer auf den Sportbereich übertragen. Denn im Unterschied zu vielen anderen Berufszweigen gibt es in einer Sportart in der Regel nicht zugleich selbständig und unselbständig tätige Athleten. Typisch für den Berufssport ist vielmehr, daß innerhalb einer Sportart die Athleten entweder als Arbeitnehmer oder aber selbständig tätig werden. So gibt es grundsätzlich keine Fußballprofis, die als Freiberufler ihre Tätigkeit anbieten oder Leichtathleten, die als Arbeitnehmer für einen Verein tätig sind. Hieraus folgt, daß es für die abstrakte Berechnung des Erwerbsschadens eines selbständig tätigen Athleten regel-

---

1183 BGH, NJW 1970, 1411, 1412; NJW 1995, 1023, 1024; NJW-RR 1992, 852; *Erman-Kuckuck*, § 252, Rn. 16 f.; *Knobbe-Keuk*, VersR 1976, 401, 406; *Staudinger-Medicus*, BGB 12. Aufl. 1983, § 252, Rn. 29 ff., 48; *Palandt-Heinrichs*, § 842, Rn. 2; *Lange*, Schadensersatz, § 6 XIV 1, S. 380.

1184 BGH, NJW 1970, 1411, 1412.

mäßig an einem Vergleichsmaßstab für die Feststellung eines fiktiven Arbeitsentgelts fehlt[1185]. Ein Rückgriff auf das durchschnittliche Entgelt, das ein als Arbeitnehmer tätiger Sportler in einer anderen Sportart erzielt, verbietet sich darüber hinaus aufgrund struktureller Unterschiede zwischen den einzelnen Sportarten[1186]. Der Ersatz eines fiktiven Arbeitsentgelts als Mindestschaden ist demzufolge zur Bemessung des Erwerbsschadens eines Sportlers ungeeignet.

Zu klären bleibt, ob als Vergleichsmaßstab eventuell die Einkünfte konkurrierender freiberuflich tätiger Sportler herangezogen werden können. Hiergegen spricht jedoch, daß es rein tatsächlich sehr schwierig ist, eine Gruppe von Sportlern zu bestimmen, deren Einkünfte zur Bemessung des abstrakten Mindestschadens dienen könnten. Sind die Sportler in den Individualsportarten regelmäßig freiberuflich tätig, so sind die Einnahmen nämlich typischerweise abhängig vom sportlichen Erfolg, dem Image oder etwa dem Bekanntheitsgrad jedes einzelnen Sportlers. Infolgedessen gibt es nur in den seltensten Fällen einmal eine relativ homogene Gruppe von Athleten, deren Einkünfte als Maßstab für den Ersatz eines abstrakten Mindestschadens dienen könnten. Letztlich bliebe nur die Möglichkeit, auf einen einzelnen Sportler abzustellen, der ein vergleichbares Leistungspotential wie der Geschädigte aufweist. Hiergegen spricht jedoch zweierlei. Zum einen ist nicht stets gewährleistet, daß es eine solche Vergleichsperson tatsächlich gibt. Man denke nur daran, daß ein momentan fast konkurrenzloser »Superstar« der Geschädigte ist. Zum anderen bietet dieser Weg gegenüber einer konkreten Schadensberechnung keine wesentlichen Vorteile. Wollte man auf die Einkünfte eines vergleichbaren Sportlers abstellen, so müßte der Geschädigte Tatsachen darlegen, die darauf schließen lassen, welcher Sportler als Vergleichsmaßstab herangezogen werden kann. Der Geschädigte müßte u. a. vortragen, daß er sportlich in der Lage wäre, an Wettkämpfen teilzunehmen und dort Plazierungen zu erreichen, die denen der potentiellen Vergleichsperson entsprechen. Gleiches gilt für Werbe- und Sponsorenverträge. Der geschädigte Sportler müßte darlegen, daß er im gleichen Maße wie die potentielle Vergleichsperson als Werbeträger in Frage käme[1187]. Hierbei handelt es sich freilich um Tatsachen, die der Geschädigte auch vorzutragen hat, um einen entgangenen Gewinn i. S. des § 252 S. 2 BGB als wahrscheinlich erscheinen zu lassen bzw. um dem Gericht eine

1185 *Haas/Reimann*, SpuRt 2000, 49, 50.

1186 So kann beispielsweise für den Schaden, den ein Skiläufer erleidet, nicht auf das durchschnittliche Gehalt eines Fußballprofis zurückgegriffen werden.

1187 Das ist nur unter erheblichen Schwierigkeiten möglich, da die Werbewirksamkeit eines Sportlers ganz erheblich von dessen Persönlichkeit abhängt.

Schätzung des Schadens i. S. des § 287 ZPO zu ermöglichen, so daß die abstrakte Schadensberechnung insoweit keinerlei Erleichterungen bietet.

b) Kosten für eine Ersatzkraft

Die mit einer konkreten Schadensberechnung einhergehenden Probleme ließen sich dennoch weitestgehend vermeiden, wenn dem Geschädigten, unabhängig von der Einstellung einer Ersatzkraft, die hierfür erforderlichen Kosten als Mindestschaden ersetzt werden könnten[1188]. Anknüpfungspunkt für die Schadenbemessung ist hierbei nicht der fiktive Lohn des Geschädigten, sondern der einer Ersatzkraft[1189]. Dem liegt die Überlegung zugrunde, daß die Arbeitsleistung selbständig Tätiger nicht wertlos ist[1190]. Im Ergebnis erfolgt eine Pauschalierung der unternehmerischen Arbeitsleistung dergestalt, daß sich diese im Gewinn zumindest in der Höhe der für eine Ersatzkraft aufzubringenden Kosten niederschlägt[1191]. Bei der vom Geschädigten zu erbringenden Leistung darf es sich freilich nicht um eine höchstpersönliche Verpflichtung handeln[1192].

Typisch für eine sportliche Tätigkeit ist aber zweifelsohne deren höchstpersönlicher Charakter. So ist es beispielsweise nicht vorstellbar, daß sich ein Sprinter bei einem Leichtathletikmeeting durch eine andere Person vertreten läßt. Ähnlich verhält es sich auch für die einem Sportler aus Werbe- und Sponsorenverträgen obliegenden Verpflichtungen. Hierbei kommt es dem Sponsor bzw. dem Unternehmen gerade darauf an, daß potentielle Kunden bestimmte Produkte bzw. gewerbliche Leistungen konkret mit einer Person assoziieren, damit deren Image, die sportlichen Erfolge bzw. der Bekanntheitsgrad in der Bevölkerung umsatzsteigernde bzw. prestigefördernde Wirkungen für den Sponsor, das betreffende Unternehmen bzw. dessen Produkte entfalten. Deshalb sind auch diese Verpflichtungen höchstpersönlicher Natur, so daß die Beauftragung einer Ersatzkraft ausgeschlossen ist. Einem Sportler abstrakt einen Mindestschaden in der Höhe fiktiver Ko-

---

1188 *Staudinger-Schiemann*, § 252, Rn. 42 f.; *Grunsky*, DAR 1988, 400, 404 f.; *Staudinger-Medicus*, 12. Aufl. 1983, § 252, Rn. 47 f.; *Knobbe-Keuk*, VersR 1976, 401, 408; a. A. BGH, NJW 1970, 1411 f.; bestätigt in NJW-RR 1992, 852; vgl. auch *Erman-Kuckuk*, § 252, Rn. 17.

1189 *Grunsky*, DAR 1988, 400, 404 f.

1190 Vgl. *Knobbe-Keuk*, VersR 1976, 401, 408; *Staudinger-Medicus*, 12. Aufl. 1983, § 252, Rn. 48; *ders.*, Schuldrecht I AT, Rn. 649, S. 312 f.

1191 *Lange*, Schadensersatz, § 6 IX 4 d), S. 314 mwN.

1192 *Grunsky*, DAR 1988, 400, 404.

sten für eine Ersatzkraft zu gewähren, ist im Bereich des Sports folglich nicht statthaft.

c) Die entgangene Gewinnchance als Vermögenswert

Nimmt ein Sportler an einem Wettkampf teil, hat er aufgrund seines eigenen sportlichen Leistungsvermögens, der beschränkten Anzahl von Wettkampfteilnehmern sowie verschiedener externer Einflüsse eine gewisse Siegchance und damit eine Aussicht darauf, das ausgesetzte Preisgeld zu erwerben. Verselbständigt man diese Gewinnchance und weist ihr einen eigenen Vermögenswert zu, so führte der auf einer zum Schadensersatz verpflichtenden Handlung beruhende Verlust dieser Chance zu einer ersatzfähigen Vermögensminderung. In der Literatur wird zum Teil die Auffassung vertreten, der Gewinnchance komme ein eigener Vermögenswert zu[1193]. Wenn allein der Verlust der Gewinnchance bereits einen Vermögensschaden darstellt, besteht der Vorteil für den Geschädigten darin, daß er vom Nachweis befreit wäre, konkrete Anhaltspunkte darzutun, welche Plazierung er ohne die Verletzungshandlung wahrscheinlich hätte erreichen können. Probleme bereitet allerdings die Feststellung der Höhe des Geldwerts der betreffenden Chance. Auszugehen ist aber zumindest davon, daß die Chance wertmäßig nicht mit der Höhe des Hauptgewinns gleichgesetzt werden kann.

Die Kommerzialisierung der Gewinnchance wird vom BGH grundsätzlich abgelehnt. In einem Fall, in dem ein Architekt durch ein Preisgericht unberechtigterweise von einem Architektenwettbewerb ausgeschlossen wurde, hat das Gericht die Gewährung von Schadensersatz allein aufgrund der entgangenen Gewinnchance verneint[1194]. Das bedeutet freilich nicht, daß in derartigen Fällen kein Schadensersatz wegen der entgangenen Erwerbsaussicht zu leisten ist. Der Geschädigte muß jedoch nachweisen, daß er bei Zulassung zu dem betreffenden Wettbewerb einen bestimmten Preis errungen hätte[1195]. Auf den ersten Blick erscheint die Verselbständigung der Gewinnchance als eigenständiger Vermögenswert plausibel. Gerade in Fällen, in denen der Erwerber eines Lotterieloses aufgrund eines Versehens des Losverkäufers nicht an der Auslosung teilnimmt, wird man nicht umhinkommen, dem Erwerber einen Schadensersatzanspruch in Höhe der erworbenen Gewinnchance zuzubilligen[1196]. Diese Fallkonstellation ist aber we-

---

1193 *Fleischer*, JZ 1999, 766, 768 f.
1194 BGH, NJW 1983, 442, 443 f.
1195 BGH, NJW 1983, 442, 444.
1196 *Fleischer*, JZ 1999, 766, 769; vgl. auch *Lange*, Schadensersatz, § 2 I 2 a) aa), S. 52.

der mit den hier in Rede stehenden noch mit dem vom BGH entschiedenen »Architekten-Fall« vergleichbar[1197]. Denn die tatsächliche Gewinnchance bei einem Sportwettkampf oder einem Architektenwettbewerb beruht – anders als in dem »Lotterielos-Fall« – nur zu einem geringen Teil auf der Teilnahmemöglichkeit als solcher. Vielmehr hängt diese Chance überwiegend von den persönlichen Eigenschaften des betreffenden Teilnehmers wie etwa seinem sportlichen Leistungspotential, der Vorbereitung, dem Training, der Tagesform etc. ab. Deshalb ist – anders als in den Lotteriefällen – die in der Teilnahmemöglichkeit liegende »abstrakte« Gewinnchance völlig nichtssagend, so daß man dieser auf der Teilnahmemöglichkeit beruhenden »abstrakten« Chance nach objektiver Verkehrsanschauung keinen objektiven Geldwert wird zuordnen können[1198]. Der dem Sportler entgangene Gewinn ist demzufolge nicht abstrakt zu bestimmen, sondern als entgangene Vermögensmehrung konkret zu berechnen.

3. Konkrete Schadensberechnung

Nach § 252 S. 2 BGB gilt derjenige Gewinn als entgangen, der nach dem gewöhnlichen Lauf der Dinge oder nach den besonderen Umständen mit Wahrscheinlichkeit erwartet werden konnte. Zu unterscheiden sind im Rahmen des § 252 S. 2 BGB folglich zwei verschiedene Berechnungsmethoden, wobei sich die eine am gewöhnlichen Lauf der Dinge und die andere an den besonderen Umständen orientiert. Trotz der von § 252 S. 2 BGB gewährten Darlegungs- und Beweiserleichterungen ist der Geschädigte nicht davon entbunden, die für die Ermittlung des Erwerbsschadens notwendigen Anknüpfungstatsachen darzulegen und zur Überzeugung des Gerichts nachzuweisen[1199].

a) Der gewöhnliche Lauf der Dinge

Welchen Gewinn ein Sportler nach dem gewöhnlichen Lauf der Dinge erzielen wird, läßt sich wegen der dem Sport immanenten Ungewißheit über Sieg oder Niederlage jedoch kaum vorhersagen. Möglich wäre es zwar, das Durchschnittsgehalt einer bestimmten Referenzgruppe von Sportlern für ei-

---

1197 A. A. *Fleischer*, JZ 1999, 766, 769.
1198 *Haas/Reimann*, SpuRt 2000, 49, 50.
1199 Vgl. BGH, NJW 1998, 1634, 1635; LG München I, SpuRt 2001, 238, 239.

nen bestimmten Zeitraum zu ermitteln[1200]. Da es aber den »gewöhnlichen« Berufs- bzw. Leistungssportler nicht gibt, ist es fraglich, ob das statistisch ermittelte Durchschnittseinkommen tatsächlich dem Erwerb entspricht, den der Sportler nach dem gewöhnlichen Lauf der Dinge wahrscheinlich erzielt hätte. Anders als in Fällen, in denen die Rechtsprechung es beispielsweise als dem gewöhnlichen Lauf der Dinge entsprechend ansieht, daß ein Kaufmann Ware wahrscheinlich zum Marktpreis hätte veräußern können[1201], entspricht es nicht der von § 252 S. 2 BGB geforderten Wahrscheinlichkeit, daß der Sportler den statistisch ermitteln Durchschnittsverdienst erzielt hätte. Zwar würde § 252 S. 2 BGB von seinem Wortlaut den gesamten Bereich zwischen »ausgeschlossen« und »sicher« erfassen, so daß selbst bei einer sehr geringen Wahrscheinlichkeit der Geschädigte den entgangenen Gewinn ersetzt bekommen könnte[1202]. Es ist jedoch nicht Sinn und Zweck des § 252 S. 2 BGB, den Schädiger auch mit der Ersatzpflicht für solche entgangenen Gewinne zu belasten, die eher unwahrscheinlich sind[1203]. Demgemäß genügt für § 252 S. 2 BGB nicht eine Wahrscheinlichkeit im mathematisch-naturwissenschaftlichen Sinn, sondern »*Wahrscheinlichkeit*« in § 252 S. 2 BGB ist – vergleichbar etwa mit § 294 ZPO – im Sinn überwiegender Wahrscheinlichkeit zu verstehen[1204]. Läßt sich ein bestimmter Sportler aber grundsätzlich nicht in das Korsett eines »statistischen« Durchschnittsverdieners zwängen[1205], so kann der dem Sportler entgangene Gewinn nicht nach dem »gewöhnlichen Lauf der Dinge« bemessen werden.

b) Die besonderen Umstände

Kommt eine Schadensberechnung nach § 252 S. 2 1. Alt. BGB in den vorliegenden Fällen prinzipiell nicht in Betracht, verbleibt dem Sportler die Möglichkeit, den Erwerbsschaden gem. § 252 S. 2 2. Alt. BGB nachzuweisen. Hierbei wird nicht auf den gewöhnlichen Lauf der Dinge, sondern auf vom Geschädigten nachzuweisende besondere Umstände, die den entgangenen Gewinn wahrscheinlich machen, abgestellt. Ergeben sich bei der Be-

1200 Vgl. BGH, NJW 1998, 1634, 1636 [Durchschnittsberechnung für die Verdienstmöglichkeiten eines Kfz-Mechanikers].

1201 Vgl. BGH, NJW 1988, 2234, 2236; NJW 1995, 587, 588; LG München I, BB 2000, 428, 429.

1202 *v.Hoyningen-Huene/Boemke*, NJW 1994, 1757, 1758.

1203 *v.Hoyningen-Huene/Boemke*, NJW 1994, 1757, 1758.

1204 *v.Hoyningen-Huene/Boemke*, NJW 1994, 1757, 1758; *Medicus*, DAR 1994, 442, 445.

1205 *Medicus*, DAR 1994, 442, 444.

stimmung eines Erwerbsschadens keine größeren Probleme, wenn die »Zwangspause« des Sportlers relativ kurz ist, so wird die Feststellung der Art der Schäden sowie deren konkreter Umfang um so schwieriger, je länger der Sportler nicht an Wettkämpfen teilnehmen kann. Für einen relativ kurzen Zeitraum kann bei der Bestimmung des Schadens grundsätzlich auf bereits vom Sportler abgeschlossene Verträge und die darin vereinbarte Vergütung bei der Schadensberechnung zurückgegriffen werden[1206]. Problematisch ist dabei allenfalls, inwieweit der geschädigte Sportler leistungsabhängige Einnahmen ersetzt bekommt. Je länger ein Athlet pausieren muß, desto weniger ist jedoch eine Schadensberechnung auf die vorgenannte Art und Weise möglich. Zu klären ist daher, welche Tatsachen der geschädigte Sportler vorzutragen hat, damit das Gericht Art und Umfang des Erwerbsschadens bestimmen kann.

aa) Taugliche Anknüpfungskriterien

Möglicherweise ist der Verweis auf den Verdienst »vergleichbarer« Sportler im maßgeblichen Zeitraum der Arbeitsunfähigkeit ein taugliches Anknüpfungskriterium, um den wahrscheinlichen Erwerbsschaden des Geschädigten zu bestimmen. Diese Vorgehensweise ist jedoch abzulehnen, weil es bei § 252 S. 2 2. Alt. BGB um Ersatz des konkret entstandenen, nicht jedoch um Ersatz eines abstrakten Schadens geht[1207]. Ist somit eine abstrakte Berechnung des Erwerbsschadens ohne Berücksichtigung der tatsächlichen Entwicklung des Geschädigten unzulässig, können Merkmale, die keinen Bezug zum Geschädigten aufweisen, nicht zur Bestimmung des wahrscheinlichen Erwerbsschadens herangezogen werden. Folglich sind solche Tatsachen nachzuweisen, die gerade eine konkrete Prognose über die wahrscheinliche Entwicklung des Geschädigten ermöglichen[1208].

(1) Antritts- bzw. Siegprämien

In Fällen, in denen es um Erwerbsschäden Selbständiger geht, hat die Rechtsprechung als Anknüpfungspunkt für die Berechnung des wahrscheinlich erzielten Gewinns unter anderem auf die Bilanzen, die Gewinn- und Verlustrechnung oder die Betriebsergebnisse für einen bestimmten Re-

---

1206 Vgl. *Grunsky*, DAR 1988, 400, 406.
1207 BGH, NJW 1970, 1411, 1412; NJW 1993, 2673; NJW-RR 1991, 470, 471.
1208 BGH, NJW 1970, 1411, 1412; NJW 1993, 2673; NJW-RR 1991, 470, 471.

ferenzzeitraum vor Eintritt des Schadensereignisses abgestellt. Zuzüglich ist dabei die wirtschaftliche Entwicklung vergleichbarer Unternehmen bzw. einer bestimmten Branche bei der Berechnung des wahrscheinlich zu erwartenden Gewinns berücksichtigt worden[1209]. Einen weiteren Anhaltspunkt bieten laufende oder sich abzeichnende Geschäftsbeziehungen, die aufgrund des schädigenden Ereignisses abgebrochen worden bzw. bereits gar nicht erst zustande gekommen sind[1210].

Zweifelhaft ist jedoch, ob den erzielten Vorjahreseinnahmen bei der Ermittlung von Erwerbsschäden eines Sportlers gleich große Bedeutung beigemessen werden kann. Charakteristisch für die Karriere eines Leistungssportlers ist, daß diese im Gegensatz zu der beruflichen Laufbahn Selbständiger vergleichsweise kurz ist. Ein Sportler ist in der Regel nur für einen sehr kurzen Zeitraum in der Lage, sportliche Höchstleistungen zu erbringen. Zudem ist die »Erfolgskurve« häufig dadurch geprägt, daß der Athlet »Formtiefs« zu überwinden hat, verletzungsbedingt pausieren muß und sportlicher Erfolg letztendlich auch vom Glück abhängig ist. Daher können die Einnahmen von Sportlern im Jahresvergleich mitunter erheblichen Schwankungen unterliegen. Eine Berücksichtigung der vor dem schädigenden Ereignis erzielten Einnahmen ist jedoch nur dann ein geeigneter Indikator, wenn sich mit der für § 252 S. 2 BGB erforderlichen Wahrscheinlichkeit daraus Rückschlüsse auf die zukünftige Einkommensentwicklung ziehen lassen[1211]. Wegen der Eigenheiten eines jeden Sportwettkampfs kann jedoch in aller Regel der Sieg bei einem Wettkampf nicht – und vor allem nicht anhand bisher erzielter Preis- bzw. Antrittsgelder – vorhergesagt werden. Die Einnahmen des Sportlers aus der Vergangenheit bieten mithin keinen Anknüpfungspunkt dafür, welche sportlichen Erfolge ihm durch das schädigende Ereignis entgangen sind. Folglich sind die Vorjahreseinnahmen zumindest dann, wenn Ersatz entgangener Einnahmen begehrt wird, die unmittelbar auf der sportlichen Leistungsfähigkeit beruhen, kein tauglicher Anknüpfungspunkt für die Berechnung des wahrscheinlich entgangenen Gewinns.

Ein Indikator für die Ermittlung, welche sportlichen Erfolge dem geschädigten Sportler entgangen sind, könnten demgegenüber in der Vergangenheit erbrachte sportliche Leistungen sein. So sind sportliche Leistungen

---

1209 BGH, VersR 1961, 1140 f.; NJW-RR 1991, 470, 471; NJW 1993, 2673; NJW 2001, 1640, 1641; OLG Frankfurt, VersR 1979, 86 f.; *Medicus*, Schuldrecht I AT, Rn. 648, S. 311 f.; *Stürner*, JZ 1984, 461, 463; *Grunsky*, DAR 1988, 400, 408; *Knobbe-Keuk*, VersR 1976, 401, 406.

1210 BGH, NJW 1993, 2673; *Grunsky*, JZ 1997, 825, 829; zu weiteren Kriterien siehe *Grunsky*, DAR 1988, 400, 408 f.

1211 BGH, NJW 1993, 2673.

im Vorfeld eines Wettkampfs, die auf Training und Talent beruhen, zwar oftmals eine notwendige, nicht jedoch die einzige Voraussetzung für eine erfolgreiche Wettkampfteilnahme. Ob sie geeignet sind, eine Prognose über wahrscheinlich im Wettkampf erzielte Ergebnisse und Plazierungen zu ermöglichen, ist demzufolge zweifelhaft. So hat es das *OLG Düsseldorf* abgelehnt, den Sieg bei einem Wettkampf als wahrscheinlich anzusehen und bezeichnet die möglicherweise erfolgreiche Wettkampfteilnahme selbst dann als reine Spekulation, die trotz der Beweiserleichterungen der §§ 252 S. 2 BGB, 287 Abs. 1 S. 1 ZPO der Schadensberechnung nicht zugrunde gelegt werden kann, wenn der Teilnehmer als Favorit ins Rennen gegangen wäre[1212]. Demgegenüber hat es der BGH in dem bereits erwähnten Fall des Architektenwettbewerbs für möglich erachtet, daß der Geschädigte Anknüpfungstatsachen vorträgt, die eine bestimmte Plazierung als wahrscheinlich i. S. des § 252 S. 2 BGB erscheinen lassen[1213]. Nach Auffassung des Gerichts sei die Frage der Preiswürdigkeit der Arbeit des Betroffenen einem Sachverständigen anhand sachbezogener Kriterien zugänglich. Bei einem derartigen Wettbewerb sei – anders als etwa bei Gesangs- oder Instrumentalwettbewerben – eine nachvollziehbare Bewertung möglich, da subjektiv künstlerische oder ästhetische Beurteilungsmomente nicht derart im Vordergrund stünden, daß die Vergleichbarkeit der Leistungen aller Teilnehmer nicht mehr gewährleistet wäre[1214].

Das läßt sich grundsätzlich auf den Bereich des Sports übertragen. Der Bewertung einer sportlichen Leistung liegen – auch bei Wettbewerben mit künstlerischen Elementen wie dem Eiskunstlauf – grundsätzlich objektive Bewertungsmaßstäbe zugrunde. Daher steht auch hier die objektive Vergleichbarkeit der erbrachten Leistungen im Vordergrund. Werden die bisher erzielten sportlichen Leistungen und Erfolge im Wettkampf und Training[1215] sowie während der »zwangsweisen« Nichtteilnahme an Wettkämpfen erzielte Trainingsleistungen[1216] mit den bei Wettkämpfen tatsächlich erzielten Leistungen anderer Sportler verglichen, lassen sich Rückschlüsse auf möglicherweise erreichte Plazierungen und damit auf voraussichtlich erzielte leistungsabhängige Prämien ziehen. Je länger allerdings der Zeit-

1212 OLG Düsseldorf, NJW-RR 1986, 517 f.

1213 BGH, NJW 1983, 442, 444.

1214 Vgl. BGH, NJW 1983, 442, 444.

1215 Sind sportliche Leistungen unter Dopingeinfluß erzielt worden, so ist diesen – wenn überhaupt – nur eingeschränkt Bedeutung bei der Schadensermittlung beizumessen.

1216 Voraussetzung ist selbstverständlich, daß der Sportler in der Lage ist zu trainieren. Folglich steht einem Sportler diese Nachweismöglichkeit bei einer verletzungsbedingten »Zwangspause« nicht zur Verfügung.

raum ist, während dem ein Sportler nicht an Wettkämpfen teilnehmen kann, desto mehr verlieren die vormaligen Leistungen an Aussagekraft dafür, welche Leistungen und Plazierungen in einem Wettkampf wahrscheinlich erzielt worden wären. Insoweit erlangen aktuelle Trainingsleistungen des geschädigten Sportlers maßgebliche Bedeutung. Gestützt wird diese Auffassung durch eine neuere Entscheidung des BGH[1217]. Das Gericht bejahte in seiner Entscheidung einen entgangenen Gewinn des Geschädigten, der ohne eine Verletzungshandlung Fußballtrainer geworden wäre und damit Einkünfte hätte erzielen können. Obwohl der Verdienst eines Trainers ganz entscheidend vom sportlichen Erfolg, der im wesentlichen auf Talent, Geschick und Glück beruht, abhängt, hat der BGH hier allein auf Grundlage bereits erbrachter Leistungen einen entgangenen Gewinn des Betroffenen für hinreichend wahrscheinlich gehalten[1218].

Unproblematischer als der Nachweis entgangener Siegprämien ist demgegenüber der Nachweis entgangener Einnahmen, die nicht vom Erfolg, sondern nur von der Wettkampfteilnahme abhängen. Freilich beruht auch die Teilnahmemöglichkeit grundsätzlich auf der sportlichen Leistungsfähigkeit eines Athleten. Trotzdem ist die Erzielung bestimmter Qualifikationsnormen weitaus weniger unwahrscheinlich als eine bestimmte Plazierung bei einem Wettkampf. So genügt es m. E. den Anforderungen der §§ 252 S. 2 BGB, 287 Abs. 1 S. 1 ZPO, wenn der Sportler darlegt, er habe sich in der Vergangenheit regelmäßig für bestimmte Wettkämpfe qualifizieren können. Gelingt ihm eine Qualifikation für die betreffenden Wettkämpfe auch nach Ablauf der »Zwangspause«, so spricht das erst recht dafür, daß der geschädigte Sportler auch in der Zwischenzeit an den jeweiligen Wettkämpfen »wahrscheinlich« teilgenommen hätte. Zudem ist es vor allem bei Spitzenathleten nicht unüblich, daß Veranstalter diese aufgrund ihrer Popularität zu Wettkämpfen einladen, Sportler »gesetzt werden« oder der Veranstalter sogenannte »wild cards« vergibt. Kann der Geschädigte derartige Tatsachen vortragen, läßt sich durchaus ein Wahrscheinlichkeitsurteil über die Höhe der allein durch die Teilnahme an Wettkämpfen erzielten Einnahmen bilden.

(2) Sponsoren- und Werbeeinnahmen

Verlangt ein Sportler hingegen Ersatz für entgangene Sponsoren- bzw. Werbeeinnahmen, so kann zur Feststellung des zu ersetzenden Erwerbsscha-

1217 Vgl. BGH, NJW 1998, 1633.
1218 BGH, NJW 1998, 1633, 1634; vgl. auch LG München I, SpuRt 2001, 238 ff.

dens durchaus auf die Vorjahreseinnahmen abgestellt werden. Damit ein Sportler für Sponsoren und Werbeträger überhaupt interessant ist, muß er aufgrund sportlicher Erfolge eine gewisse Popularität erlangt haben. Hat er jedoch erst einmal einen bestimmten Popularitäts- und Bekanntheitsgrad erreicht, ändern kurzzeitige Formtiefs bzw. verletzungsbedingte Pausen – anders als bei unmittelbar von der sportlichen Leistung abhängigen Einkünften – nicht unweigerlich etwas an der Höhe der aus Werbe- und Sponsorenverträgen zu erzielenden Einnahmen. Daher sind diese Einkünfte häufig nicht mit einem so großen Unsicherheitsfaktor wie die unmittelbar an die sportliche Leistung anknüpfenden Einnahmen verbunden. Der Sportler muß demzufolge darlegen, welche Verträge ohne das schädigende Ereignis nicht gekündigt bzw. verlängert worden wären oder aber welche neuen Werbe- bzw. Sponsorenverträge er hätte abschließen können. Zu berücksichtigen sind hierbei allerdings Umstände, die unabhängig von dem schädigenden Ereignis zu rückläufigen Einnahmen aus Werbe- und Sponsorenverträgen geführt hätten[1219]. Letztlich kommt es auf die Darlegung, welche sportlichen Leistungen der Athlet ohne die »Zwangspause« wahrscheinlich erbracht hätte, nur mittelbar an. Diese können beispielsweise eine Rolle spielen, wenn nachgewiesen werden soll, daß der Athlet seine Leistungen und sportlichen Erfolge erheblich gesteigert hätte und damit in der Lage gewesen wäre, höher dotierte Verträge abzuschließen.

bb) Maßgeblicher Beurteilungszeitpunkt

§ 252 S. 2 BGB erfordert eine Prognose über die voraussichtliche Entwicklung der Erwerbstätigkeit des Geschädigten ohne das schädigende Ereignis. Hierbei ist grundsätzlich auf Anknüpfungstatsachen zurückzugreifen, die vor dem Schädigungszeitpunkt liegen. Diese Prognosefaktoren sind jedoch nicht allein ausschlaggebend. Mit einzubeziehen in die Prognose der voraussichtlichen Entwicklung der Erwerbstätigkeit sind auch Tatsachen, die sich erst zeitlich nach der Schädigung bis hin zur letzten mündlichen Verhandlung ergeben[1220]. Der Richter hat insbesondere zu berücksichtigen, daß

1219 Als Beispiel wäre hier zu nennen, daß ein Sportler eine Sperre wegen Dopingmißbrauch verbüßt, die jedoch wegen ihrer unverhältnismäßigen Länge rechtswidrig ist. Insoweit kann unabhängig von der unzulässig langen Sperre ein Imageverlust infolge des unsportlichen Verhaltens eintreten, so daß der Sportler für Sponsoren und als Werbeträger schon deshalb uninteressant ist.

1220 BGHZ 74, 221, 224; BGH, NJW 1997, 941 f.; NJW 1999, 136; OLG Hamburg, NJW-RR 1991, 1431.

die Prognose auf Grundlage der Tatsachen zum Schädigungszeitpunkt als bloßer Erkenntnisbehelf durch eine spätere tatsächliche Entwicklung entwertet werden kann[1221]. Das gilt sowohl zugunsten als auch zu Lasten des Geschädigten. Einerseits darf dem Geschädigten durch das schädigende Ereignis nicht mehr zufließen, als er ohne dieses zu erwerben in der Lage gewesen wäre. Andererseits darf der Geschädigte jedoch auch nicht auf diejenige Lebensgestaltung festgeschrieben werden, die zum Schädigungszeitpunkt wahrscheinlich i. S. des § 252 S. 2 BGB war. Kann der geschädigte Sportler nach der »Zwangspause« seine bisherigen Leistungen verbessern, ist dies zu seinen Gunsten bei der Berechnung des Erwerbsschadens zu berücksichtigen. Ebenso sind zu Gunsten bzw. zu Lasten des Sportlers Trainingsleistungen zu berücksichtigen, die dieser beispielsweise während einer rechtswidrigen Verbandssperre erzielt.

cc) Unsicherheiten bei der Bestimmung der Schadenshöhe

In einigen Fällen ist zwar anhand der vom Geschädigten dargebrachten Umstände der Eintritt eines Schadens, nicht jedoch dessen Höhe wahrscheinlich i. S. des § 252 S. 2 BGB. Derartige Schwierigkeiten treten beispielsweise auf, wenn ein Sportler gerade erst am Beginn seiner Karriere steht. Probleme ergeben sich hierbei nicht nur in bezug auf mögliche Plazierungen, sondern in gleichem Maße auch bei der Bestimmung, an welchen Wettkämpfen der geschädigte Sportler teilgenommen und bei der Frage, welche Werbe- und Sponsorenverträge er ohne das schädigende Ereignis abgeschlossen hätte. Das Gesetz trägt einer derartigen Notlage des Geschädigten in § 287 Abs. 1 S. 1 ZPO Rechnung. Danach muß das Gericht anhand konkreter vom Geschädigten vorzutragender Tatsachen nach freier Überzeugung den Schaden schätzen. Insoweit geht § 287 Abs. 1 S. 1 ZPO über den Anwendungsbereich des § 252 S. 2 BGB hinaus[1222]. In derartigen Fällen muß das Gericht also anhand konkreter, vom geschädigten Sportler darzulegender Umstände dessen wahrscheinliche sportliche Laufbahn prognostizieren, um den Schaden schätzen zu können. Dies ist freilich um so schwieriger, je länger der Sportler nicht an Wettkämpfen teilnehmen kann oder gar seine sportliche Laufbahn schon an deren Beginn beenden muß[1223]. Auch

---

1221 BGHZ 74, 221, 224.

1222 Vgl. Ausführungen unter § 12 II 1.

1223 Ähnliche Probleme stellen sich ganz allgemein bei der Schädigung Minderjähriger, die erst in der Ausbildung stehen oder mit dieser noch gar nicht begonnen haben.; vgl. allgemein hierzu *Medicus*, DAR 1994, 442 ff.

wenn in dieser Situation eine Schadensschätzung aufgrund vager Anknüpfungstatsachen unsicher und schwierig ist, darf das Gericht nicht unter Hinweis auf Schätzungsprobleme vorschnell auf die Gewährung von Schadensersatz verzichten[1224]. Denn letztlich ist die Handlung des Schädigers ursächlich dafür, daß der Sportler am organisierten Sportgeschehen nicht teilnehmen kann. Damit liegt nicht nur die Verletzung im Verantwortungsbereich des Schädigers, sondern auch die besondere Schwierigkeit, die die Ermittlung der Schadenshöhe mit sich bringt[1225].

Indikatoren für die Schätzung sind hierbei neben bereits abgeschlossenen Verträgen auch Erfolge, die der Sportler vor dem schädigenden Ereignis hatte erringen können. So ist beispielsweise auf Teilnahmen und Plazierungen bei Juniorenmeisterschaften, eventuelle Vertragsangebote von Vereinen oder etwa bereits vorhandene Sponsoren- bzw. Werbeverträge abzustellen. Zudem ist zu berücksichtigen, was andere Sportler in ihrer sportlichen Laufbahn erreicht haben, die ähnliche Ausgangsbedingungen wie der Geschädigte aufweisen. In den Fällen, in denen die Karriere mit einer zeitlichen Verzögerung fortgesetzt werden kann, sind selbstverständlich die später erreichten Leistungen und Erfolge in der Weise zu berücksichtigen, daß der Geschädigte ohne das schädigende Ereignis *wahrscheinlich* zeitlich früher in der Lage gewesen wäre, diese Leistungen und Erfolge zu erzielen.

Freilich ist es in Fällen, in denen die Karriere beendet ist, kaum möglich, hinreichende Anknüpfungstatsachen vorzutragen. Die Schätzung nähert sich deshalb einer abstrakten Schadensberechnung sehr weit an. Dennoch soll dem Geschädigten nicht abstrakt ein Mindestschaden ersetzt werden, sondern vielmehr anhand konkreter von ihm darzulegender Tatsachen *seine* sportliche Entwicklung ermittelt werden. Obwohl gerade der sportliche Erfolg kaum prognostiziert werden kann, müssen die sicherlich vagen Anknüpfungstatsachen genügen, um die wahrscheinlich erzielten Einnahmen zu schätzen. So darf es nicht zu Lasten des geschädigten Sportlers gehen, daß es ihm aufgrund der Schädigung zu einem so frühen Zeitpunkt verwehrt ist, bestimmte sportliche Erfolge bzw. abgeschlossene Werbe- und Sponsorenverträge als Anknüpfungspunkt für eine relativ sichere Prognose darzutun. Anderenfalls würde man ja zu Ungunsten des Geschädigten vom Mißerfolg seiner sportlichen Karriere ausgehen. Ergeben sich keine konkreten Anhaltspunkte, die überwiegend für einen besonderen Erfolg oder Mißerfolg sprechen, ist daher auf Grundlage der dargebrachten Tatsachen ein durchschnittlicher Erfolg des Geschädigten als Sportler in seiner Sportart zu unterstellen. Auf dieser Grundlage ist dann eine Prognose der entgange-

---

1224 BGH, NJW 1981, 818, 821; NJW 1998, 1633, 1634.
1225 BGH, NJW 1998, 1633, 1634.

nen Einnahmen anzustellen und der Schaden gem. § 287 Abs. 1 S. 1 ZPO zu schätzen, wobei verbleibende Risiken durch Abschläge zu berücksichtigen sind[1226].

4. Besondere Probleme bei der Schadensberechnung

a) Ersatz der Brutto- oder Nettokosten?

Eine besondere Frage bei der Schadensberechnung ist diejenige, ob der Schädiger Ersatz der Brutto- oder der Nettokosten schuldet. Ist Ersatz für entgangene Einkünfte aus unselbständiger Tätigkeit zu leisten, geht die h. M. davon aus, daß der Schädiger zumindest für den Zeitraum der Entgeltfortzahlung die vollen Bruttobezüge zu leisten hat[1227]. Für den sich an die gesetzliche Entgeltfortzahlung anschließenden Zeitraum ist bislang nicht endgültig geklärt, ob nur der Nettolohn unter Berücksichtigung bestimmter Zuschläge wegen weiterhin anfallender Steuern bzw. Sozialabgaben zu zahlen ist oder ob weiterhin Schadensersatz in Höhe des Bruttolohns gefordert werden kann, der Geschädigte sich jedoch im Wege der Vorteilsausgleichung verschiedene ersparte Aufwendungen anrechnen lassen muß[1228]. Ähnliche Fragen ergeben sich, wenn Ersatz für Einnahmeverluste bei einer selbständigen Tätigkeit des Geschädigten zu leisten ist[1229]. Für den Ersatz der entgangenen Bruttoeinnahmen wird angeführt, daß es grundsätzlich Sache des Geschädigten sei, wie er seine wahrscheinlich erzielten (Brutto-) Einnahmen verwendet; insbesondere, ob und wie er seinen steuerrechtlichen Verpflichtungen nachkommt[1230]. Hiergegen spricht jedoch, daß nicht

---

1226 BGH, NJW 1998, 1633, 1634; In dieser Entscheidung ließ der BGH eine Prognose über die berufliche Entwicklung eines Fußballtrainers nicht an der Tatsache scheitern, daß diese erheblich vom sportlichen Erfolg der betreuten Mannschaft abhängt und damit nur schwerlich ein Wahrscheinlichkeitsurteil über die berufliche Laufbahn gebildet werden kann.; vgl. auch BGH, NJW 1995, 1023, 1024; NJW 2001, 1640, 1641 f. mwN; LG München I, SpuRt 2001, 238, 239.

1227 Daß trotz der Entgeltfortzahlung ein Schaden besteht, ist ganz h. M.; vgl. BGH, NJW 1964, 2007; NJW 1966, 199; MünchKomm-*Oetker*, § 252, Rn. 18 mwN; *Staudinger-Medicus*, 12. Aufl. 1983, § 252, Rn. 33 mwN; *Staudinger-Schiemann*, § 252, Rn. 28 f.; *Stürner*, JZ 1984, 461, 462.

1228 Vgl. BGH, NJW 1995, 389, 390 mwN; *Stürner*, JZ 1984, 461, 462 f.; *Staudinger-Medicus*, 12. Aufl. 1983, § 252, Rn. 33 ff.; *Staudinger-Schiemann*, § 252, Rn. 28 ff.

1229 Vgl. *Grunsky*, DAR 1988, 400, 409 f.; *Staudinger-Medicus*, 12. Aufl 1983, § 252, Rn. 51; *Stürner*, JZ 1984, 461, 464.

1230 So insbesondere *Knobbe-Keuk*, VersR 1976, 401, 407.

pauschal jedweder sich aus dem Schadensereignis ergebende steuer- bzw. sozialversicherungsrechtliche Vorteil auch dem Geschädigten zugute kommen soll[1231].

Zwischen beiden Ansichten besteht im Ergebnis jedoch dann kein Unterschied, wenn man anerkennt, daß ausgehend von der Bruttolohnmethode dem Geschädigten bestimmte ersparte Aufwendungen im Wege der Vorteilsausgleichung von dem zu zahlenden Gesamtbetrag abzuziehen bzw. ausgehend von der Nettolohnmethode dem Geschädigten für die von der Nettosumme zu entrichtenden Steuern bzw. Sozialabgaben Zuschläge in betreffender Höhe zu machen sind. Zutreffender Ansicht nach handelt es sich bei der Brutto- sowie der Nettolohnmethode nur um zwei verschiedene Rechenwege, die richtig angewandt summenmäßig zu ein und demselben Ergebnis führen[1232]. Praktische Unterschiede zwischen den Theorien könnten freilich bestehen, wenn die im Rahmen der Bruttolohnmethode anzurechnenden Steuervorteile vom Schädiger zu beweisen sind, demgegenüber bei der Nettolohnmethode der Geschädigte beweispflichtig für steuer- oder sozialversicherungsrechtliche Nachteile ist, für die er vom Schädiger Zuschläge auf die Nettosumme begehrt. Überwiegender Ansicht nach ist jedoch der Geschädigte nach beiden Methoden beweispflichtig, weil die Beweismöglichkeit seiner Sphäre zugerechnet wird. Mithin ergeben sich auch aus beweisrechtlicher Sicht keinerlei Unterschiede zwischen beiden Ansichten[1233]. Richtigerweise kommt es bei der Bestimmung der Höhe des zu ersetzenden Schadens daher weniger darauf an, ob die Schadensberechnung nach der Brutto- oder der Nettolohnmethode zu erfolgen hat. Entscheidend ist vielmehr, welche steuer- oder sozialversicherungsrechtlichen Vorteile dem Geschädigten zugute kommen sollen bzw. welche er sich demgegenüber nachteilig auf die Schadenssumme anrechnen lassen muß. Grundsätzlich verringern nach Ansicht des BGH schadensbedingte Steuerersparnisse des Geschädigten den konkret zu ersetzenden Schaden, soweit nicht der

1231 Soweit der Bruttotheorie gefolgt wird, werden dann auch entsprechende Abschläge vorgenommen.; vgl. statt vieler BGH, NJW 1995, 389, 390 mwN.

1232 BGH, NJW 1995, 389, 390; LG Münster, NJW 2001, 1072, 1073; *Palandt-Heinrichs*, § 252, Rn. 10; *Grunsky*, DAR 1988, 400, 410; *ders.*, JZ 1997, 825, 827; *Haas/Reimann*, SpuRt 2000, 49, 54; einschränkend *Staudinger-Schiemann*, § 252, Rn. 31.

1233 BGH, NJW 1987, 1814, 1815=JZ 1987, 574; NJW 1995, 389, 390; vgl. auch *Palandt-Heinrichs*, § 252, Rn. 10; a. A. *Laumen* Anm. zu BGH, JZ 1987, 574, JZ 1987, 575 f.

Zweck der Steuervergünstigung einer Entlastung des Schädigers entgegensteht[1234].

Für den Geschädigten ergeben sich infolge des schädigenden Ereignisses überwiegend steuerrechtliche Vorteile[1235]. Erhält der Geschädigte beispielsweise Schadensersatz für schädigungsbedingt nicht erbrachte Lieferungen und Leistungen, so ist er nicht verpflichtet, Umsatzsteuer zu entrichten, da der Tatbestand des § 1 Abs. 1 UStG nicht erfüllt ist[1236]. Des weiteren können sich Steuervergünstigungen für den Geschädigten auch aus den §§ 33b, 34 EStG ergeben[1237]. Ferner können insbesondere bei Arbeitsunfähigkeit eines unselbständig tätigen Geschädigten bestimmte Sozialabgaben wegfallen[1238]. Der sich aus dem Wegfall sozialrechtlicher Beitragspflichten ergebende Vorteil soll dem Geschädigten allerdings nicht zugute kommen[1239]. Für die Berechnung des zu ersetzenden Schadens folgt hieraus, daß ausgehend von der Bruttolohnmethode der Geschädigte sich diese Vorteile anspruchsmindernd anrechnen lassen muß bzw. ausgehend von der Nettolohnmethode keine Zuschläge auf die Nettolohnsumme zu machen sind. In gleicher Weise sollen auch die Vorteile, die auf der nicht bestehenden Umsatzsteuerpflicht beruhen, dem Geschädigten nicht verbleiben[1240].

Demgegenüber sollen h. M. nach die Steuervorteile der §§ 33b, 34 EStG letztlich dem Geschädigten zugute kommen[1241]. Folgt man bei der Berechnung der Bruttolohnmethode, muß der Geschädigte sich die aus den vorgenannten Vorschriften ergebenden Steuervorteile nicht anspruchsmindernd anrechnen lassen. Auf Grundlage der Nettolohnmethode kann der Geschädigte hingegen Zuschläge in Höhe der bei normaler Tätigkeit anfallenden Steuern verlangen, wobei selbstverständlich vom ungekürzten Steuersatz auszugehen ist. Obwohl regelmäßig keine ergebnisrelevanten Unterschiede

---

1234 BGH, JZ 1987, 574=NJW 1987, 1814; NJW 1994, 2084 f.; NJW 1995, 389, 391 mwN.

1235 Vgl. zu möglichen Nachteilen MünchKomm-*Oetker*, § 252, Rn. 16; *Staudinger-Medicus*, 12. Aufl. 1983, § 252, Rn. 34.

1236 Vgl. auch BGH, JZ 1987, 574 f.=NJW 1987, 1814; *Grunsky*, DAR 1988, 400, 409.

1237 Vgl. *Palandt-Heinrichs*, § 252, Rn. 11; *Grunsky*, DAR 1988, 400, 410.

1238 Vgl. *Medicus*, Schuldrecht I AT, Rn. 647, S. 311; *Palandt-Heinrichs*, § 252, Rn. 12 ff.

1239 *Palandt-Heinrichs*, § 252, Rn. 13 mwN.

1240 BGH, JZ 1987, 574 f. mwN=NJW 1987, 1814; *Grunsky*, DAR 1988, 400, 409; Gleiches gilt auch für Steuerersparnisse wegen nicht anfallender Gewerbesteuer; vgl. BGH aaO.

1241 BGH, NJW 1994, 2084 f.; NJW 1995, 389, 391 mwN; MünchKomm-*Oetker*, § 252, Rn. 14 mwN; *Grunsky*, DAR 1988, 400, 410 mwN; *ders.*, JZ 1997, 764, 772; *Stürner*, JZ 1984, 461, 463; *Staudinger-Medicus*, 12. Aufl 1983, § 249, Rn. 172; *Palandt-Heinrichs*, § 252, Rn. 11.

bei der Anwendung der einen oder der anderen Berechnungsmethode auftreten, empfiehlt es sich aus Praktikabilitätsgründen der Bruttolohnmethode zu folgen, weil insoweit vom fiktiven Bruttolohn auszugehen ist. Dabei entfällt das Erfordernis, sämtliche fiktiv angefallenen Abgaben abzuziehen, um anschließend wiederum Zuschläge machen zu müssen (Nettolohnmethode), wohingegen nach der Bruttolohnmethode lediglich bestimmte Abschläge von der Bruttoschadenssumme vorzunehmen sind.

b) Schadensminderungspflicht

Aus § 254 Abs. 2 S. 1 BGB folgt u. a. eine Pflicht des Geschädigten, den Schaden zu mindern. Die einen geschädigten Sportler treffenden Schadensminderungspflichten können recht unterschiedlich ausfallen. In Fällen einer als Sanktion für unsportliches Verhalten verhängten Sperre, die sich als rechtswidrig erweist, oder einem unberechtigten Nichtabschluß einer Athleten- bzw. Lizenzvereinbarung ist etwa fraglich, ob der Sportler verpflichtet ist, rechtliche Schritte gegen die Sanktion einzuleiten oder auf Abschluß der Lizenz- bzw. Athletenvereinbarung zu klagen. Insbesondere im Zusammenhang mit einer rechtswidrigen Sperre ist auch zu klären, ob dem Sportler eine Pflicht obliegt, das Training während der »Zwangspause« fortzusetzen, um den Schaden weitestgehend gering zu halten oder ob er gar seine Arbeitskraft anderweitig einsetzen muß.

aa) Rechtsmittel

Auf Grundlage der Schadensminderungspflicht kann der geschädigte Sportler generell verpflichtet sein, Rechtsbehelfe zur Abwendung bzw. Minderung des Schadens einzulegen. Diese Verpflichtung besteht aber nur soweit, wie der betreffende Rechtsbehelf hinreichende Aussicht auf Erfolg hat[1242]. Ursache für die den Sportlern entstehenden Schäden sind nicht selten Maßnahmen eines Verbandes, die den Betroffenen an einer Wettkampfteilnahme hindern. Ist folglich die Teilnahme an Wettkämpfen geeignet, den Eintritt von Schäden zu verhindern oder zumindest gering zu halten, ist der Sportler gem. § 254 Abs. 2 S. 1 BGB verpflichtet, primär dieses Ziel durch Einlegung von Rechtsmitteln zu verfolgen. Hat ein Sportler gegen den Verband etwa einen Anspruch auf Nominierung oder auf Abschluß einer Ath-

---

1242 BGH, LM Nr. 2 zu § 35 BGB; BGHZ 110, 323, 329 f.; *Erman-Kuckuk*, § 254, Rn. 70; *Soergel-Mertens*, § 254, Rn. 81; MünchKomm-*Oetker*, § 254, Rn. 96.

leten- bzw. Lizenzvereinbarung, gebietet es die Schadensminderungspflicht, diesen mittels Einlegung eines geeigneten Rechtsbehelfs durchzusetzen, um auf diese Weise die Teilnahme an Wettkämpfen zu ermöglichen. Kommt der Sportler dieser Pflicht nicht nach, kann er diejenigen Schäden nicht ersetzt verlangen, die ihm bei einer Wettkampfteilnahme nicht entstanden wären.

Die Pflicht zur Einlegung von Rechtsbehelfen beruht ferner noch auf einem anderen Aspekt. Besteht zwischen Verband und Sportler ein mitgliedschaftsähnliches Rechtsverhältnis, folgen hieraus auf die gemeinsame Zweckverfolgung hin ausgerichtete gegenseitige Treuepflichten[1243]. Diese Pflichten gebieten es dem Sportler, Streitigkeiten mit dem Verband auf einem Weg beizulegen, der die gemeinsame Zweckverfolgung so wenig wie möglich beeinträchtigt[1244]. Ist der Sportler vertraglich zumindest partiell dem Verbandszweck verpflichtet, um am organisierten Sportgeschehen teilnehmen zu können, muß es primäres Anliegen sein, einen Anspruch auf Teilnahme durchzusetzen und Schadensersatzansprüche erst sekundär geltend zu machen. Hierfür spricht zudem der Umstand, daß eine Flut von Schadensersatzansprüchen die als Idealvereine organisierten Sportverbände in die Insolvenz treiben könnte, was wiederum negative Auswirkungen auf die Betätigungsmöglichkeiten der einzelnen Sportler hat und die gemeinsame Zweckverfolgung damit insgesamt gefährdet.

bb) Nutzung frei werdender Arbeitskraft

Gerade im Zusammenhang mit Wettkampfsperren stellt sich die Frage, ob ein Sportler seine durch die rechtswidrige Sperre frei werdende Arbeitskraft einzusetzen hat. Grundsätzlich obliegt dem Geschädigten eine aus § 254 Abs. 2 BGB folgende Pflicht, seine ihm trotz des schädigenden Ereignisses zur Verfügung stehende Arbeitskraft zu nutzen, um seinen Erwerbsschaden zu mindern. Der Geschädigte hat demnach – soweit zumutbar – seiner ursprünglichen Tätigkeit weiterhin nachzugehen oder aber an einer Umschulung teilzunehmen[1245]. Kommt der Geschädigte einer zumutbaren Erwerbstätigkeit nicht nach, muß er sich den möglichen und zumutbaren

1243 Vgl. § 4 IV 3 b); § 12 I 1.

1244 Vgl. für das Verhältnis eines Mitglieds zum Verein BGHZ 110, 323, 330.

1245 BGHZ 10, 18, 20; NJW 1974, 602, 603; NJW 1984, 2520, 2522; *Staudinger-Schiemann*, § 254, Rn. 84; *Palandt-Heinrichs*, § 254, Rn. 36 f.; MünchKomm-*Oetker*, § 254, Rn. 83 f.; *Grunsky*, JZ 1997, 825, 832; *Soergel-Mertens*, § 254, Rn. 70 f.; *Erman-Kuckuk*, § 254, Rn. 63 ff.; *Stürner*, JZ 1984, 461, 466.

Erwerb schadensmindernd anrechnen lassen[1246]. Verbüßt ein Sportler etwa eine Sperre, wird seine Arbeitskraft insoweit freigesetzt. Mithin ist der Sportler grundsätzlich verpflichtet, seine Arbeitskraft einzusetzen, um den Erwerbsschaden niedrig zu halten. Folglich ist es ihm verwehrt, sich während seiner Zwangspause zur Ruhe zu setzen. Fraglich ist allerdings, auf welche Weise er seine Arbeitskraft einzusetzen hat.

Erhält ein für Wettkämpfe gesperrter Athlet allein für die Teilnahme am Training ein Entgelt, ist es ihm zuzumuten, auch während der »Zwangspause« weiterhin zu trainieren. Unproblematisch sind ebenfalls diejenigen Fälle, in denen der Sportler die Sperre zum Anlaß nimmt, seine Karriere zu beenden. In dieser Situation ist er verpflichtet, seine Arbeitskraft in einem anderen Beruf erwerbswirtschaftlich zu nutzen. Die Zumutbarkeit der Aufnahme einer anderen Tätigkeit läßt sich dabei mit der Überlegung rechtfertigen, daß die Karriere eines Sportlers in der Regel nicht bis zum Eintritt in das Rentenalter fortgesetzt werden kann. Insoweit ist ein jeder Sportler irgendwann einmal gezwungen, einer anderen Tätigkeit nachzugehen. Ist die Sperre Anlaß dafür, die aktive Laufbahn früher als geplant zu beenden, ist es dem Sportler durchaus zumutbar, sich zeitlich früher beruflich umzuorientieren[1247].

Weitaus schwieriger ist jedoch die Frage zu beantworten, ob ein Sportler verpflichtet werden kann, während einer »Zwangspause« nur deshalb weiter zu trainieren, damit er nach Ablauf der Sperre bei Wettkämpfen erfolgreicher ist als ohne kontinuierliches Training, um auf diese Weise den Erwerbsschaden gering zu halten. Einen Sportler zu verpflichten, auch während einer Sperre weiter zu trainieren, ohne an den anstehenden Wettkämpfen teilnehmen zu können, könnte allerdings Treu und Glauben widersprechen. Obliegt dem Geschädigten aber die Pflicht, seine Arbeitskraft so nutzbringend wie möglich zu verwerten[1248], wäre er dann freilich verpflichtet, einer anderen Erwerbstätigkeit nachzugehen. Ein Sportler hat bei der heutigen Leistungsdichte in vielen Sportarten indes nur eine Chance, nach Ablauf der »Zwangspause« Anschluß an die Weltspitze zu halten, wenn er die Möglichkeit hat, sich auf sein »come back« entsprechend vorzubereiten. Wäre er hingegen verpflichtet, während der Sperre einer anderweitigen Tätigkeit nachzugehen, um die frei werdende Arbeitskraft schadensmindernd einzusetzen, würde ihn die Schadensminderungspflicht nicht selten mittelbar zur Beendigung seiner aktiven Laufbahn zwingen. Dies hätte einen nicht unerheblichen Eingriff in die Berufsfreiheit des geschädigten Sport-

1246 MünchKomm-*Oetker*, § 254, Rn. 89.
1247 Vgl. hierzu auch *Haas/Reimann*, SpuRt 2000, 49, 54.
1248 *Staudinger-Schiemann*, § 254, Rn. 84.

lers zur Folge. Anstelle der Aufnahme einer anderen Tätigkeit muß er daher die Option haben, während seiner Sperre weiter zu trainieren wie bisher, ohne daß dies Einfluß auf den Umfang des Schadensersatzanspruchs hat. Verwehrt ist ihm aufgrund der Schadensminderungspflicht allerdings während der »Zwangspause« nichts zu tun und dennoch den Erwerbsschaden in vollem Umfang zu liquidieren. Verletzt der Sportler diese Obliegenheit, muß er sich auf seinen Erwerbsschaden dasjenige anrechnen lassen, was er während der Zwangspause hätte verdienen können.

Freilich beeinflußt die Wahlmöglichkeit den Umfang des vom Schädiger zu ersetzenden Schadens. Entscheidet sich der Sportler dafür, während der Zwangspause zu trainieren, ist der zu ersetzende Schaden höher, als wenn dieser einer anderweitigen Tätigkeit nachginge. Denn soweit der Sportler für das Training kein Entgelt erhält, kann auch kein Verdienst für den Einsatz seiner Arbeitskraft auf den Erwerbsschaden schadensmindernd angerechnet werden. Aus den dargelegten Gründen stellte es allerdings einen unzumutbaren Eingriff in die Berufsfreiheit dar, wollte man den Sportler wegen der ihm obliegenden Schadensminderungspflicht auch dann zur gewinnbringendsten Tätigkeit verpflichten, wenn er nach Beendigung der Zwangspause seine Karriere fortsetzen will. Daher ist dieses Ergebnis hinzunehmen. Macht der Athlet hingegen von keiner der beiden Wahlmöglichkeiten Gebrauch, muß er sich dasjenige schadensmindernd anrechnen lassen, was er durch den Einsatz seiner Arbeitskraft hätte verdienen können. Denn es ist eine besondere Privilegierung des Sportlers, seine Arbeitskraft unentgeltlich einsetzen zu dürfen, ohne eine Minderung des Schadensersatzanspruchs hinnehmen zu müssen, die natürlich nur greift, wenn er von der Möglichkeit, während der »Zwangspause« weiter zu trainieren, auch tatsächlich Gebrauch macht.

c) Vorteilsausgleichung

Fraglich ist, ob sich der geschädigte Sportler neben bestimmten, auf dem Schadensereignis beruhenden, sozial- bzw. steuerrechtlichen Vorteilen auch Einnahmen anspruchsmindernd anrechnen lassen muß, die er ohne das schädigende Ereignis nicht hätte erzielen können. Das gilt etwa für Fälle, in denen ein Sportler die Hintergründe einer ungerechtfertigten Dopingsperre in den Medien vermarktet oder ihm nach der »Zwangspause« ein überraschendes, viel beachtetes »come back« gelingt, was er einerseits als Erfolgsstory vermarkten kann und das ihm andererseits neue Werbe- und Sponsorenverträge einbringt. Zu klären ist mithin, ob sich der geschädigte

Sportler Einnahmen aus der Verwertung des schädigenden Ereignisses, die er mittels nach diesem geschlossener Verträge erzielt hat, schadensmindernd anrechnen lassen muß.

Für eine Anrechnung derartiger Einnahmen spricht sicherlich, daß sie ohne die Verletzungshandlung nicht hätten erzielt werden können. Allein der Umstand, daß bestimmte Vorteile des Geschädigten adäquat kausal auf dem zum Ersatz verpflichtenden Ereignis beruhen, rechtfertigt h. M. nach allerdings noch keine Anrechnung der betreffenden Vorteile[1249]. Eine Anrechnung dürfe nur erfolgen, wenn diese dem Geschädigten zumutbar ist, dem Zweck des Schadensersatzanspruchs entspricht und letztlich den Schädiger nicht unbillig entlastet[1250]. Für einen vom Geschädigten nach dem Schadensfall abgeschlossenen Vertrag wird dann auch überwiegend angenommen, daß daraus sich ergebende Vorteile nicht anzurechnen sind[1251]. So spricht gegen eine Anrechnung von Vorteilen, die der geschädigte Sportler aus der Vermarktung des Schadensereignisses bzw. dessen Folgen zieht, daß diese nicht unmittelbar auf der verletzenden Handlung, sondern vielmehr darauf beruhen, daß der Sportler nach dem zum Ersatz verpflichtenden Ereignis den Willensentschluß faßt, mit einem Dritten einen Vertrag zu schließen. Es handelt sich folglich um Einnahmen, die von dem Dritten als vertragliche Gegenleistung für die vom Sportler geschuldeten Leistungen erbracht werden. Der unmittelbare Erwerbsgrund dieser Vorteile ist damit unabhängig vom schädigenden Ereignis[1252]. Eine Anrechnung kommt infolgedessen allenfalls dann in Betracht, wenn der Zweck des Vertrages gerade der Entlastung des Schädigers dienen sollte[1253]. Die wirtschaftliche Verwertung des Schadensereignisses durch den Sportler bezweckt in der Regel freilich gerade nicht eine solche Entlastung.

Einschränkungen können sich aber ergeben, wenn der Geschädigte aufgrund frei werdender Arbeitskraft verpflichtet war, diese erwerbswirt-

---

1249 *Medicus*, Schuldrecht I AT, Rn. 606, S. 289 f.; MünchKomm-*Oetker*, § 249, Rn. 226 f.; *Palandt-Heinrichs*, Vorbem v § 249, Rn. 120 f.

1250 BGH, NJW 1984, 2457, 2458; NJW 1984, 2520, 2521 f.; NJW 1987, 2741 mwN; NJW 1990, 1360; MünchKomm-*Oetker*, § 249, Rn. 227; *Palandt-Heinrichs*, Vorbem v § 249, Rn. 120 ff.; *Erman-Kuckuk*, Vor § 249, Rn. 94.

1251 BGH, NJW 1985, 2469, 2470; *Soergel-Mertens*, Vor § 249, Rn. 236; *Palandt-Heinrichs*, Vorbem v § 249, Rn. 127; MünchKomm-*Oetker*, § 249, Rn. 243; *Müller-Laube*, JZ 1991, 162, 165 ff.

1252 Vgl. *Müller-Laube*, JZ 1991, 162, 166.

1253 Vgl. *Müller-Laube*, JZ 1991, 162, 166.

schaftlich einzusetzen[1254]. Wird durch die »Zwangspause« eines Sportlers dessen Arbeitskraft (teilweise) freigesetzt, so kann dieser u. U. verpflichtet sein, (Arbeits-/Dienst-)Verträge mit Dritten abzuschließen. Insoweit muß ein Sportler sich bestimmte Einnahmen aus Verträgen, die er nach dem Schadensfall geschlossenen hat, schadensmindernd anrechnen lassen. Es obliegt jedoch dem Betroffenen, vorrangig der vor dem Schadensereignis ausgeübten Tätigkeit nachzugehen. Ist dies nicht möglich, hat er im Rahmen des Zumutbaren an einer Umschulung teilzunehmen[1255]. Aus § 254 Abs. 2 BGB folgt indes keine Pflicht des Geschädigten, eine qualifiziertere Arbeitsleistung mit einem höheren Verdienst zu erbringen[1256]. Nimmt er eine solche Arbeit an, so sollen die Mehreinnahmen den Schädiger nicht entlasten. Da es sich um Einnahmen handelt, die auf einem besonderen Engagement des Geschädigten beruhen, sollen diese nämlich dem Geschädigten verbleiben. Ähnlich hat die Rechtsprechung für den Fall entschieden, daß eine beschädigte Sache vom Eigentümer besonders günstig veräußert wird. Auch dieser Umstand soll dem Schädiger nicht zugute kommen, so daß eine Vorteilsausgleichung nicht erfolgt[1257]. Gelingt es dem geschädigten Sportler seine »Zwangspause« zu vermarkten und daraus »Kapital zu schlagen«, so dienen diese Vorteile ebenfalls nicht der Entlastung des Schädigers, sondern verbleiben dem Sportler selbst[1258].

Diese recht verschiedenen Beispiele haben eines gemeinsam, zeigen sie doch, daß sich der Geschädigte Mehreinnahmen, die er nur aufgrund eines besonderen Engagements zu erzielen in der Lage ist, nicht im Wege der Vorteilsausgleichung anrechnen lassen muß. Hierzu ist – wie das letzte Beispiel zeigt – vor allem auch die wirtschaftliche Verwertung des schädigenden Ereignisses zu zählen. Das ist es auch richtig. Anderenfalls käme man zu dem grotesken Ergebnis, daß der Schädiger wirtschaftlichen Nutzen aus dem Schadensfall ziehen kann. Die Entscheidung über eine wirtschaftliche Verwertung kann aber nur dem Geschädigten selbst obliegen, so daß die damit erzielten Einnahmen auch nur diesem zustehen. Auch aus § 254 Abs. 2 BGB ergibt sich insoweit nichts anderes. Denn es widerspräche Treu und Glau-

1254 BGH, NJW 1971, 836 f.; NJW 1974, 602 f.; MünchKomm-*Oetker*, § 249, Rn. 261 mwN; *Staudinger-Schiemann*, § 249, Rn. 145; *Staudinger-Medicus*, 12. Aufl. 1983, § 249, Rn. 152; *Soergel-Mertens*, Vor § 249, Rn. 236; *Erman-Kuckuk*, Vor § 249, Rn. 106 f.

1255 *Staudinger-Medicus*, § 254. Rn. 44; MünchKomm-*Oetker*, § 254, Rn. 83 ff.; *Soergel-Mertens*, § 254, Rn. 70 f.; *Stürner*, JZ 1984, 461, 466 mwN.

1256 BGH, NJW 1987, 2741, 2742.

1257 BGH, NJW 1985, 2469, 2470.

1258 Allgemein hierzu MünchKomm-*Oetker*, § 249, Rn. 243; *Soergel-Mertens*, Vor § 249, Rn. 236.

ben, den Geschädigten aus dem Gesichtspunkt der Schadensminderungspflicht heraus verpflichten zu wollen, seine durch das schädigende Ereignis frei werdende Arbeitskraft in der Weise einzusetzen, das Schadensereignis finanziell zu verwerten. Obliegt dem Geschädigten diesbezüglich aber keine Pflicht, wäre es ohnehin unbillig die dennoch erfolgte Vermarktung im Wege der Vorteilsausgleichung dem Schädiger wirtschaftlich zugute kommen zu lassen[1259]. Festzuhalten bleibt damit, daß der geschädigte Sportler berechtigt ist, das schädigende Ereignis gewinnbringend zu verwerten, ohne daß die insoweit erzielten Einnahmen anspruchsmindernd anzurechnen sind.

1259 Vgl. BGH, NJW 1974, 602, 603 f.; NJW 1987, 2741 f.

5. Kapitel
Zusammenfassung und Ergebnisse

Im Mittelpunkt der vorliegenden Arbeit stand die Frage nach der Notwendigkeit für Athleten- bzw. Lizenzvereinbarungen, deren Rechtsnatur sowie den Grenzen der Abschluß- und inhaltlichen Gestaltungsfreiheit. Ihren Ursprung finden derartige Vereinbarungen zwischen einem Sportverband und einzelnen Sportlern in der zunehmenden Professionalisierung und Kommerzialisierung des Sports, die dazu führt, daß die am organisierten Sportgeschehen Beteiligten immer häufiger eigene wirtschaftliche Interessen mit der Sportausübung verfolgen. Diese Verwirtschaftlichung des Sports schafft ein Spannungsverhältnis zwischen Sportler und Verband, das es notwendig macht, das Verhältnis zwischen Sportler und Verband einer rechtsverbindlichen Regelung zuzuführen, die die gegenseitigen Interessen angemessen berücksichtigt. Die vorstehende Untersuchung hat gezeigt, daß Athleten- bzw. Lizenzvereinbarungen geeignete Instrumente zur Lösung der bestehenden Konfliktlage sind. So können mit einer solchen Vereinbarung nicht nur sämtliche Athleten einheitlich an das für die organisierte Sportausübung notwendige Regelwerk gebunden werden. Zudem ist es möglich, die mit der Unterwerfung unter das sportliche Regelwerk bestehenden wechselseitigen Rechte und Pflichten der Beteiligten zu konkretisieren und damit für Rechtssicherheit und -klarheit zwischen einem Sportverband und einzelnen Athleten zu sorgen. Demzufolge sind Athleten- bzw. Lizenzvereinbarungen geeignet, die gesteckten Zielvorgaben zu verwirklichen.

I. Notwendigkeit einer Athleten- bzw. Lizenzvereinbarung

(1) Vertragliche Vereinbarungen sind freilich nicht die einzigen Handlungsalternativen, die den Verbänden zur Lösung der bestehenden Konfliktlage zur Verfügung stehen. So könnten die Sportverbände die Rechtsbeziehung zu den Sportlern auch dadurch regeln, daß sie die wechselseitigen Rechte und Pflichten in der Satzung bzw. den Verbandsordnungen normieren. Um die entsprechenden Regelungen an die Normadressaten weiterzuleiten, stehen neben der vertraglichen Unterwerfung aus rechtlicher Sicht zwei weitere Wege zur Verfügung. Einerseits könnten die Sportler die unmittelbare Mitgliedschaft im nationalen Spitzenverband erwerben. Zum anderen ist es möglich, das Regelwerk durch eine lückenlose Verweisungs-

kette vom Dachverband über die hierarchisch nachgeordneten Ebenen bis hinab zu den einzelnen Sportvereinen weiterzuleiten, so daß vereinsangehörige Sportler an das Verbandsregelwerk gebunden sind.

(2) Gegen eine unmittelbare Verbandsmitgliedschaft sämtlicher Athleten, die am organisierten Sportgeschehen teilnehmen, sprechen jedoch die Interessenlage der Beteiligten sowie die historisch gewachsenen Strukturen im Sport, wonach die nationalen Spitzenverbände – abgesehen von einigen Ausnahmen – in der Regel nur korporative Mitglieder haben. Demgegenüber stehen der Inkorporation des sportlichen Regelwerks in die Satzungen nachgeordneter Verbände und Vereine die derzeitigen Strukturen im organisierten Sport nicht im Wege, so daß die satzungsrechtliche Lösung eine mögliche Alternative zur individualvertraglichen Lösung darstellen könnte. Entscheidende Vorteile besitzt allerdings diejenige Handlungsalternative, mit der die Sportler an das Regelwerk in der jeweils gültigen Fassung ohne zeit- und kostenintensive Vertragsanpassungen bzw. Änderungen der Vereinssatzung gebunden werden können. Sowohl bei der individualvertraglichen als auch bei der satzungsrechtlichen Lösung läßt sich dieses Ziel mit einer dynamischen Verweisung auf das Verbandsregelwerk erreichen. Dennoch ist die vertragliche Bindung der satzungsrechtlichen Lösung überlegen. So lassen sich mit der vertraglichen Regelanerkennung im Gegensatz zur satzungsrechtlichen Verankerung der Verbandsnormen zum einen Bindungslücken weitestgehend vermeiden. Zum anderen hat die individualvertragliche Lösung den Vorteil, daß neben der Unterwerfung unter das sportliche Regelwerk die wechselseitigen Rechte und Pflichten geregelt werden können, ohne ständig die vertraglich in Bezug genommenen Verbandsregeln ändern zu müssen.

(3) Mit der vertraglichen Unterwerfung unter das Verbandsregelwerk sind die Sportler partiell dem Verbandszweck als gemeinsamen Interesse verpflichtet. Die Beteiligten verfolgen insoweit keine gegensätzlichen, sondern gleichgerichtete Interessen. Zwischen Sportverband und Athlet besteht daher ein mitgliedschaftsähnliches Rechtsverhältnis, das – ohne als Mitgliedschaft i. S. der §§ 21 ff. BGB qualifiziert werden zu können – einer *stillen* Mitgliedschaft inhaltlich angenähert ist. Die Rechtsstellung der Sportler ist dabei strukturell vergleichbar mit derjenigen von Genußrechtsinhabern, die der genußrechtsemittierenden Gesellschaft ebenfalls als außenstehende Nichtmitglieder gegenüberstehen, die an gesellschaftsrechtlichen Leistungen partizipieren. Gesellschafts- bzw. vereinsrechtliche Grundsätze, die einer solchen mitgliedschaftsähnlichen Rechtsbeziehung im Wege stehen, sind weder im Hinblick auf den gesellschaftsrechtlichen

Typenzwang, noch in bezug auf eine unzulässige Fremdbestimmung durch den Verband ersichtlich.

Neben der Unterwerfungserklärung werden in Athleten- bzw. Lizenzvereinbarungen häufig weitere Nebenabreden getroffen, um das Rechtsverhältnis zwischen Sportler und Verband umfassend zu regeln. Unter der Voraussetzung, daß der vertragliche Schwerpunkt auf der Normbindung liegt und derartige Vertragselemente Ausprägungen wechselseitiger Treuepflichten sind, ändern »Nebenabreden« nichts an der mitgliedschaftsähnlichen Rechtsnatur. Erst dann, wenn gegenseitige Rechte und Pflichten zwischen Sportler und Verband vereinbart werden, die nicht mehr als Konkretisierung mitgliedschaftsähnlicher Treuepflichten interpretiert werden können, erlangt die Vertragsbeziehung partiell oder insgesamt einen austauschvertraglichen Charakter. Solange in einem Gegenseitigkeitsverhältnis stehende Rechte und Pflichten nicht vereinbart werden, sprechen die Interessenlage der Vertragspartner sowie Sinn und Zweck einer Athleten- bzw. Lizenzvereinbarung auch dagegen, diese als Arbeitsvertrag zu qualifizieren. Daran ändert auch der Umstand nichts, daß die Sportverbände infolge ihrer einseitigen Regelungsmacht rein tatsächlich in der Lage sind, auf möglicherweise zwischen einem Athleten und einem Sportverein bestehende Arbeitsverhältnisse Einfluß zu nehmen. Die Anwendung arbeitsrechtlicher Vorschriften ist deshalb nicht geboten, weil bei alleiniger Anwendung vereinsrechtlicher Prüfungsmaßstäbe Schutzdefizite zu Lasten der Sportler nicht erkennbar sind.

II. Athleten- bzw. Lizenzvereinbarungen und Grenzen der Abschlußfreiheit

(1) Im Hinblick auf formelle Grenzen der Abschlußfreiheit stellte sich die Frage, ob in der Vereinssatzung ausdrücklich eine Befugnis zum Abschluß von Athleten- bzw. Lizenzvereinbarungen vorzusehen ist. Dies ist unabhängig davon zu verneinen, worin man Sinn und Zweck des Gebots, wichtige Grundsatzentscheidungen des Vereinslebens in die Satzung aufnehmen zu müssen, erblickt. Weder die Integrationsfunktion der Satzung, wonach nur die Grundordnung nicht jedoch die Gesamtordnung in der Satzung zu verankern ist, noch der Mitgliederschutz zwingen dazu, einen Erlaubnisvorbehalt für den Abschluß von Athleten- bzw. Lizenzvereinbarungen in der Verbandsatzung zu verankern. Im Hinblick auf die Schutzfunktion zugunsten der Mitglieder folgt dies daraus, daß mit Abschluß solcher Vereinbarungen mitgliedschaftliche Rechte und Pflichten nicht wesentlich

beeinträchtigt werden. Gestützt wird dieses Ergebnis durch einen Vergleich zu den Genußrechten. So ist beispielsweise bei einer GmbH für die Ausgabe von Genußrechten, überwiegender Ansicht nach, eine Satzungsermächtigung dann erforderlich, wenn mit der Ausgabe von Genußrechten in die Mitgliedschaft der Gesellschafter eingegriffen wird.

(2) Zudem war hinsichtlich der formellen Grenzen der Abschlußfreiheit zu untersuchen, ob das in den Vorschriften über das Recht der Allgemeinen Geschäftsbedingungen verankerte Transparenzgebot bei Abschluß einer Athleten- bzw. Lizenzvereinbarung zu berücksichtigen ist. Die analoge Anwendung der Maßstäbe der §§ 305 ff. BGB zur Abschlußkontrolle ist jedoch u. a. wegen der gleichgerichteten Interessenlage von Sportler und Verband abzulehnen. Zwar sind Transparenzdefizite zu Lasten vertraglich gebundener Sportler nicht auszuschließen. Die mitgliedschaftsähnliche Rechtsnatur von Athleten- bzw. Lizenzvereinbarungen legt es jedoch nahe, vereinsrechtliche Grundsätze anzuwenden. So findet das Transparenzgebot im Vereinsrecht seine Grundlage darin, daß wichtige Grundentscheidungen des Vereinslebens in die Satzung aufzunehmen sind. Die Sportler müssen daher – in ähnlicher Weise wie die unmittelbaren Mitglieder – bei Abschluß des Vertrages die Möglichkeit haben, Kenntnis von den Verbandsregeln nehmen zu können, die vertraglich auf sie erstreckt werden.

(3) In materieller Hinsicht ergeben sich Einschränkungen der Abschlußfreiheit daraus, daß ein Sportverband in Anlehnung an die zum vereinsrechtlichen Aufnahmezwang entwickelten Grundsätze verpflichtet sein kann, mit einem Sportler eine Athleten- bzw. Lizenzvereinbarung abzuschließen. Trotz Monopolstellung ist der Verband zwar nicht verpflichtet, mit jedem interessierten Sportler zu kontrahieren. Doch kann er die Auswahlentscheidung nicht völlig willkürlich treffen, sondern muß dieser Kriterien zugrunde legen, die ihrerseits durch den Verbandszweck legitimiert sind und die grundrechtlich geschützten Rechtspositionen der Sportler hinreichend berücksichtigen. Mißachtet ein Sportverband diese materiellen Grenzen der Abschlußfreiheit, so daß bei sachgerechter Gewichtung der gegenläufigen Interessen von Verband und Sportler die Interessen des Sportlers am Abschluß einer Lizenz- bzw. Athletenvereinbarung überwiegen, steht dem abgewiesenen Sportler ein Anspruch auf Vertragsschluß zu.

III. Athleten- bzw. Lizenzvereinbarungen und Grenzen der inhaltlichen Gestaltungsfreiheit

(1) Grenzen für die inhaltliche Gestaltungsfreiheit von Athleten- bzw. Lizenzvereinbarungen sind den Sportverbänden durch zwingende gesetzliche Bestimmungen sowie allgemeine Grundsätze des Gesellschaftsrechts gezogen. Zu letzteren zählt beispielsweise der Gleichbehandlungsgrundsatz. Danach haben die Sportler einen Anspruch gegen den Verband, daß die aus einer Athleten- bzw. Lizenzvereinbarung folgenden Rechte und Pflichten inhaltlich nur dann von Rechten und Pflichten anderer Sportler abweichen, wenn die unterschiedliche Behandlung sachlich gerechtfertigt ist.

(2) Zu den Grenzen, die der vereinsautonomen Gestaltungsfreiheit durch staatliche Rechtsvorschriften gezogen sind, zählt neben der Gesetzes- und Sittenwidrigkeitskontrolle nach den §§ 134, 138 BGB, nach nunmehr herrschender Ansicht auch die Inhaltskontrolle von Regelungen wirtschafts- bzw. sozialmächtiger Verbände. Bei der Bestimmung der Reichweite der Rechts- und Inhaltskontrolle ist zwar zu berücksichtigen, daß die Vereinsautonomie einen Freiraum schafft, in dem die Sportverbände autonom und staatsfern eigene Regelungen sowie sportethische Werte und Maßstäbe festlegen können. Doch sind der autonomen Regelungsbefugnis zum Schutz der normunterworfenen Sportler Grenzen gesetzt, weil die Funktionsbedingungen der Vereinsautonomie durch die Machtstellung der Sportverbände gestört sind. Unter der Voraussetzung, daß nicht nur die Sportverbände als (marktbeherrschende) Unternehmen zu qualifizieren sind, sondern auch einzelne Sportler die Unternehmenseigenschaft erfüllen, bilden neben den §§ 138, 242 BGB auch die kartellrechtlichen Verbotsvorschriften einen Maßstab für die Rechts- und Inhaltskontrolle. Dabei sind allerdings Regelungen, die die wettbewerbliche Betätigungsfreiheit der Sportler beschränken, einer kartellrechtlichen Kontrolle entzogen, wenn sie eine marktöffnende Funktion aufweisen.

(3) Unabhängig davon, ob man die Rechts- und Inhaltskontrolle auf § 134 BGB i. V. m. §§ 19 f. GWB oder die allgemein zivilrechtlichen Generalklauseln stützt, werden das sportliche Regelwerk, das vertraglich auf die Athleten erstreckt wird, sowie die übrigen Regelungen einer Athleten- bzw. Lizenzvereinbarung unter Berücksichtigung des Verbandszwecks und der Interessen der Sportler daraufhin überprüft, ob sie geeignet, erforderlich und angemessen sind.

(4) Konkretisieren Regelungen einer Athleten- bzw. Lizenzvereinbarung nur Treuepflichten, die den Sportlern infolge der gemeinsamen Zweckverfolgung obliegen, so hat der Sportler nur die Wahl, die Athleten- bzw. Lizenzvereinbarung in ihrer Gesamtheit zu akzeptieren oder auf einen Vertragsschluß zu verzichten.

IV. Rechtsfolgen bei Überschreitung der Grenzen der Abschluß- und inhaltlichen Gestaltungsfreiheit

(1) Hält eine Regelung einer Athleten- bzw. Lizenzvereinbarung der Rechts- bzw. Inhaltskontrolle nicht stand, so ist sie unwirksam. Eine geltungserhaltende Reduktion einer an sich unverhältnismäßigen Bestimmung ist im Hinblick auf die autonome Regelungsbefugnis im Bereich des Vereinsrechts generell unzulässig. Die Unwirksamkeit der betreffenden Regelung können die Sportler durch Erhebung der Feststellungsklage i. S. des § 256 Abs. 1 ZPO gerichtlich feststellen lassen.

(2) Allein die Möglichkeit zur verbindlichen Feststellung der Unwirksamkeit von Verbandsregelungen schützt die Sportler allerdings nicht hinreichend. So ist es nämlich nicht ausgeschlossen, daß ein Sportverband auf einem unzulässigen Regelungsanspruch beharrt und diesen den Sportlern gegenüber auch tatsächlich durchsetzt. Dies führt häufig dazu, daß die Sportler von einer weiteren Teilnahme am organisierten Sportgeschehen suspendiert sind. Gegen solche Verhaltensweisen eines Sportverbandes können den Sportlern Schadensersatz- bzw. Unterlassungsanspüche zustehen. So obliegen dem Verband infolge der mitgliedschaftsähnlichen Rechtsnatur einer Athleten- bzw. Lizenzvereinbarung den Sportlern gegenüber Treuepflichten, deren schuldhafte Verletzung Ansprüche auf Schadensersatz bzw. Unterlassung begründet. Besteht hingegen noch kein mitgliedschaftsähnliches Rechtsverhältnis und verweigert der Sportverband trotz Kontrahierungspflicht den Vertragsschluß, dann hat der betroffene Sportler in Anlehnung an die zum vereinsrechtlichen Aufnahmezwang entwickelten Grundsätze einen Schadensersatzanspruch gegen den Verband. Zudem können Maßnahmen oder Unterlassungen, die die Sportler bei der Sportausübung bzw. wirtschaftlichen Verwertung sportlicher Leistungen behindern und keine marktöffnende Funktion aufweisen, Schadensersatz- bzw. Unterlassungsansprüche gem. §§ 19 f. i. V. m. § 33 GWB begründen.

(3) Im Unterschied zur Rechtslage in der Schweiz ist nach deutschem Recht die Möglichkeit, am organisierten Sportgeschehen teilzunehmen, nicht als Ausdruck der individuellen Persönlichkeit eines Sportlers durch das allgemeine Persönlichkeitsrecht geschützt. Die Vorenthaltung von Verbandseinrichtungen und -leistungen, die den betroffenen Sportler »lediglich« bei der Sportausübung behindert, verletzt daher nicht das allgemeine Persönlichkeitsrecht. Schadensersatz- bzw. Unterlassungsansprüche des Sportlers wegen einer Verletzung des allgemeinen Persönlichkeitsrechts bestehen infolgedessen nur, soweit in einen dem Betroffenen ausschließlich zugewiesenen Herrschaftsbereich eingriffen wird. Des weiteren ist im Unterschied zu dem überwiegend bejahten deliktischen Schutz der Mitgliedschaft die aus dem mitgliedschaftsähnlichen Rechtsverhältnis fließende Rechtsstellung nicht als »sonstiges Recht« i. S. des § 823 Abs. 1 BGB geschützt, weil diesem bereits die für die Anerkennung als »sonstiges Recht« i. S. des § 823 Abs. 1 BGB erforderliche Qualität eines eigenständigen subjektiven Rechts fehlt.

(4) Bestehen dem Grunde nach Schadensersatzansprüche, so bereitet die Frage, in welchem Umfang der Verband dem geschädigten Sportler gegenüber zum Schadensersatz verpflichtet ist, häufig erhebliche Schwierigkeiten. So beruht die Attraktivität eines jeden Sportwettkampfs nämlich maßgeblich darauf, daß ungewiß ist, welcher Athlet bzw. welche Mannschaft den konkreten Wettkampf gewinnen wird. Ist der sportliche Erfolg der teilnehmenden Athleten daher nicht vorhersehbar, lassen sich die unmittelbar oder zumindest mittelbar vom sportlichen Erfolg abhängigen Einnahmen der Sportler oftmals kaum beziffern. Trotz der Schwierigkeiten sind die Erwerbsschäden von Sportlern nicht abstrakt, sondern konkret zu berechnen. Der Geschädigte hat daher Tatsachen vorzutragen, die ihm entgangene Einnahmen als wahrscheinlich i. S. des § 252 S. 2 BGB erscheinen lassen oder dem Gericht zumindest eine Schätzung nach § 287 Abs. 1 S. 1 ZPO ermöglichen.

Adolphsen Jens, Anmerkung zu LG München I, Urt. v. 29. 2. 2000, 7 O 3106/00 (nicht rechtskräftig), SpuRt 2000, 159

Ahrens Hans-Jürgen/Jänich Volker, Die Vergabe von Fernsehübertragungsrechten für Basketballspiele durch den Deutschen Basketballbund (DBB), in: Klaus Vieweg [Hrsg.], Vermarktungsrechte im Sport, S. 9, Berlin 2000

Arens Wolfgang, »Der deutsche Bosman« Anmerkungen zum Kienas-Urteil des Bundesarbeitsgerichts vom 20.11.1996, SpuRt 1997, 126

Baddeley Margareta, Athletenrechte und Doping aus der Sicht des schweizerischen Rechts, in: Klaus Vieweg [Hrsg.], Doping Realität und Recht, S. 307, Berlin 1998

Baecker Wolfgang, Grenzen der Vereinsautonomie im deutschen Sportverbandswesen, Berlin 1985 [zitiert: Grenzen der Vereinsautonomie]

Balzer Peter, Die Umwandlung von Vereinen der Fußball-Bundesligen in Kapitalgesellschaften zwischen Gesellschafts-, Vereins- und Verbandsrecht, ZIP 2001, 175

Baron Michael, Das neue Kartellgesetz, Einführung in die 6. GWB-Novelle und das Vergaberecht, Köln 1999 [zitiert: Kartellgesetz]

Baston-Vogt Marion, Der sachliche Schutzbereich des zivilrechtlichen allgemeinen Persönlichkeitsrechts, Tübingen 1997 [zitiert: Persönlichkeitsrecht]

Baumbach Adolf/Hueck Alfred [Begr.], GmbH-Gesetz Kommentar, 17. Auflage, München 2000 [zitiert: *Bearbeiter* in *Baumbach/Hueck*]

Baumbach Adolf [Begr.]/Hefermehl Wolfgang, Wettbewerbsrecht Gesetz gegen den unlauteren Wettbewerb, Zugabeverordnung, Rabattgesetz und Nebengesetze, 22. Auflage, München 2001 [zitiert: *Baumbach/Hefermehl*]

ders. [Begr.]/Lauterbach Wolfgang/Albers Jan/Hartmann Peter [Hrsg.], Zivilprozeßordnung mit Gerichtsverfassungsgesetz und anderen Nebengesetzen, 59. Auflage, München 2001 [zitiert: *Baumbach/Bearbeiter*]

Bechtold Rainer, Das neue Kartellgesetz, NJW 1998, 2769

ders., Kartellgesetz, Gesetz gegen Wettbewerbsbeschränkungen Kommentar, 2. Auflage, München 1999

Becker Ulrich, RIW-Kommentar zu EuGH Urt. v. 13. 4. 2000 – Rs. C-176/96, RIW 2000, 554

Bepler Klaus, Lizenzfußballer: Arbeitnehmer mit Beschäftigungsanspruch?, in: Klaus Bepler [Hrsg.], Sportler, Arbeit und Statuten, S. 43, Berlin 2000

Beuthien Volker, Zweitmitgliedschaft wider Willen? – Mitgliedschaftsvermittlungsklauseln im Vereinsrecht –, ZGR 1989, 254 *ders./Gätsch Andreas*, Vereinsautonomie und Satzungsrechte Dritter, Statutarischer Einfluß Dritter auf die Gestaltung von Körperschaftssatzungen, ZHR 156 (1992), 459

ders./Hüsken Ulrich, Die aufgenötigte Zweitmitgliedschaft, Jura 1989, 96

Bidinger Helmuth [Begr.], Verbands-Handbuch, Recht und Praxis der Verbände und Vereine, Berlin 1988

Blum Verena/Ebeling Stephan, Dynamische Verweisungen im Arbeits- und Verbandsrecht, in: Klaus Bepler [Hrsg.], Sportler, Arbeit und Statuten, S. 85, Berlin 2000

Bothor Peter, Anmerkung zu LG Frankfurt, Urt. vom 18. 01. 1995 2/6 0 822/94, SpuRt 1996, 64

Bötticher Eduard, Gestaltungsrecht und Unterwerfung im Privatrecht, Berlin 1964 [zitiert: Gestaltungsrecht]

ders., Wesen und Arten der Vertragsstrafe sowie deren Kontrolle, ZfA 1970, 3

Buchberger Markus, Die Überprüfbarkeit sportverbandsrechtlicher Entscheidungen durch die ordentliche Gerichtsbarkeit, Berlin 1999 [zitiert: Überprüfbarkeit sportverbandsrechtlicher Entscheidungen]

Buchner Herbert, Die Rechtsstellung der Lizenzspieler; Arbeitsrechtliche Normen als Grenze verbandsautonomer Entscheidungen, NJW 1976, 2242

ders., Die Rechtsverhältnisse im deutschen Lizenzfußball, RdA 1982, 1

Bunte Hermann-Josef, Richterliche Inhaltskontrolle von Verbandsnormen – Besprechung der Entscheidung BGH ZIP 1989, 14 –, ZGR 1991, 316

Canaris Claus-Wilhelm, Schutzgesetze – Verkehrspflichten – Schutzpflichten, in: Festschrift für Karl Larenz zum 80. Geburtstag, S. 27, München 1983

ders., Wandlungen des Schuldvertragsrechts – Tendenzen zu seiner »Materialisierung«, AcP 200 (2000), 273

Daigfuß Rainer, Verhältnis von Vereinsmitgliedern und Nichtvereinsmitgliedern gegenüber Verbänden, Dargestellt unter besonderer Berücksichtigung des Sportbereichs, Diss. Bayreuth 1995 [zitiert: Vereinsmitglieder]

Deutsch Erwin, Das »sonstige Recht« des Sportlers aus der Vereinsmitgliedschaft, VersR 1991, 837

Dütz Wilhelm, Tendenzaufsicht im Vereinsrecht, in: Festschrift für Wilhelm Herschel zum 85. Geburtstag, S. 55, München 1982

Edenfeld Stefan, Die Rechtsbeziehungen des bürgerlich-rechtlichen Vereins zu Nichtmitgliedern, Berlin 1996, [zitiert: Rechtsbeziehungen]

Emmerich Volker, Kartellrecht, 8. Auflage, München 1999

ders., Sport und Medien aus kartellrechtlicher Sicht in: Sport und Medien, Recht und Sport Band 13, S. 57, Heidelberg 1990

Erman Walter/Westermann Harm Peter [Hrsg.], Bürgerliches Gesetzbuch: Handkommentar 1. Band §§ 1-853 HausTWG ProdHaftG SchuldRAnpG VerbrKrG, 10. Auflage, Münster, Köln 2000 *dies.*, Bürgerliches Gesetzbuch: Handkommentar 2. Band §§ 854-2385 AGBG EGBG ErbbauVO HausratsVO SachenRBerG, 10. Auflage, Münster, Köln 2000

[jeweils zitiert: *Erman/Bearbeiter*]

Ernst Rolf, Die Ausübung der Vereinsgewalt, Dargestellt an den Befugnissen des Deutschen Fußball-Bundes, Diss. Köln 1969

Esser Josef/Schmidt Eike, Schuldrecht Band I Allgemeiner Teil Teilband 2, 8. Auflage, Heidelberg 2000 [zitiert: Schuldrecht I AT Tb 2]

ders./Weyers Hans-Leo, Schuldrecht Band II Besonderer Teil, 7. Auflage, Heidelberg 1991 [zitiert: Schuldrecht Bd II BT]

Eyles Uwe, Die Auslagerung unternehmensübergreifender Aktivitäten auf rechtsfähige Vereine, Ein Beitrag zur Abgrenzung des nichtwirtschaftlichen vom wirtschaftlichen Verein nach §§ 21, 22 BGB, NJW 1996, 1994

Fabricius Fritz, Zur Dogmatik des »sonstigen Rechts« gemäß § 823 Abs. 1 BGB, AcP 160 (1961), 273

Fastrich Lorenz, Richterliche Inhaltskontrolle im Privatrecht, München 1992 [zitiert: Inhaltskontrolle]

Fenn Herbert, Erfassung der Sportler durch die Disziplinargewalt der Sportverbände – Erläuterungen und praktische Hinweise anhand der »Reiter«-Entscheidung des Bundesgerichtshofs vom 28. 11. 1994 –, SpuRt 1997, 77

ders., Verbandsrechtliche Wettkampf- und Disziplinarregeln und das AGBG, in: Festgabe Zivilrechtslehrer 1934/1935, S. 103, Berlin, New York 1999

Fikentscher Adrian/Schmitt Arnd/Sonn Ralf, Muster-Athletenvereinbarung aus der Sicht der Sportler, SpuRt 1999, 89

Fikentscher Wolfgang, Wirtschaftsrecht Band II Deutsches Wirtschaftsrecht, München 1983 [zitiert: Wirtschaftsrecht II]

Fleischer Holger, Absprachen im Profisport und Art. 85 EGV – eine kartellrechtliche Nachlese zum Bosman-Urteil des Europäischen Gerichtshofs, WuW 1996, 473

ders., Schadensersatz für verlorene Chancen im Vertrags- und Deliktsrecht, JZ 1999, 766

Flume Werner, Allgemeiner Teil des Bürgerlichen Rechts Erster Band Erster Teil Die Personengesellschaft, Berlin, Heidelberg, New York 1977 [zitiert: AT Bd I/1]

ders., Allgemeiner Teil des Bürgerlichen Rechts Erster Band Zweiter Teil Die juristische Person, Berlin, Heidelberg, New York, Tokyo 1983 [zitiert: AT Bd I/2]

ders., Allgemeiner Teil des Bürgerlichen Rechts Zweiter Band Das Rechtsgeschäft, 4. Auflage, Berlin, Heidelberg, New York, London, Paris, Tokyo, Hong Kong, Barcelona, Budapest 1992 [zitiert: AT Bd II]

ders., Vereinsautonomie und kirchliche oder religiöse Vereinigungsfreiheit und das Vereinsrecht, JZ 1992, 238

Forkel Hans, Allgemeines Persönlichkeitsrecht und »wirtschaftliches Persönlichkeitsrecht«, in: Festschrift für Karl H. Neumayer zum 65. Geburtstag, S. 229, Baden-Baden 1985

Frantzen Christoph, Genußscheine, Köln, Berlin, Bonn, München 1993

Fritzsche Jörg, »Notwendige« Wettbewerbsbeschränkungen im Spannungsfeld von Verbot und Freistellung nach Art. 85 EGV, ZHR 160 (1996), 31

Fritzweiler Jochen/Pfister Bernhard/Summerer Thomas, Praxishandbuch Sportrecht, München 1998 [zitiert: PHBSportR/*Bearbeiter*]

Fuchs Andreas, Kartellrechtliche Immanenztheorie und Wettbewerbsbeschränkungen in Genossenschaftssatzungen, Bemerkungen zum Beschluß des BGH vom 10. 11. 1992 – KVR 26/91 – »Taxigenossenschaft II«, BB 1993, S. 1899, BB, 1993, 1893

Gitter Wolfgang/Schwarz Wolfgang, Sport und Sozialversicherung, RdA 1982, 37

Glassen Helmut/von Hahn Helmuth/Kersten Hans-Christian/Rieger Harald, Frankfurter Kommentar zum Kartellrecht Mit Kommentierung des GWB, des EG-Kartellrechts und einer Darstellung ausländischer Kartellrechtsordnungen, Band III (§§ 61-131 GWB 1999 [n. F.]/Sachregister n. F./§ 1 GWB [a. F.]), Köln 2001 [*Bearbeiter* in FK]

Götting Horst-Peter, Persönlichkeitsrechte als Vermögensrechte, Tübingen 1995 [zitiert: Persönlichkeitsrechte]

Götz Heinrich/Götz Jürgen, Die Haftung des Vereins gegenüber dem Mitglied – BGHZ 110, 323, JuS 1995, 106

Grunewald Barbara, Anm. zu BGH, Urt. v. 7. 10. 1991 – II ZR 51/91, EWiR § 38 BGB 1/92, 231

dies., Vereinsaufnahme und Kontrahierungszwang, AcP 182 (1982), 181

Grunsky Wolfgang, Die Rechtsprechung des Bundesgerichtshofs zum Schadensersatzrecht seit 1992 – Teil 2, JZ 1997, 825

ders., Schadensersatz bei Verletzung eines Gewerbetreibenden oder Freiberuflers, DAR 1988, 400

Haas Ulrich, Die Sport(-schieds-)gerichtsbarkeit der Athleten, in: Akademieschrift 49, Rechte der Athleten, S. 57, Frankfurt/aM 1997

ders., Zur Einführung von Schiedsklauseln durch Satzungsänderungen in Vereinen Besprechung des Urteils BGH WM 2000, 957, ZGR 2001, 325

ders./Adolphsen Jens, Sanktionen der Sportverbände vor ordentlichen Gerichten, NJW 1996, 2351

dies., Verbandsmaßnahmen gegenüber Sportlern, NJW 1995, 2146

Haas Ulrich/Prokop Clemens, Die Athletenvereinbarung – Der Athlet als stilles Mitglied des Verbandes – 1. Teil, SpuRt, 1996, 109

dies., Die Athletenvereinbarung – Neue Wege der Konfliktlösung – 2. Teil, SpuRt 1996, 187

dies., Die Autonomie der Sportverbände und die Rechtsstellung der Athleten, JR 1998, 45 *dies.*, Zu den formellen Grenzen der vereinsrechtlichen Disziplinargewalt im Rahmen von Unterwerfungsvereinbarungen, SpuRt 1998, 15

Haas Ulrich/Reimann Christoph, Das »Fernsehrecht« an Sportveranstaltungen als Abwehrrecht, SpuRt 1999, 182

dies., Erwerbschance und Erwerbsschaden bei Individualsportlern, SpuRt 2000, 49

dies., Fernsehrecht: Veranstalterrecht oder Persönlichkeitsrecht, in: Akademieschrift 52, Vermarktungsrechte im Sport, S. 31, Frankfurt/aM. 1999

Habersack Mathias, Die Mitgliedschaft – subjektives und ›sonstiges‹ Recht, Tübingen 1996 [zitiert: Mitgliedschaft]

ders., Genußrechte und sorgfaltswidrige Geschäftsführung, Ein Beitrag zum Schutz der Inhaber von Genußrechten mit Eigenkapitalcharakter, ZHR 155 (1991), 378

ders., Gesellschaftsrechtliche Fragen der Umwandlung von Sportvereinen in Kapitalgesellschaften, in: Sportkapitalgesellschaften, Sport und Recht 25, S. 45, Stuttgart 1998

Hachenburg Max, Gesetz betreffend die Gesellschaften mit beschränkter Haftung (GmbHG) Großkommentar, Erster Band Allgemeine Einleitung, §§ 1-34, 8. Auflage, Berlin/New York 1992 [zitiert: *Hachenburg/Bearbeiter*]

Hadding Walther, Ergibt die Vereinsmitgliedschaft »quasi-vertragliche« Ansprüche, »erhöhte Treue- und Förderpflichten« sowie ein »sonstiges Recht« im Sinne des § 823 Abs. 1 BGB?, in: Festschrift für Alfred Kellermann zum 70. Geburtstag am 29. November 1990, S. 91, Berlin, New York 1991

ders., Verfügungen über Mitgliedschaftsrechte, in: Festschrift für Ernst Steindorff zum 70. Geburtstag am 13. März 1990, S. 31, Berlin, New York 1990

ders./van Look Frank, »Benutzungssperre« gegen Vereinsmitglieder durch den Vermieter von Vereinseinrichtungen – Besprechung der Entscheidung BGH, NJW-RR 1992, 507–, ZGR 1996, 326

Hagen Horst, Fort- oder Fehlentwicklung des Schadensbegriffs? – *BGH (GSZ)*, NJW 1968, 1823, JuS 1969, 61

Hannamann Isolde, Kartellverbot und Verhaltenskoordinationen im Sport, Berlin 2001 [zitiert: Kartellverbot]

dies./Vieweg Klaus, Soziale und wirtschaftliche Machtpositionen im Sport – Rechtstatsächliche Situation und (kartell)rechtliche Grenzen, in: Sport, Kommerz und Wettbewerb, Schriftenreihe des Württembergischen Fußballverbandes Nr. 40 S. 49, Stuttgart 1998

Hausmann Ludwig Friedrich, Der Deutsche Fußball Bund (DFB) – Ein Kartell für »Fernsehrechte«?, BB 1994, 1089

Heermann Peter W., Die Geltung von Verbandssatzungen gegenüber mittelbaren Mitgliedern und Nichtmitgliedern, NZG 1999, 325

Heinrichs Helmut, Das Gesetz zur Änderung des AGB-Gesetzes, Umsetzung der EG-Richtlinie über mißbräuchliche Klauseln in Verbraucherverträgen durch den Bundesgesetzgeber, NJW 1996, 2190

ders., Der Rechtsbegriff der Allgemeinen Geschäftsbedingungen, NJW 1977, 1505

Helle Jürgen, Wirtschaftliche Aspekte zivilrechtlichen Persönlichkeitsschutzes, RabelsZ 1996, 448

Helms Arne, Schadensersatzansprüche wegen Beeinträchtigung der Vereinsmitgliedschaft, München 1998 [zitiert: Vereinsmitgliedschaft]

Herrmann Harald, Die Erteilung von Bundesliga-Vereinslizenzen und Diskriminierungsverbot, WuW 1979, 149

Heß Burkhard, Hochleistungssportler zwischen internationaler Verbandsmacht und nationaler Gerichtsbarkeit, ZZPInt 1996, 371

ders., Voraussetzungen und Grenzen eines autonomen Sportrechts unter besonderer Berücksichtigung des internationalen Spitzensports, in: Aktuelle Rechtsfragen des Sports, Tübinger Begegnungen: Dialog zwischen der Juristischen Fakultät der Universität Tübingen und Richtern des Bundesgerichtshofs, Heidelberg 1999

Hilpert Horst, Sport und Arbeitsrecht, RdA 1997, 92

Hoeren Thomas, Anm. zu BGH Beschl. 11. 12. 1997 – KVR 7/96 in JR 1998, 327, JR 1998, 332

Hohl Michael, Rechtliche Probleme der Nominierung von Leistungssportlern, Bayreuth 1992 [zitiert: Nominierung]

Honsell Heinrich/Vogt Nedim Peter/Geiser Thomas [Hrsg.], Kommentar zum Schweizerischen Privatrecht, Schweizerisches Zivilgesetzbuch I Art. 1-359 ZGB, Basel, Frankfurt M. 1996 [zitiert: *Honsell/Vogt/Geiser-Meili*, Schweizerisches Zivilgesetzbuch I]

Hopt Klaus J., Handels- und Gesellschaftsrecht Band II Gesellschaftsrecht, 4. Auflage, München 1996

von Hoyningen-Huene Gerrick/Boemke Burkhard, Beweisfragen bei Berufsfortkommensschäden (§ 252 S. 2 BGB, § 287 I ZPO), NJW 1994, 1757

Hubmann Heinrich, Das Persönlichkeitsrecht, 2. Auflage, Köln, Graz 1967

Hueck Götz, Gesellschaftsrecht, 19. Auflage, München 1991

Hüffer Uwe, Aktiengesetz – Kommentar, 4. Auflage, München 1999

ders., Gesellschaftsrecht, 5. Auflage, München 1998

Immenga Ulrich/Mestmäcker Ernst-Joachim, EG-Wettbewerbsrecht Kommentar Band I, München 1997 [zitiert: EG-WbR]

dies., GWB Gesetz gegen Wettbewerbsbeschränkungen Kommentar, 3. Auflage, München 2001 [zitiert: *Bearbeiter* in *Immenga/Mestmäcker*]

dies., GWB Gesetz gegen Wettbewerbsbeschränkungen Kommentar, 2. Auflage, München 1992 [zitiert: *Bearbeiter* in *Immenga/Mestmäcker*]

Imping Andreas, Die arbeitsrechtliche Stellung des Fußballspielers, Dahlem 1996 [zitiert: Fußballspieler]

Jaeger Wolfgang, »Stellen« und »Aushandeln« vorformulierter Vertragsbedingungen, NJW 1979, 1569

Jarass Hans D./Pieroth Bodo, Grundgesetz für die Bundesrepublik Deutschland Kommentar, 5. Auflage, München 2000 [zitiert: *Jarass/Pieroth*]

Jauernig Othmar [Hrsg.], Bürgerliches Gesetzbuch Kommentar, 9. Auflage, München 1999 [zitiert: *Jauernig/Bearbeiter*]

Klink Heinz G., Die Mitgliedschaft als »sonstiges Recht« im Sinne des § 823 I BGB?, Diss. Mainz 1993 [zitiert: Mitgliedschaft]

Knobbe-Keuk Brigitte, Möglichkeiten und Grenzen abstrakter Schadensberechnung, VersR 1976, 401

Kohler Stefan, Mitgliedschaftliche Regelungen in Vereinsordnungen, Heidelberg 1992 [zitiert: Mitgliedschaftliche Regelungen]

Koller Ingo/Roth Wulf-Henning/Morck Winfried, Handelsgesetzbuch Kommentar, 2. Auflage, München 1999 [zitiert: *Koller/Roth/Morck*]

Krogmann Mario, Grundrechte im Sport, Berlin 1998

ders., NEWS LIMITED and Others v AUSTRALIAN RUGBY FOOTBALL LEAGUE LIMITED and Others – Wirksamkeit von Liga-Bindungsvereinbarungen, SpuRt 1998, 51

Kruse Jörn, Fußball-Vermarktung keine Ausnahme: Auch ohne ein Monopol des DFB können kleine Klubs überleben, FAZ, Nr. 82, Dienstag 7. 4. 1998, 39

Kübler Friedrich, Gesellschaftsrecht, 5. Auflage, Heidelberg 1998

Kulka Michael, Die kartellrechtliche Zulässigkeit von Tarifverträgen über das Ende der täglichen Arbeitszeit im Einzelhandel, RdA 1988, 336

Kummer Max, Spielregel und Rechtsregel, Bern 1973

Lange Hermann, Schadensersatz, 2. Auflage, Tübingen 1990

Langen Eugen/Bunte Hermann-Josef [Hrsg.], Kommentar zum deutschen und europäischen Kartellrecht Band 1, 9. Auflage, Neuwied, Kriftel, Berlin 2001 [zitiert: *Langen/Bearbeiter*]

Larenz Karl/Wolf Manfred, Allgemeiner Teil des Bürgerlichen Rechts, 8. Auflage, München 1997 [zitiert: BGB AT]

Larenz Karl, Allgemeiner Teil des Deutschen Bürgerlichen Rechts, 7. Auflage, München 1989 [zitiert: BGB AT, 7. Aufl.]

ders./Canaris Claus-Wilhelm, Lehrbuch des Schuldrechts Zweiter Band Besonderer Teil 2. Halbband, 13. Auflage, München 1994 [zitiert: Schuldrecht Bd II/2 BT]

Laumen Hans-W., Anm. zu BGH, Urt. v. 10. 2. 1987 – VI ZR 17/86, JZ 1987, 575

Lehmann Erik/Weigand Jürgen, Money Makes the Ball Go Round, Fußball als ökonomisches Phänomen, ifo studien (43) 1997, 381

Lenz Carl Otto, Schlußanträge des Generalanwalts Carl Otto Lenz in der Rs. Bosman, EuGRZ 1995, 459

Lettl Tobias, Wirtschaftliche Betätigung und Umstrukturierung von Ideal-Vereinen, DB 2000, 1449

Lindemann Hannsjörg, Sportgerichtsbarkeit – Aufbau, Zugang, Verfahren, SpuRt 1994, 17

Linnenbrink Sebastian/Hofmeister Holger, Schadensersatzansprüche aus Vereinsmitgliedschaft?, SpuRt 1996, 127

Locher Horst, Das AGB-Gesetz und die Verdingungsordnung für Bauleistungen, NJW 1977, 1801

Löwisch Manfred, Arbeitsrecht, 5. Auflage, Düsseldorf 2000

Lukes Rudolf, § 315 BGB als Ausgangspunkt für die Inhaltskontrolle allgemeiner Geschäftsbedingungen, NJW 1963, 1897

ders., Der Satzungsinhalt beim eingetragenen Verein und die Abgrenzung zu sonstigen Vereinsregelungen, NJW 1972, 121

ders., Erstreckung der Vereinsgewalt auf Nichtmitglieder durch Rechtsgeschäft, in: Festschrift für Harry Westermann zum 65. Geburtstag, S. 325, Karlsruhe 1974

ders., Sanktions- und Gerichtsstandsbestimmungen in Wettbewerbsregeln, beispielsweise in der Wettbewerbsordnung des Verbandes der Kraftfahrlehrer e.V. Niedersachsen, DB 1968, 427

Lutter Marcus, Theorie der Mitgliedschaft – Prolegomena zu einem Allgemeinen Teil des Korporationsrechtes –, AcP 180 (1980), 84

Maier Frank, Rechtsfragen der Organisation und Autonomie im Verbands- und Berufssport, Aachen 1995 [zitiert: Rechtsfragen]

Medicus Dieter, Allgemeiner Teil des BGB, 7. Auflage, Heidelberg 1997 [zitiert: BGB AT]

ders., Bürgerliches Recht, 18. Auflage, Köln, Berlin Bonn, München 1999

ders., Schadensersatz bei Verletzung vor Eintritt in das Erwerbsleben, DAR 1994, 442

ders., Schuldrecht I Allgemeiner Teil, 12. Auflage, München 2000 [zitiert: Schuldrecht I AT]

ders., Schuldrecht II Besonderer Teil, 10. Auflage, München 2000 [zitiert: Schuldrecht II BT]

Mestmäcker Ernst-Joachim, Veranstalterrechte als Fernsehrechte, in: Festschrift für Otto Sandrock zum 70. Geburtstag, S. 689, Heidelberg 2000

Meyer-Cording Ulrich, Die Arbeitsverträge der Berufsfußballspieler, RdA 1982, 13

Möschel Wernhard, Recht der Wettbewerbsbeschränkungen, Köln 1983 [zitiert: Wettbewerbsbeschränkungen]

ders./Weihs Antje, Die zentrale Vermarktung von Sportübertragungsrechten und das Kartellrecht, Recht und Sport Band 28, S. 23, Stuttgart, München, Hannover, Berlin, Weimar, Dresden 2000

Müller-Henneberg Hans/Schwartz Gustav, Gesetz gegen Wettbewerbsbeschränkungen und Europäisches Kartellrecht, Gemeinschaftskommentar § 1 GWB Kartellverbot, 5. Auflage, Köln, Berlin, Bonn, München 1999

dies., Gesetz gegen Wettbewerbsbeschränkungen und Europäisches Kartellrecht, Gemeinschaftskommentar §§ 15-19 GWB, 4. Auflage 11. Lieferung 1987, Köln, Berlin, Bonn, München 1987

[jeweils zitiert: *Bearbeiter* in GK]

Müller-Laube Hans-Martin, Auswirkungen vorteilhafter Rechtsgeschäfte des Geschädigten auf die Schadensabrechnung mit dem Schädiger, JZ 1991, 162

von Münch Ingo [Begr.]/Kunig Philip [Hrsg.], Grundgesetz-Kommentar Band 1 (Präambel bis Art. 19), 5. Auflage, München 2000 [zitiert: v.*Münch/Kunig*]

Münchener Handbuch zum Arbeitsrecht, Richardi Reinhard/Wlotzke Otfried [Hrsg.], Band 2 Individualarbeitsrecht II, 2. Auflage, München 2000 [zitiert: *Bearbeiter*, in Münchener Handbuch zum Arbeitsrecht Bd.2]

Münchener Handbuch des Gesellschaftsrechts, Band 1 BGB-Gesellschaft Offene Handelsgesellschaft Partnerschaftsgesellschaft Partenreederei EWIV, Riegger Bodo/Weipert Lutz [Hrsg.], München 1995 [zitiert: Münch.Hdb.GesR I/*Bearb.*]
– Band 2 Kommanditgesellschaft Stille Gesellschaft, Riegger Bodo/Weipert Lutz [Hrsg.], München 1991 [zitiert: Münch.Hdb. StG/*Bearb.*]
– Band 4 Aktiengesellschaft, Hoffmann-Becking Michael [Hrsg.], 2. Auflage, München 1999 [zitiert: Münch.Hdb.GesR IV/*Bearb.*]

Münchener Kommentar zum Bürgerlichen Gesetzbuch, Rebmann Kurt/Säcker Franz Jürgen/Rixecker Roland [Hrsg.], – Band 1 Allgemeiner Teil (§§ 1-240), AGB-Gesetz, 4. Auflage, München 2001
– Band 2 Schuldrecht Allgemeiner Teil (§§ 241-432), FernAbsG, 4. Auflage, München 2001
– Band 5 Schuldrecht Besonderer Teil III (§§ 705-853) Partnerschaftsgesellschaftsgesetz, Produkthaftungsgesetz, 3. Auflage, München 1997
[alle zitiert: MünchKomm-*Bearbeiter*]

Netzle Stephan, Der Sportler – Subjekt oder Objekt?, Basel 1996

Nickel Rüdiger, Bildverwertungsrechte von Athleten und Nationalmannschaften – aus der Sicht eines Spitzensportverbandes, in: Akademieschrift 52, Vermarktungsrechte im Sport, S. 49, Frankfurt/M 1999

Nicklisch Fritz, Der verbandsrechtliche Aufnahmezwang und die Inhaltskontrolle satzungsmäßiger Aufnahmevoraussetzungen, JZ 1976, 105

Niese Lars Holger, Die Muster-Athletenvereinbarung des Deutschen Sportbundes, Was muß alles geregelt sein und wo liegen die Grenzbereiche, in: Akademieschrift 49, Rechte der Athleten, S. 7, Frankfurt/aM. 1997

ders., Sport im Wandel, Eine systemvergleichende Untersuchung des Sports in Ost- und Westdeutschland (vor und nach der Wiedervereinigung) unter besonderer Berücksichtigung der Dachverbände, Frankfurt/M. 1997 [zitiert: Sport im Wandel]

Palandt Otto, Bürgerliches Gesetzbuch – Kommentar, 61. Auflage, München 2002 [*Palandt-Bearbeiter*]

Parlasca Susanne, Wirkungen von Sportkartellen: Das Beispiel zentraler Vermarktung von TV-Rechten, in: G. Trosien und M. Dinkel [Hrsg.], Verkaufen Medien die Sportwirklichkeit?, S. 83, Aachen 1999

Pfister Bernhard, Anmerkung zu BGH, Urt. v. 28. 11. 1994 – II ZR 11/94, JZ 1995, 464

ders., Autonomie des Sports, sport-typisches Verhalten und staatliches Recht, in: Festschrift für Werner Lorenz zum siebzigsten Geburtstag, S. 171, Tübingen 1991

ders., Bindung an Verbandsrecht in der Verbandshierarchie, SpuRt 1996, 48

ders., Das »Krabbe-Urteil« – Urteilsanmerkung 2. Teil: Kollisions- und materiellrechtliche Probleme, SpuRt 1995, 250

ders., Der rechtsfreie Raum des Sports, in: Festgabe Zivilrechtslehrer 1934/1935, S. 457, Berlin, New York 1999

ders., Schutzzweck von Sportregeln – Insbesondere zum Schadensersatzanspruch bei Vermögensschäden aufgrund Verletzung von Sportregeln –, in: Festschrift für Wolfgang Gitter zum 65. Geburtstag am 30. Mai 1995, S. 731, Wiesbaden 1995

ders., Sportregeln vor staatlichen Gerichten, SpuRt 1998, 221

ders./Steiner Udo, Sportrecht von A-Z, Nördlingen

Plath Kai-Uwe, Individualrechtsbeschränkungen im Berufsfußball, Eine Untersuchung unter besonderer Berücksichtigung der Bosman-Entscheidung des EuGH, Berlin 1999 [zitiert: Individualrechtsbeschränkungen]

Prokop Clemens, Die Athletenvereinbarung am Beispiel des Deutschen Leichtathletikverbandes (DLV), in: Akademieschrift 49, Rechte der Athleten, S. 19, Frankfurt/aM 1997

ders., Die Grenzen der Dopingverbote, Baden-Baden 2000 [zitiert: Dopingverbote]

ders., Probleme des Deutschen Leichtathletik-Verbandes bei der Durchsetzung von Sanktionen nach Dopingverstößen, in: Akademieschrift 39, Verbandsrecht und Zulassungssperren, S. 28, Frankfurt/aM 1994

Rauste Olli, Der Mißbrauch einer beherrschenden Position (Monopolstellung) seitens des Finnischen Basketball-Verbandes – Zur Entscheidung der Finnischen Aufsichtsbehörde für freien Wettbewerb vom 5. 9. 1995 Nr. 511/61/94, SpuRt 1996, 76

ders., Werbebeschränkungen bei Sportveranstaltungen und europäisches Kartellrecht, SpuRt 1998, 7

Reichert Bernhard, Handbuch des Vereins- und Verbandsrechts, 7. Auflage, Neuwied, Kriftel, Berlin 1999

ders., Sponsoring und nationales Sportverbandsrecht, in: Sponsoring im Sport, Recht und Sport Band 20, S. 31, Stuttgart 1996 *ders./van Look Frank*, Handbuch des Vereins- und Verbandsrechts, 6. Auflage, Neuwied, Kriftel, Berlin 1995

Reuter Dieter, Das selbstgeschaffene Recht des internationalen Sports im Konflikt mit dem Geltungsanspruch des nationalen Rechts, DZWir 1996, 1

ders., Die Mitgliedschaft als sonstiges Recht im Sinne des § 823 I BGB, in: Festschrift für Hermann Lange zum 70. Geburtstag am 24. Januar 1992, S. 707, Stuttgart, Berlin, Köln 1992

ders., Probleme der Transferentschädigung im Fußballsport, NJW 1983, 649

ders., Rezension von Habersack Mathias, Die Mitgliedschaft – subjektives und ›sonstiges‹ Recht, AcP 197 (1997), 322

ders., Voraussetzungen und Grenzen der Verbindlichkeit internationalen Sportrechts für Sportvereine und Sportler, in: Einbindung des nationalen Sportrechts in internationale Bezüge, Recht und Sport Band 7, S. 53, Heidelberg 1987

RGRK, Das Bürgerliche Gesetzbuch mit besonderer Berücksichtigung der Rechtsprechung des Reichsgerichts und das Bundesgerichtshofs, Band I §§ 1-240, 12. Auflage, Berlin, New York 1982 [zitiert: RGRK/*Bearbeiter*]

Rid-Niebler Eva-Maria, Genußrechte als Instrument zur Eigenkapitalbeschaffung über den organisierten Kapitalmarkt für die GmbH, Köln 1989 [zitiert: Genußrechte]

Röhricht Volker, Chancen und Grenzen von Sportgerichtsverfahren nach deutschem Recht, in: Sportgerichtsbarkeit, Recht und Sport Band 22, S. 19, Stuttgart, München, Hannover, Berlin, Weimar, Dresden 1997

ders., Satzungsrechtliche und individualrechtliche Absicherung von Zulassungssperren als wesentlicher Bestandteil des DSB-Sanktionskatalogs, in: Akademieschrift 39, Verbandsrecht und Zulassungssperren, S. 12, Frankfurt/aM 1994

ders./Graf von Westphalen Friedrich, Handelsgesetzbuch Kommentar zu Handelsstand, Handelsgesellschaften, Handelsgeschäften und besonderen Handelsverträgen (ohne Bilanz-, Transport- und Seerecht), Köln 1998

Röttger Robert, Die Kernbereichslehre im Recht der Personenhandelsgesellschaften, Heidelberg 1989 [zitiert: Kernbereichslehre]

Rowedder Heinz, Gesetz betreffend die Gesellschaften mit beschränkter Haftung (GmbHG) Kommentar, 3. Auflage, München 1997

Rybak Frank, Das Rechtsverhältnis zwischen dem Lizenzfußballspieler und seinem Verein, Frankfurt/aM 1999 [zitiert: Lizenzfußballspieler]

Sauter Eugen/Schweyer Gerhard, Der eingetragene Verein, 16. Auflage, München 1997

Schaible Jörg, Der Gesamtverein und seine vereinsmäßig organisierten Untergliederungen, Baden-Baden 1992 [zitiert: Gesamtverein]

Schaub Günter, Arbeitsrechts-Handbuch, 9. Auflage, München 2000

Schellhaass Horst M./Enderle Gregor, Sportlicher versus ökonomischer Wettbewerb. Zum Verbot der zentralen Vermarktung von Europapokal-Spielen im Fußball, Sportwissenschaft 1998, 297

Scherrer, U., Anm. zu Schweizerisches Bundesgericht, Urt. v. 6. 12. 1994, SpuRt 1995, 212

Schimke Martin, Sportrecht, Frankfurt 1996

Schlechtriem Peter, Der Kaufmann im Gesetz zur Regelung des Rechts der Allgemeinen Geschäftsbedingungen, in: Festschrift für Konrad Duden zum 70. Geburtstag, S. 571, München 1977

Schlosser Peter, Die olympische Sportschiedsgerichtsbarkeit und das deutsche Recht, in: Festschrift für Albrecht Zeuner zum siebzigsten Geburtstag, S. 467, Tübingen 1994

ders., Vereins- und Verbandsgerichtsbarkeit, München 1972

Schmidt Karsten, Die Beschlußanfechtungsklage bei Vereinen und Personengesellschaften, Ein Beitrag zur Institutionenbildung im Gesellschaftsrecht, in: Festschrift für Walter Stimpel zum 68. Geburtstag am 29. November 1985, S. 217, Berlin, New York 1985

ders., Die Vereinsmitgliedschaft als Grundlage von Schadensersatzansprüchen – Positive »Vertragsverletzung« und »sonstiges Recht« im Innenrecht des Vereins –, JZ 1991, 157

ders., Gesellschaftsrecht, 3. Auflage, Köln, Berlin, Bonn, München 1997

ders., Integritätsschutz von Unternehmen nach § 823 BGB – Zum »Recht am eingerichteten und ausgeübten Gewerbebetrieb«, JuS 1993, 985

ders., Offenhaltung der Märkte durch private Klagen bei Kartellsachverhalten? – Ein Beitrag zur Schutzgesetzdiskussion um § 35 GWB –, in: Festschrift für Werner Benisch, S. 293, Köln, Berlin, Bonn, München 1989

ders., Wirtschaftstätigkeit von »Idealvereinen« durch Auslagerung auf Handelsgesellschaften, Bemerkungen zum ADAC-Urteil des BGH, NJW 1983, 543

Schmidt-Rimpler Walter, Grundfragen einer Erneuerung des Vertragsrechts, AcP 147 (1941), 130

ders., Zum Vertragsproblem, in: Festschrift für Ludwig Raiser zum 70. Geburtstag, S. 3, Tübingen 1974

Schmittmann Michael/Lehmann Maik, Blick nach Brüssel, AfP 1996, 255

Schneider Uwe H./Reusch Peter, Die Vertretung und die Mitwirkung der Gesellschafter bei der Gründung einer GmbH & Still – Der »Supermarkt-Beschluß« und seine Bedeutung für die stille Gesellschaft –, DB 1989, 713

Schnug Rüdiger, Das Recht am Gewerbebetrieb – ein Fremdkörper im deliktischen Haftungssystem?, JA 1985, 440

Scholz Franz, Kommentar zum GmbH-Gesetz mit Anhang Konzernrecht, I. Band §§ 1-44 Anh. Konzernrecht, 9. Auflage, Köln 2000

ders., Kommentar zum GmbH-Gesetz mit Nebengesetzen und dem Anhang Konzernrecht, II. Band §§ 45-85, 8. Auflage, Köln 1995
[jeweils zitiert: *Scholz/Bearbeiter*]

Schön Wolfgang, Ein Allgemeiner Teil der Genußrechte, JZ 1993, 925

Schröder Rainer/Bedau Maren, Doping: Zivilrechtliche Ansprüche des Konkurrenten gegen den gedopten Sportler, NJW 1999, 3361

Segna Ulrich, Bundesligavereine und Börse, ZIP 1997, 1901

Siegfried Michael, Die Fernsehberichterstattung von Sportveranstaltungen, Die Rechtsbeziehungen zwischen teilnehmendem Sportler, Sportveranstalter und Sportverband, München 1990 [zitiert: Fernsehberichterstattung]

Soergel Hans Theodor, Bürgerliches Gesetzbuch mit Einführungsgesetz und Nebengesetzen Band 1 Allgemeiner Teil 1 §§ 1 – 103, 13. Auflage, Stuttgart, Berlin, Köln, Mainz 2000

ders., Bürgerliches Gesetzbuch mit Einführungsgesetz und Nebengesetzen Band 2 Allgemeiner Teil 2 §§ 104-240, 13. Auflage, Stuttgart, Berlin, Köln, Mainz 1999

ders., Bürgerliches Gesetzbuch mit Einführungsgesetz und Nebengesetzen Band 2 Schuldrecht I §§ 241-432, 12. Auflage, Stuttgart, Berlin, Köln 1990

ders., Bürgerliches Gesetzbuch mit Einführungsgesetz und Nebengesetzen Band 3 Schuldrecht II §§ 433-515, AGB-Gesetz, AbzG, EAG, EKG, UN-KaufAbk, 12. Auflage, Stuttgart, Berlin, Köln 1991
[alle zitiert: *Soergel-Bearbeiter*]

Sonnenschein Jürgen, Formularmietverträge im Anwendungsbereich des AGB-Gesetzes, NJW 1980, 1489

Springer Ulrich, Die zentrale Vermarktung von Fernsehrechten im Ligasport nach deutschem und europäischem Kartellrecht unter besonderer Berücksichtigung des amerikanischen Antitrust-Rechts, WRP 1998, 477

Staudinger J., Kommentar zum Bürgerlichen Gesetzbuch mit Einführungsgesetzen und Nebengesetzen Erstes Buch Allgemeiner Teil §§ 21 – 103, 13. Auflage, Berlin 1995

ders., Kommentar zum Bürgerlichen Gesetzbuch mit Einführungsgesetzen und Nebengesetzen Erstes Buch, Allgemeiner Teil, §§ 134-163, 13. Auflage, Berlin 1996

ders., Kommentar zum Bürgerlichen Gesetzbuch mit Einführungsgesetzen und Nebengesetzen Zweites Buch, Recht der Schuldverhältnisse, Einleitung zu §§ 241 ff; §§ 241-243, 13. Auflage, Berlin 1995

ders., Kommentar zum Bürgerlichen Gesetzbuch mit Einführungsgesetzen und Nebengesetzen Zweites Buch, Recht der Schuldverhältnisse, §§ 249-254, 13. Auflage, Berlin 1998

ders., Kommentar zum Bürgerlichen Gesetzbuch mit Einführungsgesetzen und Nebengesetzen Zweites Buch, Recht der Schuldverhältnisse, §§ 243-254, 12. Auflage, Berlin 1983

ders., Kommentar zum Bürgerlichen Gesetzbuch mit Einführungsgesetzen und Nebengesetzen Zweites Buch, Recht der Schuldverhältnisse, §§ 293-327, 13. Auflage, Berlin 1995 *ders.*, Kommentar zum Bürgerlichen Gesetzbuch mit Einführungsgesetzen und Nebengesetzen Gesetz zur Regelung des Rechts der Allgemeinen Geschäftsbedingungen (AGBG), 13. Auflage, Berlin 1998

ders., Kommentar zum Bürgerlichen Gesetzbuch mit Einführungsgesetzen und Nebengesetzen Zweites Buch, Recht der Schuldverhältnisse, §§ 823-825, 13. Auflage, Berlin 1999

ders., Kommentar zum Bürgerlichen Gesetzbuch mit Einführungsgesetzen und Nebengesetzen Drittes Buch Sachenrecht §§ 985 – 1011, 13. Auflage (Neubearbeitung 1999), Berlin 1999
[alle zitiert: *Staudiner-Bearbeiter*]

Steding Rolf, Die Treuepflicht im Unternehmensrecht und Folgen ihrer Verletzung, BuW 1999, 664

Steinbeck Anja, Der Anspruch auf Aufnahme in einen Verein – dargestellt am Beispiel der Sportverbände, WuW 1996, 91

dies., Vereinsautonomie und Dritteinfluß, Dargestellt an den Verbänden des Sports, Berlin, New York 1999 [zitiert: Vereinsautonomie und Dritteinfluß]

Steiner Udo, Staat, Sport und Verfassung, DÖV 1983, 173

ders., Verfassungsfragen des Sports, NJW 1991, 2729

Stöber Kurt, Handbuch zum Vereinsrecht, 8. Auflage, Köln 2000

Stockmann Kurt, Sportübertragungsrechte und Kartellrecht am Beispiel der Europacup-Spiele, ZIP 1996, 411

Stopper Martin, Ligasport und Kartellrecht, Berlin 1997

Streinz Rudolf, Die Auswirkungen des EG-Rechts auf den Sport, SpuRt 1998, 89

ders., EG-Grundfreiheiten und Verbandsautonomie, SpuRt 2000, 221

Stürner Rolf, Der Erwerbsschaden und seine Ersatzfähigkeit (Teil 2), JZ 1984, 461

Summerer Thomas, Internationales Sportrecht vor dem staatlichen Richter in der Bundesrepublik Deutschland, Schweiz, USA und England, München 1990 [zitiert: Internationales Sportrecht]

Tesauro Giuseppe, Schlußanträge in der Rechtssache C-250/92, Slg. 1994 I-5641

Ulmer Peter/Brandner Hans Erich/Hensen Horst-Diether/Schmidt Harry, AGB-Gesetz Kommentar, 9. Auflage, Köln 2001 [zitiert: *Bearbeiter* in *Ulmer/Brandner/Hensen*, AGB-Gesetz]

Vieweg Klaus, Disziplinargewalt und Inhaltskontrolle – Zum »Reiter-Urteil« des Bundesgerichtshofs, SpuRt 1995, 97

ders., Doping und Verbandsrecht, NJW 1991, 1511

ders., Doping und Verbandsrecht – Zum Beschluß des DLV-Rechtsausschusses im Fall Breuer, Krabbe, Möller, NJW 1992, 2539

ders., Normsetzung und -anwendung deutscher und internationaler Verbände, Eine rechtstatsächliche und rechtliche Untersuchung unter besonderer Berücksichtigung der Sportverbände, Berlin 1990 [zitiert: Normsetzung] *ders.*, Rechtsschutz der Athleten gegenüber dem internationalen Sportverband im Hinblick auf Werberechte, in: Klaus Vieweg [Hrsg.], Vermarktungsrechte im Sport, S. 95, Berlin 2000

ders., Sponsoring und internationale Sportverbände, in: Sponsoring im Sport, Recht und Sport Band 20, S. 53, Stuttgart 1996

ders., Sponsoring und Sportrecht (Teil II), SpuRt 1994, 73

ders., Teilnahmerechte und -pflichten der Vereine und Verbände, in: Teilnahme am Sport als Rechtsproblem, Recht und Sport Band 16, S. 23, Heidelberg 1993

ders., Zur Bedeutung der Interessenabwägung bei der gerichtlichen Kontrolle von Verbands-Zulassungsentscheidungen, in: Akademieschrift 39, Verbandsrecht und Zulassungssperren, S. 36, Frankfurt/aM 1994

ders., Zur Einführung: Sport und Recht, JuS 1983, 825

ders., Zur Inhaltskontrolle von Verbandsnormen, in: Festschrift für Rudolf Lukes zum 65. Geburtstag, S. 809, Köln, Berlin, Bonn, München 1989

ders./Hannamann Isolde, Athleteninteresse und mögliche Konflikte in Verein und Verband, Ein Beitrag zur aktuellen Diskussion sogenannter Athletenvereinbarungen, in: Akademieschrift 49, Rechte der Athleten, S. 43, Frankfurt/aM 1997

Vollkommer Max, Zum Lizenzerteilungsstreit im Bundesligafußball, NJW 1983, 726

ders., Zum Rechtsschutz von Lizenzspielern und Lizenzvereinen durch staatliche Gerichte gegenüber der sog. Sportgerichtsbarkeit des Deutschen Fußball-Bundes, RdA 1982, 16

Wagner Gerhard, Bundesliga Going Public: Traumpaß oder Eigentor?, NZG 1999, 469

Waldhauser Hermann, Die Fernsehrechte des Sportveranstalters, Berlin 1999 [zitiert: Fernsehrechte]

Weisemann Ulrich/Spieker Ulrich, Sport, Spiel und Recht, 2. Auflage, München 1997

Wellenhofer-Klein Marina, Das neue Kartellverbot und seine Abgrenzung zu den Vertikalvereinbarungen, WuW 1999, 557

Wenzel Karl Egbert, Das Recht der Wort- und Bildberichterstattung, 4. Auflage, Köln 1994 [zitiert: Wort- und Bildberichterstattung]

Wertenbruch Johannes, Anm. zu EuGH Urt. v. 15. 12. 1995 – Rs. C-415/93, EuZW 1996, 91

ders., Die zentrale Vermarktung von Fußball-Fernsehrechten als Kartell nach § 1 GWB und Art. 85 EGV, ZIP 1996, 1417

Westermann Harm Peter, Das Recht des Leistungssports – ein Sonderprivatrecht?, in: Festschrift für Fritz Rittner zum 70. Geburtstag, S. 771, München 1991 *ders.*, Verbandsautonomie und staatliches Rechtsprechungsmonopol, in: Verbandsrechtsprechung und staatliche Gerichtsbarkeit, Schriftenreihe des Württembergischen Fußballverbandes Nr. 24 S. 41, Stuttgart 1988

ders., Zum Vertragsrecht im bezahlten Fußballsport, JA 1984, 394

Wiedemann Gerhard [Hrsg.], Handbuch des Kartellrechts, München 1999 [zitiert: *Wiedemann/Bearbeiter*, Hdb. KartellR]

Wolf Manfred/Horn Norbert/Lindacher Walter F., AGB-Gesetz Gesetz zur Regelung des Rechts der Allgemeinen Geschäftsbedingungen Kommentar, 4. Auflage, München 1999 [zitiert: *Bearbeiter*, in *Wolf/Horn/Lindacher*, AGB-Gesetz]

Zäch Roger, Wettbewerbsrecht und Freizügigkeit für Arbeitnehmer im Bereich des Sports nach dem Recht der EG, Recht, Staat und Politik am Ende des zweiten Jahrtausends, in: Festschrift zum 60. Geburtstag von Bundesrat Arnold Koller, S. 837, Bern, Stuttgart, Wien 1993

Zöllner Wolfgang [Hrsg.], Kölner Kommentar zum Aktiengesetz Band 5/1 §§ 179-240 AktG, 2. Auflage, Köln, Berlin, Bonn, München 1995 [zitiert: *Bearbeiter*, in Kölner Kommentar zum AktG]

Matthias Kirschenhofer

Sport als Beruf

Frankfurt/M., Berlin, Bern, Bruxelles, New York, Oxford, Wien, 2002.
XVI, 261 S.
Europäische Hochschulschriften: Reihe 2, Rechtswissenschaft. Bd. 3341
ISBN 3-631-38349-5 · br. € 45.50*

Diese Arbeit soll das Regelungsgeflecht, dem ein Berufsportler im Verhältnis zu Sportverbänden, -vereinen und Wirtschaftsunternehmen als Sportveranstaltern unterliegt, untersuchen und darstellen, wie diese Beziehungen rechtlich zu qualifizieren und inhaltlich ausgestaltet sind. Dabei beschränkt sich die Untersuchung auf die in den Sportarten Fußball, Eishockey und Leichtathletik tätigen Profis. Es werden ausschließlich Sachverhalte behandelt, die sich in der Bundesrepublik Deutschland zutragen, wobei es keine Rolle spielt, ob es sich bei den Beteiligten um ausländische oder deutsche Berufssportler handelt.

Aus dem Inhalt: Abgrenzung Profi · Amateursportler nach Verbandsregelwerken und staatlichem Recht · Darlegung der verschiedenen rechtlichen Gestaltungsmöglichkeiten der Rechtsbeziehungen des Profisportlers zu Verbänden, Vereinen und Wirtschaftsunternehmen als Sportveranstaltern · Einordnung dieser Rechtsverhältnisse unter die zivilrechtlichen Vertragstypen · Bewertung der inhaltlichen Ausgestaltung u. a. nach nationalem Zivilrecht, Wettbewerbsrecht, internationalem Privatrecht, EGV, Assoziierungsabkommen der EU

Kolibri 360 GmbH
Ferdinand-Jühlke-Straße 7
99095 Erfurt, Deutschland
produktsicherheit@kolibri360.de

Druck:
CPI Druckdienstleistungen GmbH
im Auftrag der
Kolibri 360 GmbH
Ferdinand-Jühlke-Str. 7
99095 Erfurt